W0321647

Management de l'innovation

2e édition

Ouvrage dirigé par **Séverine Le Loarne** et **Sylvie Blanco**
Grenoble École de Management

Liste des auteurs
Avec **S. Blanco**, professeur, directrice recherche partenariale, Grenoble École de Management ; **E. Burdier**, Strategic Marketing Manager, Alma Consulting Group ; **M. Chuat**, directeur Licensing, Xerox Intellectual Property Operations, professeur affilié, Grenoble École de Management ; **C. Genet**, professeur, Grenoble École de Management ; **T. Gillier**, professeur, Grenoble École de Management ; **C. Grenier**, professeur, Euromed Management School ; **S. Guilaume**, fondateur et CEO MOVEA ; **S. Le Loarne**, professeur, Grenoble École de Management ; **V. de Margerie**, administrateur indépendant ; **G. Piat**, Innovation Manager, EDF R&D ; **V. Sabatier**, professeur, Grenoble École de Management ; **B. Szostak**, maître de conférences, vice-doyenne de la faculté de gestion de l'université Lyon 2 ; **C. Thouvenot**, professeur, responsable pédagogique du programme Bachelor, EM Normandie.

PEARSON

Publié par Pearson France

www.pearson.fr

Mise en pages : TyPAO

ISBN : 978-2-7440-7631-2

Table des matières

Chapitre 9
Intégration de l'innovation et choix d'organisation

Partie 4
La réalisation de l'innovation

Chapitre 10
Sélection stratégique de l'innovation

Table des encadrés

Exemples

Approfondissement

Préfaces

« C'est très dur de fabriquer des objets pour une catégorie de gens. La plupart du temps, les gens ne savent pas ce qu'ils veulent avant que vous ne le leur montriez. »

Steve Jobs

« Si j'avais écouté mon client, j'aurais amélioré la race équine. »

Henry Ford

En tant qu'acteur de l'innovation, ces deux citations, l'une du début et l'autre de la fin du XXe siècle, m'ont particulièrement marqué. Elles illustrent bien deux tendances :

- un changement de pratique et de vision du client avec un passage du local au global, en incluant des logiques de sociétés et des façons nouvelles de choisir et de consommer ;
- une évolution de la façon dont les industriels conçoivent leurs offres et une plus grande volonté de proposer des solutions globales à leurs clients.

Nous sommes maintenant de plain-pied dans le XXIe siècle, et il est préférable de regarder devant et de prendre des risques plutôt que de commenter ce qui a été fait dans le passé. En essayant de trop vouloir ranger dans des boîtes, catégoriser, justifier et mesurer les retours sur investissement, on oublie le bon sens et la flamme presque passionnelle qui brûle dans chaque personne qui pratique l'innovation. C'est un choix à la fois personnel et organisationnel d'entretenir ce feu, au sens propre comme au figuré, tout comme celui de savoir prendre des décisions d'arrêt de projets d'exploration en capitalisant sur les connaissances engrangées.

J'ai la chance d'appartenir au monde de l'industrie, ce monde créateur de richesses intellectuelles et matérielles, celles qui concernent toutes les parties prenantes de l'entreprise. Il est plus simple aujourd'hui de faire de l'argent avec de l'argent que par le travail. Cette situation que je déplore a néanmoins permis au monde financier de faire preuve d'une grande innovation sur de nouveaux produits dont la finalité court-termiste ne méritait peut-être pas ce mot d'innovation. S'il a été galvaudé – dans ce domaine comme dans d'autres –, il faut aussi en tenir compte.

Écrire la préface d'un livre sur le management de l'innovation est difficile pour moi qui suis plus sensible aux managers de l'innovation qu'au management de celle-ci. Mon travail consiste à créer les conditions favorables à l'innovation – que ce soit dans une PME, un grand groupe, un laboratoire ou un institut de recherche – et à cultiver cette passion dont font preuve les acteurs de l'innovation. Innover, c'est aussi apprendre à rebondir après l'échec et surtout capitaliser sur tout ce que l'on a appris de cet échec ; il ne faut pas l'oublier.

Innover, c'est explorer de nouveaux territoires qui ne sont pas seulement technologiques. L'innovation est trop souvent liée à la technologie. Or, créer les conditions de l'innovation et entretenir ce climat de tous les jours contribue également à l'innovation. Elle provient souvent du métissage des compétences, de femmes et d'hommes à l'intérieur d'une équipe et de la pluridisciplinarité. Lorsque l'on arrive à partager un référentiel commun de langage qui permet d'échanger dans des univers de diversité, alors les conditions favorables peuvent se mettre en place.

On peut dès lors se poser la question clé : pourquoi acheter tel produit ou tel service ? Je vois quatre axes d'analyse pour répondre à cette question, que j'illustrerai en me référant à l'automobile :

- la performance (j'achèterais la fameuse voiture rouge) ;
- le coût (ce que j'obtiens, moyennant une certaine somme d'argent, afin de me déplacer dans un confort acceptable d'un point A à un point B) ;
- l'usage (l'objectif initial et la vision de la Smart, petite voiture urbaine dont le prix est censé être mesuré) ;
- la consommation énergétique (le nombre de kilomètres que je vais parcourir par litre ou de miles par gallon de carburant consommé).

Ce quatrième axe d'analyse était quasi inexistant dans notre domaine tant que notre société jugeait les prix de l'énergie « abordables ». Toutefois, une prise de conscience de la nécessité du partage des ressources en énergie de la planète est en train d'émerger : comment consommer moins pour vivre mieux ? Comme toute tendance, celle-ci prendra du temps à s'imposer. À titre d'anecdote, j'ai été surpris, lors d'une visite du National Renewable Energy Laboratory aux États-Unis, par le petit nombre de véhicules hybrides présents sur le parking.

Cet axe énergétique est une véritable ligne de conduite chez Schneider Electric, depuis plus d'un siècle. Comment relever le challenge énergétique pour la planète et ses habitants ? Cette question fondamentale est au cœur de la stratégie d'innovation du groupe, qui apporte des réponses de trois ordres : comment numériser l'énergie pour ensuite en mesurer son utilisation et pouvoir enfin gérer et maîtriser son usage et sa consommation. Nous sommes donc passés de fournisseur de produits à fournisseur de produits et solutions.

Beaucoup d'industries vivent ce passage du produit à une solution et ses services associés en mobilisant des plates-formes efficaces, flexibles et éventuellement ouvertes de management de l'énergie. Le troisième élément est le changement d'échelle et la capacité de déploiement de ces solutions dans une entreprise, dans un pays, sur un continent ou mondialement. Ces challenges d'innovation et de vitesse d'exécution permettent d'inclure l'utilisateur où qu'il soit dans la gestion de l'énergie.

Dans le même temps, cette transition vers des solutions innovantes induit des changements organisationnels majeurs. Il s'agit d'une part de créer des équipes multidisciplinaires et de les faire travailler ensemble dans un environnement mondial, car l'ère des équipes centralisées monolocalisées est révolue. D'autre part, il est nécessaire de partager un langage commun en vue de créer cette innovation aux « interfaces » des sciences de l'ingénieur, comme des sciences dites « douces », qui incluent les aspects marketing et *business model*. Cela implique une attitude essentielle face à l'innovation, faite de beaucoup de convictions et de peu de certitudes alors que l'on rencontre plutôt des individus pleins de certitudes et peu enclins à défendre la différence de point de vue de manière convaincante.

En conclusion, ce livre de management de l'innovation devrait permettre au lecteur de devenir un manager de l'innovation, celui qui prend soin d'instaurer des conditions adéquates pour favoriser l'innovation, par l'animation et la propagation de la passion de l'innovation. Il pousse l'innovation en octroyant le droit à l'essai et à l'erreur, par l'expérimentation. Il soutient l'ouverture d'esprit nécessaire à l'apprentissage et à l'évaluation des possibles par la collaboration, interne et externe. C'est une situation choisie et non subie, ce qui signifie que ce manager applique ces principes en commençant par lui-même et par la remise en question de ses propres certitudes managériales. Enfin, il se focalise sur le but à atteindre sans se limiter à l'existant et en ouvrant une part de rêve.

Nicolas Leterrier a rejoint Schneider Electric en 2011. Il est vice-président de l'innovation.

D'abord ingénieur de développement logiciel embarqué à STMicroelectronics, il devient, dès 1999, manager d'un groupe applicatif pour les microprocesseurs de STMicroelectronics, couvrant les applications télécommunications, automobiles, disques durs. En 2001, il dirige le département Operating System and Platform, où il supervise 250 personnes dont une équipe basée en Inde qu'il a entièrement constituée en coordination avec une équipe située à Grenoble. Il rejoint alors le monde de la PME chez KIS Photo et prend la direction du département R&D. En 2006, il devient délégué général du pôle de compétitivité Minalogic.

Nicolas Leterrier est diplômé en développement logiciel de l'École des techniques du génie logiciel ; il est titulaire d'une maîtrise d'électronique « électrotechniques et automatismes ».

À propos de Schneider Electric

Spécialiste mondial de la gestion de l'énergie, présent dans plus de 100 pays, Schneider Electric offre des solutions intégrées pour de nombreux segments de marchés. Le groupe bénéficie d'une position de leader sur ceux des régies et infrastructures, des industries et constructeurs de machines, des bâtiments non résidentiels, des centres de données et réseaux ainsi que du résidentiel. Mobilisés pour rendre l'énergie sûre, fiable, efficace, productive et propre, ses plus de 130 000 collaborateurs ont réalisé 22,4 milliards d'euros de chiffre d'affaires en 2011 en s'engageant auprès des individus et des organisations afin de les aider à tirer le meilleur de leur énergie.

Source : www.schneider-electric.com.

Nicolas LETERRIER
VP innovation Schneider Electric

Préfacer un ouvrage dédié au management de l'innovation est un exercice difficile. Il ne s'agit pas d'aborder les différentes méthodes de créativité, les étapes de développement ou les systèmes de management de l'innovation, ce que cet ouvrage fait avec brio. À l'heure où l'innovation n'est plus seulement technologique mais concerne aussi les services, les *business models* et l'organisation des entreprises, où la proximité avec les consommateurs est fondamentale alors même que nous savons combien il leur est difficile d'avoir des attentes pour des concepts qui n'existent pas encore, il me paraît important de mettre l'accent sur deux éléments fondamentaux permettant de conduire une dynamique d'innovation à long terme : la création d'un écosystème durable d'innovation et la pérennisation de cet écosystème.

Une innovation a toujours sa propre histoire, qu'elle naisse dans un garage ou dans une entreprise créée il y a plus de 150 ans comme le Groupe Seb. Chacun des 250 nouveaux produits créés chaque année est unique, et sa naissance comme sa destinée dépendront de nombreux facteurs. Les profils des membres de nos équipes, leurs localisations, leurs méthodes sont d'une grande variété et il serait risqué de donner une définition unique de l'innovation ou de la meilleure méthode pour innover. Il est toutefois possible de partager quelques-unes des caractéristiques du Groupe Seb, qui en font une entreprise innovante et confèrent à notre « communauté d'innovation » tout son dynamisme :

- une forte volonté d'améliorer, voire de changer, la vie de chacun ;
- un état d'esprit permettant aux équipes marketing, R&D et design de travailler ensemble dès la phase de création des concepts et d'échanger de façon franche et directe ;
- une culture d'entreprise orientée vers l'entrepreneuriat, le professionnalisme et le respect des autres ;
- une vision stratégique s'appuyant sur une connaissance fine des consommateurs et des marchés, mais aussi des technologies disponibles et de leur industrialisation ;
- une organisation et des processus bien définis réglant harmonieusement les interactions entre les différents acteurs, tout en laissant une grande place aux initiatives personnelles ;
- des centres de compétences bien identifiés et axés sur leur famille de produits ;
- des méthodes de créativité variées et un partage de *best practices* ;
- une expertise dans le *story telling* et l'exécution des lancements des produits.

À cette liste, il faut ajouter un autre trait de caractère des équipes du Groupe Seb : elles osent prendre des risques et anticiper les besoins des consommateurs ; elles vont même jusqu'à bousculer les certitudes afin de leur proposer de nouveaux bénéfices. Les succès récents de certaines innovations, comme l'aspirateur Silence Force® Extreme ou la friteuse Actifry, en sont de parfaits exemples. Pour l'un, il s'agissait d'ajouter le bénéfice « silence » à un appareil considéré comme bruyant car puissant ; pour l'autre, d'ajouter une dimension « nutrition gourmande » à une famille de produits considérés comme apportant *a priori* peu d'avantages diététiques.

Cet écosystème d'innovation est un des secrets qui permet au Groupe Seb de proposer régulièrement de nouveaux produits aux consommateurs, dans les pays matures comme dans les pays émergents.

Pour rester efficace, cet écosystème doit constamment évoluer et s'enrichir par exemple de nouveaux outils de management de l'innovation. Mais il est également primordial, pour conserver toute sa puissance, de favoriser les échanges entre les membres de notre communauté d'innovation. Ils constituent le réel moteur de notre écosystème. Ces contacts sont facilités par des rencontres annuelles, par notre Innovation Forum et par des journées thématiques organisées régulièrement. Ces événements dédiés permettent aux équipes de partager leurs *best practices* et de renforcer leur expertise.

Cet écosystème doit également être nourri de sources d'innovation multiples, qui bien souvent proviennent de l'extérieur de l'entreprise : un retraité bricolant dans son atelier un nouvel ustensile de cuisine, une passionnée des réseaux sociaux créant une nouvelle application pour partager ses menus, un enfant dessinant la machine à fondue au chocolat de ses rêves ou bien encore une équipe de chercheurs identifiant une nouvelle propriété pour un nouveau plastique.

Notre démarche d'*open innovation* intègre donc de très nombreuses sources d'inspiration, et compte de multiples collaborations avec des laboratoires de premier plan et des projets pouvant fédérer autour du Groupe Seb plus de 25 partenaires.

Le groupe a récemment créé Seb Alliance, une société de *corporate venture* qui nous permettra de capter de nouvelles briques technologiques et de nous associer à des start-up en pointe dans des domaines à fort contenu technologique.

Notre écosystème d'innovation est, par conséquent, en constante évolution. Il s'adapte en permanence à un environnement en perpétuelle mutation au fil des tendances, des signaux plus ou moins faibles, de nouveaux métiers comme les *wants*, de nouveaux types de consommateurs comme les *makers*, de besoins globaux qui se précisent, notamment pour la base de la pyramide. Cet ouvrage a réussi à traiter avec pédagogie et une juste hauteur de vue le management de l'innovation. Il apportera certainement des outils à de nombreuses communautés d'innovation, comme celle du Groupe Seb, leur permettant de relever ces nouveaux défis.

Âgé de 43 ans, **Jean-Christophe Simon** est ingénieur diplômé de l'INSA-Rouen. Il est également titulaire d'un DEA d'aérothermochimie et d'un doctorat de physique de l'université de Rouen, ainsi que d'un DESS-MBA de l'Institut d'administration des entreprises de Paris.

Après avoir débuté sa carrière en 1991 dans la recherche au ministère de la Défense puis au commissariat à l'Énergie atomique, il a rejoint L'Oréal comme chef de laboratoire recherche appliquée, maquillage. Fin 2002, il rejoint Kao Coporation, comme chef de Groupe, *Global R&D Hair Care Products* au Japon, puis comme directeur de la recherche appliquée, *Europe Hair Care R&D* en Allemagne, avant de retourner au japon comme *Senior Manager* en charge de la planification et de l'application des technologies stratégiques *Global R&D, Beauty Care.*

Jean-Christophe SIMON,
directeur innovation, Groupe Seb

Il ne peut y avoir de croissance sans innovation. Si ce constat est simple, les pratiques des entreprises en matière d'innovation semblent plus contrastées. Les résultats de l'étude menée par Grenoble École de Management, en partenariat avec l'Ifop[1], montrent par exemple que si l'innovation est de fait un sujet relativement important dans les entreprises, elle se manifeste souvent par des améliorations incrémentales visant prioritairement à une meilleure satisfaction des clients. En ce sens, elle s'inscrit davantage dans une logique d'orientation marché que d'une rupture stratégique ou d'une réponse aux grands enjeux sociétaux. Bien entendu, la perspective de long terme n'est pas oubliée, mais elle s'oppose aux difficultés de financement de l'innovation (évoquées par 50 % des entreprises) et à des freins culturels, comme la résistance au changement, ou au manque de compétences dans les entreprises.

Grenoble École de Management – qui, depuis sa création en 1984, a inscrit le management de l'innovation dans son ADN – participe activement à la réflexion sur les enjeux présentés ci-dessus. L'objectif est clairement d'inscrire l'innovation dans une démarche de long terme et répondant aux grands enjeux sociétaux et managériaux. Notre institution assure la formation de jeunes cadres et cadres dirigeants dans ce domaine. Elle alimente les réflexions des entreprises et des différentes communautés scientifiques à travers des travaux de recherche conséquents et reconnus. Elle favorise aussi l'acquisition de connaissances nouvelles sur l'innovation, et privilégie le développement de modes de pensée et de travail innovants des entrepreneurs. Je tiens par exemple à souligner ici le travail de formation doctorale que nous réalisons depuis 1993 avec des cadres du monde entier dans nos programmes de DBA. Aborder la question du management de l'innovation dans des entreprises à travers un travail de plusieurs années est en soi innovant. Ce qui l'est plus encore est le mode de raisonnement et les démarches qu'acquiert cette communauté, de façon à mieux aborder l'innovation et disséminer de nouvelles pratiques et de nouveaux comportements au sein des entreprises. Ainsi, chaque année, une vingtaine de thèses de DBA sont réalisées sur l'innovation, dans une acception large du thème – innovation produit/service, innovation de process, innovation managériale –, dont l'objectif vise une contribution sur le long terme, et responsable, de l'innovation. Ces travaux de thèses sont partagés avec le plus grand nombre (communautés économiques, scientifiques et étudiantes) à travers des conférences que nous organisons ou des ouvrages écrits par nos doctorants et diplômés, dont nous assurons l'édition[2].

Grenoble École de Management innove au quotidien pour créer et partager des connaissances nouvelles et actuelles sur les thématiques du management de l'innovation. À cet égard, l'ouvrage *Management de l'innovation* que nous offrent Séverine Le Loarne et Sylvie Blanco est remarquable. Cette deuxième édition, tout en conservant les fondamentaux qui ont fait sa force, a été considérablement enrichie. Sa structure en cinq grandes parties, couvrant dans un esprit quasi chronologique les processus d'innovation, dénote une approche très pédago-

1. « Les dirigeants face à l'innovation », étude réalisée par l'Ifop pour Grenoble École de Management auprès d'un échantillon de 401 dirigeants d'entreprise représentatif des entreprises françaises de plus de 10 salariés des secteurs de l'industrie, du BTP et des services. Collecte de données du 26 mars au 2 avril 2012.
2. Voir par exemple : Chapelet B. et Leberre M. (éd.), *Producing New Knowledge on Innovation Management*, Grenoble, PUG, 2012.

gique et opérationnelle, alimentée par de nombreux cas et exemples. On trouve ainsi dans cet ouvrage la parfaite combinaison, que nous aimons appeler « recherche appliquée », de développements scientifiques, méthodologiques et pratiques qui serviront un public large. Les plus jeunes trouveront ici une grille de lecture et un cadre de mise en œuvre de l'innovation. Les plus expérimentés y trouveront, quant à eux, matière à une réflexion critique sur leurs pratiques.

À l'heure où l'innovation est à la fois d'une importance cruciale, mais aussi d'une mise en œuvre délicate, *Management de l'innovation* s'avère être un appui précieux, voire unique, dans un contexte francophone.

Benoît Aubert,
directeur de la « Doctoral School »
de Grenoble École de Management

Introduction

2009 : parution de la première édition de *Management de l'innovation*...

La décision d'écrire un manuel sur le management de l'innovation est née du constat que Sylvie et Séverine partagaient : il existe certes sur le marché pléthore d'ouvrages traitant de l'innovation, dont certains sont écrits par des auteurs qui font référence en management ou en sociologie de l'innovation, Peter Drucker, Michael Porter, Nobert Alter..., et d'autres qui sont moins connus. Certains reposent sur l'impact de l'innovation sur la structure de l'entreprise, d'autres sur le marketing de l'innovation, d'autres, enfin, sur la gestion de la créativité, des technologies de rupture, la conduite d'un projet d'innovation... La liste des thématiques est longue...

Pour autant, selon nous, aucun manuel permettant d'enseigner de manière la plus exhaustive possible l'intégralité de ces savoirs, de manière pragmatique à un étudiant novice, n'existait. Des manuels sont disponibles, il est vrai, en langue anglaise. Toutefois, outre le choix de la langue de lecture, ils proposent des exemples qui ne nous semblaient pas adaptés au contexte francophone, *a fortiori* à un contexte compréhensible par des étudiants qui n'ont pour la plupart pas encore vécu de situation d'innovation et dont l'expérience en entreprise est encore trop limitée. En outre, la trajectoire de l'innovation peut sembler à la fois abstraite et tellement triviale aux étudiants qui n'ont pas eu la possibilité de la vivre en entreprise. Nous voulions, par ce manuel, pallier ces lacunes.

Le parti pris, dans la première édition de ce manuel, consistait à suivre la trajectoire de l'innovation. Tout partait de la stratégie de l'entreprise dans chacun des domaines d'activités, avec ses sources d'avantage concurrentiel et les facteurs clés de succès à maîtriser. Tout partait aussi des acteurs de l'entreprise, les salariés et les partenaires qui gravitent autour d'elle, de leur créativité et de leur capacité à identifier, à créer des opportunités de business, bref, à concevoir ce que nous appelons des idées d'innovation. Néanmoins, avoir l'idée ne signifie pas posséder toutes les connaissances nécessaires pour formuler un cahier des charges et lui donner corps, transformer cette idée en ce que Norbert Alter appelle une « invention », puis en une « innovation » (Alter, 2000[1]) : l'idée devait être enrichie par une analyse du marché, avec ses méthodes spécifiques, une réflexion sur le modèle économique, l'esquisse

1. Alter A., *L'Innovation ordinaire*, Paris, Presses universitaires de France, 2000.

d'une stratégie de protection et l'assurance qu'un écosystème de diffusion existait bien. Le concept, ainsi enrichi, contenait tous les germes de l'innovation, laquelle ne méritait plus que d'être sélectionnée par l'entreprise. À charge pour les équipes techniques de la mettre en musique. Nos étudiants en sciences de gestion, en école de commerce ou à l'université, seraient ainsi dotés d'outils et de concepts qui leur permettraient d'identifier des opportunités de business. Les étudiants des écoles d'ingénieurs et de design seraient familiarisés avec l'approche.

Le second parti pris est que ce manuel seul ne sert à rien. L'ensemble des auteurs partage une conviction commune : l'enseignement de l'innovation ne peut pas se faire selon des modèles traditionnels de transfert de connaissances. Il nécessite une véritable pédagogie de l'innovation fondée sur des missions de terrain. De tels dispositifs, comme un « Prix de l'Innovation » sponsorisé par des entreprises ou encore des missions collaboratives pour des techno-entrepreneurs en incubation, doivent offrir aux parties prenantes la diversité nécessaire à l'innovation ; l'ouverture et les connexions créatives au sein d'écosystèmes d'innovation riches ; l'accès tout au long de la vie à des connaissances sans cesse renouvelées, enrichies et coproduites. Cet ouvrage qui alliait concepts, exemples, cas et retours d'expérience s'inscrivait dans cette logique d'apprentissage par l'expérience de terrain développée par Schön.

2012 : conforter nos convictions pédagogiques tout en enrichissant de manière considérable la première version du manuel

C'est avec grand plaisir que nous avons accepté la proposition de Pearson France relative à la réédition du manuel *Management de l'innovation*. Cela nous donne ainsi l'occasion d'améliorer certains points de la première édition en nous nourrissant des retours des étudiants, mais également de mettre à jour certains savoirs et l'ensemble des cas.

Parmi les modifications, le lecteur trouvera :

- L'ajout de nouveaux thèmes indispensables au processus d'innovation : le financement de l'innovation, la diffusion de l'innovation et la création du marché associé à l'innovation, la gestion du projet d'innovation au quotidien.
- Davantage d'exemples et de minicas renouvelés : certes, les minicas présentés dans la première édition peuvent toujours être utilisés et l'enseignant les retrouvera sur le site compagnon, avec les notes pédagogiques afférentes. Pour autant, nous rajoutons des cas sur EDF et le projet « Renouveaux », Apple et la diffusion de ses innovations, la construction et la gestion du projet de création du siège mondial de Rossignol par les architectes Hérault-Arnod, Airstar et ses ballons lumineux, le cas introductif Movea…
- De nouveaux outils, en particulier en lien avec la conception innovante.

La grande nouveauté réside aussi – et surtout – dans l'ajout de jeux destinés à stimuler la créativité des équipes et des étudiants, et à mieux leur faire comprendre certains points de cours, en particulier celui sur les *business models*. Le site compagnon du livre offre donc à l'enseignant, outre les traditionnelles notes pédagogiques contenant la correction de minicas, un jeu de cartes pour stimuler la créativité des étudiants et un dérivé du jeu Kibis©, afin de développer et de jouer avec les équipes de direction de Schneider Electric et d'envisager ainsi de nouveaux *business models* pour leur activité.

Structure de la deuxième édition : cinq parties pour appréhender la trajectoire d'innovation

Afin d'embrasser l'ensemble des fondamentaux de l'innovation, la structure de l'ouvrage suit les différentes étapes qui se posent entre l'émergence de l'idée d'innovation jusqu'à la décision de lancer l'innovation. L'idée d'innovation se définit par une intuition, nécessairement floue. Elle repose sur une association entre un produit, un processus ou un service qui n'existe pas et un besoin, exprimé ou latent, sur un marché. **Durant le processus d'innovation, l'idée d'innovation s'enrichit et se transforme peu à peu en concept d'innovation** : elle est alliée à une cible de clientèle et aux 4P associés ; elle porte sur une ou plusieurs technologies – sans pour autant savoir, à ce stade de la réflexion, si ces dernières sont opportunes et réalisables et à quel coût ; elle est développée avec quelques partenaires potentiels et incontournables. **Ce concept sera encore enrichi, affiné pour devenir une innovation**, un produit, un service ou un processus avec une technologie, une stratégie de diffusion sur le marché dotés d'un modèle économique et d'une stratégie de protection. **L'innovation est alors mature pour que le projet de développement soit initié** : elle est associée à une stratégie industrielle, une stratégie de création de marché, une stratégie de protection et une stratégie financière.

Cette trajectoire de l'innovation se décompose ainsi en cinq parties :

Partie 1 : management stratégique de l'innovation

Innover n'a pas forcément de sens pour toutes les entreprises. En outre, de quelle innovation parle-t-on et quel type d'innovation convient-il de développer pour l'entreprise ? Le **chapitre 1**, « Movea, une histoire d'innovation remarquable », corédigé par Sam Guilaumé, fondateur et directeur de cette formidable entreprise, et Sylvie Blanco, présente ce qu'est une trajectoire d'innovation dans son ensemble, comment les fondateurs ont utilisé les outils abordés, entre autres, dans ce manuel, dont la démarche du marketing de l'innovation, pour passer d'une idée technique à un concept innovant, puis à une invention et, enfin, à une innovation qui crée, petit à petit, son marché. Le **chapitre 2**, « Stratégie et innovations », rédigé par Séverine Le Loarne et Victoire de Margerie, présente quelques typologies d'innovation et les questionnements que ces dernières soulèvent quant à la stratégie d'entreprise. Il explique surtout que l'innovation n'a de sens que lorsqu'elle s'intègre dans la stratégie de l'entreprise. Au **chapitre 3**, « Sources et processus d'innovation », Séverine Le Loarne rappelle les deux sources de génération des idées d'innovation et les trois grands processus que les entreprises mettent classiquement en place pour transformer les sources en idées, puis en innovations.

Partie 2 : exploration pour l'innovation

Ce volet s'intéresse au processus amont du développement de nouveaux produits et services et présente les outils et méthodes actuellement en vigueur dans les entreprises pour générer des idées d'innovation. Sylvie Blanco, au **chapitre 4**, « Dynamique et espace d'innovation », présente les dispositifs qu'une entreprise peut instaurer pour faciliter l'exploration et favoriser l'émergence d'idées d'innovation dans les domaines qui sont en lien avec sa stratégie et les domaines d'activités sur lesquels elle est positionnée. Bérangère Stoztak se focalise sur l'exploitation de ces sources par un individu au **chapitre 5**, « Gérer la créativité en entreprise ». Elle présente les méthodes pour encourager l'individu à être plus créatif, plus productif en matière d'idées d'innovation, et les démarches et limites praticables par le manager afin de stimuler ou de freiner cette créativité. Au **chapitre 6**, « Exploration et collaboration », Thomas Gillier et Gérald Piat rappellent que tout processus créatif est avant tout collaboratif. Ils présentent les grands outils, en particulier la démarche C-K inventée à l'École des mines de Paris, pour faciliter cette exploration d'idées en collaboration.

Partie 3 : démonstration de l'innovation

Les outils et concepts présentés dans les deux premières parties du manuel doivent permettre au lecteur de comprendre comment l'entreprise s'organise pour favoriser l'exploration de nouvelles pistes d'amélioration, de nouvelles idées d'innovation, comment les acteurs peuvent parvenir à améliorer leur créativité et à générer des idées d'innovation en collaboration avec d'autres acteurs.

Cette partie présente les éléments indispensables à l'enrichissement d'une idée d'innovation et à sa transformation en concept d'innovation. Le premier élément est la formulation d'une proposition de valeur pour le client, développée au **chapitre 7**, « Marketing de l'innovation », rédigé par Sylvie Blanco. L'idée doit avant tout trouver sa cible de clientèle, avec des méthodes spécifiques, puisque, par essence, le marché associé à une innovation n'existe pas. La future innovation doit en outre être accompagnée d'une stratégie de création de marché et de diffusion : doit-elle devenir un standard ? Quelle courbe de cycle de vie doit-elle suivre ? Au **chapitre 8**, « Concevoir un *business model* pour l'innovation », Corine Genet et Valérie Sabatier expliquent que l'idée d'innovation doit être associée non seulement à un prix, mais aussi à un *business model* dont elles présentent différentes méthodes de création. Ce *business model* doit également permettre d'esquisser une stratégie d'intégration de ce que sera l'innovation dans la chaîne de valeur de l'entreprise. Enfin, **le chapitre 9**, « Intégration de l'innovation et choix d'organisation », clôture cette partie. Sylvie Blanco y présente un cas pédagogique, Kibis©, que son équipe a développé avec le groupe Schneider de sorte à faciliter l'identification de *business models* et le choix entre les modèles ainsi générés.

Partie 4 : réalisation de l'innovation

L'idée d'innovation enrichie est devenue un concept qui, s'il est sélectionné, peut se transformer en projet d'innovation. Au **chapitre 10**, « Organiser et manager un proojet d'innovation », Séverine Le Loarne et Sylvie Blanco présentent les modalités de sélection des projets actuellement en vigueur dans les entreprises ; elles insistent sur leurs forces et leurs limites respectives. Au **chapitre 11**, « Organiser et manager un projet d'innovation », Éric Burdier rappelle qu'une innovation est rarement entièrement financée par l'entreprise et expose, de manière assez exhaustive, les différentes sources de financement auxquelles l'entreprise peut avoir accès. Enfin, Bérangère Stoztak et Séverine Le Loarne, présentent au **chapitre 12**, « Le financement de l'innovation », comment un projet d'innovation se met en place : son lien avec la structure et son mode de management au quotidien.

Partie 5 : diffusion de l'innovation

La dernière partie se focalise sur l'innovation et sa diffusion selon trois points de vue : le **chapitre 13** « Protéger et valoriser l'innovation », rédigé par Séverine Le Loarne et Christophe Thouvenot, expose les grandes règles relatives à la diffusion d'une invention sur un marché et propose une démarche innovante pour aider à la mise en place d'une stratégie de diffusion. Le troisième auteur de ce chapitre, Corinne Grenier, rappelle le rôle indispensable du réseau pour favoriser l'appropriation de l'innovation par l'écosystème. Le **chapitre 14**, « Stratégie de diffusion de l'innovation », complète le précédent. Son auteur, Mathieu Chuat, insiste sur la stratégie de valorisation mais aussi de protection de l'innovation face aux acteurs de l'écosystème. Enfin, le **chapitre 15**, « Capitaliser sur l'expérience d'innovation : construire l'organisation innovante », Corinne Grenier s'intéresse aux caractéristiques organisationnelles des entreprises innovantes : elles sont capables de flexibilité et d'improvisation ; elles encouragent la prise de risque et les comportements intrapreneuriaux en leur sein. Elles parviennent à articuler, de différentes manières, la logique de reproduction (gestion du portefeuille déjà acquis de l'entreprise) et la logique d'exploration (innovation).

Xavier Bonnaud et Sylvie Blanco **concluent** ce manuel en questionnant le rôle du *middle manager* pour embrasser les opportunités d'innovation, faciliter les explorations sans pour autant dilapider les ressources de l'entreprise – qu'elles soient financières, techniques ou humaines – et, enfin, réussir à mettre en marché ces innovations.

Séverine Le Loarne, Sylvie Blanco

Remerciements

Cette introduction ne serait pas complète sans la formulation de remerciements à des collègues qui nous sont chers, en particulier :

- L'intégralité de l'équipe des GEM Inno Awards, dirigée par Séverine Le Loarne : Gloria Haddad de la LCU, Anna Nikina et Erno Torniskoski, nos collègues finlandais, Fabrice Galia, professeur à l'ESC Dijon, Les Philippe (Buchy et Rousselot), Christophe Fontaine, Hélène Michel, Pierre DalZotto… Sans oublier Annabelle Didot, notre « Mme logistique » ! Un merci tout particulier pour Virginie Cupillard-Granger qui met tout en œuvre pour faire de la place grenobloise et de Grenoble École de Management un véritable écosystème d'innovation au service des étudiants et des entreprises du sillon rhônalpin. Vous n'avez pas tous contribué à la rédaction de ce manuel, mais cette deuxième édition est imprégnée de vos remarques !

- L'équipe de la direction de la recherche partenariale, dirigée par Sylvie Blanco, en particulier Céline Jullien et Cédric Pagès, sans oublier Dominique Brouty, pour les relectures et aides d'urgence dans le cadre de la préparation de cette deuxième édition.
- Les auteurs de cet ouvrage et ceux qui ont collaboré à la première édition : c'est toujours un plaisir de travailler avec vous !
- Les partenaires « entreprises » de la direction de la recherche partenariale et des GEM Inno Awards pour vos commentaires et échanges constructifs sur la place de l'innovation dans la vie de l'entreprise.
- Enfin, l'équipe éditoriale de Pearson France, en particulier Hélène Jean-Baptiste : nous tenons ici à souligner notre gratitude concernant la qualité de nos échanges !

Partie 1

Le management stratégique de l'innovation

Chapitre 1

Movea, une histoire d'innovation remarquable

Après avoir lu ce chapitre, vous saurez :

- mieux cerner l'ensemble du champ du management de l'innovation, des sujets et des questionnements auxquels est confronté le dirigeant face à l'impératif d'innovation ;
- identifier, en relation avec ces questionnements, les démarches et concepts clés et leurs limites – notamment la nécessité d'ajouter à des approches rationnelles et objectives une part d'intuitif et de subjectif ;
- apprendre à construire votre propre compréhension du phénomène innovation à partir de situations et d'expériences complexes, se forger votre propre posture et la défendre en l'illustrant par des réalités et des actions concrètes.

Ce chapitre apporte une vue d'ensemble des réalités du management stratégique face à l'impératif d'innovation. Il est construit selon une logique de retours d'expériences telles que vécues par le dirigeant de l'entreprise Movea. Ainsi, Sam Guilaumé, P-DG et cofondateur de l'entreprise, livre une vision avant tout humaine de son métier et va bien au-delà des logiques rationnelles et mécanistes que l'on nous décrit souvent. Les réflexions qui s'ensuivent dans la seconde partie de ce chapitre sont issues d'un dialogue ouvert susceptible de stimuler et d'interroger le lecteur sur chacun des thèmes qui constituent cet ouvrage. Une place significative est accordée aux dimensions personnelles et relationnelles, à l'intuition et au subjectif qui font le quotidien du décideur confronté à l'innovation.

Plus précisément, trois expériences typiques sont mises en avant. Ensemble, elles confèrent à Movea son qualificatif d'entreprise innovante – bien au-delà de ses technologies et de son investissement en R&D, de ses produits et de ses solutions :

- La première expérience traite de l'innovation dans la façon de créer de nouvelles activités.
- La deuxième s'attache à l'innovation dans la façon d'envisager le client.
- La dernière examine l'innovation dans la façon de se comporter, en tant que dirigeant d'une entreprise innovante, vis-à-vis de ses équipes. Au final, c'est l'entrepreneur innovant qui parle de ses convictions et des valeurs qui lui semblent essentielles à travers un exemple et les sujets sur lesquels aujourd'hui il porte son attention pour continuer à faire progresser son activité.

1. Movea, trois expériences marquantes

Movea voit le jour en mars 2007. C'est la 100e start-up essaimée par le CEA (Commissariat à l'énergie atomique) avec pour vocation de valoriser la technologie de « capture de mouvements » pour laquelle le centre de recherche a déposé une vingtaine de brevets, dont la moitié reposent sur les travaux de recherche des fondateurs. À l'origine, la technologie doit permettre à un sportif de haut niveau de se rapprocher du geste idéal ou encore servir à détecter, à distance, la chute d'une personne âgée ou d'un travailleur isolé dans un environnement dangereux.

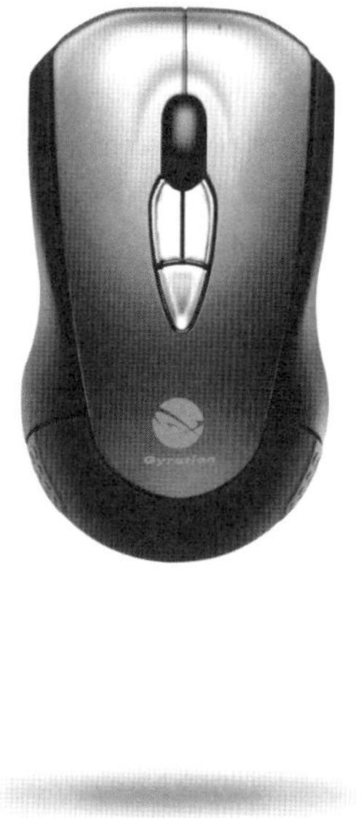

Toutefois, Movea se déploie d'emblée auprès du grand public en plaçant sa technologie dans les souris d'ordinateurs (notamment grâce au rachat de Gyration), puis les télécommandes multimédias. Cette technologie permet de détecter les mouvements des mains et de les utiliser pour contrôler la position du pointeur sur l'écran, à l'image de la télécommande Wii, mais offre en outre la possibilité de la reconnaissance des gestes. Ceux-ci peuvent être très sophistiqués, ce qui permet aux fabricants de réduire considérablement le nombre de boutons sur la télécommande et rend possible, par exemple, la création d'un geste d'ouverture par chaque membre d'une famille, qui téléchargerait un ensemble personnalisé de postes favoris, d'options ou d'applications.

Movea a également mis au point la technologie MotionIC® déployée depuis 2010 par l'opérateur de télévision sur Internet, Free. Grâce à cette technologie, l'utilisateur peut naviguer aussi facilement et intuitivement sur le téléviseur que sur un ordinateur. En proposant une façon novatrice d'interagir avec le contenu, MotionIC® favorise l'adoption de nouveaux services à valeur ajoutée. L'offre se présente sous forme d'un composant SiP (*System in Package*) de quelques millimètres carrés, véritable centrale inertielle. Il contient un microcontrôleur, trois capteurs principaux (un accéléromètre, un gyroscope et un magnétomètre) ainsi que le logiciel de fusion de données multicapteurs conçu par Movea. Les marchés visés par Movea avec cette technologie sont :

- le contrôle de l'activité physique dans le sport, la santé et le bien-être – d'où le contrat signé avec le groupe Oxylane (Décathlon), pour lequel Movea a conçu un lecteur MP3 étanche capable de décompter le nombre d'allers-retours effectués par un nageur dans une piscine ;
- les périphériques grand public pour des applications dans les domaines du jeu, des loisirs audiovisuels et de la santé à domicile.

Pour élargir les applications aux jeux, à la téléphonie mobile, aux interfaces homme-machine, Movea poursuit sa collaboration avec le CEA. Ce dernier développe aujourd'hui une nouvelle technologie, MotionCore®, dans les plates-formes mobiles. Movea collabore notamment avec Universal Electronics Inc (UEI), InvenSense ou Texas Instruments pour les prochaines générations de télécommandes.

La technologie de Movea est aujourd'hui employée dans le monde de la santé pour la rééducation fonctionnelle (par des kinésithérapeutes), pour suivre à distance l'activité de personnes âgées, etc. Elle permet également de caractériser et d'améliorer le geste sportif comme avec la raquette de tennis électronique codéveloppée avec Babolat, lancée lors de Roland-Garros 2012.

Movea réalise en 2009 un chiffre d'affaires de 9 millions de dollars avec 56 salariés. Elle compte des implantations étrangères en Californie et en Chine (fabrication en partenariat avec un industriel local). Son siège est situé à Grenoble, où elle a créé avec le Léti-Minatec un laboratoire commun de R&D, le Motion Lab. Elle prévoit d'embaucher 30 personnes en 2012.

1.1. L'expérience Gyration : innover dans la façon de créer une entreprise

Sam Guilaumé, fondateur et CEO de Movea

« Les limites de notre développement sont celles que nous décidons de nous fixer », pourrait être la devise de l'entreprise.

En 2007, trois mois après la création de Movea, j'annonce que nous allons racheter l'entreprise Gyration. C'est pour moi une évidence et, à ce moment-là, je n'imagine pas que cela ne se réalise pas – non sans obstacles, mais tous surmontables. Ce n'est qu'une course de haies ! Notre volonté à nous, les quatre fondateurs de l'entreprise, a toujours été d'entrer d'emblée sur un marché grand public et d'influencer significativement son évolution. Gyration, à l'époque, c'est le capteur de la télécommande Wii de Nintendo.

C'est donc en parfaite cohérence avec notre vision et notre technologie. L'objectif est simple : mettre notre technologie à la place de celle de Gyration, dans ses souris d'ordinateurs, et bénéficier ainsi de son historique, de sa marque et de sa force commerciale. Cela nous permet de rapidement générer des revenus importants et de nous rémunérer mais aussi, en nous implantant et en embauchant aux États-Unis, d'exister sur l'échiquier mondial de l'électronique grand public.

C'est donc en parfaite cohérence avec notre vision et notre technologie. L'objectif est simple : mettre notre technologie à la place de celle de Gyration, dans ses souris d'ordinateurs, et bénéficier ainsi de son historique, de sa marque et de sa force commerciale. Cela nous permet de rapidement générer des revenus importants et de nous rémunérer mais aussi, en nous implantant et en embauchant aux États-Unis, d'exister sur l'échiquier mondial de l'électronique grand public.

À l'époque, nous avons 30 K€ sur notre compte bancaire. Gyration avait été rachetée 20 millions de dollars trois ans auparavant. Cette décision de rachat signifie donc qu'il nous faut lever 7 à 10 millions d'euros en six semaines avec une lettre d'intention de la part des investisseurs à obtenir dans la semaine. La réponse de nos investisseurs initiaux a bien entendu été négative. De leur point de vue, le processus acceptable est une première levée de fonds de 1 à 2 millions, en neuf mois, et l'investisseur décide du moment et du lieu d'embauche, probablement pas aux États-Unis. Nous nous sommes donc tournés vers d'autres investisseurs qui ont accepté la proposition. 15 jours après le rachat de Gyration, nous nous retrouvons au CES (Consumer Electronic Show) à Las Vegas, « La Mecque » pour toutes les entreprises du secteur. Nous avons pris la mesure de ce que nous venions de réaliser au nombre de personnes qui nous ont dit : « C'est vous, les types qui ont racheté Gyration ! » C'était totalement inattendu une telle notoriété spontanée !

Deux ans plus tard, l'acquisition est digérée, les résultats attendus sont atteints. Je décide de vendre car notre vocation n'est pas de concurrencer Logitech sur le marché des souris. Il est urgent de se défaire de cette activité. Personne ne comprend ! J'annonce un prix de 5 millions ; on me dit que j'aurai 1 million au mieux. Je l'ai vendue 5 millions sans l'aide des experts de ce type de transaction. Notre démarche de création et de développement a été critiquée, puis plébiscitée et confère aujourd'hui de la valeur à Movea auprès des financiers et de nos actionnaires. Ils valorisent cette différence ! Nous avons osé, nous avons su prendre des risques et apprendre de nos erreurs plutôt que de nous figer.

Aujourd'hui, notre devise nous conduit vers le marché du mobile, c'est-à-dire les smartphones et les tablettes. Pourtant à l'équilibre dans notre développement, nous redémarrons une start-up dans notre start-up et, de nouveau, nous inventons notre façon de lancer une activité fondée sur l'innovation. Un seul élément stable perdure dans notre modèle de développement : l'équipe mobilisée autour de notre expertise technologique. Tout le reste change : les clients, le modèle d'affaires, les partenaires, les financeurs, etc. En quelques années, nous passons d'une entreprise qui commercialise des souris d'ordinateurs à des détaillants, à une entreprise qui intègre des solutions logicielles dans tous les téléphones et les tablettes. Les croyances managériales établies sont qu'il n'est pas raisonnable, voire faisable, de penser et de procéder ainsi, en changeant presque tout en même temps. Notre conviction est que nous pouvons repousser ces limites de manière crédible et convaincante. Nous le faisons de façon naturelle. C'est à la fois une envie permanente d'évoluer et un réflexe presque darwiniste de s'adapter constamment tout en influençant l'environnement avec lequel nous interagissons. Est-ce lié à notre jeunesse ou bien est-ce une caractéristique intrinsèque du dirigeant innovant d'avoir un modèle d'entreprise toujours en mouvement ?

1.2. L'expérience « MEMS[1] in Motion » : innover dans l'offre et la relation clients

« To have a great idea, have a lot of them. »

Thomas Edison

Où s'arrête l'innovation ? Probablement pas à la technologie, ni même au produit ou à l'offre ! N'est-elle pas plutôt une culture et ne devrait-elle pas s'appliquer systématiquement à l'ensemble des fonctions d'une entreprise, de manière perceptible et significative pour ses clients ? C'est ce que nous avons voulu tenter en innovant dans la rédaction de nos propositions commerciales et dans la promotion de nos offres et de notre positionnement auprès de nos clients actuels et potentiels. Après tout, quel meilleur moyen que d'innover pour promouvoir une innovation ! C'est l'expérience MEMS in Motion.

Notre société développe et fournit une offre logicielle qui s'appuie sur un ensemble de produits (des capteurs de données) et de logiciels qui traitent les données collectées par les capteurs pour créer des contenus informationnels. Nous avons, moi-même et un partenaire consultant spécialisé dans notre domaine, expérimenté nos idées sur le terrain, en particulier au Japon par une démarche de type « *voice of the customer* ». Ainsi, nous avons conforté et enrichi notre vision quant à la valeur potentielle de notre approche MEMS in Motion. Le problème majeur de cette offre est qu'elle est inacceptable pour nos clients cibles, car perçue comme un facteur de dégradation majeure de leur propre offre de matériel. En effet, pour comprendre notre valeur ajoutée, on peut établir une analogie avec le médecin qui utilise un stéthoscope, une balance et un tensiomètre pour collecter une tension, un poids et des antécédents familiaux. Il peut ainsi diagnostiquer un diabète que personne ne remettra en cause. Tout le monde reconnaît l'utilité du médecin et de ses outils. Si l'analogie médicale est évidente, il n'en reste pas moins vrai que démontrer aux fabricants de capteurs que leur produit, certes nécessaire, n'est pas suffisant peut être une gageure. Ils craignent que leur offre soit peu à peu assimilée à un matériel sans différenciation, soumis à la seule concurrence par les prix, et ce, au bénéfice de l'information contextualisée fournie par la partie logicielle que nous apportons grâce à notre cœur d'expertise.

J'ai décidé de tester une autre approche commerciale en expliquant cela à mes futurs clients par le biais de cette analogie médicale. Je me suis lancé « en grand » lors d'une conférence internationale sur les capteurs MEMS in Motion, à Palm Springs en octobre 2011. Nous étions devant un public plutôt hostile à une revendication de création de valeur qui leur échappait. Le résultat de cette action reste difficile à mesurer, même si beaucoup de témoignages positifs ont suivi l'intervention. Ils m'ont convaincu que ce mode de communication décalé contribue à notre image d'entreprise innovante, autant que notre offre technologique.

Nous avons réitéré cette démarche en appliquant ce que j'appelle la « théorie de la bulle ». Nous avons fait une proposition commerciale à 22 millions de dollars alors que notre CA était de 5 millions ! Dans cette « théorie », il s'agit de communiquer notre appréciation du risque à nos clients et de l'intégrer dans notre argumentation commerciale, sujet

1. MEMS : *MicroElectroMechanical Systems*, que l'on peut ici traduire par microsystèmes.

généralement étouffé dans la relation client. Notre *business model* consiste à fournir à nos clients un accès à notre technologie en livrant du logiciel. Notre modèle de revenus s'appuie sur le versement d'une licence technologique, suivi de royalties sur les produits vendus par nos clients. Il nous est rapidement apparu évident que nous supportions l'ensemble du risque, à savoir que si le produit de notre client se révélait un échec, nous ne pourrions prétendre qu'à un volume de royalties limité voire inexistant. Le concept de la « bulle » revient à appréhender l'opportunité client dans sa globalité et sur une période plus longue.

Le volume des revenus comprend : une licence technologique ; des royalties calculées sur un volume estimé et communiqué par le client sur une période de référence, généralement trois ans ; des prestations de services, un support d'aide au développement du produit et des conseils ; des services de maintenance. Dans un modèle d'affaires traditionnel, notre client paie en fonction de ses propres ventes, ne prenant aucun risque en cas d'échec du produit. Toutefois, si le produit est une réussite, le montant des royalties est finalement très élevé. On peut imaginer inverser le modèle : le client paie d'emblée une licence pour une période donnée, donnant droit à l'ensemble des prestations. Le client supporte alors tout le risque ; en cas de réussite, le coût de la licence par produit vendu est tout à fait minime. Le concept de la « bulle » permet de remettre en perspective le partage des bénéfices et de mitiger les risques encourus par chacune des parties. Notre objectif et nos propositions, fondés sur ce concept que nous expliquons à nos clients, visent à les faire changer pour adopter une offre où ils paient d'emblée pour bénéficier au final d'un coût de licence par produit vendu moindre. Même si nous n'avons pas à ce stade conclu de commandes selon le nouveau modèle, cette approche innovante nous a permis de communiquer auprès de nos clients les risques que nous encourons en cas d'échec commercial de leur part. Plus encore, cela nous permet de discuter d'égal à égal avec nos clients et de les amener à apprécier la valeur que nous apportons en mettant les risques en perspective. Un autre effet collatéral de ce type de discussion vient du fait que les montants discutés sont en général beaucoup plus élevés et requièrent alors l'implication d'interlocuteurs plus expérimentés (vice-présidents, CEO) que les acheteurs. Ces schémas n'ont bien sûr pas la prétention de répondre à toutes les problématiques, mais seulement de stimuler notre capacité à innover, y compris parmi nos collègues du marketing et de la vente.

1.3. L'expérience du « management décalé » : adopter une posture managériale innovante

Enfin, une dernière devise serait de toujours repousser les limites au-delà de la zone de confort. Cela passe par trois principes que nous appliquons, à tous les niveaux de l'entreprise.

1.3.1. Incarner les valeurs communes dans l'action quotidienne

Dès la création de l'entreprise en 2007, nous lançons une réflexion sur les valeurs de cette dernière que nous, fondateurs, souhaitons porter et partager.

Nous avons vite compris la difficulté à parler des valeurs de l'entreprise. Pourtant, nous tenons à ce qu'elles ne soient pas juste un beau discours et nous avons rapidement pris conscience que nous devions montrer l'exemple au quotidien, dans nos comportements et nos actions. Notre objectif est de fédérer durablement l'équipe dans une belle aventure commune où chacun se retrouve aussi personnellement. Et, chemin faisant, nous avons « inventé » des pratiques managériales originales pour porter nos valeurs :

- Apprendre ensemble de nos erreurs en commençant par les reconnaître ouvertement, c'est ce que j'ai fait face aux difficultés d'intégration de Gyration. J'en ai parlé au sein d'un réseau d'entrepreneurs amis, puis j'en ai parlé à l'équipe Gyration, aux États-Unis. C'est déstabilisant un CEO qui vient raconter ses erreurs à ses employés ! Mais c'est ainsi que nous avons compris que le problème n'est pas une simple question de différence culturelle nationale. Plutôt, les différences sont très personnelles et portent sur la façon d'envisager le développement futur de l'entreprise. Les uns, au sein de Gyration, s'inscrivent pleinement dans un modèle d'entreprise établie, leader sur son marché, dont la vocation est de le rester. Les autres, toujours au sein de Gyration, sont motivés par l'approche start-up que porte Movea et cette volonté d'influencer le monde de l'électronique grand public par l'innovation. J'ai mis du temps à comprendre cette situation source de tensions majeures. Décision a été prise de se séparer d'une partie du personnel et, du fait du dialogue, les départs se sont faits en très bonne intelligence.

Tableau 1.1 : Les valeurs clés de l'entreprise

Développement et équilibre personnel • Qualité de vie • Équilibre • Satisfaction professionnelle	**Responsabilité personnelle** • Prise de décision • Responsabilité individuelle • Communication
Passion • Attitude positive, « gagnante » • Ténacité pour réussir	**Comportement éthique et confiance élevés** • Inspire confiance • Honnêteté
Installer le rythme de l'innovation • Excellence • Inventer, inventer, inventer • Rupture • Mener l'innovation • Adopter le changement	**Focus sur l'utilisateur final** • Focalisation sur le client • Qualité • Facilité d'accès **Génération de richesse** • Rentable • ROI

- Créer les conditions favorables au développement personnel, une de nos valeurs fortes, nous a conduits à avoir une approche innovante de la gestion des ressources humaines face aux nouveaux environnements de travail. En effet, par les TIC, nous sommes toujours connectés, ce qui peut être source de tensions très fortes et affecter nos vies personnelles. Nous travaillons potentiellement tout le temps. Cette invasion de la vie privée est une réalité dont nous tenons compte et, par voie de conséquence, il devient normal que la vie privée « empiète », en termes d'horaires, sur le temps en principe dévolu à la vie professionnelle. Nous avons décidé de ne pas lutter contre ce fait. Nous le montrons tous les jours en tant que dirigeants : j'arrive à 9 heures car je m'occupe de ma fille et parfois je travaille à la maison en évitant ainsi les embouteillages. Nous incitons tout un chacun à aménager son temps, dans le respect de ses obligations pour ne pas pénaliser le développement de l'entreprise. Nous n'imposons donc aucun horaire de présence. Par contre, nous discutons fermement toute forme de radicalisation en faveur de la vie privée !

- Créer les conditions favorables au dialogue, notamment sur des sujets difficiles à aborder, parfois tabous, pour libérer les individus. J'ai instauré, une fois tous les 15 jours, le déjeuner au Novotel avec un employé. Au début, c'était inconfortable et gênant. Maintenant, c'est le lieu où nous pouvons échanger sur le contrat mutuel qui engage les collaborateurs avec la société. Nous créons ainsi une proximité interpersonnelle importante dans notre culture et décisive pour l'innovation. En effet, les individus sont en confiance pour proposer des idées en toute liberté, même si elles sont « décalées ».

En 2012, nous décidons de nous poser de nouveau la question de nos valeurs pour nous assurer que nous n'avons pas eu de dérive incontrôlée et mieux nous préparer à absorber une forte croissance du personnel.

Les résultats de l'enquête sont plutôt rassurants même si des marges de progrès comme sur la communication sont encore largement possibles.

Tableau 1.2 : Perception comparée dirigeants-employés de l'importance des valeurs de l'entreprise

Valeurs importantes pour nous	Rang	Très importante	Importante	Moyenne	Peu importante
Développement personnel	2	46 %	46 %	8 %	
Impulser le rythme de l'innovation	5	27 %	58 %	15 %	
Responsabilité du personnel	3	42 %	50 %	4 %	4 %
Orientation client final	1	69 %	23 %	8 %	
Communication	3	42 %	46 %	12 %	

Évaluation de notre score	Rang	Très élevé	Élevé	Moyen	Faible	Très faible
Développement personnel	1	18 %	50 %	32 %		
Impulser le rythme de l'innovation	2	18 %	50 %	27 %	5 %	
Responsabilité du personnel	3	9 %	55 %	36 %		
Orientation client final	4	9 %	50 %	36 %	5 %	
Communication	5	14 %	18 %	36 %	27 %	5 %

1.3.2. Être animé par le challenge

On entend beaucoup parler d'innovation par défis et concours. S'il ne s'agit pas de cela ici car nous veillons quotidiennement aux comportements et ne nous contentons pas d'actions épisodiques, il n'en reste pas moins vrai qu'il s'agit de repousser les limites de l'existant. L'enjeu est de sortir de sa zone de confort pour ne pas se transformer en dinosaure car, alors, nous serions passés à côté de notre histoire. Cela rappelle l'analogie bien connue de celui qui cherche ses clés sous le lampadaire car, même s'il les a perdues ailleurs, c'est le seul endroit où il voit quelque chose ! C'est inutile !

Ainsi, en forçant les individus à sortir de leur zone de confort, nous cherchons à limiter les comportements peu propices à l'innovation : ne rien faire de différent, rester dans le moule c'est moins engageant donc moins risqué et moins « usant ». C'est aussi une façon de créer des espaces d'innovation dans lesquels tout n'est pas sous contrôle. Comprendre qu'une part d'inconscience est nécessaire pour parvenir à relever les défis, développer la capacité à ne pas se laisser bloquer par des myriades de problèmes potentiels sont des aptitudes essentielles.

Par exemple, nous nous lançons des défis à chaque fois que nous reconsidérons, au sein de l'équipe dirigeante et avec toute l'équipe, notre feuille de route d'innovations sur des marchés grand public (*roadmaps*). Nous parvenons ainsi à développer notre ambition, faiblesse culturelle française relativement aux États-Unis. L'aversion au risque et au délire est un frein à la construction d'un Google, d'un Apple ou d'un Microsoft. Alors, nous cherchons, au sein de Movea, à créer les espaces qui vont permettre d'innover d'une façon différente de celle que voudraient nous imposer les cadres établis et contraignants de notre environnement. Nous ne refusons pas d'entrer dans les dispositifs formatés d'incubation et de concours nationaux qui permettent par exemple d'obtenir des financements. Toutefois, nous avons aussi la capacité à en sortir – c'est notre esprit de défi. Il est difficile de le maintenir durablement car, si les gens vous idolâtrent, ils ne tarderont pas à vous critiquer violemment à la première occasion. Pourtant, parfois, les résultats peuvent être décevants : ce fut le cas par exemple lorsque j'ai essayé de promouvoir la création en interne d'un *open space* un peu délirant, à l'image de notre entreprise ! Maintenant, je cherche à comprendre et nous créerons l'espace qui nous convient.

Ce mode de fonctionnement est aussi développé dans des activités hors entreprise. À plusieurs reprises, des collègues sportifs et moi avons entrepris des courses pédestres nocturnes en montagne.

1.3.3. Promouvoir la différence

Enfin, nous avons compris rapidement qu'un ingrédient de notre réussite est lié à nos attitudes en décalage avec les standards, en particulier de l'un des fondateurs, le directeur R&D (CTO, *Chief Technology Officer*). Il porte cela en lui et est le meilleur promoteur de Movea, en interne et en externe. Il est la matière grise de l'entreprise. Il a son style vestimentaire, il raconte des histoires incroyables et totalement décalées mais tout le monde est sous le charme. Ce phénomène, nous devons l'entretenir et l'amplifier. C'est sans doute cette caractéristique qui a contribué à nous rapprocher. Si j'ai mis du temps à m'affirmer ainsi et à l'accepter, je l'assume aujourd'hui pleinement et avec bonheur. Je considère que nous devrions intégrer cet élément dans nos processus de recrutement, de choix de partenaires voire même de clients. C'est un facilitateur pour se comprendre, mais aussi pour mettre en avant une image en cohérence avec notre innovation. Il s'agit de ne pas trahir notre idée pour la renforcer encore.

Cette différence, je l'ai décrite dans notre façon de créer des activités innovantes, selon des chemins innovants et surtout en dehors des sentiers battus. Pour autant, ce décalage ne signifie pas que nous ignorons les modèles et les pratiques établis.

Par exemple, nous n'avons pas appliqué les recommandations des études marketing amont qui nous dirigeaient vers le monde médical en priorité. Mais elles nous ont servi à convaincre nos premiers investisseurs qui, eux, raisonnent sur la base de ces approches rationnelles. Elles nous ont aussi permis de prendre nos décisions de manière plus sereine, c'est-à-dire en connaissance de cause. De la même façon, nous sommes entrés en incubation selon une logique de « *technology push* ». Nous avons formé notre *business plan* dans les formats imposés et obtenu des financements grâce à cela. C'est un « bon » exercice. Toutefois, dans l'action et face aux réalités du terrain, nous avons exécuté un autre plan : l'acquisition externe, le grand public et l'internationalisation d'emblée. Pour nous, les cadres imposés, même s'ils sont réconfortants et facilitateurs vis-à-vis de certains publics, se sont avérés trop contraignants. En cela, nous sommes décalés.

Il en est de même pour les relations interpersonnelles entre collègues et avec la direction. On cherche aussi à révéler la part de créativité et d'artistique de ceux qui le souhaitent. Cela commence par identifier cette sensibilité souvent confinée à la vie privée. Ensuite, nous cherchons des moyens de communiquer sur ses dimensions entre nous afin de sortir des sentiers battus et des problématiques de l'entreprise. C'est un pas difficile pour certains que d'accepter de sortir du cadre ! Mais, de façon surprenante, j'ai découvert que quelques-uns de nos ingénieurs sont fans de mangas, un autre du Japon, etc. Nous avons pu, par ce biais, développer une autre proximité. C'est innovant et propice à l'innovation.

Au sein de Movea, nous sommes décalés par conviction et cela nous permet de prendre des risques de manière constructive et toujours utile. Cette image est aujourd'hui appréciée de notre environnement externe. Elle fait partie de notre capital culture d'entreprise, elle est reconnue par nos actionnaires et nos partenaires et elle nous permet d'avoir une influence sur notre monde industriel. Le corollaire est qu'il nous faut toujours avoir un coup d'avance. Nous ne pouvons pas nous arrêter, comme le ferait sans doute une entreprise établie dans d'autres secteurs.

2. Synoptique des problématiques de management de l'innovation

Les retours d'expérience apportés par Movea permettent tout d'abord de se positionner comme dirigeant d'une jeune entreprise innovante pour prendre conscience de l'ampleur et de la nature des problématiques qui se posent à lui, de leurs spécificités en lien avec l'innovation. Face à la complexité du sujet, nous proposons un cadre intégratif visant à appréhender les multiples questionnements du cas selon cinq dimensions clés et interdépendantes. Une fois décrites, nous proposons de spécifier, à partir des expériences de Movea, la nature de ces problématiques et les voies de résolution envisagées et envisageables, en faisant référence aux chapitres de cet ouvrage.

2.1. Les dimensions clés du management de l'innovation : cadre intégratif

Nous suggérons de nous référer au modèle intégratif proposé par J. Bessant et J. Tidd, présenté à la figure 1.1.

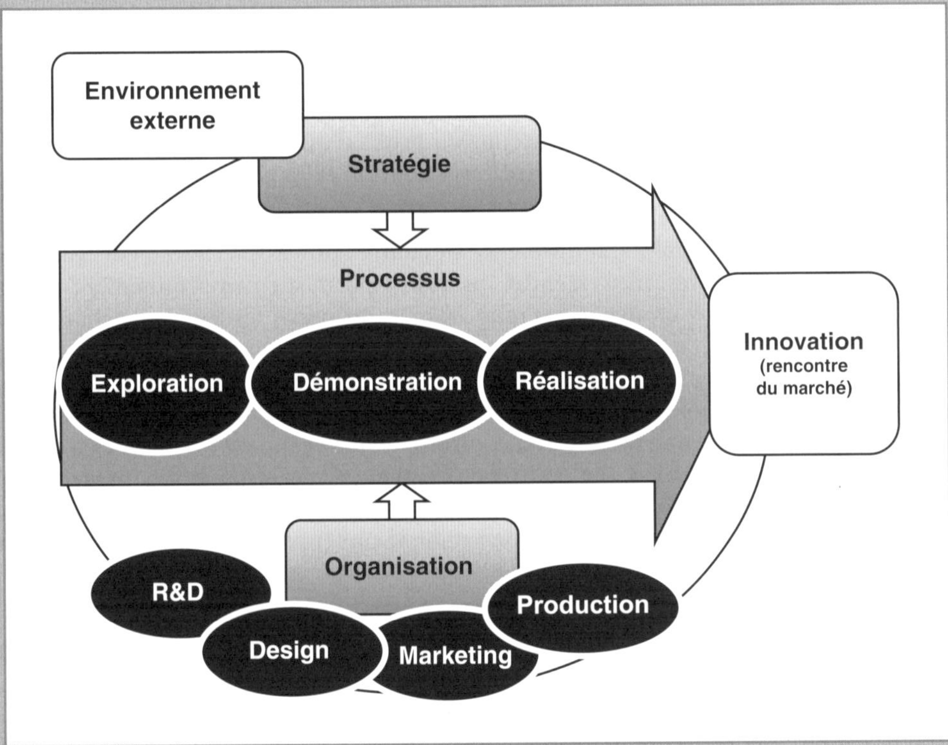

Figure 1.1
Schéma intégratif des dimensions du management de l'innovation.

Source : les auteurs, selon les travaux menés par J. Bessant au sein du réseau européen Innovation Lab.

Ce schéma présente la problématique managériale de l'innovation selon cinq dimensions génériques et reliées :

- **La stratégie :** elle concerne la formulation d'une vision déclinée en objectifs, en moyens humains et organisationnels (supervision, coordination, information) et en plan d'exécution. Elle comprend aussi un système de suivi, d'ajustement et d'évaluation des performances, indispensable au pilotage et à l'amélioration de la performance. Certains utilisent par exemple les démarches de « *balance scorecard* », initialement ancrées dans les approches financières de la stratégie. Elle repose généralement sur une démarche en trois temps de diagnostic de la situation interne et externe, de formulation et de choix des options de développement puis d'exécution de cette stratégie. Dans le contexte de l'innovation, cette stratégie peut être déclinée sous la forme de « feuille de route » technologique, produits et marchés. Des objectifs sont formulés en termes de brevets, de produits nouveaux en nombre et en taux de pénétration du marché, de chiffre d'affaires basé sur les nouveaux produits, de satisfaction clients face aux offres nouvelles. Toutefois, l'innovation sert la stratégie, en amont, par une lecture dynamique voire créative de l'environnement. Elle permet d'éclairer les dirigeants sur l'impératif d'innover, en le qualifiant en termes de types d'innovations et d'urgence à rencontrer le marché. Parfois, la nécessité de sortir du cadre établi par le métier, l'offre et le marché conduit à construire des stratégies dites émergentes dans lesquelles la contingence de l'environnement s'atténue au profit d'une approche plus interactionniste, avec une influence mutuelle entre l'organisation et les parties prenantes externes. C'est ici que le *business model* prend tout son sens.

- **L'environnement externe :** à la différence des autres processus clés de l'organisation, lorsqu'il s'agit d'innovation, l'essentiel du regard porté sur l'environnement externe est orienté vers le futur et met en exergue les mécanismes et les leviers de changement d'un marché, d'un secteur, d'une industrie. Il s'agit de comprendre les dynamiques d'innovation en place et la façon dont elles sont susceptibles d'évoluer pour dégager des trajectoires d'innovation ambitieuses mais réalistes pour les entreprises. L'approche est donc plus constructive que descriptive, contrairement à ce qui est l'habitude en matière d'analyse de l'environnement. Les chiffres n'existent pas, les situations concurrentielles peuvent être totalement reconfigurées, notamment durant des périodes de turbulences et de rupture telles que nous les connaissons aujourd'hui et probablement pour les 10 ans à venir.
- **Le processus d'innovation :** il a pour objectif principal de produire et de commercialiser des innovations, c'est-à-dire des solutions perçues comme significativement nouvelles par des clients solvables, qui décident de les acheter durablement, de sorte que l'entreprise innovante en retire une valeur économique et durable. Si les premiers travaux sur ce processus ont permis de le formaliser sous la forme d'étapes et de jalons clés, permettant l'élaboration de procédures et de routines d'innovation propices à son optimisation, on entre aujourd'hui dans une plus grande diversité d'approches, moins linéaires, plus ouvertes et collaboratives, plus orientées vers l'expérimentation et l'innovation à caractère radical. Toutefois, quelles que soient les caractéristiques de l'approche retenue, trois activités distinctes doivent être mises en œuvre pour parvenir à l'objectif : l'exploration qui va de l'idée au concept d'innovation convaincant et fédérateur d'une équipe intégrant les principales parties prenantes requises pour l'innovation ; la sélection stratégique des concepts les plus prometteurs et en même temps les plus acceptables par l'organisation qui va les exploiter, cette phase incluant une réflexion sur les ressources et les modes d'organisation propices à la réussite de l'innovation sur le marché ; la réalisation de l'innovation qui, lorsqu'elle est significativement nouvelle, requiert un temps d'expérimentation technique, mais surtout commercial, logistique, financier, etc.

- **L'organisation et les capacités d'innovation :** l'attention portée au processus d'innovation comme élément cœur du dispositif d'innovation a permis d'identifier les ressources spécifiques à l'innovation. Au départ, l'importance de la technologie dans l'innovation a conduit à donner une place dominante à la R&D dans l'innovation. Certaines organisations continuent aujourd'hui à profondément lier, voire confondre, les deux. Du fait de difficultés de diffusion sur le marché, les acteurs du marketing ont dès lors été sollicités, devenant un second pilier de l'innovation. Puis les acteurs du design, de la production, de la commercialisation, de la finance, etc., toutes les fonctions de l'entreprise, peuvent être mobilisés. Ensuite, un autre élément est apparu bloquant : le non-alignement de tous les acteurs de la chaîne de valeur industrielle bloque la rencontre du marché final. L'organisation de l'innovation est devenue plus collaborative, à travers des partenariats stratégiques. Enfin, à court d'idées significativement nouvelles ou désireux de remporter de nouveaux marchés, ces partenariats ont débouché sur de nouvelles stratégies d'exploration, intégrant des utilisateurs ou des communautés thématiques comme une ressource d'innovation. Les projets qui émergent ainsi peuvent conduire l'entreprise à créer de nouvelles structures, telles que de nouvelles entités dédiées à l'expérimentation de nouvelles activités, des équipes *ad hoc*, des filiales communes avec d'autres entreprises, des start-up dans lesquelles elles s'impliquent plus ou moins – ou bien intégrer des entreprises externes.
- **Les résultats et la performance de l'innovation :** traditionnellement, les principaux indicateurs de performance de l'innovation comprennent : le nombre de nouveaux produits et services commercialisés dans les une à trois dernières années ; la part du chiffre d'affaires réalisé par ces nouvelles offres ; le niveau de satisfaction clients et leur fidélité à ces nouvelles offres. De plus en plus, certaines entreprises accordent une valeur sociale et durable à l'innovation en évaluant aussi son impact sur l'emploi, sur la création de richesse sur un territoire donné. Enfin, quelques indicateurs intermédiaires sont aussi utilisés tels que le nombre de brevets déposés au cours d'une période donnée pour témoigner d'une création de connaissances nouvelles et valorisables.

Mais, en définitive, ce qui fait véritablement une entreprise innovante, ce sont les hommes qui la composent avec leurs convictions, leurs comportements et leurs actions de plus en plus orientées vers le progrès social, et non uniquement technique, face aux grands défis que nous devons relever à l'échelle planétaire. Et si le « zéro innovation » devenait une stratégie d'innovation !

2.2. Les problématiques du management de l'innovation à travers le cas Movea

Nous proposons d'utiliser le cadre intégratif précédent pour identifier et spécifier les problématiques managériales que présente l'innovation dans l'histoire de Movea et les relier au contenu de cet ouvrage. Le tableau 1.3 est une vue synoptique de cette section.

Tableau 1.3 : Synoptique des problématiques de management de l'innovation de Movea

Dimensions du management de l'innovation	Problématiques	Mots clés associés
Stratégie	Une start-up en création peut-elle raisonnablement prétendre mettre en œuvre une stratégie de différenciation sur un marché de masse ?	Stratégie d'innovation
	Quels sont les *business models* potentiels et recommandés, partant de la technologie de capture de mouvements, qui trouvent d'innombrables applications sur des marchés multiples ? Comment faire évoluer ce ou ces *business models* pour atteindre l'objectif visant à influencer significativement et durablement le monde du multimédia et du mobile ?	*Business models*
Environnement externe	Entre les kinés et les télécommandes de jeu, quels sont les marchés les plus propices à l'innovation à base de capture de mouvements ? Quels sont les marchés où la concurrence actuelle ou future sera surmontable ? Comment vont réagir les acteurs en place face à l'arrivée d'un nouvel entrant (Movea) sur le marché du mobile ?	Dynamique d'innovation Anticipation Environnement Concurrence
Processus d'innovation	Comment explorer 360° d'obscurité tant les applications de la technologie sont diverses et nouvelles et les marchés mondiaux ? Comment définir un espace d'innovation privilégié pour ne pas se perdre et programmer sa feuille de route d'innovation pour les trois ans à venir sans s'enfermer ni se disperser ? C'est un travail de cadrage qui nécessite plus que des analyses détaillées mais bien de la conviction et de la vision.	Exploration Espace d'innovation *Roadmap*
	Comment découvrir la valeur potentielle de l'innovation du point de vue de clients non connus ni identifiés ? Une des approches privilégiées par Movea est l'expérimentation de terrain, la proximité physique et l'interaction avec les clients potentiels, à l'international puisque le marché est nécessairement mondial. C'est ainsi que sont confortées les intuitions et que peuvent être envisagées des études plus quantitatives.	Vision Valeurs Clients Marché
	Le travail de démonstration auprès des clients est remarquable par le caractère enrichissant qu'il apporte à la proposition de valeur. Notamment, la perspective d'une nouvelle offre incluant des dimensions de partage de valeur et de risque avec le client implique des innovations commerciales et financières s'adressant en direct au dirigeant de l'entreprise cliente. C'est la puissance des réflexions à base de *business models* qui permet d'amplifier d'un facteur 10 la création de valeurs.	Expérimentation Démonstration *Business model* Diffusion
	Ensuite, en termes d'exécution, se lancer d'emblée commercialement aux États-Unis, par une stratégie d'acquisition externe, est une voie faisable : à quelles conditions et avec quel niveau de risque ?	Risques

Dimensions du management de l'innovation	Problématiques	Mots clés associés
Organisation et ressources	Comment une start-up juste créée peut-elle devenir visible auprès de tout un secteur d'activités, constitué de multinationales, leaders mondiaux qui, *a priori*, refusent de travailler avec les petites entreprises ? Se faire connaître et reconnaître comme innovante dans un secteur particulièrement exigeant, passer la barre fatidique des trois à cinq ans avec une croissance exemplaire et des perspectives majeures sont des prouesses qui méritent que l'on s'y attarde. Les ingrédients qui font la force de cette équipe de 40 personnes réunie autour de dirigeants « atypiques » méritent d'être identifiés. Par exemple, la marque Movea n'est-elle pas un élément essentiel aujourd'hui du capital de l'entreprise, aux yeux des employés, des investisseurs, des clients et même du territoire ? Les valeurs que porte cette marque sont un outil au service de la mobilisation, la responsabilisation et peut-être bientôt du recrutement de nouvelles personnes, sujet sur lequel l'expérience Gyration a enseigné beaucoup aux dirigeants – notamment sur la force des valeurs des personnes, au-delà des simples différences culturelles.	Collaborations Partenariats Compétences Capacités dynamiques Marque Valeurs
Résultats et performances	Les résultats de l'entreprise en moins de cinq ans d'existence sont très au-delà de la moyenne des start-up françaises. La notoriété de la marque qui confère à Movea une réputation d'entreprise innovante, acquise notamment auprès des plus grands industriels du secteur, est sans doute aussi gage de valeur et de performance durable. Dans le même temps, les valeurs fortes de l'entreprise sur lesquelles elle s'autoévalue mettent aussi en avant une philosophie qui va bien au-delà des logiques purement financières. On pourrait parler de capital innovation, toujours enrichi par des hommes qui, portés par des convictions fortes, sont constamment en quête d'apprendre. Cet apprentissage continu dans l'action est à la base des capacités dynamiques de l'entreprise, caractéristique essentielle des organisations innovantes, un élément fondamental pour prétendre changer de marché ou étendre ses métiers par exemple.	Apprentissage Capital innovation Convictions Performance durable

Tout au long de cet ouvrage, nous apportons des éléments de cadrage et de réflexion sur l'ensemble de ces questions. Toutefois, il convient de ne pas chercher à prouver l'existence d'une seule bonne réponse. Une façon constructive de retirer de véritables enseignements et de se les approprier à travers ce cas est plutôt de vous forger un avis sur chacun des questionnements proposés, voire d'en proposer d'autres et de les reformuler, puis de confronter vos propositions à celles de vos pairs, de vos collègues, de vos enseignants… de Movea !

Conclusion

> *« Être innovant, ce n'est pas juste un produit, une solution, cela doit transpirer de partout, dans la façon de travailler, de communiquer, de se comporter… [dans] l'organisation, les comportements, la fabrication de l'offre, de l'entreprise, de ses espaces. »* S. Guilaumé

Un exemple récent de patron d'entreprise, qui œuvre dans le domaine des TIC et qui m'a positivement stupéfié par sa capacité d'innovation, vient de la Mayenne. Cette entreprise familiale a démarré en 1957 avec comme activité principale l'impression des disques vinyles. Elle est devenue le plus gros fabricant en Europe. Toutefois, en 1984, l'entreprise est passée aux CD et devient de nouveau le plus gros fabricant en Europe. Comme le marché du CD est en baisse, l'entreprise se lance dans les panneaux photovoltaïques. C'est remarquable. Je suis toujours impressionné aussi par IBM et sa capacité à se réinventer sans cesse.

S'il est une façon d'apprendre le management de l'innovation, elle met forcément en avant la valeur du réseau comme, dans mon cas, le CEO-CF. Nous sommes une communauté d'entrepreneurs innovateurs européens et nous nous réunissons très régulièrement pour échanger et apprendre de nos expériences et de nos difficultés. Ma première intervention dans ce réseau a porté sur mes difficultés d'intégration de Gyration. Les quelques mots de retour d'un des membres du réseau ont été « forts » mais extrêmement efficaces.

Si j'ai un vœu pour l'innovation en France, c'est de parvenir à sortir des modèles d'innovation technologique tels qu'ils sont pratiqués. Je souhaite aussi limiter les pressions liées à la dictature des indicateurs financiers dans les choix d'investissement. Il faut mettre l'homme et ses convictions au cœur du sujet, avant la technologie qui seule ne vaut rien et avant les finances. En ce qui concerne Movea, le poids de l'innovation dans la performance de l'entreprise est majeur et va se développer durablement selon une logique d'adaptation rapide aux évolutions de notre secteur – en particulier aux nouveaux comportements des consommateurs, issus des nouvelles générations. Nous prêtons une attention particulière au nombre de nouveaux produits et au nombre de brevets depuis un à trois ans, car le progrès technologique reste l'élément majeur de l'innovation dans notre secteur. La relation clients et leur satisfaction feront l'objet aussi d'une attention particulière.

Bibliographie complémentaire

Tidd J. et Bessant J., *Managing Innovation. Integrating Technological, Market and Organizational Change*, 4e éd., Wiley Textbooks, 2009.

Chapitre 2

Stratégie et innovations

Après avoir lu ce chapitre, vous saurez :

- comprendre le lien étroit entre innovation et stratégie de l'entreprise ;
- identifier la nature de la compétition sur les activités de l'entreprise ;
- déterminer le type d'innovation ou les directions à donner à l'innovation pour permettre à l'entreprise de faire face à la compétition en vigueur sur l'activité.

Dans toute son histoire, Ikea, le leader de la décoration et du meuble en Europe, a eu recours à l'innovation pour se jouer de ses concurrents, se différencier d'eux, parfois les rattraper ou les distancer, voire changer de concurrents.

Dans les années 1940, Ingvar Kamprad décide, tout d'abord, de créer le meuble en kit, afin de faire entrer plus de meubles dans son camion de livraison. Puis Ikea joue un rôle de suiveur en ouvrant dans les années 1950 des magasins aux objectifs identiques à ceux des autres entreprises, autrement dit destinés à vendre des meubles et des fournitures dans des enseignes naissantes. Pour autant, dès 1955, Ikea va chercher à se différencier de ses concurrents en embauchant des designers qui proposent des produits astucieux, à l'esthétique notable, de très bonne qualité et à un prix compétitif par rapport à ceux pratiqués par les concurrents. Le développement de nouveaux produits en kit est poussé à son paroxysme avec l'annonce de la construction d'une maison, innovation qui sera peu développée… Quelques décennies plus tard, dans les années 2000, Ikea devient le premier manufacturier à « produire » dans une usine polonaise, acquise pour l'occasion, des meubles dont les motifs sont directement imprimés sur le panneau de particules ou de fibres[1].

Ces quelques exemples d'innovation, empruntés à Ikea, introduisent plusieurs leçons sur l'innovation :

Tout d'abord, ils rappellent que l'innovation est multiforme : innovation de produits ou innovation de procédés,

1. Source : www.ikea.com/ms/fr_CA/about_ikea/the_ikea_way/history/2000.html.

innovation incrémentale, comme l'amélioration d'un meuble, ou innovation radicale, comme l'impression sur fibres…

Ensuite, ces exemples montrent que l'innovation est non pas une finalité, mais un moyen de différenciation avec la concurrence existante : Ikea se différencie des concurrents directs en créant sa propre gamme de meubles. Une fois que la concurrence sur les meubles en kit sera établie, le groupe cherchera à innover sur le prix de ces derniers. L'innovation est donc en lien avec la recherche du développement d'un avantage concurrentiel.

Dernière leçon tirée de ces exemples : l'avantage concurrentiel n'est pas durable, loin s'en faut. Dans certains cas, il dure même très peu de temps, quelques années tout au mieux. Pour les industries dans lesquelles l'avantage concurrentiel est de courte durée, l'innovation répétée devient alors la règle.

Ce présent chapitre cherche à répondre à deux questions soulevées par ces trois exemples :

- Quels sont les différents modes de compétition que l'entreprise peut mettre en avant pour se différencier de ses concurrents et quel est le rôle de l'innovation dans chacun de ces modes de compétition ?
- Quelles sont les trois principales typologies que l'on utilise pour classer les innovations ? Quels sont leurs intérêts et limites respectifs ?

Pour ce faire, construisons notre réflexion en trois temps. (1) Pourquoi l'entreprise innove-t-elle ? Nous répondrons à cette question en présentant les innovations qui servent la continuité et celles qui créent de la rupture et cassent les règles du jeu de l'activité. (2) Comment l'entreprise innove-t-elle ? Nous présenterons la deuxième typologie classiquement utilisée pour classer les innovations : l'innovation de produits ou de services et l'innovation de procédés. (3) Avec qui l'entreprise innove-t-elle ? La réponse à cette dernière question sera l'occasion de discuter la pertinence de la dernière typologie d'innovations utilisée, à savoir l'opposition entre les innovations radicales et les innovations incrémentales ou architecturales. Enfin, nous conclurons ce chapitre en présentant le phénomène d'« hypercompétition » et en questionnant la pertinence du mode de compétition par l'innovation pour faire face à ce phénomène.

1. Innover, pourquoi ?

1.1. Brefs rappels sur les règles du jeu de la compétition entre entreprises

Décider sur quoi, quand et comment innover s'inscrit de manière logique dans la stratégie de l'entreprise. Aussi, avant même d'identifier les différentes catégories d'innovations, avant même de comprendre leur enjeu, convient-il de rappeler certaines bases de management stratégique sur lesquelles nous nous appuierons par la suite. Dans cette quête de la compréhension du lien entre type d'innovation et enjeu pour l'entreprise, nous nous intéresserons au concept de facteur clé de succès de l'industrie, que nous assimilerons à la règle du jeu qui est en vigueur sur ce terrain.

1.1.1. Les facteurs clés de succès : règles du jeu de l'industrie et objet de l'innovation

Toute entreprise ou autre organisation qui souhaite être durablement présente dans une industrie doit être en conformité avec les règles de cette dernière. Par règles, nous ne faisons pas uniquement référence aux réglementations en vigueur ou aux normes, mais aussi et surtout aux pratiques que l'ensemble des acteurs présents a peu à peu développées, instaurées, institutionnalisées. Prenons l'exemple de l'industrie de l'agroalimentaire et, plus précisément, de l'activité ultrafrais qui intègre, entre autres, les produits laitiers. Un nouvel acteur qui souhaite intégrer cette activité devra se plier aux règles en vigueur : indiquer les dates limites de conservation sur ses produits et respecter les normes afférentes au respect de la chaîne du froid. Il devra aussi présenter des produits qui respectent les codes traditionnellement reconnaissables par les clients/consommateurs. En France, les yaourts se vendent généralement en packs de 2, 4, 8 ou 16 unités et sont conditionnés dans un type de plastique fermé par un opercule, généralement de couleur bleue ou blanche. L'entreprise présente sur cette activité distribue ses produits *via* un réseau, qui fonctionne par centrales d'achats. Elle devra être référencée auprès de ce réseau. Les délais de paiement des distributeurs sont traditionnellement de 60 jours. L'entreprise devra donc structurer son besoin en fonds de roulement (BFR) en conséquence. BFR, référencement chez un distributeur, respect des délais de conservation… toutes ces conditions sont appelées facteurs clés de succès (FCS). **Les FCS sont les conditions que doit remplir toute entreprise qui souhaite être durablement présente dans une industrie**.

Bien évidemment, ces facteurs clés de succès ne restent pas figés dans le temps. Les entreprises présentes dans l'industrie considérée, mais aussi les clients qui ont tous progressivement adhéré à l'offre initiale, sont autant de sources d'évolution de ces FCS. À l'instar de l'industrie, les facteurs clés de succès suivent un cycle de vie : on distingue généralement des facteurs clés de succès émergents, présents depuis peu dans l'industrie, maîtrisés par quelques entreprises dominantes qui vont ensuite imposer ces FCS comme de nouvelles règles. Ces FCS émergents s'opposent aux FCS matures, qui existent depuis bon nombre d'années dans l'industrie et qui sont maîtrisés par l'ensemble des entreprises. L'exemple 2.1 présente une illustration concrète des évolutions des facteurs clés de succès de l'activité des capteurs d'images entre 1998 et 2005.

Exemple 2.1

Évolution des facteurs clés de succès de l'activité des capteurs d'images entre 1998 et 2005

Le capteur d'image peut être utilisé dans de nombreuses applications : webcams, caméras, appareils photo mais aussi téléphones portables, systèmes de sécurité, etc. Certaines de ces applications sont encore balbutiantes en 1998. Pour autant, l'ensemble des industriels qui œuvrent dans cette activité répond aux FCS suivants, lesquels émanent essentiellement de clients tels que Nokia ou Canon.

1. Tout d'abord, il convient de produire des capteurs à des coûts toujours plus faibles, sans pour autant en dégrader la qualité, en particulier le nombre de pixels contenus dans les capteurs.

Exemple 2.1 (suite)

2. Ensuite, les capteurs ne doivent pas être proposés seuls sur une puce, mais doivent être intégrés à d'autres fonctions.
3. Les capteurs ne doivent pas exiger une consommation importante d'énergie. Pour illustration, il ne faut surtout pas que l'utilisation du capteur d'un téléphone portable, utilisé pour prendre une photographie, consomme l'intégralité de l'énergie contenue dans la batterie !
4. Le faible temps de développement et d'industrialisation pour la commercialisation de ces capteurs compte également : les clients tels que les constructeurs de téléphone font rapidement évoluer leurs gammes de produits. Ils souhaitent donc faire évoluer l'ensemble des composants de leurs produits, au rang desquels les capteurs. En outre, cette industrialisation rapide du capteur doit également s'accompagner de la capacité de produire de gros volumes.
5. Les capteurs doivent pouvoir se vendre soit seuls, soit intégrés à d'autres fonctions.

À la figure 2.1, les FCS sont résumés dans l'encadré central. En 1998, les FCS dominants, c'est-à-dire les règles du jeu qu'il convient absolument de maîtriser sous peine d'être rejeté de l'activité, sont la capacité d'intégrer d'autres fonctions à la puce, de proposer une puce qui consomme peu d'énergie et, enfin, de développer rapidement cette dernière. En 2005 (voir figure 2.2), les règles du jeu dominantes dans cette activité des capteurs demeurent mais les FCS les plus importants à maîtriser sont les coûts de production, le rapide développement, la mise en marché de la puce et, enfin, la possibilité de vente de ce capteur sous deux formes : la puce seule ou intégrée dans un système.

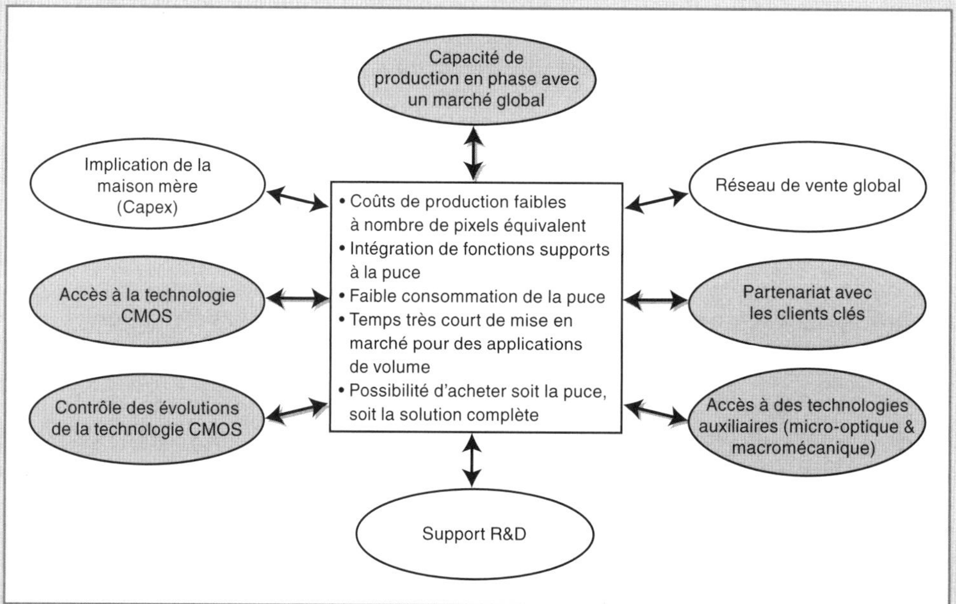

Figure 2.1

Facteurs clés de succès de l'activité de capteurs d'images et positionnement de ST Imaging en 1998.

Exemple 2.1 (suite)

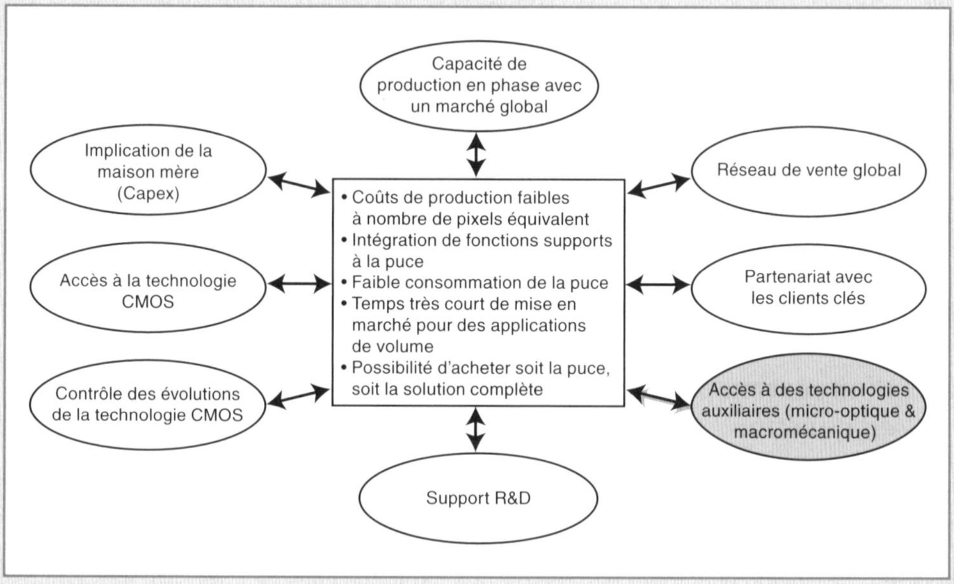

Figure 2.2
Facteurs clés de succès de l'activité de capteurs d'images et positionnement de ST Imaging en 2005.

Pour faire face à ces FCS, l'entreprise peut réfléchir aux ressources dont elle dispose et à ses capacités et compétences. Pour ST Imaging, ces ressources et compétences sont résumées dans les bulles qui entourent l'encadré central. Pour autant, ces mêmes ressources et compétences sont maîtrisées de manière inégale. En 1998 (voir figure 2.1), ST commence à développer des offres en partenariat avec des clients qu'elle considère clés, car soit ils sont leaders sur leur marché, soit ils possèdent des savoir-faire qui peuvent l'aider. En 2005, cette faiblesse est résolue (voir figure 2.2).

Source : Margerie (de) V. et Le Loarne S., « Visualiser la combinaison entre ressources et compétences pour optimiser les risques et créer un avantage compétitif durable : proposition de carte cognitive », *Risques et Management internationaux*, n° 1, 2009.

1.1.2. Orienter l'innovation et changer les règles du jeu de l'industrie

Le recours à une réflexion sur les facteurs clés de succès de l'activité est nécessaire, car il constitue un moyen d'identification de l'objet d'innovation. Dans la mesure où les règles du jeu sont données, l'enjeu est de savoir dans quelle mesure l'offre de l'entreprise, mais aussi son processus de production ou de livraison de cette même offre, permet à cette dernière de jouer avec les règles du jeu de son activité. Ainsi, grâce à l'identification des FCS, l'entreprise identifie la finalité de son innovation : elle doit, *a minima*, servir les règles du jeu de l'activité. Ainsi, comme le présente l'approfondissement 2.1, l'entreprise ST Imaging cherchera à innover dans son produit en proposant justement des solutions qui consomment, par exemple, moins d'énergie, peut-être au détriment d'une amélioration très importante de la performance du produit, qui aurait pu se traduire par une augmentation considérable du nombre de pixels. En ce sens, une réflexion à partir des FCS, règles du jeu de l'industrie, est une manière d'orienter l'innovation.

Le recours à la réflexion sur les FCS présente un second avantage : il permet d'identifier les zones d'ombres pour créer de nouvelles règles, de nouveaux FCS, par l'innovation. Il s'agit ainsi de casser les règles du jeu de marché en créant des FCS émergents. L'illustration la plus simple est Apple – certes, il n'est pas le seul ! – qui propose un écran tactile pour le téléphone mobile associé à de multiples applications qui vont bien au-delà du simple appel téléphonique ! L'enjeu est de gêner les concurrents directs : l'intérêt des clients pour ce type de produits oblige les concurrents à modifier leurs projets de téléphones et à suivre malgré eux les règles imposées par Apple.

1.2. L'innovation pour jouer selon les règles du jeu ou les remettre en question

La première partie de ce chapitre, consacré aux raisons d'être de l'innovation, rappelle que l'entreprise, pour être compétitive, doit jouer selon les règles en vigueur sur son terrain de jeu, son périmètre d'action. Elle peut recourir à deux stratégies : soit elle respecte ces règles, qu'elles aient été établies par elle ou non ; soit elle cherche à les casser en en créant de nouvelles. Ce constat nous amène donc à présenter la première typologie qui classe les innovations en deux catégories : les innovations de rupture et les innovations de continuité.

1.2.1. Les innovations de rupture : casser l'espace d'innovation et les FCS

L'innovation de rupture, comme son nom l'indique, fait référence à une innovation de produit ou de processus qui casse les règles du jeu et les normes en vigueur sur l'activité considérée.

Rupture : de quoi s'agit-il ?

Deux niveaux de rupture sont traditionnellement envisagés :

1. Le premier niveau est la rupture par rapport à ce que le client et l'utilisateur ont l'habitude de consommer, d'utiliser. En 2003, l'utilisation d'un téléphone portable pour prendre des photographies peut être considérée comme une innovation de rupture en son temps. La rupture porte ici sur la finalité de l'objet – prendre une photographie et non pas réaliser un appel téléphonique –, mais d'autres éléments de rupture peuvent être envisagés. Ainsi, le mode de commercialisation du café, par dosettes individuelles et non par paquets, renvoie à une rupture en termes de modèle économique ou de *business model*[2]. La rupture en termes d'usage est illustrée par l'ajout d'un écran tactile sur un ordinateur : l'utilisateur n'utilise plus la souris ou le clavier ou encore la commande vocale pour réaliser une tâche.
2. Le second niveau, qui est unanimement reconnu et identifié dans les recherches sur le thème de l'innovation de rupture, est la technologie. On parle alors de découverte scientifique qui « casse le couplage produit/technologie et qui fournit les bases pour un

2. Cet aspect de l'innovation est développé aux chapitres 8 et 9 de cet ouvrage.

nouveau mode de compétition[3] ». Ces innovations consistent surtout en des **innovations à caractère technologique**. Cette technologie se situe en position de substitution avec les technologies en vigueur pour produire des produits ou services aux finalités similaires. Le concept d'innovation de rupture a été théorisé par plusieurs chercheurs. Néanmoins, la théorisation la plus connue et diffusée est celle de Christensen (voir approfondissement 2.1). Comme nous le présentons dans le présent chapitre, cette théorisation est largement utilisée pour développer des méthodes d'anticipation de ruptures et de futures innovations.

Approfondissement 2.1

La théorisation de l'innovation de rupture par C. Christensen (1997)

Clayton Christensen est un professeur spécialisé dans le management de l'innovation de rupture et des ruptures technologiques. Son ouvrage majeur, paru en 1997, et issu de ses recherches à la Harvard Business School, est intitulé *Le Dilemme de l'innovateur*.

Pourquoi les grandes firmes qui jouent dans le respect des règles du jeu perdent-elles leur industrie et meurent ?

Dans cet ouvrage, Christensen explique les raisons pour lesquelles certaines grandes entreprises qui sont dans une position de leader dans leurs industries respectives viennent à mourir. L'explication est simple : elles interviennent dans leurs industries avec des innovations de continuité (*sustaining innovations*) sans se soucier des autres acteurs – tels que des entreprises qui appartiennent à leurs industries, mais pas forcément. Ces acteurs proposent des offres similaires, mais qui reposent sur une technologie différente. Ils proposent ainsi des offres plus performantes, qui génèrent de nouvelles utilisations. Petit à petit, ces derniers modifient les règles du jeu de l'industrie.

Entre-temps, ces entreprises leaders réalisent l'existence de la rupture technologique, identifient l'innovation de rupture mais il est trop tard : le marché a déjà adopté cette dernière, et les anciens leaders n'ont plus ni le temps nécessaire ni les ressources pour rattraper leur retard. Elles perdent ainsi inexorablement des ventes, puis des parts de marché, leur leadership et, petit à petit, meurent.

Le mécanisme des innovations de rupture

Les évolutions des innovations de rupture se comprennent et suivent une trajectoire analogue à celle des technologies de rupture. Au fur et à mesure de leurs utilisations, les technologies dites de continuité (ou *sustaining technologies*) évoluent et sont modifiées par les différents laboratoires de R&D avec lesquels travaillent les différentes entreprises qui les exploitent en développant et commercialisant des innovations dites de continuité (*sustaining innovations*). Ces innovations de continuité, qui reposent toutes sur la même technologie, gagnent progressivement en performance. À titre d'illustration, les capteurs d'images ont durant très longtemps été développés à partir du standard CCD (*Charge-Coupled Device*). Toute progression en termes de performance était permise par une

3. Traduction de Kassiecieh *et al.*, « Factors Differenciating the Commercialization of Disruptive and Sustaining Technologies », *IEEE Transactions on Engineering Management*, 494, 2002, p. 375-387.

Approfondissement 2.1 (suite)

amélioration de la technologie CCD. Puis vint la technologie CMOS (*Complementary Metal Oxide Semiconductor*)* qui, initialement, ne permet pas d'atteindre une performance comparable au CCD. Elle donne naissance à des capteurs CMOS de 300 pixels contre près de 3 mégapixels pour le CCD ! Pour autant, une amélioration progressive de cette technologie de rupture permet de développer, progressivement, des capteurs plus performants, qui atteignent désormais la performance des CCD. La figure 2.3 illustre ce propos.

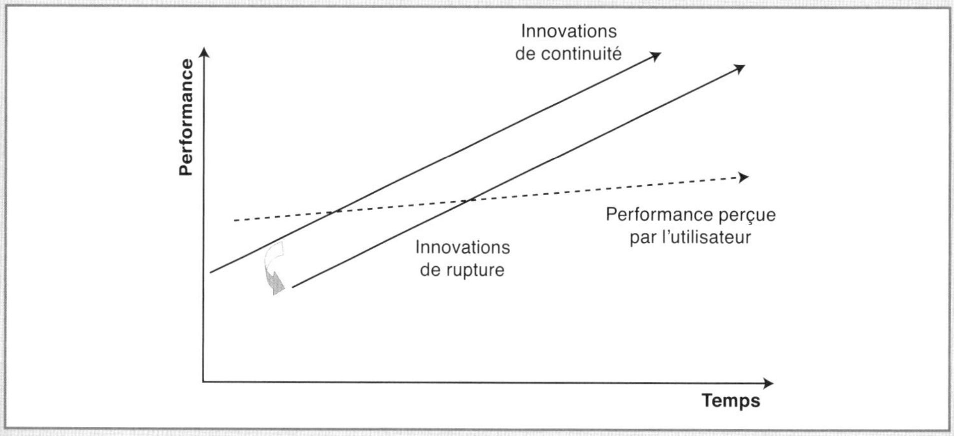

Figure 2.3

L'innovation de rupture.

Source : Christensen C., *The Innovator's Dilemma: When New Technologies Cause Great Firms to Fail*, Boston, Harvard Business School Press, 1997.

* L'objet de notre propos n'est pas d'expliquer au lecteur ce que sont les capteurs CMOS ou CCD. Nous renvoyons le lecteur curieux vers différents sites internet (par exemple, www.erenumerique.fr).

Les deux types d'innovations de rupture

D'un point de vue stratégique, deux types d'innovations de rupture sont identifiées :

1. La première innovation de rupture est une offre qui repose, comme nous l'avons précédemment décrit, sur une rupture technologique. Néanmoins, elle n'est pas utilisée par les entreprises pour contrer les entreprises leaders. Au contraire, elle est destinée à des marchés qui ne sont pas ciblés par ces entreprises leaders. Ces innovations de rupture contribuent donc à la création de nouveaux marchés et de nouvelles activités, pour lesquels de nouvelles règles du jeu sont proposées. Une nouvelle molécule permettra ainsi de développer un médicament qui ciblera non pas les patients des pays industrialisés, mais ceux des pays émergents.

2. La seconde innovation de rupture a, elle, vocation à être commercialisée dans la même activité que celle des entreprises leaders. L'objectif est donc clairement de casser les règles du jeu en vigueur dans cette activité et de changer les donnes de la compétition.

1.2.2. Les innovations de continuité : jouer avec les FCS en vigueur

Par opposition aux innovations de rupture, les innovations de continuité impliquent un respect des règles du jeu en vigueur dans l'industrie. L'innovation de continuité repose sur le respect des facteurs clés de succès de l'industrie et ne les remet pas en cause. La nouveauté pour l'entreprise est faible, celle pour l'industrie également. Dans la pratique, elle renvoie, par exemple, à l'amélioration d'un produit sans grande modification : sur l'activité électroménager, il pourra s'agir de la relance d'une bouilloire électrique qui respectera les nouvelles formes et conventions en vigueur : le format, la résistance, les codes couleurs, les gammes de prix, etc. Pour le cas de ST Imaging (voir approfondissement 2.1), on parlera d'une innovation de continuité pour les gammes de capteurs qui respectent l'ensemble des FCS énumérés : un capteur qui présentera un nombre de pixels allant de 4 à 10 mégapixels par image captée, qui sera délivré au prix actuellement en vigueur sur le marché et livrable dans les usines en très grandes quantités – plusieurs centaines de milliers d'exemplaires –, chez le constructeur de téléphones dans un délai de quelques jours !

Ce type d'innovation est assimilable à l'innovation de type incrémental, qui est présentée en troisième partie de chapitre.

2. Innover pour être compétitif : comment ?

2.1. Les deux idéaux types du mode de compétition de l'entreprise : la différenciation par les coûts ou par l'offre

L'innovation a pour finalité de permettre à l'entreprise de se différencier de ses concurrents. On identifie généralement deux modes de différenciation : une différenciation par les coûts et une différenciation par la création de valeur.

La différenciation par les coûts renvoie à l'idée d'adopter, peu ou prou, la même démarche que celle des concurrents directs et de proposer une offre similaire. Pour autant, l'entreprise parvient à maintenir une profitabilité acceptable en développant cette même offre mais à un coût moindre. Généralement, ce gain de coût est associé à une baisse de prix. Si l'on considère que la baisse de prix d'une offre peut contribuer à en augmenter la demande, une telle démarche favorise donc le maintien, voire l'augmentation, de parts de marché[4].

La différenciation par la création de valeur renvoie à la capacité de l'entreprise de proposer quelque chose de différenciant, ce quelque chose contribuant à donner de la valeur à l'offre lancée sur le marché. Il peut s'agir d'un attribut complémentaire dans l'offre : la proposition de solutions de recyclage des tasses jetables utilisées par l'enseigne Starbucks. Il peut aussi s'agir de la garantie d'un résultat plus fiable : la technologie d'Eveon, proposant des seringues médicales avec un procédé différent de ceux actuellement utilisés, permet de garantir à 100 % la pénétration du liquide dans les veines et pas dans d'autres tissus de l'organisme.

---

4. Le propos dans ce chapitre renvoie aux fondamentaux de la stratégie. Néanmoins, il se focalise sur la place de l'innovation dans la recherche et le maintien d'un avantage concurrentiel par l'entreprise. Nous renvoyons donc le lecteur en quête de plus d'informations sur les concepts, outils et démarches en management stratégique à l'ouvrage de Johnson, Scholes, Whittington et Frery, *Stratégique*, paru chez Pearson Education.

2.2. Catégorisation de l'innovation selon l'objet : innovation de produit *vs* innovation de procédé

Que l'entreprise poursuive une stratégie de différenciation par les coûts ou par la nature des offres qu'elle propose pour une activité donnée, elle innove de différentes manières. Le terme d'innovation est attribué à des situations diverses. Chez Seb, leader mondial du petit équipement de la maison, on parlera d'innovation pour une nouvelle cafetière, qui remplace un produit appartenant à une gamme précédente et dont on aura changé le « *facing* », la forme, mais pas le mode de fonctionnement. On qualifiera également l'Actifry d'innovation, de par la rupture du mode de fonctionnement d'une friteuse mais aussi de par le mode de promotion du produit qui n'a fait l'objet d'aucune publicité commerciale pour son lancement. L'innovation est donc à la fois un produit, une nouvelle technologie et un nouveau mode de lancement. De même, lorsque Soitec lance la technologie Smart Cut qui permet, entre autres, de déposer une très fine couche d'hydrogène polarisée sur du silicium, composant principal de la puce électronique, l'entreprise modifie non seulement les propriétés de la puce, sur laquelle les interférences entre les composants électroniques diminuent, mais aussi le mode de conception même de la puce. L'innovation porte ici sur le procédé, lequel est en rupture avec ce qui se faisait précédemment. Le classement de l'innovation selon son objet permet de rendre compte des différentes modalités en proposant la différenciation entre le produit – ou le service – et le procédé.

2.2.1. Présentation de la typologie

L'innovation de produit ou de service semble compréhensible d'elle-même. L'innovation de procédé renvoie, quant à elle, à la création d'un nouveau processus pour parvenir à un résultat, un produit, existant.

La notion de processus est à considérer dans un sens vaste. Il peut s'agir, par exemple, d'un nouveau processus de production. L'exemple le plus emblématique pourrait être l'organisation scientifique du travail proposée par Taylor pour produire des biens en grande série, plus rapidement et au moindre coût. Il peut également s'agir de la modification d'un composant, qui ne change pas ou peu le produit final. Ainsi, l'obtention de la vanilline, composant donnant le goût ou l'odeur vanillée aux parfums ou aux aliments, est permise par un procédé chimique issu du benzène, lequel remplace la vanille naturelle. Outre les innovations de procédés de production, les innovations de procédés de commercialisation peuvent aussi être identifiées. Le cas du développement d'offres packagées par Schneider auprès d'entreprises clients, gros consommateurs d'énergie électrique, en est une illustration : au lieu de vendre des composants électriques et une prestation d'installation ou de réparation de ces composants de manière séparée, Schneider décide, en 2005, d'innover. Ainsi, il est le premier prestataire de ce type à proposer des forfaits de maintenance annuelle auprès de ses gros clients, incluant le remplacement de composants défectueux.

2.2.2. Implication de cette typologie d'innovation pour l'entreprise

Dans la pratique, la distinction entre innovation de produits/services et innovation de procédé est délicate à opérer : des innovations de produits s'accompagnent souvent d'une innovation de procédé. Ainsi, le développement de la prise à puits affleurant de Legrand non seulement est une innovation de produit, mais elle a également conduit l'entreprise à revoir une partie de la manière de concevoir une prise électrique.

Aussi, l'intérêt d'une telle catégorisation ne réside pas dans la distinction entre les innovations proprement dites mais surtout dans la question qu'elle soulève : **pour qui l'innovation est-elle notoire ?** Est-ce pour l'entreprise ou pour les utilisateurs ou, plus généralement, le marché ?

L'intérêt de l'innovation pour l'entreprise varie selon le destinataire : l'intérêt d'une innovation visible uniquement par l'entreprise consiste surtout en la recherche d'une réduction de coût. En revanche, **une innovation visible par le marché peut, certes, remplir cette première finalité, mais elle doit également permettre à l'entreprise de disposer d'une offre qui se différencie des concurrents.** La figure 2.4 résume les différentes configurations envisageables.

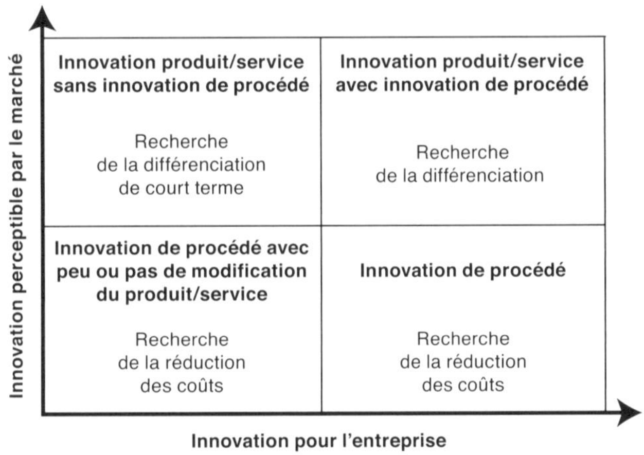

Figure 2.4
Destinataire de l'innovation et différenciation majoritairement recherchée.

3. Innover : avec qui ?

L'entreprise innove pour se défaire d'une concurrence trop intense en développant des innovations de rupture ou de continuité. Elle cherche à se distinguer de ses concurrents en se différenciant soit par les coûts soit par une proposition de valeur originale et, de fait, innove en proposant de nouveaux produits ou de nouveaux procédés. Pour autant, peut-elle réellement innover seule ? Cette troisième section présente le concept de chaîne de valeur qui est repris aux chapitres 8 et 9. Cette rapide présentation permet de présenter la dernière typologie d'innovation classiquement utilisée, qui repose sur la distinction entre innovations incrémentales, radicales et architecturales.

3.1. L'entreprise et sa chaîne de valeur

3.1.1. La chaîne de valeur et l'interdépendance entre ses acteurs

La chaîne de valeur externe – également appelée filière – se définit comme l'« ensemble des stades de production qui conduit des matières premières à la satisfaction du besoin final du consommateur, que ce besoin final s'adresse à un bien matériel ou à un service » (d'après Saporta, 1989).

Originellement, à chaque stade de production correspond une entreprise spécialisée dans la production d'un produit semi-fini, lequel, à l'issue de différentes transformations, deviendra le produit final. Considérons, de manière volontairement caricaturale, la chaîne de valeur laitière. Cette dernière se caractérise, en amont, par l'élevage de bovins, destinés non pas à la production de viande mais à la production de lait. Le lait ainsi produit est regroupé dans des coopératives laitières, lesquelles le revendent à des entreprises qui produisent des yaourts – Danone, Nestlé, par exemple – ou tout autre produit à base de cette matière première. Ces entreprises vendront, à leur tour, le fruit de leur production, à des distributeurs – hypermarchés, supermarchés, etc. – qui commercialiseront le produit fini auprès de particuliers. **Ce cloisonnement – une entreprise, spécialisée dans un stade de production – n'existe pratiquement pas. Deux mouvements expliquent ce phénomène** : d'une part, la chaîne de valeur – et son degré d'intégration – évolue en fonction du degré de maturité de l'industrie à laquelle elle appartient. D'autre part, la chaîne de valeur est avant tout composée d'entreprises qui décident, pour des raisons de coûts essentiellement, d'externaliser certaines fonctions.

3.1.2. La chaîne de valeur externe et le degré de maturité de l'industrie

D'un point de vue historique, l'entreprise, qui fonde la chaîne de valeur externe, occupe généralement plusieurs stades de production. Prenons le cas de la chaîne de valeur informatique (voir approfondissement 2.2). Dans les années 1980, les fabricants d'ordinateurs sont des acteurs dits très intégrés dans la mesure où ils occupent la quasi-intégralité de la chaîne de valeur : Apple ou IBM concevaient et produisaient certains composants utilisables uniquement dans leurs ordinateurs, ils concevaient l'architecture même de l'ordinateur, assemblaient ce dernier et, souvent même, le distribuaient eux-mêmes. En sus, les fabricants développaient et incluaient un système d'exploitation propre à la gamme d'ordinateurs proposés. Petit à petit, même si Apple est resté durant de nombreuses années encore un acteur très intégré, concevant des composants spécifiques pour ses ordinateurs, développant un système d'exploitation propre, assurant lui-même la distribution de ses ordinateurs au travers d'un réseau de magasins à l'enseigne Apple, force est de constater que les autres fabricants se sont, petit à petit, désengagés de la conception et de la production de composants dans le développement et la production de systèmes d'exploitation pour actuellement se concentrer sur les rôles de conception et d'assemblage d'ordinateurs.

Les missions des entreprises dans la chaîne de valeur externe évoluent selon le stade de maturité de la chaîne de valeur externe, laquelle est liée au cycle de vie de l'industrie (voir approfondissement 2.3). Dans les industries, en cours de création, la chaîne de valeur externe n'existe pas ! L'entreprise pionnière qui crée la nouvelle industrie s'approvisionne chez des fournisseurs qui appartiennent à son réseau et qui, pour la plupart, développent avec elle de nouveaux composants. L'entreprise pionnière tire ainsi les fournisseurs vers un nouveau débouché commercial et, par là même, crée progressivement une chaîne de valeur plus ou moins établie. En outre, l'entreprise pionnière assure la majorité des stades pour parvenir au produit fini. Au fur et à mesure que l'entreprise croît et que l'industrie émerge, avec l'apparition de concurrents directs, l'entreprise se désintègre partiellement et confie certains stades à des partenaires – fournisseurs en amont ou distributeurs en aval – se concentrant sur un métier qu'elle est en train de construire. La chaîne de valeur émerge et se désintègre peu à peu, comme l'illustre l'approfondissement 2.2 relatant la chaîne de valeur informatique.

3.1.3. La chaîne de valeur externe et la chaîne de valeur interne : l'entreprise a-t-elle toutes les compétences pour innover ?

Intégration et désintégration de la chaîne de valeur renvoient à l'internalisation ou, au contraire, à l'externalisation de fonctions de l'entreprise et, par là même, à la composition de sa chaîne de valeur interne.

Pour rappel, le concept de chaîne de valeur a surtout été développé par Michael Porter (1984)[5] qui distingue deux catégories de fonctions de l'entreprise :

- Les fonctions principales : elles s'inscrivent dans la chaîne de valeur et dans le processus de transformation des matières premières en produits finis. Porter identifie, en 1984 : la logistique externe – assimilable à la fonction achats ou à toute autre fonction qui permet l'approvisionnement de l'entreprise en matières premières ou produits semi-finis ; la fonction de production ; la fonction de logistique interne – qui s'occupe de l'acheminement du produit transformé par l'entreprise vers les points de distribution, la vente et le service après-vente.
- Les fonctions dites de support : elles alimentent les fonctions principales telles que les fonctions R&D, finance ou ressources humaines.

Certes, certaines fonctions de l'entreprise peuvent être présentées de manière simplifiée ou même dépassée. Certaines fonctions ne sont pas envisagées dans ce modèle qui, rappelons-le, a été publié en 1984 : les fonctions marketing, merchandising, par exemple. Pour autant, l'intérêt d'une réflexion sur la composition de la chaîne de valeur interne à l'entreprise réside dans l'identification des ressources que l'entreprise possède réellement, de l'organisation de ces ressources et, ainsi, des compétences qu'elle peut mettre en œuvre.

3.2. Catégorisation de l'innovation selon son intensité

Une autre manière d'aborder l'innovation consiste à dépasser le clivage entre produits et procédés, et à envisager l'innovation selon son « intensité » et l'impact que l'innovation peut avoir sur la chaîne de valeur externe. Concrètement, qu'elle soit pour l'entreprise ou le marché, l'innovation est plus ou moins significative, importante. On distingue ainsi l'innovation incrémentale, l'innovation radicale et l'innovation architecturale.

---

5. Porter M., *Competitive Advantage: Creating and Sustaining Superior Performance*, Boston, Harvard Business School Press, 1984.

3.2.1. Présentation de la typologie

Le premier niveau d'intensité envisagé est le niveau le plus faible. On parle alors d'**innovation incrémentale**. L'innovation consiste à **enrichir l'existant sans pour autant le remettre en cause**. Il peut ainsi s'agir de la modification du design d'une cafetière ou encore de l'ajout d'une fonctionnalité mineure telle que la programmation à distance de ladite cafetière.

De ce fait, l'innovation incrémentale ne remet pas en cause le concept de produit ou de service : l'ajout de la programmation ne modifie en rien l'image que le marché se fait d'une cafetière, pas plus qu'il ne modifie de quelque façon que ce soit le mode d'achat ou d'utilisation de la cafetière.

De la même manière, l'innovation incrémentale ne modifie en rien les règles du jeu et les interactions entre les acteurs sur l'activité considérée.

Il n'en est pas de même de **l'innovation radicale**. **Elle impose une rupture par rapport à l'existant**, voire même rend l'existant obsolète : rupture dans le mode de fonctionnement d'un appareil, rupture dans les usages des utilisateurs. L'invention du port USB est, en ce sens, une innovation radicale puisqu'il offre un nouveau mode de connectique, un nouveau mode de mémoire. Les innovations sous-jacentes, telles que la clé USB, rendent obsolètes les disquettes.

Généralement, l'innovation radicale est **tirée par une nouvelle technologie**. En outre, elle s'accompagne **d'un changement d'acteurs dominants ou l'apparition de nouveaux** : l'exemple de la clé USB a vu l'apparition d'acteurs qui étaient peu connus alors, par exemple Logitech. En ce sens, l'innovation radicale peut être assimilée à une innovation de rupture, décrite dans la première partie de ce chapitre.

Enfin, **l'innovation architecturale** renvoie non pas à une remise en cause totale de l'existant, mais plutôt à son **réagencement**. Il peut ainsi s'agir d'un nouveau mode de conception d'un produit existant, auquel cas l'innovation n'est pratiquement pas visible pour le client/l'utilisateur. Il peut également s'agir de la banque en ligne : la vente en ligne existe déjà, l'accès aux informations *via* Internet et les services bancaires aussi. L'innovation réside dans la « nouvelle » manière d'accéder à ce service.

3.2.2. Intérêt et enjeu de la typologie : la modification de la chaîne de valeur

Cette typologie d'innovation présente pour principal intérêt d'envisager l'impact que cette dernière peut avoir pour l'entreprise et sur la chaîne de valeur externe.

Quelle innovation pour quelles compétences de l'entreprise ?

L'entreprise dispose, en principe, de toutes les compétences en interne et de tous les contacts nécessaires pour développer une innovation de nature incrémentale : le changement de forme d'une cafetière ne requiert pas forcément de nouvelles compétences pour une entreprise d'électroménager. La plupart du temps, elle saura comment développer cette innovation, avec qui travailler et comment travailler.

Il n'en est pas de même pour une innovation à caractère plus radical : ST Imaging n'avait pas, par exemple, les compétences nécessaires pour maîtriser la technologie CMOS afin de développer des capteurs : elle ne possède pas les brevets pour exploiter cette technologie, ni les compétences pour la développer, ni les équipes d'ingénieurs qui auraient fait leur thèse sur ce sujet, ni non plus les machines nécessaires... La chaîne de valeur interne de l'entreprise n'est pas suffisante pour développer des applications associées à cette technologie et, plus généralement, une innovation radicale.

En ce qui concerne l'innovation architecturale, qui implique un réagencement de l'offre existante, le recours à des compétences externes à l'entreprise n'est pas systématique. Lorsque Samsung repense sa nouvelle gamme de smartphones, il dispose de pratiquement toutes les compétences pour développer la coque de l'appareil et pour penser un nouvel assemblage entre toutes les composantes de l'appareil : la cellule photographique, l'amplificateur de son, etc.

Identifier la nature de l'innovation pour une meilleure intégration dans la chaîne de valeur

Une innovation, selon son degré de radicalité, peut naturellement se positionner dans une chaîne de valeur externe existante, sans la modifier ou, au contraire, impliquer une modification de cette dernière.

Ainsi, une innovation incrémentale aura peu d'impact sur l'amont ou l'aval de la chaîne de valeur : si l'on reprend l'exemple du produit électroménager, la nouvelle cafetière ne nécessite pas de nouveaux fournisseurs qui doivent développer de nouvelles pièces. Quant au distributeur, il sait parfaitement dans quel linéaire placer la cafetière.

Cela n'est pas le cas pour une innovation à caractère plus radical : la prise à puits affleurant, par exemple, développée par Legrand, même si elle ne repose pas sur une technologie de rupture, a nécessité le développement de nouvelles pièces qui n'existaient pas. Il a donc fallu, pour l'entreprise, trouver un fournisseur capable, lui aussi, de faire preuve d'innovation et de développer ladite pièce. De même, l'Actifry de Seb ou encore le Swiffer, le balai développé en 1996 par Procter & Gamble, se heurtent à des réticences de la part des distributeurs : les produits n'appartiennent pas à une catégorie existante. Dès lors, les distributeurs ne savent pas où placer le produit, comment le mettre en valeur et, finalement, comment le vendre au mieux. C'est pourquoi ces deux produits se sont vu difficilement accepter par les distributeurs. De fait, l'innovation peut impliquer une modification de la chaîne de valeur externe.

Enfin, l'innovation peut également impliquer la naissance d'une nouvelle chaîne de valeur, avec ses propres fournisseurs et ses propres distributeurs, comme ce fut le cas lors du développement du premier ordinateur, à l'origine de la création de la chaîne de valeur externe – ou de la filière – informatique.

4. Vers une compétition entre entreprises par l'innovation ?

4.1. L'innovation : moteur de l'hypercompétition ?

La volonté des entreprises pour se différencier des autres, soit en s'alignant sur les règles du jeu actuelles de leurs industries soit en créant de nouvelles règles du jeu, égrène inexorablement une course par l'innovation, qu'elle soit de nature radicale ou incrémentale, de produit ou de process. À titre d'exemple, prenons le cas de l'activité du baladeur numérique, dans laquelle un très grand nombre de concurrents mondiaux et multinationaux sont présents : Apple, Sony, etc. Pour conserver des parts de marché dans cette activité, les différents acteurs présents se livrent à une course pour maintenir une forte notoriété auprès de clients pas nécessairement fidèles qui, en toute logique, ne considèrent pas ce produit comme un produit de consommation courante. Un enjeu sera d'inciter le client à renouveler son achat de baladeur, en en proposant de nouveaux avec une valeur ajoutée : un design plus « à la mode », une plus grande capacité, une meilleure ergonomie… Un second enjeu consistera à maintenir une bonne présence dans les linéaires et têtes de gondoles sur les points de vente… Or, pour prétendre à ces places privilégiées, les grandes enseignes demandent aux fabricants une justification de la valeur apportée par la place du produit en tête de gondole pour le client final et pour les enseignes, bien évidemment : prix préférentiels mais surtout nouveauté qui intéressera le client ! Ces deux enjeux, situés en aval de la filière de l'équipement musical, conduisent les fabricants à accélérer le nombre d'innovations produits, autrement dit le nombre de lancements de produits nouveaux par an sur un marché donné. À titre d'exemple, les groupes Seb et Philips déclarent lancer 300 nouveaux produits par an, en Europe essentiellement. Certes, le caractère d'innovation, en termes de rupture apportée et de « plus » vendu au client par rapport à l'existant, pourra être discuté (une cafetière que l'on décline en plusieurs couleurs peut-elle être considérée comme un produit véritablement nouveau ?). Au-delà de ce débat, la multiplication des innovations produits conduit l'entreprise à innover en termes de processus et à faire en sorte qu'elle soit capable de développer rapidement ces nouveaux produits, de les produire plus rapidement, de les commercialiser plus rapidement et de récupérer le maximum de la rente générée par la vente de ces produits en un minimum de temps (voir approfondissement 2.2). Ces deux enjeux – accélération du nombre de produits nouveaux lancés par an et développement d'innovations de process pour permettre de soutenir ces lancements répétés – ont un impact sur la nature de l'activité et sur les facteurs clés de succès en vigueur sur cette dernière : une accélération de l'évolution des facteurs clés de succès de l'activité et, par conséquent, la réduction du temps de validité de l'avantage concurrentiel de l'entreprise. Par exemple, le fabricant de cafetières, bien connu pour la robustesse de son produit, verra cet avantage concurrentiel remis en cause et réduit à néant dans un contexte où la cafetière devient un bien de consommation courante, à renouveler rapidement.

Approfondissement 2.2

« De la R&D à la RID (recherche intensive et développement) – les conseils du Centre de gestion scientifique (CGS)

Le CGS de l'École des mines de Paris, fort de son expérience de recherches menées avec différentes entreprises et le Centre de recherche en gestion (CRG – PREG) de l'École polytechnique, évoque des éléments de réponse pour mener une stratégie de compétition par l'innovation répétée. La thèse de Pascal Le Masson, soutenue en 1997, à partir de l'analyse de l'organisation de Tefal, membre du Groupe Seb, suggère **qu'une organisation spécifique, capable de générer et concrétiser rapidement des nouvelles idées d'innovation, est le facteur clé de succès nécessaire pour toute entreprise qui veut survivre dans des activités où l'innovation répétée est présente**. Cette organisation présente les caractéristiques suivantes :

Approfondissement 2.2 (suite)

- L'innovation n'y est pas développée par mode projet. Comme nous le montrons au chapitre 11, le projet introduit une forme de cloisonnement entre l'entreprise et l'équipe de développement.
- La présence d'un comité de direction implique fortement la direction générale de l'entreprise ou du groupe.
- Des équipes mixtes d'innovation incluant les acteurs de la R&D et du marketing, voire du design, travaillent en binômes ou trinômes.
- Une logique collective de prototypage et d'enrichissement de l'idée d'innovation : l'ensemble des métiers présents participent ensemble, et non de manière cloisonnée, à la création de l'innovation. Tandis que les services de R&D explorent différentes solutions techniques pour atteindre la performance souhaitée pour l'innovation, les services marketing réfléchissent **au même moment** à la clientèle cible tandis que les forces de vente prétestent l'idée d'innovation.
- Une logique d'échange de savoirs existe entre les différentes équipes.
- Une stratégie de conception des offres : pourquoi sont-elles développées ? Pour inonder le marché ? Pour créer de la rupture sur ce marché ? En fonction de cette stratégie, les innovations de rupture ou incrémentales seront privilégiées.

Cette accélération de l'évolution des facteurs clés de succès de l'activité et l'accélération du cycle de vie de l'avantage concurrentiel est appelée hypercompétition (voir approfondissement 2.3). Ce phénomène ici évoqué n'est pas particulièrement récent et semble trouver sa naissance, d'après les experts en économie de l'innovation, au début des années 1990. Pour illustration, le groupe Sony déclarait, en 1993, lancer un nouveau baladeur toutes les trois semaines sur un point du globe et un nouveau produit tous les trois mois dans une zone géographique donnée.

4.2. Les limites de l'hypercompétition

Ce phénomène d'hypercompétition est toutefois à relativiser. Même s'il est constaté dans un très grand nombre d'activités, en particulier celles de biens de consommation courante et de biens d'équipement, il est freiné par deux obstacles :

- Encore une fois, ce phénomène ne peut être impulsé que par des entreprises qui ont les moyens de lancer très régulièrement des produits nouveaux : rappelons que le lancement, comme nous le présentons au chapitre 13, a un coût : évolution des lignes de production, gestion optimale des stocks afin d'éviter de devoir les vider dès que l'ancien produit est devenu obsolète, formation des commerciaux, négociations répétées avec les centrales d'achats des grandes enseignes, frais de communication pour expliquer au client le caractère novateur du produit, etc. Le groupe Sony peut se permettre d'assumer ces frais pour chacun de ses produits et a adopté une organisation en conséquence (voir exemple 2.2). Cette démarche de compétition, par des lancements répétés de produits et l'inondation des marchés par des produits nouveaux, est une stratégie pour tuer les concurrents en les épuisant dans leur effort pour suivre une démarche analogue.

Exemple 2.2

Sony – sa démarche d'innovation

« Vous en avez rêvé ? Sony l'a fait. » Ce slogan des années 1990 laisserait penser que le groupe a trouvé les moyens d'anticiper les besoins des clients/utilisateurs, besoins qui ne peuvent être assouvis par les produits et services existants : par exemple, demande d'une caméra discrète et facile d'utilisation pour faciliter son transport. Cela laisserait penser que Sony aurait développé un nombre restreint d'offres de produits, pour une zone géographique donnée. La réalité est partiellement conforme à ces suppositions.

Certes, le groupe est surtout connu pour sa forte capacité d'innovation : inventeur du téléviseur couleur (1968), de la cassette vidéo couleur (1971), du baladeur (1979), du premier lecteur CD (1982), pour ne citer que quelques exemples forts. Si le groupe a surtout été connu pour ces innovations de rupture, lui permettant de prendre « de court » ses concurrents et de mener ce que Kim et Mauborgne appelleront plus tard une « stratégie Océan bleu » (voir approfondissement 2.3), il est aussi connu, depuis les années 1990, pour développer des innovations incrémentales, et ce, très rapidement et pour une très large gamme de produits. Par ce biais, le groupe est pratiquement certain de répondre aux besoins spécifiques de chaque client/utilisateur dans le monde : besoin en termes de performance technique mais aussi d'ergonomie, voire de design. En se positionnant comme un généraliste, il trouble ainsi les spécialistes positionnés sur tel ou tel créneau : Arkos, qui serait reconnu pour la performance technique de ses baladeurs et s'adresserait à des utilisateurs soucieux de la qualité du rendu sonore ; tel autre concurrent à la plus faible notoriété proposant un baladeur grand public ; etc. Ce généraliste utilise l'innovation incrémentale et répétée comme stratégie d'attaque de ses concurrents précédemment mentionnés : la durée de vie de chacun de ses produits est très faible – de l'ordre de 2 à 10 mois. Aussi, le concurrent qui cherche à supplanter Sony se doit, lui aussi, de développer des offres à un rythme effréné, ce qui nécessite un grand nombre de ressources, en particulier financières.

On comprend dès lors que cette stratégie, aussi performante soit-elle, n'est réalisable que par un groupe tel que Sony, à la forte assise financière, aux ressources technologiques innombrables et à la très forte notoriété – pas besoin d'investir dans une marque produit forte. Le maintien de la marque « caution de l'entreprise » suffit. La limite de cette stratégie, même pour un groupe composé de près de 170 000 collaborateurs et réalisant en 2010 un chiffre d'affaires mondial de près de 64 milliards d'euros, est le maintien d'une organisation spécifique pour favoriser cette innovation répétée (voir approfondissement 2.3) et, bien évidemment, son coût prohibitif.

- Les clients peuvent s'épuiser et refuser de voir leurs produits récemment achetés être rapidement obsolètes. Ce rejet est particulièrement prépondérant sur les marchés de l'équipement : le nouveau détenteur d'un téléphone portable, d'un baladeur numérique ou d'un ordinateur sera fort déçu d'apprendre que son produit est devenu obsolète – du moins dans la marque – 15 jours après l'avoir acheté. On attribue, entre autres, l'échec de l'offre de téléphonie mobile développée à partir des licences UMTS – offre de service permettant aux clients/consommateurs de se connecter à Internet avec des téléphones portables développés pour l'occasion – au rejet par les clients de ces nouveaux services et téléphones qui arrivaient, somme toute, trop tôt sur le marché : les clients venaient tout juste de s'équiper en téléphones portables et n'étaient pas prêts à acquérir un nouvel appareil et les services associés à des prix jugés très élevés pour l'époque, environ 300 € pour l'acquisition du téléphone hors service et abonnement. Ce facteur lié à la maturité du marché et à la « maturité » du client est un point essentiel de ce qu'il convient d'appeler le « *time to market* » (voir chapitre 14).

Approfondissement 2.3

La stratégie Océan bleu

Cette stratégie a été promue par Kim et Mauborgne, professeurs à l'INSEAD.

Elle repose sur la métaphore de l'Océan rouge, opposé à l'Océan bleu. La stratégie Océan rouge consiste à ne pas remettre en cause les industries existantes et leurs règles du jeu. L'acteur qui la met en œuvre cherche uniquement à dépasser les concurrents, le plus souvent pour un temps très limité, en exploitant une demande qui existe déjà sur le marché. La compétition est souvent fondée par une course à l'innovation incrémentale et par le recours à des innovations de process plus ou moins novatrices et très coûteuses et lourdes à implanter au sein de l'organisation et de la filière. L'enjeu est souvent de pouvoir réduire les coûts de développement, de commercialisation et de production du produit, lequel sera vendu à un prix unitaire relativement faible. En ce sens, **cette stratégie peut être appliquée dans un contexte d'hypercompétition**.

Les auteurs, se fondant sur leur expérience de consultants en stratégie auprès d'entreprises, recommandent à ces dernières de sortir de cette compétition qui ne peut les amener qu'à des performances financières très médiocres et à un épuisement de leurs ressources, tant financières qu'humaines. Au contraire, ils préconisent de sortir de cet océan, rempli de « requins sanguinaires » et **d'adopter une stratégie Océan bleu en trouvant un moyen de rendre les concurrents et leurs offres obsolètes.** Cette stratégie s'assimile à une stratégie de remise en cause des facteurs clés de succès en vigueur dans l'activité, voire même à l'identification de nouvelles activités dans lesquelles peu de concurrents crédibles sont présents et pour lesquelles la demande n'est pas déjà équipée des offres. La compétition qui s'ensuit, si réelle compétition il y a puisque l'entreprise qui suit cette stratégie est censée être en situation dominante, repose sur l'innovation radicale et de rupture.

4.3. Quel type d'innovation pour favoriser quelle manœuvre stratégique ?

Nous venons de le voir, l'innovation est un outil au service de la stratégie pour développer et maintenir son avantage concurrentiel. Toutefois, la tendance veut que les manœuvres stratégiques utilisent toute la panoplie des innovations disponibles. Le tableau 2.1 résume l'ensemble des catégories d'innovation par rapport à trois types de manœuvres stratégiques : la volonté de rester sur l'activité de base sans prétendre remettre en question les règles du jeu en vigueur, la volonté de maintien sur l'activité de base tout en faisant évoluer les règles du jeu et, enfin, la volonté de créer une nouvelle activité.

Tableau 2.1 : Typologie d'innovation et manœuvres stratégiques

	Rester sur l'activité de base en jouant avec les règles du jeu actuelles	Rester sur l'activité de base en prétendant casser les règles du jeu	Créer une nouvelle activité et des règles du jeu afférentes
Innovation privilégiée	• Innovation incrémentale et de continuité • Innovation de process	• Innovation de rupture • Innovation de process • Innovation architecturale	• Innovation radicale
Enjeu	Manœuvre pertinente sur des activités en croissance	Manœuvre pertinente sur des activités matures, lorsque l'entreprise n'est pas le leader ou lorsque le leader perçoit une menace forte de la part de ses concurrents directs	Manœuvre pertinente lorsque l'activité de base ne dégage plus de profitabilité pertinente
Frein	• Stratégie qui peut s'avérer coûteuse à mettre en œuvre • Ne jouer que sur les prix et les coûts et s'exposer à des concurrents qui soient mieux équipés pour jouer cette carte stratégique (concurrents de pays émergents avec un coût de main-d'œuvre moins élevé, concurrents plus petits à la structure moins coûteuse…)	• Capacité à effectivement imposer ses règles dans l'activité : adoption de ces règles par les concurrents directs, mais aussi par l'ensemble de la filière	• Capacité à créer une demande pour la nouvelle activité • Capacité à créer la filière associée avec l'activité (fournisseurs, distributeurs, collaborateurs, etc.)

Conclusion

Ce présent chapitre présente les trois typologies d'innovation qui sont classiquement utilisées :

- une typologie selon le temps et la rupture, qui distingue les innovations de continuité par rapport aux innovations de rupture ;
- une typologie selon l'objet, qui différencie les innovations de produits ou de services des innovations de procédés ;
- une typologie selon l'intensité, qui répertorie les innovations incrémentales, radicales ou architecturales.

Au-delà de l'aspect statique de ces typologies, les entreprises qui innovent n'ont pas, somme toute, nécessairement conscience du type d'innovation qui est en cours de développement chez elles. Ce chapitre rappelle que chacune des trois typologies permet de replacer l'innovation au cœur de la stratégie de l'entreprise :

- L'innovation sert, au choix, deux finalités : la capacité de l'entreprise à poursuivre sa compétition selon les règles du jeu en vigueur dans son activité ou la capacité de l'entreprise à casser ces règles du jeu et à en créer de nouvelles.

- L'innovation permet à l'entreprise de maintenir son niveau, sa place dans la compétition en développant une différenciation soit par les coûts, soit par la valeur.
- L'innovation ne se fait pas seule, et son développement implique le recours à des membres appartenant à la chaîne de valeur externe à l'entreprise. Elle peut aussi bouleverser cette même chaîne de valeur.

Bibliographie complémentaire

Aveni (d') R., *Hypercompétition*, Paris, Vuibert, 1995.

Christensen C., *The Innovator's Dilemma: When New Technologies Cause Great Firms to Fail*, Boston, Harvard Business School Press, 1997.

Garcia R. et Calantone R., « A Critical Look at Technological Innovation Typology and Innovativeness Terminology: A literature Review », *Journal of Product Innovation Management*, n° 19, 2002, p. 110-132.

Kim C., Mauborgne R. et Cohen L., *Stratégie Océan bleu*, Paris, Pearson, coll. Village Mondial, 2002.

Porter M., *Competitive Advantage: Creating and Sustaining Superior Performance*, Boston, Harvard Business School Press, 1984.

Porter, M.E. « What Is Strategy? », *Harvard Business Review*, 74, n° 6, nov./déc. 1996.

Étude de cas

Apple : de l'ordinateur à l'iBook

Depuis le début des années 2000, Apple qui détenait moins de 5 % des parts de marché mondiales de l'ordinateur connaît une renaissance sans précédent. L'entreprise doit son retour en force dans cette activité au lancement d'une gamme restreinte d'ordinateurs peu personnalisables, puis au lancement d'un baladeur « hors norme » au confort de navigation élevé, couplé à un service de téléchargement en ligne et, enfin, à l'apparition dans l'activité des smartphones encore balbutiante grâce à un *business model* innovant.

Alors que les concurrents, comme Dell, mettent en valeur la personnalisation des performances du PC – par la performance de la carte mère, le choix de la taille de l'écran, de la mémoire, du processus, etc., – et proposent des prix d'accroche destinés à séduire les détenteurs d'ordinateurs, Apple choisit de lancer une gamme d'ordinateurs plutôt restreinte, aux tarifs bien plus élevés que ceux pratiqués par les concurrents : tandis que le prix de l'ordinateur fixe s'effondre en 2004 avec un prix moyen de 500 €, celui d'un ordinateur Apple avoisine les 1 300 €. Ce prix se veut en conformité avec la valeur ajoutée apportée à l'ordinateur : un design significatif, une unité centrale intégrée dans le pied de l'ordinateur, une simplicité d'ergonomie et un service après-vente de qualité apporté par les magasins franchisés. Toutefois, Apple suit ses concurrents en désintégrant sa chaîne de valeur, en réduisant le nombre de magasins et le fort développement des Apple Stores que la firme possède en propre et en ouvrant la commercialisation de ses produits en ligne mais aussi au travers d'enseignes phares dans chacune des zones géographiques sélectionnées, la Fnac par exemple en France.

Durant cette dernière décennie, la démarche d'innovation d'Apple se concrétisera surtout par le développement d'un système de navigation ergonomique qui sera valorisé sur le premier baladeur iPod, puis d'un deuxième qui sera ensuite introduit à la fois dans les iPod nouvelle génération et dans les iPhone. Ces systèmes, couplés à un service de stockage de données et de téléchargements – iTunes –, permettront à la marque de pénétrer des secteurs d'activités dans lesquels elle n'avait jamais été présente, en particulier celui de la téléphonie mobile et des smartphones, en pleine mutation, et de détrôner les leaders mondiaux comme Palm, Nokia ou encore Sony Ericsson.

Si Apple a largement été le premier entrant et l'acteur qui a favorisé la croissance de nouvelles activités, cette entreprise risque de ne pouvoir faire de même sur le marché du livre électronique. Créateur de l'iTunes permettant des téléchargements en ligne, détenteur d'un très grand nombre de partenariats avec différents éditeurs de logiciels et autres applications en ligne, l'entreprise a été prise de court pour cette activité. Balbutiante depuis de nombreuses années, cette activité est en passe de connaître une forte croissance, de par l'émergence de deux facteurs. D'une part, la croissance de l'activité des tablettes électroniques contribue à l'émergence d'une offre accessible et multiple aux lecteurs potentiels qui tendent à être de plus en plus habitués à utiliser ce type d'objet. D'autre part, les éditeurs de manuels et d'ouvrages comme Gallimard en France ou encore Pearson, pour ne citer que quelques exemples, acceptent de développer des livres sur support électronique et contribuent à diversifier l'offre de lecture. Dans ce contexte, avant Apple, Amazon est un des premiers acteurs à proposer, dans le cadre de son service Kindle, une offre de livres électroniques complète, mondiale et la vente d'une liseuse. Amazon face à Apple : le choc des titans aura-t-il lieu ?

Questions

1. Discutez les facteurs clés de succès de l'activité de l'ordinateur personnel et ses évolutions entre 2003 et aujourd'hui. Comment qualifiez-vous les innovations produits et services d'Apple ? Expliquez les manœuvres stratégiques sous-jacentes menées par Apple pour contrer ses concurrents et regagner des parts de marché et de la profitabilité.
2. Discutez en quoi l'arrivée d'Apple sur l'activité des constructeurs de téléphones mobiles smartphones s'apparente ou non à une stratégie dite « Océan bleu ».
3. a. Esquissez la filière du livre électronique et identifiez les *drivers* de l'activité du livre électronique. Identifiez les acteurs dits « intégrés » des autres entreprises, présentes sur un seul maillon de la filière.

   b. Identifiez la nature de l'innovation proposée par Apple sur le marché du livre électronique et la capacité de s'imposer sur ce marché face à Amazon et son offre Kindle.
4. En vous appuyant sur vos propres recherches, comparez les offres Apple et Kindle en matière de service d'acquisition et de stockage de livres électroniques. Comment Apple peut-il innover pour contrer la concurrence d'Amazon et de son offre Kindle ?

Source : www.makeuseof.com/tag/ibooks-kindle-ipad/.

Chapitre 3

Sources et processus d'innovation

Après avoir lu ce chapitre, vous saurez :

- identifier les deux principales sources d'innovation : la technologie et le marché ;
- identifier les différents processus d'innovation qui se sont succédé dans les entreprises et d'identifier le processus dominant ;
- identifier les utilisateurs pertinents qui peuvent être intégrés dans un processus d'innovation : les utilisateurs précoces (*lead-users*).

En 2011, le responsable de l'innovation de l'entreprise Kis s'interroge : quels processus mettre en place au sein de cette entreprise pour relancer l'innovation ? Quels partenaires mobiliser dans la démarche ? Créée dans les années 1960 avec une innovation qui repose sur un savoir-faire pour reproduire des clés en quelques minutes, l'entreprise, implantée dans la région grenobloise, s'est ensuite spécialisée dans la capture et l'impression d'images à la minute, avant d'être rachetée par le groupe Photo-Me, qui possède également la marque Photomaton. Depuis, l'entreprise est devenue une sorte de laboratoire de recherche et développement pour ce groupe, chargée de proposer des solutions innovantes, comme l'album photos minute, primé en 2007 pour la qualité du façonnage et d'impression. Pour autant, comment générer de nouvelles innovations pour le groupe ? Comment systématiser l'émergence et le développement d'innovations, les plus radicales possibles ?

La question que se pose cette PME existe également dans les grandes entreprises. En 2003, au moment où le groupe France Télécom connaît de très mauvais résultats financiers, le P-DG de l'époque, Thierry Bontemps, demande à ce que le groupe puisse sortir des « *quick wins* ». Il s'agit de services nouveaux rapidement achetés par un marché et qui génèrent dans un laps de temps très court une rentabilité optimale, afin que le groupe sorte au plus vite de son impasse financière. Cette demande pose très vite la question du : « Comment faire ? » Faut-il partir d'une demande floue du marché ? D'un projet technique encore peu répandu ? Quel est le processus optimal ? Le groupe Legrand, en 2006, face au refus de sa fusion avec Schneider par l'Union européenne pour risque d'abus de position dominante, se posera une question similaire afin de développer au plus vite ses nouvelles gammes de produits.

Les entreprises se posent-elles plus la question du processus d'innovation à mettre en place pour générer davantage de produits ou de solutions nouvelles que durant les périodes critiques ? Certes, le constat est souvent fait mais le phénomène n'est pas une nécessité : le Groupe Seb, dès 2007, cherche à mettre en place un processus d'innovation qui lui permette d'exploiter au mieux les opportunités du marché et les connaissances et savoir-faire de l'entreprise et, surtout, de prioriser et planifier les lancements de ses nouveaux produits.

A contrario, l'entreprise Airstar, leader mondial de l'éclairage par ballon lumineux, détentrice d'un Oscar du meilleur accessoire pour les solutions qu'elle a apportées lors du tournage du film *Titanic*, revendique ne pas disposer de processus d'innovation établi et identifié... Pour autant, l'observation de son approche montre que cette entreprise repart systématiquement de son savoir-faire et identifie des idées d'innovation à partir de ce savoir-faire, essentiellement technique.

Ces quelques exemples montrent le rôle primordial d'établir un processus d'innovation cohérent dans l'entreprise. Ils soulèvent aussi les questions suivantes :

- Qui initie l'innovation : la technologie ou, au contraire, le marché ? Ce chapitre va répondre à cette interrogation.
- Quel processus permet de générer quel type d'innovation (voir chapitre 2) et qui doit être en charge de gérer ce processus d'innovation ?
- Dès lors, comment l'entreprise, en son sein, capte-t-elle les informations fournies par ce réseau pour les transformer en idées d'innovation, puis en projet d'innovation ? Ce chapitre tente de répondre également à cette série de questions.

Pour ce faire, nous aborderons deux niveaux d'analyse :

- Un niveau macroéconomique. Nous verrons comment et pourquoi l'innovation est surtout tirée par la technologie et le progrès technique.
- Un niveau microéconomique. Nous nous pencherons sur le processus d'innovation et découvrirons qui du marketing, des services de R&D ou de tout autre service est celui qui tire l'innovation. En outre, nous présenterons les différentes modélisations des processus d'innovation en vigueur dans les entreprises.

1. La science et la technologie : les premiers moteurs de l'innovation

Il n'y aurait pas de vente en ligne sans site web, sans protocole TCP/IP, et sans Arpanet, l'ancêtre d'Internet. Il n'y aurait pas de produit cosmétique sans les découvertes en biochimie. À la lumière de ces deux faits, la première source d'innovations serait avant tout technologique. Aussi, dans les entreprises, le processus d'innovation reste, en grande partie, tiré par les services de R&D. On parle alors d'**innovation poussée par la technologie**, en anglais *technology push*.

D'un point de vue macroéconomique, on observe que les innovations – qu'il s'agisse d'un nouveau produit, d'un nouveau service mais aussi d'un nouveau procédé – sont toujours précédées d'une découverte scientifique, laquelle découverte est source de progrès technique, lui-même à l'origine d'applications innovantes. Ce phénomène se repère lors de l'analyse des cycles économiques.

Pour le comprendre, nous pouvons nous référer aux travaux de Schumpeter présentés ci-après. Nous nous transposerons alors dans un contexte davantage « microéconomique », au sein de l'entreprise, pour décrire ce processus poussé par la technologie. Enfin, après avoir montré que ce dernier reste encore en vigueur dans bon nombre d'industries et d'entreprises, nous esquisserons les limites de ce processus.

1.1. Approche macroéconomique : la science, vecteur d'innovations

L'OCDE (Organisation de coopération et de développement économiques) considère que l'innovation est le principal facteur de la croissance économique et de la richesse des pays[1]. La mise en évidence de ce facteur a été prouvée par Joseph Schumpeter et présentée dans son ouvrage, *Théorie de l'évolution économique*, paru en 1911 et réédité en 1926. Cette analyse repose à la fois sur des observations empiriques, réelles, et des observations de simulation. Nous renvoyons le lecteur curieux de mieux connaître la théorie de Schumpeter à la section « Bibliographie complémentaire », en fin de chapitre. Pour autant, les éléments marquants de l'impact de l'innovation sur la croissance économique sont résumés dans les points ci-après.

1.1.1. Sans innovation, l'économie d'un pays ou d'une zone géographique est à l'état stationnaire

Afin de montrer le rôle de l'innovation sur la croissance économique, Schumpeter met en place une simulation qui présente la vie économique aves ses agents et les relations qui existent entre eux. Ces agents produisent, achètent des produits, selon les principes de la libre concurrence, de la propriété privée mais aussi de la division du travail. Le chercheur montre ainsi que, au fil des échanges, des logiques routinières se mettent en place entre les agents ; très vite, les prix sont stables, tout comme les quantités produites et, surtout, la demande des agents. **Dès lors, le circuit économique devient stationnaire et la croissance économique est pratiquement nulle.**

Schumpeter montre que l'augmentation de capital ou des actifs de production sont insuffisants pour relancer la demande ou l'offre. En revanche, **la modification qualitative du système de production, autrement dit du processus de production mais aussi de l'objet de la production, a un impact positif sur la reprise des échanges entre agents et, par là même, sur la croissance économique**.

1. www.oecd.org/dataoecd/38/30/39676363.pdf.

1.1.2. L'innovation est impulsée par l'entrepreneur durant les périodes de crises économiques

Selon Schumpeter, cette modification qualitative du système de production, précédemment présentée, est l'innovation. Nous constaterons que cette innovation est issue d'une rupture technologique : par exemple, la découverte de la propulsion par la vapeur, à l'origine de la machine à vapeur. Cette innovation est impulsée par un entrepreneur, lequel se différencie du chef d'entreprise qui est surtout considéré comme celui qui administre des actifs, des ressources, des hommes… ou encore du rentier, qui possède le capital et l'outil de production. Cet entrepreneur est un acteur qui se caractérise par trois spécificités :

1. Il est généralement l'auteur d'une invention.
2. Il est dynamique et fait preuve d'une très grande capacité de persuasion pour susciter l'adhésion des autres à son projet.
3. Il est capable de « sortir des sentiers battus » pour faire valoir son invention et la transformer ainsi en innovation lancée sur un marché.

Cet entrepreneur est susceptible de faire adopter son innovation au cours de périodes de crise ou de ralentissement économique présentes dans les cycles de Kondratiev (voir approfondissement 3.1), les périodes de croissance ou de maturité économique étant peu propices à l'adoption d'innovations telles qu'elles sont définies par Schumpeter.

Approfondissement 3.1

Cycles de Kondratiev

Le cycle de Kondratiev est un cycle économique, d'une durée de 40 à 60 ans, qui porte le nom de celui qui l'a mis en évidence. Ce cycle a été élaboré à partir de l'analyse de la vie économique du début de la révolution industrielle jusqu'aux années 1920. Durant cette période, Kondratiev identifie trois cycles : 1er cycle : 1790-1849 ; 2e cycle : 1849-1896 ; 3e cycle : 1896-1920.

Chaque cycle se compose d'une phase ascendante (phase A), de 20 ans environ, marquée par une croissance économique, durant laquelle il y a un fort investissement dans les outils de production et dans les produits de la part des entreprises. Ces investissements sont légitimés par la volonté des entreprises de faire face à la concurrence directe. Ils se traduisent par une hausse des coûts, en particulier des coûts de production, hausse qui se répercute sur les prix à la consommation. La demande d'investissement et la hausse des prix des produits entraînent une augmentation de la demande de monnaie, donc des taux d'intérêt. Ces multiples hausses conduisent, tout d'abord, à une période de stagnation économique, d'une durée de 10 ans environ, puis à une phase de ralentissement économique, de baisse de la demande, voire de déflation, d'une durée de 20 ans environ (phase B).

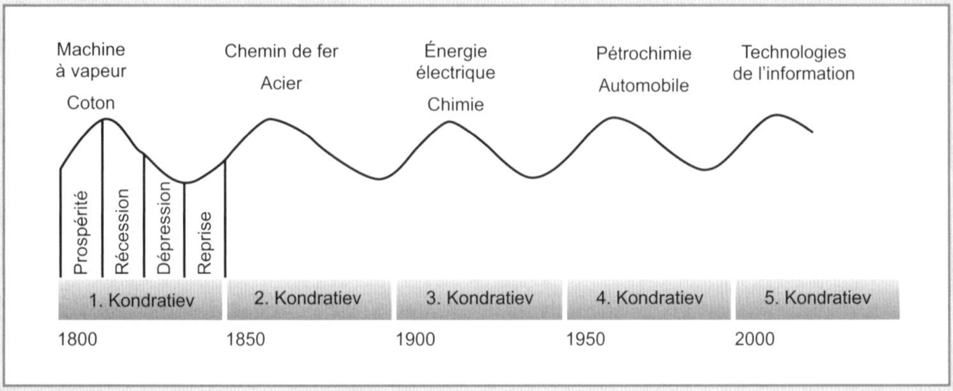

Figure 3.1
Les cycles de Kondratiev.

Approfondissement 3.1 (suite)

1.1.3. L'innovation et les grappes d'innovation durant la phase A des cycles de Kondratiev

Schumpeter propose un complément de lecture aux cycles de Kondratiev et constate que l'innovation, générée par l'entrepreneur, est le moteur de la croissance économique. Plus précisément, il constate que **l'innovation n'apparaît pas seule mais en grappes**. Ainsi, l'innovation de James Watt, la machine à vapeur, s'accompagne-t-elle d'innovations annexes et d'applications soutenues par d'autres entrepreneurs : nouvelles machines à vapeur, machines industrielles, etc. **L'ensemble de ces innovations apparaît au début de la phase A du cycle, dans un laps de temps très réduit**.

La particularité de l'innovation, chez Schumpeter, réside dans le fait que l'entrepreneur crée une entreprise à partir de son innovation et que chaque innovation est développée par une nouvelle entreprise. Au début de la phase A, l'entrepreneur et son innovation sont en situation de monopole mais vont être peu à peu concurrencés par l'apparition d'autres entreprises qui proposent des produits/services similaires.

Les grappes d'innovation, moteurs de la phase de croissance économique, créent un phénomène de destruction créatrice

Le phénomène de destruction créatrice est l'apport qui nous semble essentiel à retenir de la théorie de Schumpeter. Il se produit en début de phase A et en fin de phase B du cycle de Kondratiev. L'innovation par grappes réoriente les entreprises vers de nouveaux investissements et vers de nouveaux besoins de matériel productif, pour une grande part. Ce phénomène contribue à la création d'une véritable filière, générée autour de l'innovation, qui va contribuer à créer de nouvelles entreprises et de nouveaux emplois. Cette création va également entraîner l'obsolescence des anciennes méthodes et techniques de travail, des anciens outils productifs et, par là même, la destruction de secteurs d'activité afférents avec leurs entreprises et leurs emplois. Par exemple, l'avènement du moteur à essence et son application dans l'automobile vont favoriser l'émergence de la filière automobile, au détriment des moteurs à vapeur et des anciens modes de locomotion afférents.

Approfondissement 3.2

L'innovation et la technologie dans les services

Schumpeter fait surtout référence à des innovations de produits et de procédés, passant sous silence le cas des services (Gallouj, 1994), alors peu étudiés à son époque. De par leur nature immatérielle, on pourrait penser que les services échappent à la loi de l'innovation poussée par la technologie. Ce n'est pas le cas. Les travaux de l'économiste français Barras (1986) montrent clairement que le modèle schumpétérien est aussi valable pour les services. Présentant son modèle de diffusion des innovations technologiques dans les services, à partir du cas de l'informatisation des services, Barras identifie trois étapes :

1. L'innovation de services est surtout de nature incrémentale. Il s'agit quasi exclusivement d'amélioration de process, et ce, pour réduire les coûts de réalisation du service. On informatisera le suivi des clients pour éviter les coûts de saisie d'informations…
2. Elle est marquée par une rupture technologique, qui va changer radicalement le processus de production. Pour autant, cette innovation ne se traduit pas par des gains de productivité. Il s'agit, par exemple, de l'apparition de la télématique dans le domaine bancaire.
3. C'est une innovation « produit », visible par le client : la télématique permet le suivi des comptes, la commande de chéquiers, le déroulement d'opérations de transfert de liquidités, par le client de chez lui.

Le cycle d'innovations démarre donc par des innovations incrémentales de procédés. Il s'oppose ainsi au cycle d'innovations « générique » d'Utterback et Albernathy (1978), modèle que nous avons présenté au chapitre 1 de cet ouvrage. Dans ce dernier modèle, les innovations sont surtout initiées par une phase de rupture, à la fois dans le produit délivré mais aussi dans le mode de production de ce même produit. À cette première phase succède une seconde, comprenant des innovations incrémentales visant soit à améliorer le produit, soit à réduire les coûts de production par la modification des procédés.

Sources : Barras, *Innovation dans les services*, 1986 ; Gallouj F., « Cycles économiques et innovations de services : à la lumière de la pensée schumpétérienne », *Revue d'économie industrielle*, vol. 9, n° 4, 1994, p. 169-213 ; Gallouj et Gallouj, *Économie des services*, Paris, Economica, 1996.

1.2. Les services de R&D, lieux d'innovation

1.2.1. Le processus d'innovation linéaire poussé par la technologie

D'un point de vue macroéconomique, l'innovation est poussée par la science et la technologie. Dans la pratique, le nerf de l'innovation réside encore souvent dans les entités de recherche fondamentale. Ces entités font des découvertes scientifiques, lesquelles sont exploitées par des services de développement ou de recherche appliquée. Ces derniers proposent alors des idées d'innovation de produits, de services ou de process. Ces idées sont ensuite exploitées, industrialisées et commercialisées. Les services de marketing ont alors en charge de mettre ces nouveaux produits ou services sur le marché. La figure 3.2 résume la démarche.

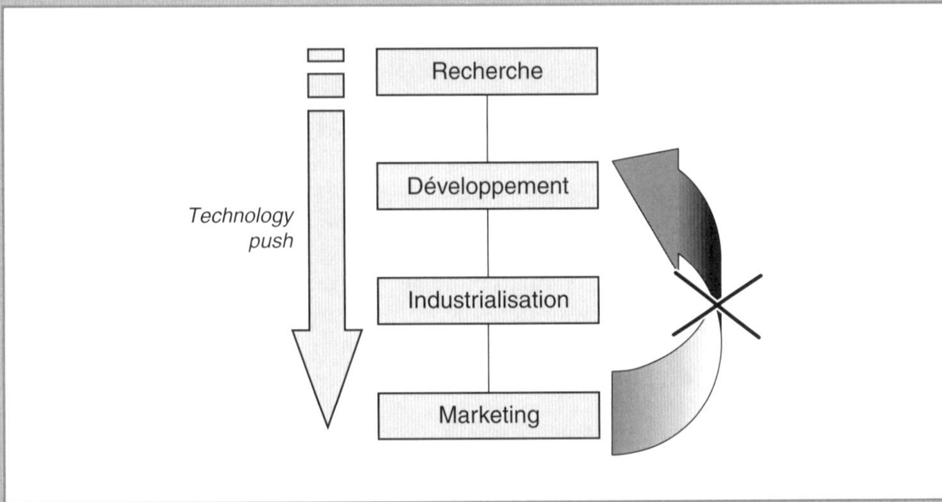

Figure 3.2
Le processus d'innovation tiré par la technologie.

Source : d'après Xuereb, « Une redéfinition des processus d'innovation », *Revue française de gestion*, n° 84, juin/juill./août 1991, p. 96-104.

Cette démarche est aussi appelée « modèle linéaire » dans la mesure où, une fois la source scientifique identifiée, elle est exploitée de manière unilatérale, passant d'un service à un autre. Dans ce processus, le marché des clients et consommateurs n'intervient pas. On considère, de manière plus ou moins consciente, que ces acteurs n'ont pas d'idées d'innovation ni de besoins clairement exprimés ; s'ils en ont, ces besoins sont tellement latents que les acteurs ne peuvent pas les déceler. L'approfondissement 3.3, emprunté à l'industrie pharmaceutique, illustre ce propos.

Aussi, dans les entreprises qui mettent en place ce type de processus, on constate que les laboratoires de recherche et de développement sont les maîtres de l'innovation : bénéficiant du soutien de la direction générale, leurs acteurs décident du type de produits à lancer, des grandes thématiques d'innovation. Les autres services de l'entreprise sont en charge de la mise en œuvre de l'innovation, à savoir le lancement du produit ou du service nouveau par l'équipe marketing, la commercialisation par l'équipe commerciale, etc. Si ce modèle est encore partiellement en vigueur dans les industries pharmaceutiques – bien que la démarche commence à être érodée, suite aux requêtes du département marketing mais également d'associations de patients qui tendent d'influencer les industriels en demandant des traitements concernant telle ou telle maladie orpheline –, il est de moins en moins répandu dans les entreprises.

Approfondissement 3.3

Le processus d'innovation dans l'industrie pharmaceutique

Le processus d'innovation linéaire, poussé par la technologie, est encore largement en vigueur dans les industries dites de haute technologie, dans lesquelles les investissements en R&D dépassent fréquemment 10 % du chiffre d'affaires*. Tel est le cas dans l'industrie pharmaceutique. Qu'est-ce qui est à l'initiative d'un nouveau médicament ou d'un nouveau traitement ? Certes, l'existence d'une pathologie mais, surtout, les découvertes scientifiques.

Ainsi, la recherche fondamentale, en microbiologie par exemple, conduit à la découverte d'une nouvelle protéine ou d'une propriété encore inconnue d'une protéine. Les apports de la microbiologie permettent, par exemple, le développement de nouvelles molécules, tout d'abord en unités très restreintes.

La phase de développement se caractérise par des essais cliniques. Ils englobent deux phases respectives, qui ont pour objectifs de vérifier que la molécule possède bien la propriété souhaitée et d'identifier les effets secondaires, positifs ou négatifs, de la nouvelle molécule.

Ce n'est qu'une fois la phase de développement pratiquement terminée que débute une réflexion sur la commercialisation et la mise sur le marché du futur traitement.

* Définition retenue par l'OCDE, 2004.

1.2.2. Le rôle des instances publiques dans l'innovation technologique

Ce modèle de processus linéaire a été développé dès les années 1950. Il a surtout été utilisé par les instances publiques pour justifier les subventions gouvernementales accordées à la recherche publique fondamentale[2] : si les innovations sont sources de croissance économique, et qu'elles trouvent leurs sources dans la recherche fondamentale puis dans la recherche appliquée, il devient nécessaire pour un État de seconder les entreprises et de s'impliquer dans la recherche fondamentale. Cette implication passe par la création de laboratoires de recherche, à l'instar du CNRS (Centre national pour la recherche scientifique) en France ou encore la NSF (National Science Foundation) aux États-Unis, l'attribution de financement à des laboratoires de recherche dans les universités… L'approfondissement 3.4 présente le mode de financement de la recherche privée proposé par l'Union européenne.

Peu à peu, jusqu'au début des années 1990, on observe que les laboratoires de recherche fondamentale, parfois implantés dans les grandes entreprises, se trouvent secondés par des laboratoires de recherche publics, puis disparaissent pratiquement des entreprises privées[3].

2. Le lecteur désireux d'en savoir plus pourra se référer à l'article de Richard Nexon, « The Economics of Invention: A Survey of the Literature », *Journal of Business*, vol. 32, n° 2, 1959.
3. Certains laboratoires subsistent dans des entreprises à capitaux majoritairement publics, dans les locaux d'EDF R&D ou encore dans certaines entités de l'ancien CNET (Centre national d'études des télécommunications) devenu par la suite France Télécom R&D, puis Orange Lab. Néanmoins, ces laboratoires tendent désormais à faire davantage de la recherche appliquée que fondamentale.

Approfondissement 3.4

La politique de soutien à la recherche fondamentale de l'Union européenne

Depuis sa fondation, l'Union européenne a pour mission de soutenir la recherche, fondamentale mais aussi appliquée, dans l'ensemble des pays qui la composent et de favoriser le passage de la découverte scientifique ou du développement d'une nouvelle technologie vers un produit innovant et industrialisé. Pour ce faire, elle propose des financements autour de thématiques de recherche clairement définies, lesquels financements s'intègrent dans un plan quinquennal appelé PCRD (programme cadre de recherche et de développement).

L'avant-dernier PCRD, en vigueur entre 2002 et 2006, consistait en la répartition d'un budget de 17,5 milliards d'euros entre différents laboratoires de recherche travaillant sur des programmes appartenant à sept domaines :

- les sciences de la vie et les biotechnologies ;
- les technologies de l'information ;
- les nanosciences ;
- l'aéronautique et le spatial ;
- la qualité de l'alimentation ;
- le développement durable ;
- les systèmes de gouvernance des citoyens dans la société de l'information*.

Le prochain PCRD, qui entre en vigueur en 2012, a une dotation de 50,5 milliards d'euros et porte, peu ou prou, sur les thématiques analogues à celles de son prédécesseur. Le chapitre de ce manuel consacré au financement de l'innovation détaille de manière exhaustive la démarche et les conditions pour qu'une entreprise obtienne des financements issus de ces PCRD pour le développement de sa recherche et de ses projets d'innovation tirés par la technologie. Pour autant, à ce stade, le lecteur retiendra que ce type d'initiative proposé par l'Union européenne consiste à stimuler la recherche des entreprises privées, en les invitant à collaborer avec des laboratoires publics – chargés de réfléchir à des questions de recherche fondamentale.

* Voir *Participating in European Research*, brochure d'information publiée par la Commission européenne en 2004.

La figure 3.3 présente le partage des missions de recherche entre entreprises et centres de recherche publics. Dès lors, le processus d'innovation poussé par la science et la technologie au sein des entreprises semble surtout dirigé par les États, les entreprises étant plus ou moins dépendantes des résultats des laboratoires de recherche fondamentale.

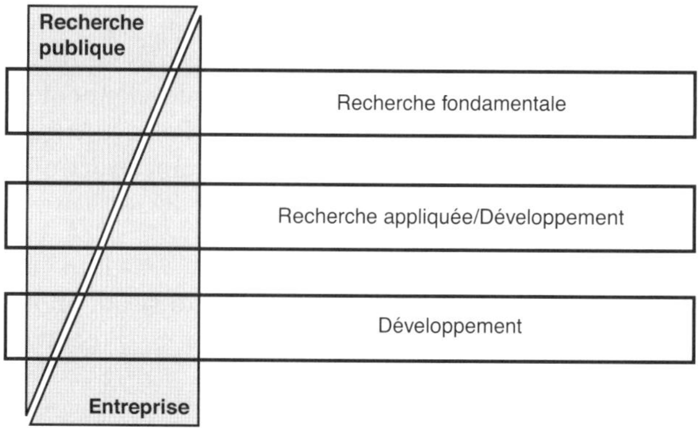

Figure 3.3
La répartition des missions de recherche entre entreprises et centres de recherche publics.

Source : d'après Trott, *Innovation Management and New Product Development*, Londres, Prenctice Hall, 2008.

1.3. Les limites du processus d'innovation linéaire poussé par la technologie

Si ce modèle semble valide d'un point de vue macroéconomique, il présente néanmoins une limite car il ne rend pas compte de l'émergence de technologies sans sciences. En outre, d'un point de vue plus microéconomique, mettre en application ce modèle dans l'entreprise présente une faille majeure : l'absence de rencontre entre le produit issu de la technologie nouvelle et son marché de clients dans un laps de temps acceptable.

1.3.1. Lorsque la technologie précède la science

Si, d'un point de vue macroéconomique, la thèse de l'innovation poussée par la science puis par l'émergence de nouvelles technologies semble valide, elle mérite néanmoins d'être nuancée. Comme l'illustre la figure 3.4., la limite ne réside pas tant dans le lien entre nouvelles technologies et innovations que surtout dans l'enchaînement entre la découverte scientifique et l'émergence de nouvelles technologies.

Plusieurs cas témoignent du fait que des découvertes technologiques ont entraîné des progrès scientifiques, et non l'inverse. Par exemple, les travaux empiriques et les technologies développées par Pasteur pour générer de la fermentation ont conduit à l'émergence de la bactériologie.

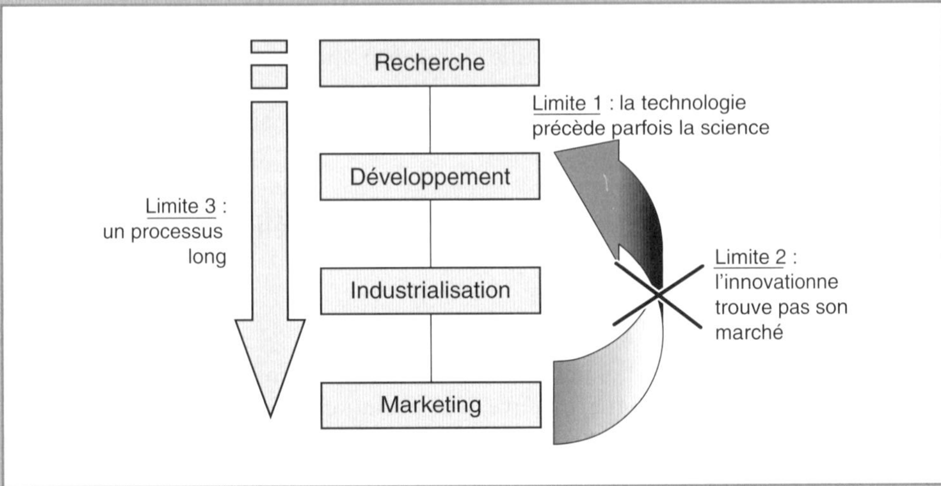

Figure 3.4
Les trois limites au modèle d'innovation tiré par la technologie.

1.3.2. Lorsque le produit innovant ne rencontre pas son marché

Une seconde limite souvent attribuée à ce processus est qu'il produit des objets et des produits techniques développés sans prise en compte du marché de clients/consommateurs, ou alors il prend en compte ces données bien trop tardivement. Pour comprendre la situation, reprenons un exemple développé par P. Millier[4] : le cas de la technologie « laine de verre ultrafine ». Le laboratoire qui a développé cet objet technique constate que ce dernier offre deux propriétés potentielles : la rétention de liquide et l'isolation thermique et sonore. Toutefois, l'échantillon de laine de verre ultrafine, telle qu'initialement développée, montre qu'elle n'assure pas encore une isolation thermique parfaite en cas d'utilisation dans les avions. En revanche, elle garantit une isolation correcte pour certaines habitations situées dans des régions bénéficiant d'un climat continental. Il convient donc toutefois, avant de procéder à l'industrialisation de cet échantillon, de vérifier que le marché des habitations serait intéressé par ce type de produit.

1.3.3. Lorsque le passage de la science au produit innovant est trop long

Outre la difficulté de ne pas rencontrer son marché, ce processus linéaire ne prévoit pas d'allers-retours entre les équipes de marketing ou les équipes commerciales, censées apporter des informations sur le marché, et les équipes de R&D avant le développement du produit innovant, voire même avant son industrialisation. Aussi, cette absence d'interaction entre équipes avant la fin du processus engendre une perte de temps dans le développement du produit, toute modification du produit entraînant un « retour à la case départ ». Le risque que, une fois développé, le produit innovant rencontre certes son marché mais trop tard si un concurrent a déjà développé une offre substitut, est très élevé.

4. Millier P., *Stratégie et Marketing de l'innovation*, Paris, Dunod, 2003.

2. Les utilisateurs : un second moteur d'innovation

La première section de ce chapitre a détaillé les caractéristiques du processus d'innovation linéaire, tiré par la technologie, avec ses raisons d'être mais également ses limites. Une autre source d'innovation envisageable est non pas la technologie, mais le marché des clients et des consommateurs.

2.1. L'usage génère des connaissances pour améliorer le produit et en développer d'autres !

2.1.1. Une amélioration des produits existants

Dans le modèle linéaire, les technologies sont assimilées à des connaissances désincarnées. Une fois la découverte scientifique effective, leur évolution et leur amélioration semblent évidentes et se réaliser de manière quasi naturelle. Pourtant, dans la pratique, les utilisateurs des technologies et des produits contribuent fortement à leur amélioration respective. Ils génèrent deux types de connaissances (Rosenberg, 1982[5]) :

- **Des connaissances désincarnées** contribuant à une meilleure utilisation du produit : initialement, les ingénieurs qui ont conçu les premiers avions de transport de voyageurs Boeing estimaient qu'il fallait changer l'ensemble des pistons toutes les 40 000 heures de vol. Les chargés de maintenance ont réussi à faire en sorte que les pistons ne soient changés que toutes les 200 000 heures moyennant un processus d'entretien qu'ils ont mis en place pour atteindre cet objectif.
- **Des connaissances incarnées,** intrinsèques au produit : au travers de l'utilisation du produit, les utilisateurs identifient de nouveaux besoins, qui peuvent conduire soit à l'amélioration du produit, soit au développement d'un autre produit complémentaire ou substitut au premier. Les compagnies aériennes, en utilisant les avions Boeing, constatent qu'elles ont une demande pour des avions qui contiennent plus de place pour les voyageurs et pour les bagages. Elles constatent que, à dimension égale, les avions peuvent supporter plus de poids s'il est bien réparti dans l'espace. Ce constat a incité Boeing à développer des avions plus allongés, qui supportent plus de poids.

Capter les retours de ses utilisateurs constitue une excellente base pour améliorer les produits existants, donc pour générer des **innovations incrémentales**.

2.1.2. La découverte de nouveaux besoins

Le modèle linéaire souffre, nous venons de le voir, d'une limite : celle que l'innovation ne puisse pas rencontrer un marché, autrement dit qu'elle ne réponde pas aux besoins des utilisateurs potentiels ou de ceux de la clientèle initialement ciblée. Or, si **l'utilisateur est rarement capable d'identifier des innovations radicales, ou de rupture**, il sait parfaitement identifier des manques, des besoins : ainsi, avant la diffusion du téléphone portable, l'utilisateur en voyage dans un train ou un véhicule en panne pouvait regretter de ne pas avoir un téléphone à proximité, une cabine téléphonique, voire un système d'appel intégré dans l'automobile. Certes, il ne sera pas à même d'anticiper avec certitude le besoin d'un appareil,

5. Rosenberg N., *Inside the Black Box: Technology and Economics*, Cambridge University Press, 1982.

de 10 cm × 3 cm environ, avec un écran et des touches, capable d'émettre et de recevoir des appels qui seraient émis sur telle ou telle fréquence, avec tel ou tel réseau. De fait, **l'utilisateur a souvent des besoins complémentaires, non remplis par des offres existantes, besoins qui mériteraient d'être analysés et qui pourraient donner lieu à des pistes d'innovations incrémentales**. Les exemples les plus emblématiques sont ceux des sportifs de haut niveau qui travaillent fréquemment avec les entreprises qui produisent leur matériel sportif. Leurs retours sont souvent utilisés pour améliorer ces produits. La légende veut que le ski parabolique soit né dans l'entreprise Rossignol grâce à certains sportifs sous contrat avec la marque qui demandaient des skis aux bouts plus ronds afin de pouvoir tourner plus rapidement.

2.2. Le processus d'innovation itératif, tiré par le marché

Au sein de l'entreprise, des pratiques se mettent en place dès les années 1980 pour prendre en compte le marché comme source d'innovation. Dès lors, le processus d'innovation, aussi appelé processus d'innovation en chaîne, comprend un aller-retour entre les deux sources d'innovation : les instances qui travaillent sur le couple science/technologie et le marché.

2.2.1. Présentation du processus d'innovation tiré par le marché

La principale source d'innovation est le marché des utilisateurs. Partant de cette source, plusieurs liaisons entre métiers sont identifiables (voir figure 3.5) :

- *La première suite de liaisons constitue la chaîne centrale de l'innovation* désignée sur la figure par la lettre « C ». Elle commence par une invention ou le développement d'un design grossier du produit (design analytique), se poursuit avec le développement du produit (design détaillé et test), la production et le marketing.

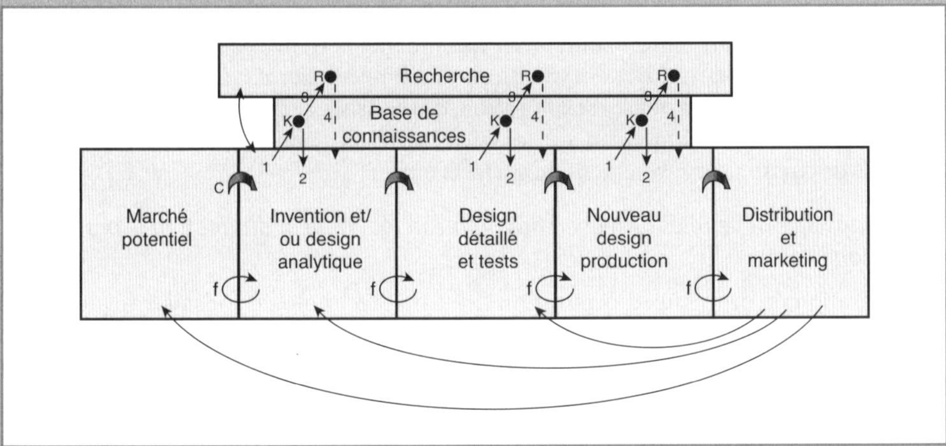

Figure 3.5
Le modèle d'innovation itératif, ou en chaîne.

Source : d'après Kline et Rosenberg, 1987.

- *La deuxième suite de relations concerne deux types de liens notés « f »* : les courts effets (« f ») de « feed-back » relient chaque phase (aval) de la chaîne centrale avec celle qui la précède immédiatement.
- *La dernière série de liens mise en évidence par la figure 2 (K-R)* représente les relations entre les blocs de la chaîne centrale, de la base de connaissances et de la recherche. Les flèches numérotées de 1 à 4 sur le schéma montrent que la recherche n'est mobilisée que lorsque les connaissances que possèdent les individus et l'information à laquelle ils ont accès (base de connaissances) se révèlent insuffisantes pour résoudre le problème auquel ils sont confrontés.

2.2.2. Avantages de cette modélisation

Cette modélisation du processus d'innovation, tiré par le marché, ou, du moins, conjointement tiré par la science et par les usages et besoins du marché, présente trois avantages : d'abord, elle reflète plus la réalité du processus d'innovation au sein de l'entreprise. Ensuite, elle n'assimile plus les activités de recherche à des activités académiques en amont et, enfin, elle met en évidence le phénomène d'apprentissage que l'entreprise met en place pour générer et exploiter son idée d'innovation.

Une modélisation plus proche de la réalité du processus d'innovation au sein des entreprises

Cette modélisation est encore peu représentée dans les entreprises. La plupart des entreprises qui présentent de manière explicite leur processus d'innovation se réfèrent encore beaucoup au premier modèle linéaire. Pour autant, cela ne signifie pas que, dans la réalité, les entreprises ne tirent pas leurs innovations d'une observation du marché, bien au contraire ! À titre d'illustration, le processus d'innovation présenté par le Groupe Seb semble reposer sur le modèle d'innovation tiré par la science (voir figure 3.6). Les décisions d'explorer une piste, pouvant donner lieu au développement d'un nouveau produit, sont prises par un comité d'innovation, lequel est composé du directeur de l'activité concernée, ainsi que des responsables R&D, marketing et industriel de la même activité. Nulle part, sur le schéma présenté, les mots de marché ne sont mentionnés. En revanche, les références à la recherche sont multiples, comme si la phase d'exploration, qui consiste à identifier de potentielles idées d'innovation, reposait uniquement sur les découvertes des entités de recherche du groupe en matière de cuisson, de revêtement de surface, etc.

La reconnaissance des entités de recherche comme acteur majeur durant tout le processus d'innovation

La modélisation du processus d'innovation tiré par la technologie considère les activités de recherche uniquement comme des fournisseurs de sources d'innovation, mais pas comme de réels contributeurs à l'innovation. Durant la suite du processus, ces services n'apparaissent plus et ne semblent plus jouer de rôle. Dans la réalité, il n'en est rien. Les services de recherche sont sollicités durant tout le processus, en particulier, à l'occasion de deux événements :

- La préparation de l'industrialisation du produit : cette mission est souvent réalisée par les équipes techniques et par les entités de production. Pour autant, les entités de recherche sont fréquemment sollicitées pour vérifier la possible industrialisation du prototype :

est-il possible de remplacer un matériau par un autre moins coûteux ? Que se passe-t-il si on modifie très légèrement la taille ou la forme des moules ?

- Les tests du prototype auprès des clients révèlent souvent des imperfections : l'utilisateur n'apprécie pas telle ou telle fonctionnalité ou souhaiterait en améliorer la performance. Par exemple, dans le domaine de l'agroalimentaire, le client estime qu'une recette est trop sucrée ou que la teneur en matières grasses du produit est trop élevée. Les équipes en charge de ces tests, qui sont généralement les équipes marketing, sollicitent alors de nouveau les entités de R&D en vue de modifications plus ou moins délicates du produit en cours de développement.

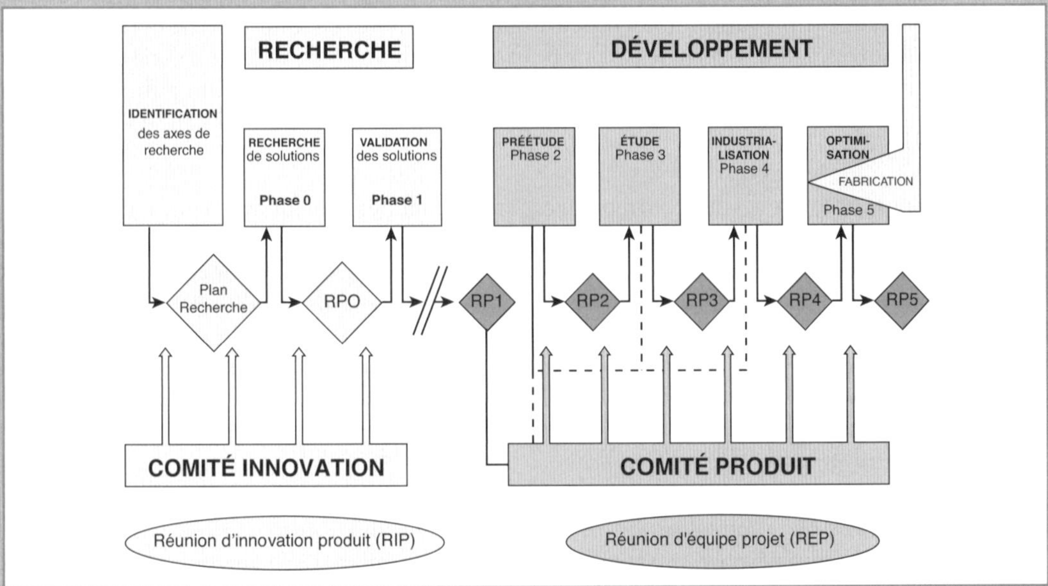

Figure 3.6

Formalisation du processus d'innovation chez Seb en 2008.

Source : Groupe Seb ; document interne, 2008.

Une modélisation qui tient compte des allers-retours entre services

Ce modèle rend compte des allers-retours entre les différents départements et les différentes étapes du développement du produit. Bien évidemment, ces allers-retours successifs se font au fur et à mesure de l'avancement du projet : ce dernier n'est pas transformé de bout en bout dès qu'il y a une remise en question. Il y a donc accumulation de connaissances autour du projet, lesquelles seront mobilisées petit à petit, à chaque étape, mais également en cas de retour à une étape précédente. La capacité de l'entreprise à apprendre, non seulement lors de la conduite d'un projet d'innovation mais également de la réussite ou de l'échec d'autres projets annexes comme facteur clé de succès de l'innovation, est abordée en détail au chapitre 15.

2.2.3. Limites de cette modélisation

Même si cette seconde modélisation semble combler les lacunes de la précédente, elle présente quatre limites : elle se focalise sur certaines catégories d'échanges – mais pas toutes – au sein de l'entreprise et ne s'intéresse pas aux modalités d'acquisition d'idées d'innovation externes à l'entreprise ; elle ne rend pas compte des échanges internes à l'entreprise ; elle restreint considérablement le nombre d'acteurs qui œuvrent au sein de l'entreprise pour générer des idées d'innovation et les exploiter ; enfin, les rôles des fonctions marketing sont réducteurs.

Les échanges avec l'extérieur ne sont pas représentés

Une des premières limites repose sur l'absence de lien entre ce qui vient de l'extérieur de l'entreprise et ce qui est réalisé en interne. Or, l'entreprise n'innove pas seule : elle puise ses sources d'innovation à l'extérieur, chaque activité, chaque métier, étant en contact avec d'autres acteurs externes à l'entreprise. Les chercheurs sont en relation étroite avec d'autres chercheurs de leurs domaines, *via* les articles et monographies publiées ou *via* les colloques de recherche ; les designers participent activement à des forums d'échanges avec leurs pairs ; etc.

Durant tout le processus, l'entreprise est en contact permanent avec le monde externe, en particulier avec les clients potentiels et les acteurs de la filière, fournisseurs comme distributeurs. Les fournisseurs sont souvent sollicités, en particulier lors de l'élaboration du prototype et la préparation de l'industrialisation du produit (ou du service). Les distributeurs et les clients participent aussi au processus d'innovation en amont, lors de la détection de nouvelles opportunités d'innovation, mais aussi, plus en aval, lors de la validation de l'idée proposée.

Les échanges à l'intérieur – entre projets – ne sont pas représentés

Au sein même de l'entreprise, l'apprentissage tout au long du projet d'innovation est certes présent dans cette modélisation du processus d'innovation mais il est surtout envisagé comme un apprentissage intraprojet. Pourtant, comme nous le verrons au chapitre 15, le projet d'innovation se nourrit également d'autres projets de l'entreprise, projets qui se sont soldés par un succès – le lancement effectif d'une offre – mais parfois par un échec – le lancement d'une offre qui ne sera pas rentable ou même un projet stoppé avant le lancement pour différentes raisons. Ainsi, les premières offres de services proposées par Orange, consistant à proposer des forfaits de connexion à Internet sans fil, ont été créées à partir des leçons tirées des expériences passées sur des offres similaires : en particulier, la première offre eXtense sans fil de Wanadoo, qui reposait sur une connexion Bluetooth et non Wifi, ou encore une offre antérieure, destinée aux petits professionnels, qui avaient à l'époque renseigné le groupe sur les temps de connexion des clients.

Les fonctions de l'innovation dans l'entreprise sont réduites

Il existe une troisième limite à cette modélisation : les métiers de l'entreprise qui sont parties prenantes dans le processus d'innovation sont en nombre restreint, réduits aux fonctions de R&D et marketing. Dans les faits, les designers – mais aussi les acheteurs au sein de l'entreprise ou encore les commerciaux – participent grandement à ce processus. Le tableau 3.1 résume de manière relativement exhaustive les fonctions qui sont parties prenantes dans un processus d'innovation.

Tableau 3.1 : Les fonctions de l'entreprise parties prenantes dans un processus d'innovation

Entité dans l'entreprise	Rôle de l'entité dans le processus d'innovation
Le département de recherche et développement	Cet acteur est responsable de tout le processus : de l'identification d'idées au prototypage et aux essais d'industrialisation du nouveau produit. Il est directement soumis aux contraintes internes de l'organisation.
La filiale de R&D	Cet acteur a les mêmes responsabilités que le précédent, mais il est extérieur à la maison mère.
Le bureau d'études	Il s'occupe principalement du développement d'études entourant l'idée dans un domaine précis (études de faisabilité, études d'industrialisation, études économiques…). Il peut assumer des responsabilités analogues à celles du département de R&D. Il peut aussi être intégré à la fonction de production.
Le service intégré de design	Il prend en charge toutes les questions liées au design et à l'ergonomie du futur produit.
Le bureau de conception	Cet acteur propose des plans en 2D ou en 3D – dessinés à la main et/ou avec des logiciels de CAO (conception assistée par ordinateur), comme CATIA. Il permet de communiquer plus facilement, d'où une meilleure compréhension des idées proposées.
Le plateau de projet	Il réunit, dans un même espace, de manière régulière, des acteurs internes et externes (sous-traitants, partenaires) du projet. Les intervenants sur le plateau disposent d'une forte délégation décisionnelle à l'égard de leur hiérarchie respective.
Les forums thématiques et les directions de l'innovation	Ils réunissent des individus, internes ou externes à l'entreprise, autour d'un thème dans le but d'identifier des idées (par exemple, environnement et automobile, femme et mécanique, pays en voie de développement et nouvelles technologies).
La plate-forme technologique	Elle réunit des personnes créatives autour de moyens techniques variés pour faire émerger des idées (par exemple, la mécanique, l'optique, les nanotechnologies).
Le service de veille technologique, commerciale, sociologique	Cet acteur recense les informations pertinentes et les transmet aux acteurs internes concernés. Il indique alors des pistes à explorer et/ou à exploiter dans le processus d'innovation.
Les équipes commerciales	Qu'il s'agisse des « *merchandisers* » ou des « *category managers* », personnel en charge de la relation avec les distributeurs, ou même des commerciaux et gestionnaires de comptes clés, ces acteurs, en contact avec le client, à la fois détectent les sources d'innovation provenant du marché et sont capables d'identifier les acteurs externes – les clients par exemple – susceptibles d'être intégrés dans le processus d'innovation.

La description des missions du marketing est obsolète

Dernière limite à la modélisation du processus d'innovation itératif, les missions marketing correspondent à la vision que l'on avait dans les années 1970 de ces dernières, à savoir l'aide une fois l'offre conçue pour la mise en marché. Il s'agissait alors de segmenter ce marché et de savoir quel mode de communication, quel prix et quel mode de commercialisation envisager pour toucher les segments de clientèle les plus porteurs. Certes, cette dimension fait partie intégrante des fonctions marketing. Pour autant, comme l'illustre l'approfondissement 3.5., les services marketing sont également force de proposition dans le processus de détection d'une source d'innovation, d'une opportunité d'offre et également dans la conception de cette offre[6].

Approfondissement 3.5

Le processus d'innovation dans les services d'assurance et de conseils

Gallouj et Gallouj (1996), économistes des services, ont analysé le processus d'innovation dans les services, en particulier les services bancaires, d'assurance et de conseils. Ils mettent très clairement en évidence le rôle prédominant du marketing, en partenariat avec les réseaux commerciaux et certains clients, dans le processus réduisant les services d'actuariat assimilables à des services de recherche en droit et en montages financiers, à un rôle secondaire (voir figure 3.7).

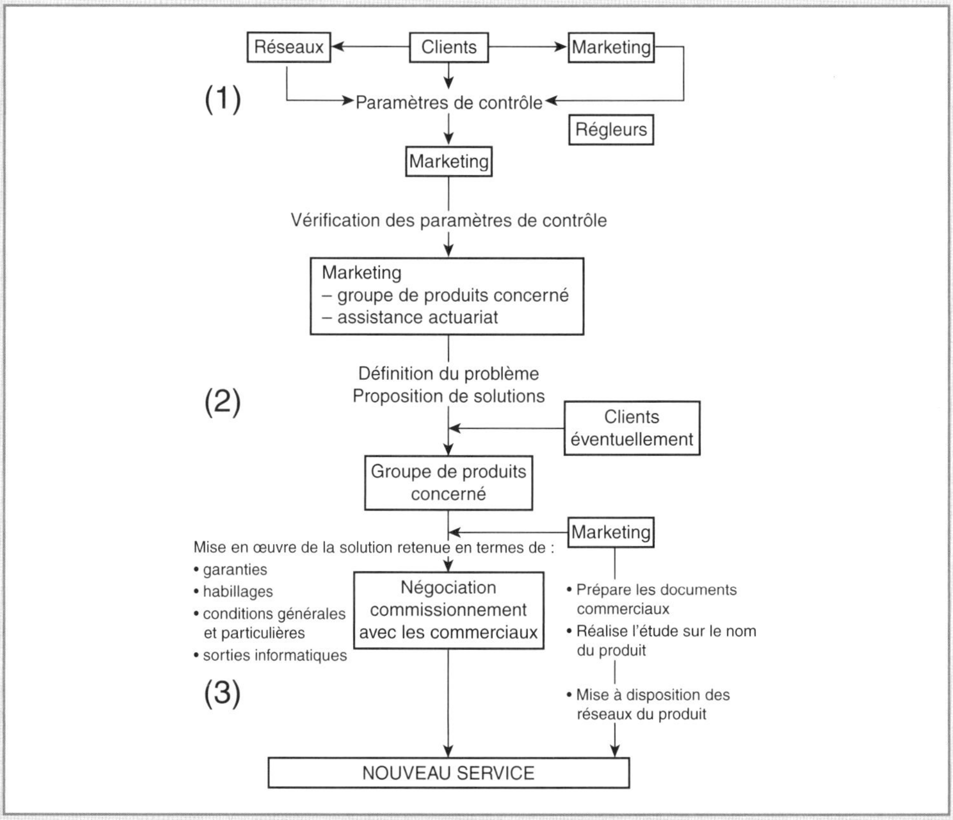

Figure 3.7

Le processus d'innovation dans les services.

Source : Gallouj et Gallouj, *Économie des services*, Paris, Economica, 1996, p. 95.

6. Pour plus de détails sur les missions des fonctions marketing et sur le rôle de ces fonctions dans le processus de développement d'un produit nouveau, voir Gotteland D. et Haon C., *Développer un nouveau produit : méthodes et outils*, Paris, Pearson Education, 2005.

3. Gérer le processus et les sources d'innovation

Au regard des forces et faiblesses des modélisations des processus d'innovation précédemment présentés, il est possible de dresser une liste de facteurs clés de succès d'un processus d'innovation.

Envisageons les caractéristiques d'un processus d'innovation efficient. Tout d'abord, ce processus doit permettre à l'entreprise d'être non seulement en contact avec son réseau mais aussi capable d'absorber tout ce que son réseau détecte, et ce, à toutes les phases du développement du projet. Ensuite, les innovations qu'elles génèrent sont censées trouver un marché de manière quasi naturelle. Enfin, le processus offre également la possibilité d'envisager des innovations qui pourront être mises sur le marché dans des délais raisonnables.

3.1. Un processus portant à la fois sur l'exploration et l'exploitation de l'idée d'innovation

3.1.1. Ne pas privilégier la phase d'exploitation au profit de la phase d'exploration

Le **processus d'innovation comprend deux grandes phases principales : la phase d'exploration**, durant laquelle les acteurs de l'entreprise recherchent des idées d'innovation, **et la phase d'exploitation** qui consiste dans le développement des idées sélectionnées en des innovations concrètes, des produits, des processus ou des services innovants.

La plupart des processus développés par les entreprises reposent sur la phase d'exploitation, qui est souvent nommée le projet d'innovation (Fernez-Walch et Romon, 2008[7]). Le célèbre exemple du développement de la Twingo illustre parfaitement ce cas[8] : au début du projet, la petite auto n'a pas de forme, pas de nom, pas de plate-forme, pas de moteur, etc. Pour autant, il y a une idée : celle de remplacer une automobile, la Renault Super 5, vieillissante dans la gamme de Renault, et de contrer le succès de la Peugeot 205 et de la future Peugeot 106. Cette idée est enrichie d'une cible de clientèle : les jeunes conducteurs qui préfèrent, pour le moment, la seule automobile qui leur est destinée, la Peugeot 205 Junior. Cette idée s'accompagne de contraintes : l'auto devra être développée à moindre coût ; le prix de vente de cette dernière devant être parmi les plus bas du marché, elle doit être petite mais proposer une motorisation d'abord essence qui permette un comportement plutôt nerveux. Le processus de développement du projet est parfaitement décrit, les étapes sont explicitées. Pour autant, **le projet d'innovation démarre une fois l'idée d'innovation créée, sélectionnée parmi d'autres idées et enrichie. Le chapitre 11 de ce manuel s'intéresse à la gestion propre de ce projet. Néanmoins, que se passe-il en amont de ce processus ? Là réside le manque d'attention de bon nombre d'entreprises qui s'attachent davantage à formaliser l'aval du processus d'innovation, donc, le projet, la phase d'exploitation, que l'amont**, qui peut être assimilé à une phase d'exploration pour trouver les idées d'innovation les plus prometteuses.

---

7. Fernez-Walch S. et Romon F., *Management de l'innovation – de la stratégie aux projets*, Paris, Vuibert, 2008.
8. Le lecteur désireux d'en savoir plus sur le développement de ce projet pourra se référer à l'ouvrage de Midler C., *L'Auto qui n'existait pas*, Paris, Dunod, 1993.

3.1.2. Quel processus ?

Lorsque l'entreprise innove peu, un processus d'innovation qui favorise systématiquement l'émission, l'enrichissement, la sélection et le développement de toutes les idées d'innovation est nécessaire. Néanmoins, quelle forme doit-il revêtir ? Notre propos n'est pas de formuler une proposition définitive ou exhaustive, mais plutôt d'orienter vers les formes idéales d'un processus d'innovation systématique. Deux modélisations complémentaires aux deux précédentes peuvent contribuer à déterminer le meilleur processus : la maison de l'innovation proposée par le cabinet de conseil AT Kearney et le processus d'innovation en entonnoir.

La maison de l'innovation

La modélisation du processus de l'innovation proposée par AT Kearney (voir figure 3.8) est intéressante à trois égards.

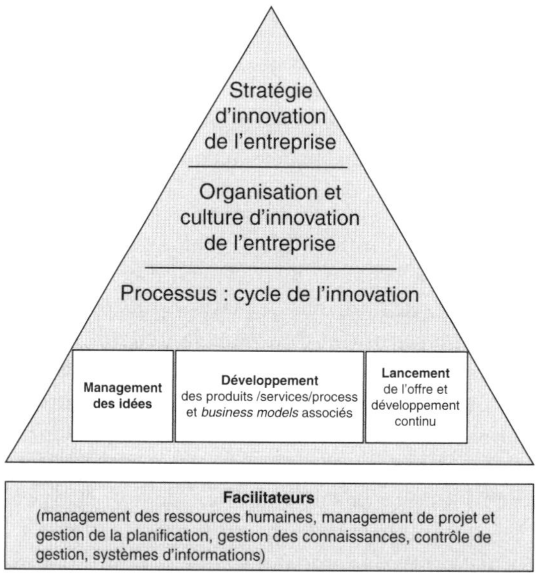

Figure 3.8

La maison de l'innovation proposée.

Source : AT Kearney.

1. Elle présente trois phases du processus de l'innovation :
   - la première, celle du management des idées d'innovation, est mise en exergue.
   - la deuxième phase correspond au développement même de l'innovation.

– La troisième phase du processus fait référence à deux étapes : d'une part, la mise sur le marché de l'innovation ; d'autre part, la préparation des améliorations incrémentales qui pourraient être réalisées à partir de l'innovation ainsi développée.

2. Elle inscrit bien le processus d'innovation dans la stratégie de l'entreprise, présenté en haut du triangle, insistant ainsi sur l'alignement entre les objectifs de l'entreprise et les innovations à proposer.
3. Elle rappelle que le processus dépend étroitement des ressources de l'entreprise et de la manière avec laquelle ces dernières s'organisent (les facilitateurs, à la base du triangle).

Le processus en entonnoir

La seconde modélisation représente un processus qui tend à se diffuser dans les entreprises et précise, par là même, le processus très générique proposé par AT Kearney. Elle est appelée en entonnoir ou en « pipeline », car elle débute par une phase de génération d'idées, lesquelles ne pourront pas, faute de ressources mais aussi de pertinence, être toutes transformées en innovations. L'innovation suit toujours différentes étapes : elle émerge sous la forme d'idées, se transforme en idées enrichies, également appelées « concept d'innovation », lequel devient une innovation, une offre de services et/ou de produits ou un processus. Afin que cette transformation soit effective, l'innovation suit un nombre d'étapes plus ou moins variables. La figure 3.9 présente un processus en six étapes. D'autres modélisations similaires proposent une fusion entre les deux premières, d'autres entre les étapes 3 et 4. Une analyse plus détaillée de ce processus est présentée au chapitre 11, se focalisant sur les modalités de passage d'une idée d'innovation d'une phase à la suivante.

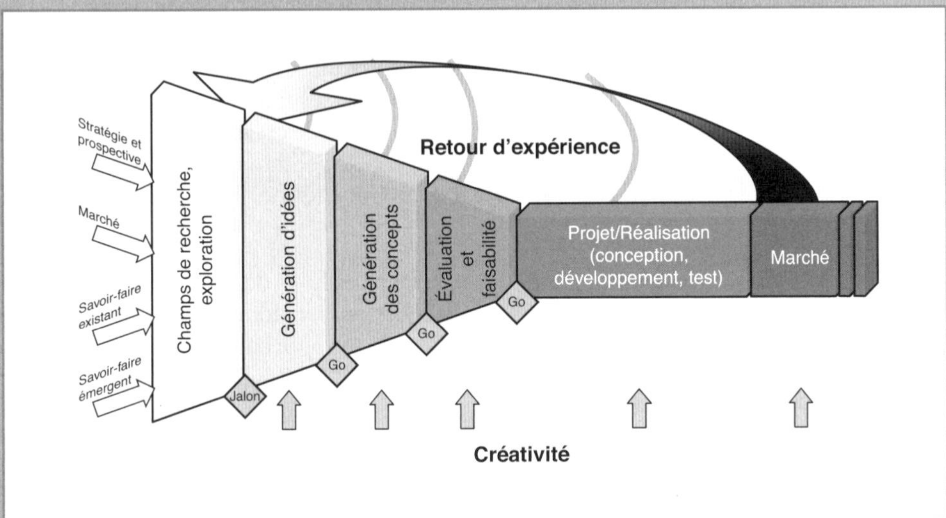

Figure 3.9
Le processus d'innovation dit en entonnoir.

Sources : Grenoble École de Management et Cegos.

3.2. L'intégration de l'utilisateur pour une innovation adaptée au marché

3.2.1. Pour que l'innovation rencontre son marché : l'intégration du client ?

Bon nombre d'innovations se soldent par des échecs. Paul Millier estime que le taux d'échecs du lancement d'un nouveau produit ou service est de l'ordre de 70 % et que ce taux atteint 95 % lorsque le produit comprend ou repose sur une nouvelle technologie[9]. Selon lui, le taux élevé est essentiellement dû au fait que les innovations ne rencontrent pas leur marché. Dans le premier cas de figure, le produit ou la solution innovante sont si « pointus » qu'ils ne peuvent cibler, à la rigueur, qu'une petite niche de marché. Le second cas de figure est le contraire : le produit est trop générique. La laine de verre ultrafine qu'un autre entrepreneur propose est, en théorie, utilisable pour filtrer les liquides, permettre la rétention de liquides – comme l'urine dans les couches-culottes ou l'eau près des racines de plantes dans les cultures hors sol ou dans le désert aride –, isoler phoniquement et thermiquement les avions, les habitations et les automobiles, etc. Pour autant, avec cette seule innovation, l'entrepreneur ne pourra atteindre tous les marchés souhaités, ne serait-ce que pour des raisons techniques : la propriété de rétention d'eau attribuée à la laine de verre ultrafine pourra se révéler catastrophique pour les acheteurs d'une solution d'isolation dans les avions ou les habitations !

Pour remédier à cette difficulté, chercheurs et consultants préconisent l'intégration du client dans le processus d'innovation. L'approfondissement 3.5 illustre ce propos. Le client non seulement est source d'idées d'innovation, mais il peut aussi valider ou orienter les différentes options qui seront prises lors de l'ensemble du processus pour l'enrichissement de ces mêmes innovations. Cette démarche est très naturelle dans un contexte B to B (*Business to Business*) et dans un contexte industriel. Legrand, par exemple, pour développer la prise à puits affleurant, a besoin d'un nouveau moule et, surtout, de ressorts qui n'existent pas encore sur le marché. Naturellement, l'entreprise consulte ses fournisseurs pour demander le type de pièces. Ces derniers démarrent alors un processus de création du ressort innovant et le fabriquent, à l'initiative de leur client. Il est vrai, que, dans cette situation, le prix de la pièce est négocié avec le client qui assure un débouché commercial quasi certain au fournisseur.

Dans un contexte B to C (*Business to Consumer*), la tâche est plus délicate dans la mesure où, certes, un client peut être source d'idées d'innovation mais le doute réside sur le caractère général de la demande et la représentativité du client par rapport à l'ensemble des consommateurs.

3.2.2. Repérer les bons utilisateurs : les utilisateurs précoces (*lead users*)

En termes de représentativité de l'ensemble du marché, l'intégration du client dans un processus d'innovation pose souvent problème : dans quelle mesure sera-t-il capable de générer des idées d'innovation non valables uniquement pour lui-même mais bien symptomatiques d'un besoin du marché ? Il convient donc de choisir le client le plus pertinent

9. Millier P., *Stratégie et Marketing de l'innovation technologique*, 2e éd., Paris, Dunod, 2003, p. 15 et suivantes.

et capable de répondre, de manière consciente ou non, à cette exigence. Ce client, qui est également un utilisateur du produit ou du service, c'est le *lead user*, l'utilisateur précoce[10].

Dès les années 1970, Eric Von Hippel, du Centre de recherche en innovation du MIT (Massachusetts Institute of Technologies), étudie les origines de 111 innovations perçues comme notoires par les utilisateurs et montre que 81 % d'entre elles ont été identifiées, inventées, parfois même codéveloppées et testées par les utilisateurs. Certes, ce résultat doit être nuancé car l'étude porte sur des innovations pour des entreprises, et non pour des individus : traditionnellement, dans un contexte « B to B », les rapports de force entre fournisseurs et clients sont moindres : le client peut imposer sa demande au fournisseur, ce qui est moins évident pour un particulier qui, par exemple, souhaiterait demander la fabrication d'un yaourt spécial à une entreprise comme Nestlé ! Néanmoins, ce premier travail, réalisé en 1976, et jamais contredit par la suite, met clairement en évidence une autre source d'innovation : le marché des utilisateurs (voir tableau 3.2)

Tableau 3.2 : Sources d'innovation utilisées par type d'industrie

Type d'innovation	Utilisateur	Producteur	Fournisseur	Autres	Nombre d'observations
Instruments scientifiques	**77 %**	23 %	–	–	111
Semi-conducteurs – PC	**67 %**	21 %	–	12 %	49
Processus de pultrusion	**90 %**	10 %	–	–	10
Pelleteuses industrielles	6 %	**94 %**	–	–	11
Moteurs	10 %	**90 %**	–	–	5
Additifs plastiques	8 %	**92 %**	–	–	16
Gaz industriels	42 %	17 %	33 %	8 %	12
Thermoplastique	43 %	14 %	36 %	7 %	14
Équipement – Câblages	25 %	75 %	–	–	8
Connexions	4 %	13 %	83 %	–	12
Équipement sportif	58 8	27 %	–	15 %	48

Source : Von Hippel, « The Dominant Role of Users in the Scientific Instrument Innovation Process », *Research Policy*, 5, 1976, p. 212-239.

L'utilisateur précoce possède deux caractéristiques principales :

- Il fait face aux besoins des « suiveurs », mais bien avant eux. Pour comprendre ce qu'est un *lead user*, regardons d'abord, ce qu'il n'est pas. En l'occurrence, le *lead user* n'est pas un utilisateur « innovateur ». Il appartient à la catégorie des « suiveurs », telle qu'elle est décrite dans la courbe d'adoption d'une innovation (voir figure 3.10). Tout nouveau produit ou service est d'abord acheté par des utilisateurs qui recherchent la nouveauté. Ces derniers sont soit des experts, soit des acteurs attirés par un effet de mode. Une fois

10. L'ensemble des écrits relatifs aux travaux de Von Hippel fait référence au *lead user* et non à sa traduction française, l'utilisateur précoce. Aussi, dans la suite de ce texte, nous utiliserons l'anglicisme *lead user*.

cette clientèle « rassasiée », le produit est ensuite adopté par des adopteurs précoces, puis par le gros du marché, les suiveurs. Ces trois catégories de clientèle ont des usages, des degrés d'expertise et des intérêts différents. Aussi, le *lead user* n'appartient pas aux deux premières catégories mais plutôt à la dernière. Plus précisément, il exprime les besoins qui seront ceux de la catégorie « suiveur », mais ce, bien avant que le produit ne soit mis sur le marché et bien avant que les suiveurs n'aient conscience de ces besoins.

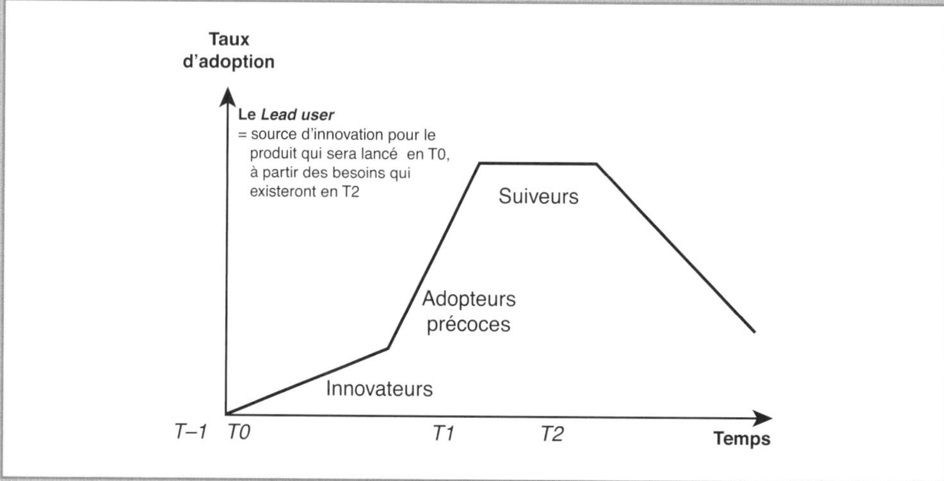

Figure 3.10
Taux d'adoption d'une innovation et clientèles utilisatrices.

- L'utilisateur précoce recherche activement une solution pour répondre aux besoins qu'il a identifiés. Contrairement peut-être aux utilisateurs suiveurs, ou même à d'autres utilisateurs, le *lead user* prend, de lui-même, l'initiative pour trouver des solutions à ses besoins, avec ses propres moyens. Ainsi, Sherman Poppen, dans les années 1950, qui attache deux skis ensemble pour créer le « *snurfer* », ancêtre du snow-board, et ainsi amuser sa fille, débutante en ski, peut être considéré comme un *lead user.*

3.2.3. Travailler avec les *lead users* : les « *toolkits* » et les groupes de travail

Une fois le client « idéal » repéré, il convient de déterminer une démarche pour l'intégrer dans le processus d'innovation. Quelles qu'elles soient, les démarches proposées par Von Hippel et ses équipes se révèlent, pour le moment, limitées.

La première méthode, qui a été introduite dans des entreprises comme Hilti, leader mondial de l'outillage pour professionnels, est l'organisation de groupes de travail réguliers, rassemblant *lead users* et membres de l'équipe projet de l'entreprise pour développer l'innovation. Dans la pratique, ces séances de travail consistent à recueillir les besoins exprimés des *lead users* et à les faire réfléchir aux solutions qu'ils pourraient mettre en œuvre. Cette pratique semble cependant limitée car les chercheurs qui suivent le déroulement de ces groupes de travail montrent invariablement des tentatives d'influence, conscientes ou non, des *lead users* par les managers (Lüthje et Herstatt, 2009[11]).

La seconde méthode, plus ancienne, consiste à directement inciter les *lead users* à concevoir le produit en leur procurant ce que Von Hippel appelle un « *toolkit* ». Comme la traduction littérale de ce terme l'indique, le *toolkit* est une « mallette » comprenant des ingrédients, des composants facilement utilisables par le client, qui, de fait, va s'en servir pour concevoir son produit. Von Hippel relate le cas d'extraits de parfums fournis aux *leads users* travaillant pour une entreprise de parfumerie. La limite de cette méthode réside dans la composition même de ce kit : ce dernier oriente nécessairement la créativité des *lead users* qui se projettent sur le futur produit à partir des composants existants, mis à leur disposition, mais qui peuvent difficilement en proposer de nouveaux.

3.3. Un processus permettant à l'innovation d'être là « au bon moment »

Proposer des innovations « au bon moment » sur un marché signifie deux choses : le processus d'innovation de l'entreprise n'est pas trop long ; l'entreprise est capable de repérer les besoins des clients à un instant $t + 1$, ainsi que le contexte technologique mais aussi réglementaire et concurrentiel qui sera en vigueur à ce même instant. Dans le langage managérial, on attribue ces deux qualités à des entreprises qui savent gérer leur ***time to market***, c'est-à-dire qui savent faire en sorte que leurs produits arrivent au bon moment sur le marché, lorsque l'ensemble des concurrents n'est pas encore présent.

3.3.1. Un processus d'innovation relativement rapide

Comme l'a montré le chapitre précédent, l'une des limites attribuées au processus d'innovation tiré par la technologie est qu'il peut être long : les choix technologiques sont très peu rediscutés une fois validés, ce qui implique que si la validation finale, par le marché, n'a pas lieu, c'est l'ensemble des résultats générés par le processus qui est remis en cause. Le risque est donc, pour l'entreprise qui adopte ce type de processus, de développer une innovation qui soit ne rencontrera pas son marché, soit le rencontrera… mais trop tardivement ! Le développement du Concorde, dont le développement a pris plus de 30 ans, repose typiquement sur une démarche tirée par la technologie : nez de l'avion qui se rétracte, technologies supersoniques, etc. Pour autant, 30 ans après la décision de développer l'avion, le marché du transport aérien n'a plus rien en commun avec celui qu'il était au moment où le projet a vu le jour : il est régi par la crise pétrolière et le nombre de passagers à transporter a été multiplié par 10 !

Pendant le temps consacré à relancer le processus d'innovation, les concurrents auront pu développer et proposer des solutions de substitution, voire même des innovations très similaires. Pendant ce même temps, le client aura développé d'autres besoins rendant obsolète celui auquel l'innovation est censée apporter une réponse.

11. Lüthje C. et Herstatt C., *The Lead User Method: An Outline of Empirical Findings and Issues for Future Research*, 2009.

Ce problème semble être résolu dans le processus d'innovation tiré par le marché, qui présente un caractère plus itératif, proposant des allers-retours possibles entre les différentes phases. Admettons qu'une option technologique soit développée (phase 2 du processus) pour proposer une solution à un besoin évoqué par des clients (phase 1) et que les premiers clients impliqués dans le processus réfutent cette option en phase 3, avant même la mise en marché de l'innovation. Le processus prévoit un retour à la phase 2, sans pour autant remettre en cause l'innovation et les autres options qui auraient pu être prises. Aussi, une première caractéristique d'un processus d'innovation assurant le *time to market* est un travail simultané sur les options techniques et les conditions futures du marché ainsi que l'existence d'un aller-retour entre ces deux tâches. Par options techniques, il faut comprendre les choix techniques et technologiques pris au fur et à mesure de l'avancement du projet d'innovation. Les conditions du marché renvoient à la fois à l'anticipation des besoins et aux attentes des consommateurs ciblés, mais aussi à une réflexion sur la manière optimale de lancer l'innovation sur un marché (voir chapitre 13). Pour illustration, voici les leçons que les dirigeants de l'activité « cuisson électrique » du Groupe Seb ont retenues du lancement d'une assiette autochauffante au début des années 2000, lancement que les dirigeants qualifient d'échec. Cette assiette était destinée à ceux qui se déplacent beaucoup en voiture et pour des trajets relativement longs : les VRP mais aussi les familles, par exemple. Durant leur processus d'innovation de l'époque, une très grande part a été attribuée à la réflexion sur les technologies de cuisson partielle ou de réchauffage des aliments, et ce, afin de proposer un produit fiable et performant dans le domaine attendu. En revanche, les réflexions sur les modalités de lancement du produit, et surtout l'attribution d'un budget alloué, ont émergé trop tardivement dans le processus. Dès lors, une réflexion, même très sommaire, a lieu chez Seb pour toute idée d'innovation, avant même la sélection de cette dernière, pour une concrétisation réelle dans un projet d'innovation.

Une seconde caractéristique d'un processus d'innovation assurant un *time to market* optimal est l'existence d'un « stock » de solutions à des problèmes, afin d'éviter toute perte de temps durant l'ensemble du processus. Comme nous le verrons au chapitre 5, l'individu puise sa créativité dans un stock de ressources et d'informations. Ce stock est souvent propre à cet individu : il le constitue tout au long de son expérience, rassemblant toutes les connaissances sur les projets d'innovation en cours ou passés de l'entreprise, ceux qui se sont soldés par un succès comme ceux qui sont morts avant d'avoir été terminés. L'ensemble des informations ainsi stockées – qu'elles soient sous la forme d'une base de données, comme chez Legrand ou à la SNCF, ou dans la connaissance collective et peu formalisée chez Seb – permet à l'entreprise de trouver des solutions lors des crises que connaissent nécessairement les projets d'innovation : les crises dites « naturelles », l'échec d'une solution technique à atteindre la performance souhaitée par exemple ; les crises de manipulation, lorsque plusieurs acteurs de l'entreprise sont en désaccord sur le projet et cherchent chacun à obtenir gain de cause ; les crises de stimulation, lorsque, enfin, une solution technique existe pour un projet mais que cette dernière pourrait être encore plus performante (Drazin *et al.*, 1999[12]). Notons enfin que ce stock doit pouvoir être utilisé à la fois dans les phases d'exploration d'idées d'innovation, mais aussi lors de l'exploitation même du projet en innovation.

12. Drazin R., Glynn M.A. et Kazanjian R.K., « Multilevel Theorizing about Creativity in Organizations: A Sensemaking Perspective », *Academy of Management Review*, vol. 24, n° 2, 1999.

3.3.2. Un processus qui favorise la capacité d'absorption des connaissances apportées par son réseau

L'entreprise dispose d'une capacité d'absorption plus ou moins forte selon sa structure, sa culture mais aussi selon la manière avec laquelle elle se constitue un réseau (voir section 2.2.3). La plupart du temps, comme l'illustre la figure 3.9, les modélisations du processus d'innovation se focalisent uniquement sur la capacité d'intégration des sources d'innovation en amont du processus, oubliant l'importance de ces sources tout au long du processus, symbolisée par les flèches jaunes sur la figure.

Concrètement, cela signifie que le processus doit permettre de détecter les sources d'innovation et de les intégrer lors des étapes suivantes :

- la génération des idées d'innovation, en amont du processus ;
- le passage de l'idée d'une phase du processus à l'autre ;
- le développement de l'idée en projet d'innovation.

Conclusion

Ce chapitre montre que le processus d'innovation dans une entreprise est itératif, composé d'allers-retours entre les métiers de la R&D, qui recueillent les sources d'innovation issues de la science et de la technologie, et les métiers du marketing et du design, qui regroupent les sources d'innovation issues du marché. Si les sources d'innovation issues de la science sont assez facilement décelables, celles issues du marché le sont moins en raison du caractère représentatif du client qui émet une idée d'innovation. La méthode de la détection des utilisateurs précoces et un travail avec ces derniers permettent de surmonter cette difficulté.

Bibliographie complémentaire

Gallouj et Gallouj, *Économie des services*, Paris, Economica, 1996.

Schumpeter J., *Théorie de l'évolution économique*, 2e éd., 1926.

Von Hippel E., « The Dominant Role of Users in the Scientific Instrument Innovation Process », *Research Policy*, 5, 1976, p. 212-239.

Étude de cas

Le processus d'innovation envisagé par le groupe Schneider

Schneider Electric est une entreprise innovante qui a mis en place une direction de l'innovation mi-2006 mais qui remet régulièrement en cause son processus. Cette direction est en charge de déployer l'innovation au-delà d'une approche exclusivement technique. L'innovation est portée par trois dimensions : le *what* (quelle est la proposition de valeur de l'innovation ?) ; le *who* (pour qui innove-t-on ?) ; le *how* (quel modèle de revenu établir ?). De ce fait, la génération d'idées d'innovation ne vient pas seulement d'un département technique, mais aussi de différents groupes projets au sein de l'entreprise. Au demeurant, toute proposition doit être rattachée à un projet.

Face au nombre élevé de propositions, la direction de l'innovation a créé une approche de sélection des perles rares qui consiste en une démarche formelle pour choisir la ou les bonnes idées sans être enfermé dans un carcan. Une marge de manœuvre est nécessaire dans l'application de la boîte à outils méthodologique appliquée par l'entreprise.

Le premier point de formalisation de cette approche est reflété par la mise en place d'une succession de cinq étapes, visant à évaluer la pertinence de la proposition pour Schneider Electric (voir tableau 3.3). La première étape consiste en la formulation d'une idée d'innovation très simple, peu détaillée. Un premier filtrage de ces idées s'intéresse à la cohérence entre ces idées et la stratégie du groupe. La deuxième étape, intitulée « *discovery* » ou découverte, porte sur l'analyse des idées d'innovation qui ont passé l'étape 1 au regard de leur faisabilité. La troisième étape pour les idées qui passent cette phase 2, intitulée « *ideation* », consiste en la formulation plus enrichie de l'idée d'innovation. À l'issue de cette étape, il reste non plus une mais cinq ou six idées d'innovations plus précises. Chacune de ces idées subit ensuite une nouvelle sélection en fonction des risques techniques et commerciaux associés à chacune des idées. Enfin, la dernière étape de sélection supprime les idées qui ont subi une première expérimentation jugée non concluante par le jury d'innovation.

Pour chaque étape, des objectifs sont déterminés et conditionnent le passage d'une idée au stade suivant. Plus on avance dans les étapes, plus les indicateurs sont ancrés dans le concret, de nature à mesurer les bénéfices de l'innovation pour l'entreprise et pour le client.

À l'issue de ce processus, les idées sélectionnées entrent dans un mode projet, c'est-à-dire dans une phase de développement, gérée par un chef de projet et des équipes technique, industrielle et commerciale.

Tableau 3.3 : Objectifs de chacune des étapes de l'approche de sélection des idées d'innovation

	Les objectifs
Sand box	• Détermination de l'intention stratégique de l'idée, conséquence d'un rejet ? • Évaluation des ressources disponibles pour enclencher le processus
Discovery	• Définition du défi stratégique • Définition des étapes nécessaires pour mener à bien la proposition
Ideation	• Génération des idées en lien avec l'idée proposée, par une séance de créativité • Filtrage des idées en fonction de leur capacité à s'intégrer dans un scénario d'usages pour le client et de la pertinence de ce scénario
Elaboration	• Analyse des hypothèses de réalisation et des risques associés à chaque idée
Experimentation	• Grâce à des mises en situation : • Confirmation des hypothèses posées lors de l'étape d'élaboration • Mesure des risques et des points de blocage

Source : Jean-Christophe Hutt, ancien responsable de la direction de l'innovation Schneider Electric, Grenoble.

Questions

1. Qualifiez ce processus d'innovation. Est-il tiré par la technologie ? Poussé par le marché ?
2. Identifiez des entreprises dont les processus sont similaires.
3. Identifiez les avantages et limites d'un tel processus.
4. Quelles recommandations pourriez-vous faire pour améliorer ce processus d'innovation ?

Partie 2

L'exploration pour l'innovation

Chapitre 4

Dynamique et espace d'innovation

Après avoir lu ce chapitre, vous saurez :

- comprendre la problématique de la définition de l'espace d'innovation à explorer à travers quelques concepts clés et argumenter les impératifs d'innovation continue et discontinue ;
- formaliser, partager et activer un espace d'innovation pour la génération d'idées ;
- anticiper les principales difficultés liées à la définition de l'espace d'innovation.

Sames est un des leaders mondiaux des systèmes de peinture par projection électrostatique. 60 ans de savoir-faire et d'innovations lui assurent aujourd'hui une réputation internationale de performance et de qualité. Après avoir accru son chiffre d'affaires de plus de 30 % en 2011, la société affiche de sérieuses ambitions pour 2012, annonçant l'arrivée de 70 nouveaux collaborateurs parmi les 195 employés actuels. Elle récolte ainsi les fruits de son ambitieuse politique de R&D et d'adaptation de son offre aux attentes de ses clients.

Toutefois, le problème est que 75 % du chiffre d'affaires de Sames est généré par l'automobile. À ce titre, Sames est trop dépendant des variations de ce secteur. Malgré l'existence de solutions destinées à l'industrie de la peinture industrielle hors automobile (comme les cycles, les profilés aluminium, les mobiliers métalliques), la dépendance aux mêmes variations persiste. Il est donc urgent de rechercher de nouvelles cibles de marché en cohérence avec les technologies de l'entreprise, à savoir la pulvérisation de précision par électrostatique permettant un dosage précis et des pertes moindres de peinture.

Le champ des possibles est extrêmement vaste, à la croisée entre des utilisations à destination des hommes, des animaux ou des plantes avec des usages servant la santé, l'hygiène, le confort ou la qualité. Ainsi, il peut s'agir de projeter de la peinture à base de nanoparticules, de la poudre alimentaire ou encore des substances médicales à des fins d'isolation, de marquage, de traçabilité. Ces applications peuvent s'adresser au consommateur, à l'industriel, à la collectivité… Sames ne dispose pas d'acquis ni de connaissances antérieures pour savoir « où aller » et être convaincant dans ce choix, alors que le niveau de risque et d'incertitude sera nécessairement maximal !

« Ce défi requiert des compétences et des savoir-faire spécifiques et rares, mais aussi une évolution des comportements vers plus d'intuition, de création et de construction collective – et moins d'analyse détaillée et rationnelle », déclare Asbed Kechichian, responsable marketing de Sames Technologies.

L'objet de ce chapitre est de contribuer à comprendre l'impératif d'innovation d'une entreprise, à l'image de celui auquel fait face Sames. Cela se concrétise par deux dimensions : (1) comprendre les logiques de dynamique d'innovation à l'échelle sectorielle et (2) construire sur cette base son propre espace d'innovation, assimilable à un « champ de bataille », à l'échelle de l'entreprise. Cet espace se caractérise par différentes zones, selon que l'innovation est incrémentale ou radicale, régulière ou épisodique. Chacune nécessite des démarches spécifiques d'exploration et d'anticipation de ce que pourrait être une innovation future. En particulier, la construction de l'espace d'innovation permet de formuler des idées à plus fort potentiel de rupture, en complément des flux d'innovation incrémentale souvent bien maîtrisés par les entreprises.

Une proposition de démarche appliquée à l'affichage publicitaire servira à illustrer la mobilisation de différentes approches des dynamiques d'innovation pour identifier et qualifier des espaces d'innovation.

1. Les dynamiques d'innovation

Peut-on se permettre de ne rien changer à ses activités et ses métiers ? Si oui, pendant combien de temps ? Y a-t-il un impératif à innover ? Cet impératif est-il possible sans rupture, sans changement des règles du jeu ? De quelle nature est cet impératif et quelles en sont les causes ? Quel est le degré d'urgence ? Quel pourrait être l'impact en l'absence de toutes actions ? Bien entendu, ces questionnements sont en lien avec la stratégie de l'entreprise qui détermine les objectifs de l'organisation et leur déclinaison au sein de chaque entité qui la compose, dont celle dédiée à l'innovation. Ces questionnements sont aussi en lien avec l'environnement de l'entreprise, en particulier son environnement industriel, marqué par des dynamiques de changement propre, liées au pouvoir des acteurs en place, au progrès technologique ou encore aux réglementations et autres chocs de la vie courante des affaires. Comprendre ces mécanismes permet d'éclairer la stratégie d'innovation de l'entreprise en amont de la formulation d'une stratégie d'entreprise et, le cas échéant, de pouvoir décider de changer les règles du jeu de sa propre industrie !

1.1. Le progrès technologique

Historiquement, de nombreuses études ont montré l'importance de l'impact du progrès technologique sur le développement des industries. Foster a mis en évidence, en particulier, l'existence des courbes en S. Ces dernières montrent la façon dont évolue la performance d'une technologie au sein d'une industrie, avant d'être remplacée par une autre technologie, sous l'effet du temps et d'un effort de R&D. Ce phénomène est illustré sur la figure 4.1.

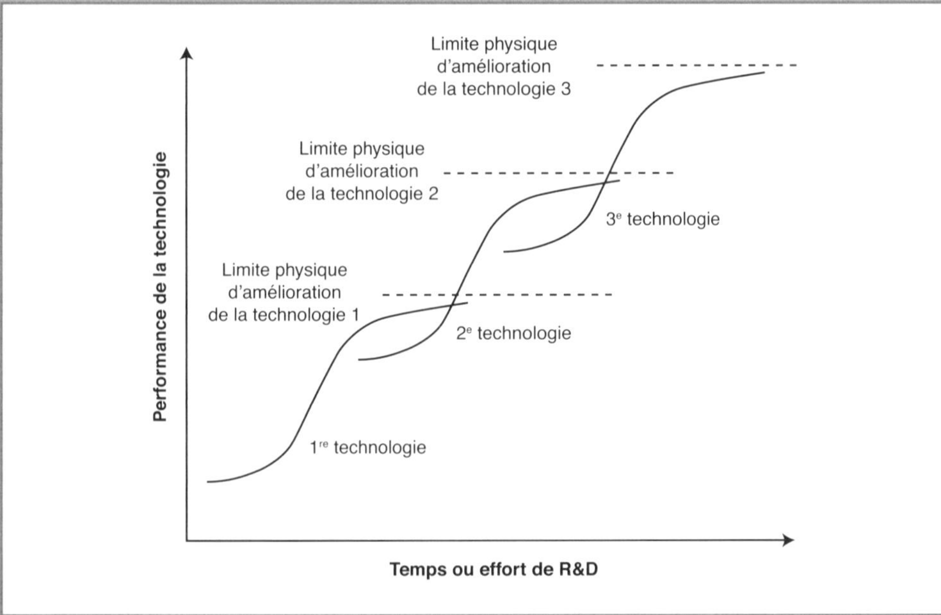

Figure 4.1
Les courbes technologiques en S.

Source : adapté de Foster R. *Innovation: The Attacker's Advantage*, New York, Summits Books, 1986.

La réalisation de ces courbes repose sur les données d'investissement en R&D d'une industrie et sur la progression des performances techniques des produits technologiques dans le même temps. Ainsi, R. Foster a décrit le phénomène de déploiement puis de substitution d'une technologie par une autre. Ce phénomène comprend trois phases :

- Le démarrage : la R&D cherche à comprendre la technologie, ses principes fondamentaux. C'est un processus de production de connaissances nouvelles plutôt lent, durant lequel les performances de la nouvelle technologie évoluent doucement en restant inférieures à celles de l'ancienne technologie ; dans la réalité, de nombreuses technologies sont candidates à la substitution.
- La progression rapide : les principes fondamentaux étant découverts, on entre dans un cycle de diffusion qui contribue à l'amélioration rapide des performances de la nouvelle technologie, par effet d'apprentissage. Cette technologie devient supérieure à l'ancienne et le processus de substitution démarre, la nouvelle technologie venant remplacer l'ancienne dans les produits mis sur le marché. En général, quelques technologies entrent dans ce processus de substitution. Elles sont en concurrence pendant un temps jusqu'à ce que l'une ou deux d'entre elles s'imposent.
- La maturité : à force d'amélioration des performances, les limites physiques de la technologie sont atteintes, bloquant ainsi la progression des performances. Les entreprises

établies tentent de repousser la fin du cycle et réalisent des investissements importants pour des améliorations mineures en termes de performance. D'autres acteurs voient l'opportunité d'entrer, et une nouvelle courbe est amorcée.

Ces courbes technologiques permettent de planifier les investissements R&D requis pour rester compétitif dans un secteur où la technologie a un fort impact sur des marchés de masse. Par exemple, dans l'industrie du semi-conducteur où la R&D coûte très cher, il n'est pas envisageable d'investir dans une technologie qui ne serait pas retenue par le marché. Les acteurs se regroupent alors et adhèrent à la même feuille de route technologique, basée sur la loi de Moore de 1965 et ses révisions successives. Elle prévoit que le nombre de transistors sur une puce électronique double tous les deux ans. Les entreprises du secteur planifient ainsi leurs développements technologiques qu'elles déclinent ensuite dans des solutions tournées vers divers marchés, selon leurs objectifs stratégiques spécifiques. À chaque nouvelle technologie, le classement des leaders du secteur est profondément modifié. Depuis quelques années, cette loi a évolué vers le « *More than Moore* » qui, au-delà d'améliorer régulièrement la performance de la puce, vise à lui octroyer de nouvelles fonctionnalités.

Ces courbes en S présentent des limites dont les managers doivent avoir conscience. Tout d'abord, il est important de discerner la diffusion technologique de la diffusion de l'innovation. Une technologie peut envahir une famille de produits sans que celle-ci n'atteigne un marché de masse. Il est donc important d'associer, aux courbes technologiques en S, une réflexion sur les voies de valorisation de ces technologies. C'est ainsi que de nombreuses technologies pour l'habitat n'ont jamais bénéficié de l'effet d'apprentissage : comme la domotique qui n'a pas encore réellement été adoptée par une large partie des consommateurs. Ce fut également le cas du Securiscan de Thomson. La performance technologique n'est ainsi pas le seul paramètre à prendre en considération.

Ensuite, les données d'entrée du modèle permettant de construire des courbes en S sont souvent difficiles à obtenir ou à établir. Comment fixer à l'avance le seuil correspondant à la limite d'amélioration d'une technologie ? Les entreprises favorables à cette technologie auront une forte propension à l'étendre, tandis que les détenteurs de technologies de substitution vont raccourcir les délais. Comment déterminer à l'avance le temps nécessaire au démarrage d'une technologie, à son émergence dans un champ, à sa diffusion ? Cela crée de l'incertitude quant à la détermination du moment approprié pour décider d'investir dans la nouvelle technologie.

En définitive, au-delà de la technologie, il est nécessaire d'acquérir une compréhension élargie de la dynamique d'innovation, à travers les jeux d'acteurs et la dynamique industrielle.

1.2. La dynamique d'innovation industrielle

G. Dosi[1] explique qu'un paradigme technologique nouveau résulte d'une combinaison entre des avancées scientifiques portées par les capacités inventives des innovateurs, des variables institutionnelles et des difficultés non résolues par les clients au sein des paradigmes établis.

1. Dosi G., « Technological Paradigms and Technological Trajectories », *Research Policy*, n° 11, 1982, p. 147-162.

Une nouvelle trajectoire naît de la mobilisation d'acteurs multiples et complémentaires autour de choix de conception précis, visant à faire progresser les découvertes et être en mesure de prendre le risque d'opérer le changement ensemble. Ainsi, trois types d'acteurs sont à considérer pour comprendre la dynamique d'innovation d'une industrie :

- Les innovateurs : ils tentent peu à peu de s'imposer sur leur marché. On peut distinguer cinq trajectoires d'innovation permettant de dominer une industrie :
  - Celle des fournisseurs d'équipements, qui cherchent à accroître la productivité des fabricants de l'industrie. C'est le cas par exemple du monde agricole.
  - Celle des producteurs de masse, conduits par les économies d'échelle comme dans l'automobile. L'innovation de processus dans le cadre de plates-formes technologiques communes permet de rester concurrentiel et innovant par la personnalisation à la marge.
  - Celle des « techno-entreprises », comme dans l'électronique et la santé, où l'avantage concurrentiel provient de la performance technique fondée sur des avancées continues.
  - Celle des fournisseurs de services d'information au client final, comme la finance et les voyages : les clients informés achètent mieux, apprennent plus, gagnent du temps, etc.
  - Celle des fournisseurs spécialisés, comme dans l'instrumentation, qui apportent des éléments à très forte valeur ajoutée permettant aux intégrateurs de développer leur propre image innovante.
- Les clients : ils décident, dans la phase de transition, d'absorber ou d'ignorer l'innovation. Dans ce sens, leur comportement d'adoption détermine les formes de solutions et d'offres qui domineront le marché principal. Ce n'est pas forcément la solution la plus performante qui l'emporte. Ils se forgent leur opinion dès la phase fluide, à travers ce qu'ils voient, entendent et testent ! Ensuite, ce sont eux qui permettent des améliorations incrémentales du produit ou du service.
- Les institutionnels : ils ont pour rôle de stimuler, d'orienter et d'accompagner, notamment par le financement, l'émergence de nouveaux paradigmes. Par leurs incitations, ils font converger les efforts dans des directions prédéterminées et facilitent le regroupement d'acteurs complémentaires. Ils opèrent aussi comme des filtres de sélection de projets parmi des myriades d'initiatives et diffusent ainsi un signal fort quant aux innovations qui auront les moyens de progresser plus vite. De même, l'investissement public ou privé dans la création de start-up est un signal fort qu'un nouveau paradigme d'innovation est potentiellement en phase d'émergence car il sous-tend l'intérêt fort des clients dans les offres portées par ces jeunes organisations.

La façon dont une industrie intègre l'évolution des technologies dépend donc du comportement des acteurs en présence. Utterback[2] propose une approche dérivée de ses premiers travaux avec Abernathy en caractérisant ce comportement selon trois phases décrites dans le tableau 4.1.

---

2. Utterback J.M., *Mastering the Dynamics of Innovation*, Boston, MA, Harvard Business School Press, 1994.

Tableau 4.1 : Les trois phases de la dynamique d'innovation industrielle

	Phase fluide	Phase transitionnelle	Phase spécifique
Stratégie d'innovation	Performance fonctionnelle du produit	Variations du produit	Réduction des coûts – maximisation des profits
Origine de l'innovation	Besoins des clients et potentiels techniques	Extension des capacités techniques internes	Pression sur les coûts et la qualité
Type d'innovation dominant	Modifications majeures des produits – grande variété et émergence de discontinuités technologiques	Améliorations significatives des processus/volumes – design dominant ; une ou quelques technologies survivent	Amélioration continue produits et process – de nombreuses petites avancées peuvent devenir une avancée majeure
Ligne de produits	Diversifiée, incluant de la personnalisation	Comprend au moins un design dominant	Principalement des produits standard
Processus de production	Flexible et peu efficient – l'objectif est d'expérimenter et de faire de fréquents changements	Plus rigide, les procédures commencent à être définies	Efficient, requérant souvent une forte intensité capitalistique

Source : traduit et adapté de Abernathy W. et Utterback J.M., « Patterns of Industrial Innovation », *Technology Review*, n° 80, 1978.

On constate l'existence d'un cycle d'innovation au niveau de l'industrie à travers l'évolution des offres qui dominent le marché. Cette approche est spécifique aux marchés de masse.

En phase fluide, les industriels démarrent par des innovations de produits (et de services) qui vont faire bouger le marché. Ensuite, ils entrent en phase de pénétration du marché par l'optimisation des critères de qualité, de coût et de délai, qui reposent sur l'innovation de procédés, notamment de production et de commercialisation. Enfin, ils exploitent leur situation dominante et favorable sur un marché mature, en maintenant une stabilité aussi longtemps que possible notamment par l'amélioration continue de l'offre et des processus. Cela les conduit parfois à nier l'éventualité d'une nouvelle génération d'innovations.

La compréhension fine de ce cycle, même s'il a été très largement critiqué, permet d'identifier des paramètres à surveiller pour anticiper l'évolution d'une dynamique. Par exemple, l'ampleur des investissements dans les procédés industriels contribue à anticiper l'évolution d'une innovation en termes de prix et probablement donc de stratégie de pénétration du marché. L'émergence de start-up dans un secteur permet de le qualifier comme entrant dans une phase fluide où les capacités d'exploration et de connexions créatives, entre des univers *a priori* lointains, peuvent être essentielles. Dès lors, la question suivante est de mieux comprendre l'ampleur des changements annoncés pour mieux les maîtriser et se mobiliser. C'est la compréhension du phénomène de rupture.

1.3. Le phénomène de rupture

La rupture, c'est la transition durant laquelle des leaders mondiaux peuvent disparaître, à l'instar de Polaroid dans les années 2000. Comprendre ce phénomène pour en prévenir l'impact est donc déterminant pour toute entreprise. Généralement, un grand nombre de technologies de substitution sont candidates à la substitution, certaines étant favorables aux uns et défavorables aux autres et *vice versa*. Leur sélection dépend donc de la capacité des acteurs qui les poussent à atteindre un marché significatif avant les autres plutôt que de rester au stade expérimental.

Parmi les ruptures technologiques marquantes, nous pouvons citer les exemples suivants : le téléchargement de musique à la place des disques compacts ; les journaux électroniques à la place du papier ; le commerce en ligne à la place des magasins physiques ; le logiciel libre à la place des logiciels propriétaires ; le moteur hybride associant essence et batteries électriques à la place du moteur thermique. Ces transitions sont des substitutions parfois seulement partielles et prennent du temps à s'imposer. C. Christensen a analysé ce phénomène de rupture technologique (voir figure 4.2).

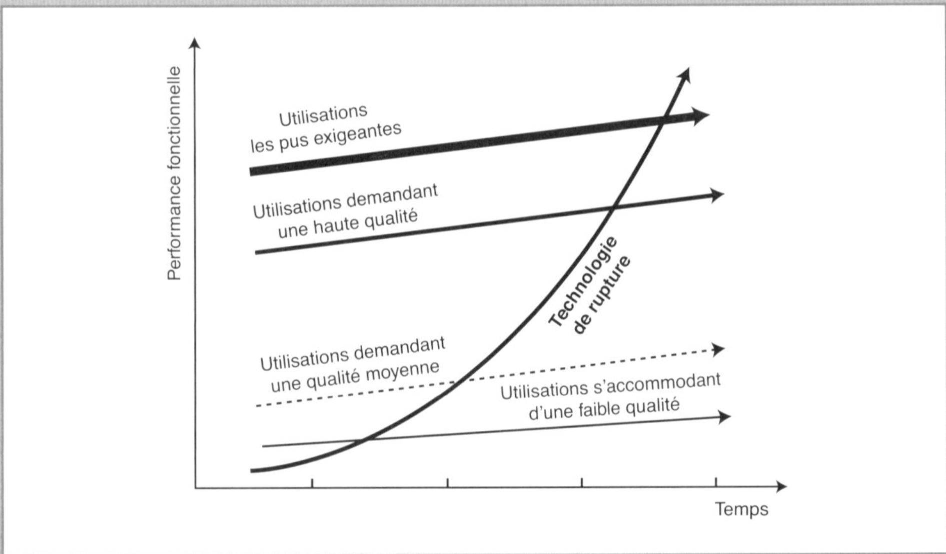

Figure 4.2
Le phénomène de la rupture technologique.

Source : adapté de Christensen C., *The Innovator's Dilemma. When New Technologies Cause Great Firms to Fail*, Boston, MA, Harvard Business School Press, 1997.

La rupture technologique est avant tout une problématique pour les entreprises en concurrence face à l'innovation. Du point de vue du marché et des clients, la rupture peut être presque transparente pour des clients qui en découvriront progressivement l'existence et le potentiel. C. Christensen propose une analyse du phénomène qui permet d'anticiper les ruptures, afin de les bloquer, de riposter ou de préparer la sortie du secteur. Le tableau 4.2 synthétise les étapes clés d'une rupture à travers les facteurs.

Tableau 4.2 : Facteurs déterminants de l'émergence d'une innovation de rupture, par étape

Obstacles à la rupture	+						Moteurs de la rupture
Marché émergent peu attractif							Marché émergent attractif
Barrières à l'entrée élevées							Barrières à l'entrée faibles
Faible valeur ajoutée perçue par les clients							Forte valeur ajoutée perçue par les clients
Faibles coûts de transfert pour les clients							Coûts de transfert élevés pour les clients
Facilité de réaction par les leaders							Difficulté à réagir pour les leaders
Faible déplacement des leaders							Les leaders ne restent pas sur le marché

L'utilisation individuelle puis collective de cette grille, par positionnement sur chaque facteur au sein de la grille, permet de prendre conscience d'un éventuel impératif à se remettre en question, dans son offre ou dans ses métiers et ses compétences clés : ouverture du champ d'exploration au-delà du connu ; attention portée à des paramètres spécifiques comme l'insatisfaction de certains clients potentiels ou l'existence de marchés de niche peu attractifs *a priori*. Les travaux existants permettent d'identifier trois mécanismes d'entrée d'une nouvelle technologie sur un marché :

- la saturation des performances des technologies dominantes et l'érosion progressive de la satisfaction des clients ;
- l'émergence de nouveaux critères de satisfaction, généralement sous l'effet d'une impulsion externe à l'industrie ;
- l'évolution de paramètres environnementaux se traduisant par de nouvelles normes, des tendances sociétales nouvelles générant de nouveaux critères d'achat.

Au-delà de l'origine technologique, les défis mondiaux qui se posent à nos sociétés sont une autre source de rupture potentielle. C'est par exemple le cas dans l'énergie. En conclusion, la compréhension des dynamiques d'innovation permet aux acteurs de mieux se projeter dans le futur, selon des logiques de programmation dans la continuité des progrès existants mais aussi en tenant compte des jeux d'acteurs au sein d'une industrie, voire au-delà, dans des logiques de rupture propices aux reconfigurations industrielles et à la recréation des stratégies du secteur.

2. Espaces d'innovation et anticipation

La compréhension des dynamiques d'innovation pose une double problématique aux entreprises convaincues de l'impératif d'innover : évaluer les enjeux à maintenir une position et une trajectoire établies afin de capitaliser sur les acquis, selon une logique dite de « dépendance du sentier » ; transformer des possibilités de rupture en opportunités plutôt que de les subir selon une logique de pionnier, en tenant compte que le champ des possibles peut être extrêmement ouvert et requiert dans le même temps de favoriser plusieurs options en parallèle. La complexité des dynamiques et la diversité des paramètres en jeu invitent à construire une représentation collective de l'espace d'innovation ciblé par l'entreprise, indiquant les zones prioritaires pour que les efforts d'exploration ne soient ni trop dispersés ni trop étroits.

2.1. Un espace d'innovation en quatre zones

Par défaut, l'espace d'innovation dans lequel agit une entreprise se limite aux contours de ses activités existantes, concrétisées par ses offres, et repose sur des savoir-faire acquis, regroupés sous le terme de métier. Dans l'éventualité où une personne s'aventurerait à proposer une idée en dehors de cette zone de certitude, il est très probable qu'elle soit rejetée. Dans le meilleur des cas, elle sera invitée à mûrir son idée par ses propres moyens, ce qui revient généralement à laisser vivoter l'initiative. Le risque est de ne pas voir ni d'être capable de mener une innovation à caractère plus radical, le jour où cela s'avérerait stratégique. Construire son espace d'innovation permet de prendre conscience collectivement de la zone d'exploration à couvrir et de cadrer l'ensemble des activités d'innovation en amont de manière cohérente et synergique.

John Bessant a lancé en 2006 le réseau « innovation-lab.org », dont une des premières contributions a été de conceptualiser l'espace d'innovation d'une entreprise en quatre zones distinctes (voir figure 4.3).

Ce schéma est structuré selon deux axes :

- L'axe horizontal marque l'intégration, par l'organisation existante, d'éléments issus d'environnements inconnus, générant ainsi un niveau de complexité très élevé caractérisé par : des règles du jeu concurrentiel non clairement définies ; des voies de développement peu liées aux acquis par l'expérience ; un environnement d'acteurs parties prenantes non défini et inconnu en termes de mode de fonctionnement ; une absence de modèles éprouvés de sélection de projets et d'allocation de ressources ; des processus à mettre au point, non stables et non routinisés.
- L'axe vertical sous-tend la capacité à repousser les limites et les croyances établies dans un secteur, sur le plan tant des performances techniques des solutions mises sur le marché que de leurs caractéristiques économiques et des modalités de leur distribution.

On observe quatre zones :

- **Zone 1.** « L'innovation au sein de l'activité établie » consiste à explorer, sélectionner et exploiter l'innovation en prenant pour acquis le maintien des conditions établies sur le marché et dans la chaîne de valeur. Cet espace d'innovation génère peu de tensions à l'intérieur ou à l'extérieur de l'entreprise. Il s'agit essentiellement d'étendre, dans une logique d'amélioration continue et régulière, les performances de la technologie et de l'offre sur des marchés existants. Elle repose sur des répertoires de connaissances robustes, sur des liens forts avec quelques acteurs clés. L'innovation s'apparente ici à un processus de développement de produits nouveaux sur la base d'un cahier des charges coétabli avec le client. Elle s'inscrit dans un portefeuille de projets et de produits alignés. Les routines et les plates-formes de développement, d'industrialisation et de commercialisation sont en place ; peu d'incertitude et de risques sont générés. L'innovation se concrétise dans les processus qui sont au cœur de l'organisation avec l'implication de toutes les parties prenantes dont la réussite du projet entre généralement dans les indicateurs de performance.

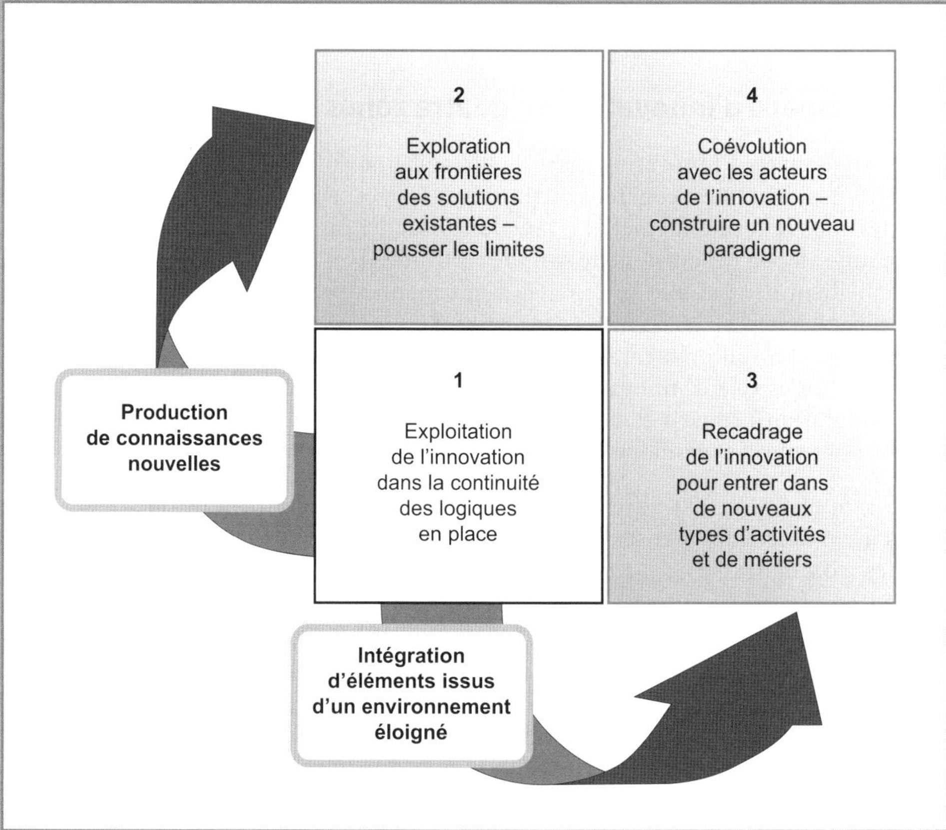

Figure 4.3

L'espace d'innovation en quatre zones distinctes.

Source : inspiré et adapté des travaux du réseau « innovation-lab.org », fondé et animé par J. Bessant, Imperial College, Londres.

- **Zone 2.** Le *business model* reste le même ; on repousse les limites des performances de l'offre au-delà des frontières établies. C'est par exemple, au sein du Groupe Seb, l'aspirateur Silent Force Extreme, qui allie puissance et silence – au-delà de l'imaginable puisque vous pouvez entendre la télévision, la radio ou le téléphone en présence d'un aspirateur en marche à côté de vous. Dans cette zone, les limites sont repoussées grâce à des techniques sophistiquées d'acquisition de connaissances technologiques ou marché. Il s'agit d'être capable de comprendre le critère de performance qui fera la différence du point de vue du client et d'acquérir les connaissances rares et distinctives susceptibles de rendre le défi surmontable. Cela requiert généralement des investissements et des efforts ciblés dans certaines directions clairement identifiées, comme l'acoustique pour l'aspirateur. C'est la construction de *roadmaps* d'innovation, c'est-à-dire de feuilles de route liant les ressources distinctives, les technologies, les applications, les produits et les marchés. La figure 4.4 présente un exemple de structure générique de *roadmap*.

- **Zone 3.** Intégration d'éléments nouveaux dans l'environnement métier et la chaîne de valeur, en provenance généralement d'une autre industrie et dans une dynamique de convergence industrielle potentielle ou d'imitation. C'est par exemple le cas de Michelin qui vend de l'assurance à travers son offre Michelin OnWay. Le défi ici est de remettre en question les schémas établis dans l'industrie, à la fois en termes de métiers, de processus clés et de chaîne de valeur. L'économie numérique est source de ce type de réflexion. Par exemple, les micronanotechnologies et les IT, diffusées avant tout dans l'industrie de l'électronique et de la communication, sont sources d'inspiration et d'innovation pour de nombreuses autres industries, en commençant par l'énergie, la santé, les transports, l'habitat, etc. C'est le mouvement Smart qui pénètre le monde, posant dès lors des questions telles que les processus de commercialisation des services pour des entreprises ayant toujours conçu et vendu des produits. Les méthodes et les outils ici sont des aides pour se focaliser sur les extrêmes, les dissonances comme sources de création et d'innovation. Ce sont des projets qui émergent de manière *ad hoc*, en dehors du cœur de métier de l'organisation, et qui nécessitent de construire des scénarios pour décrire ce que pourrait être l'histoire de l'innovation en question.
- **Zone 4.** Innovation radicale et généralement architecturale, où tout est nouveau pour tout le monde. Il s'agit de partir de visions nouvelles du monde, motivées par des défis complexes de grande envergure, pour lesquels des architectures nouvelles sont requises, faites de composants connus et nouveaux, reliés entre eux d'une façon originale, choisie parmi une pléthore de possibilités. La complexité de ce type de situation d'innovation est extrême et nécessite l'implication d'un écosystème d'acteurs spécifique et dédié. Ce sont les acteurs qui se réunissent très tôt autour d'un défi pour être acteurs du changement et qui auront une chance de fédérer un marché autour de leur innovation. Cela requiert des modes d'organisation semblables à la zone 3 mais beaucoup plus ouverts et collaboratifs, donc aidés et stimulés par des facilitateurs tels qu'on peut les trouver dans des centres d'innovation ouverte, favorisant la rencontre entre des acteurs *a priori* éloignés pour générer ensemble des idées d'innovation.

Le choix des zones dans lesquelles une entreprise décide d'agir dépend avant tout de sa volonté de développement, puis des caractéristiques dynamiques de son secteur. Ce choix, pour être accepté et mis en œuvre par l'organisation, doit être argumenté et étayé de thématiques et de familles de concepts innovants.

2.2. Les thématiques d'innovation

L'identification de thématiques d'innovation s'inscrivant dans des directions de moyen à long terme est importante pour garantir aux idées l'horizon temporel requis pour leur transformation. Ces thématiques peuvent être assimilées aux *megatrends*. Elles sont des visions futuristes générées à partir des actions et des engagements forts et durables de groupes d'acteurs forgeant de nouvelles dynamiques d'innovation. Le cabinet d'études Frost & Sullivan réalise chaque année des études approfondies des principales *megatrends* en cours. L'économie numérique en est une. Les acteurs moteurs sont les multinationales de l'électronique, des télécoms et de l'informatique. Face à des *roadmaps* technologiques extrêmement contraignantes en matière d'investissement, la question de la diffusion rapide sur de nombreux marchés est cruciale. Leur volonté est d'envahir le monde, afin de capturer le maximum de valeur économique pour rentabiliser leur investissement. Ils se rapprochent de partenaires issus d'autres industries pour leur proposer d'améliorer leurs solutions par des fonctionnalités d'information potentiellement multiples : signal d'alerte en fonction de paramètres de santé ou de climat prédéfinis, capture d'informations comme les battements du cœur pour les montres, communication, échange de données ou d'image, stockage et diffusion d'informations, de son, de vidéo, etc. Par exemple, le monde du numérique peut impacter celui du tourisme selon les thématiques suivantes :

- La virtualisation des voyages permettant d'offrir une autre forme de rêve, plus vite, à moindre coût. On entre ici en connexion potentielle avec le monde du jeu virtuel.
- L'amplification des expériences de voyages réelles par l'information, sa mise à disposition, sa capture et son stockage, l'interactivité avec le monde physique, source d'émotions…
- La sécurisation des voyageurs et de leurs biens par la possibilité de géolocaliser et de tracer tout objet.

Sur la base de cette projection dans un monde futur extrême, les thématiques sont ensuite étayées par l'identification de signes de changement actuels : des agences de voyages proposent, comme aide à la vente, des simulateurs de voyage. C'est le signe concret d'une dynamique déjà amorcée et d'acteurs potentiellement partenaires. Ensuite, chaque vision extrême suscite des opposants ou des effets paradoxaux pour d'autres acteurs. Les professionnels de l'hébergement (dont l'hôtellerie) ne seront probablement pas favorables aux voyages virtuels – sauf s'ils y voient l'opportunité de proposer une expérience d'hôtellerie amplifiée, une façon d'améliorer la relation client parce qu'il passe une soirée avec toute sa communauté virtuelle, où qu'elle soit dans l'un des hôtels de la chaîne. C'est la thématique de l'ubiquité qui pourrait alors intéresser les acteurs de l'hôtellerie.

Enfin, pour stimuler les idées et l'acquisition de connaissances, des métaconcepts d'innovation devraient être générés. Ils permettent de délimiter chaque zone d'innovation de l'intérieur – et non en fonction de limites à ne pas franchir. Par exemple, la cabine multimédia interactive chez un hébergeur peut être considérée comme un nouveau lieu de communication avec son réseau virtuel, un lieu de détente et de divertissement avec des individus sur l'ensemble de la planète, un lieu d'ambiance permettant de s'évader et de rêver, un lieu d'immersion dans un monde choisi, réel ou virtuel, avec ses propres ressources le cas échéant. C'est aussi un métaconcept, couvrant une lignée de concepts potentiels, qui peut permettre d'étendre le voyage jusqu'au transporteur… Pour produire ce type de thématiques et de métaconcepts d'innovation, l'organisation doit toutefois être consciente de ses propres capacités et postures d'anticipation.

2.3. Les pratiques et capacités d'anticipation

Les différentes zones de l'espace d'innovation suggèrent de mobiliser des approches du futur bien distinctives et des pratiques d'anticipation bien spécifiques à chacune. Toutefois, en la matière, la capacité de discernement, de choix et de mise en œuvre des démarches d'anticipation par les organisations reste bien limitée. Il convient, dans ce contexte, de comprendre les trois façons existantes d'approcher le futur aujourd'hui pour adopter un regard critique sur leur contribution à la formulation de l'espace d'innovation, à travers ses thématiques et ses métaconcepts.

Tout d'abord, dans une logique d'exploitation continue, marquée par une forte « dépendance de sentier », les organisations tendent à planifier leurs actions d'innovation. C'est, au-delà du portefeuille de projets, la feuille de route ou *roadmap* d'innovation telle que présentée dans la figure 4.4. C'est une représentation du futur par la planification qui requiert des compétences analytiques face à des changements prévisibles et qui reposent sur les performances passées. Ici, les méthodes par extrapolation et par analyse de tendance fonctionnent. Le management a une posture de diagnostic et d'optimisation, et une valeur ajoutée dans la gestion des problèmes opérationnels. On est dans des zones de turbulences faibles correspondant à la zone 1, voire 2, de l'espace d'innovation. L'exploration est extrêmement focalisée et réalisée par des spécialistes. La démonstration des concepts repose sur des mesures d'impact prévisionnelles sur la performance économique future qui sont précises et quantifiées, nécessitant une bonne maîtrise des modèles de simulation marketing. La sélection stratégique s'opère par des comités d'innovation de directeurs, utilisant des critères objectifs prédéterminés. C'est une orientation plutôt de court terme.

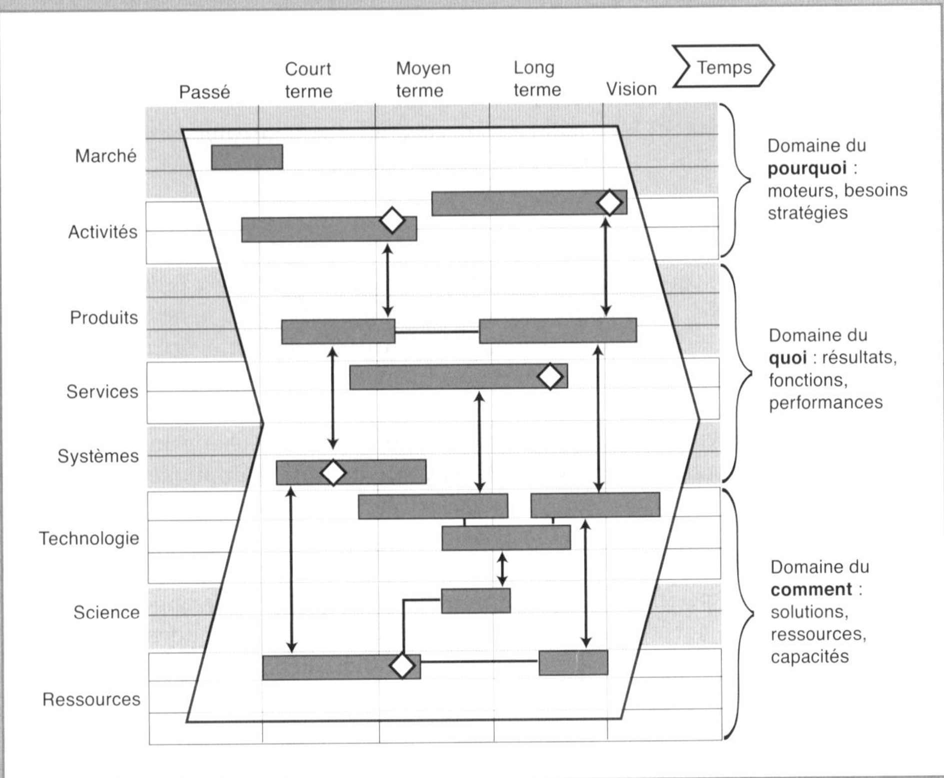

Figure 4.4
Vue conceptuelle d'une *roadmap*.

Source : adapté des travaux du Centre pour le management de la technologie de l'université de Cambridge (Grande-Bretagne), 2009.

Lorsque le management prend conscience d'une possibilité de discontinuité, d'innovation radicale ou de rupture, alors il entre dans une logique visant à réorienter sa stratégie, notamment par l'utilisation des scénarios. Ils permettent de pallier les limites des modèles statiques tels que l'analyse des cinq forces de Porter. Ce type d'outils s'accommode mal de l'incertitude, de l'instabilité et des reconfigurations industrielles ou ruptures. Un scénario est une représentation de ce que pourrait être un futur possible sans être une prévision. Il facilite ainsi l'exploration en dehors du cadre usuel des activités de l'entreprise et se communique facilement à des publics divers. Il permet alors de détecter de nouvelles orientations potentielles, à travers la description d'événements partiellement connus et partiellement nouveaux, mais toujours prédictibles. C'est ainsi que des opportunités seront saisies. Pourtant, ces approches souffrent de quelques limites fréquentes, au sein des organisations :

- Les experts qui contribuent à leur fabrication refusent la remise en question de leur champ d'expertise et tendent à exclure la possibilité de certaines ruptures.
- La recherche d'exhaustivité pour pallier les biais cognitifs individuels tend à focaliser l'attention sur les paramètres dominants, éliminant d'emblée les phénomènes dissonants et extrêmes ou encore les dimensions sociales et humaines de l'innovation.
- Enfin, ces approches sont difficiles à intégrer par les décideurs, car peu en lien avec l'action stratégique. Face à quatre futurs possibles peu quantifiés et dont probablement aucun ne se réalisera véritablement, les décideurs sont peu à l'aise pour prendre des décisions et les exécuter.

Enfin, certaines organisations fonctionnent par opportunités stratégiques et visent plutôt à façonner le futur de leur industrie. C'est par exemple le cas de Movea. Leur représentation du futur est d'emblée en rupture, ou très nouvelle, avec l'existant et avec celle qui domine les visions des acteurs établis. Cette approche repose sur l'utilisation des signes d'alerte précoce (signaux faibles) tels que définis initialement par I. Ansoff[3] : des informations qui laissent penser que pourrait s'amorcer dans notre environnement un événement susceptible d'avoir un impact significatif sur notre devenir et pour lequel des informations complémentaires devraient être recherchées afin d'affiner notre compréhension du changement en cours, de son urgence et de ses conséquence potentielles. Cette définition implique, contrairement aux approches précédentes, une posture d'anticipation, de création de sens, de partage de connaissances et d'intelligence collective généralisée dans l'organisation. Cela correspond à des dispositifs de veille stratégique actifs et non passifs, comme la plupart de ceux qui, isolés dans des cellules spécifiques, ne produisent que des études et des rapports prospectifs. Selon cette approche, il faut aussi développer une capacité à créer des opportunités, reposant sur des aptitudes à exprimer l'imaginaire. La gestion des surprises est aussi une capacité d'anticipation indispensable.

En définitive, l'ouverture d'esprit, le renouvellement des relations avec l'environnement, le questionnement, la vision et la flexibilité, la mobilité des individus et des structures sont toujours des déterminants majeurs de la capacité d'anticipation en innovation. Ajouter la capacité à construire collectivement des représentations intégrant des connaissances liées aux émotions personnelles, aux impressions et aux intuitions pour en faire un outil de

---

3. Ansoff H.I., « Managing Surprise by Response to Weak Signals », *California Management Review*, vol. 18, n° 2, 1975, p. 21-33.

partage et de mobilisation des équipes et des organisations est incontestablement une force distinctive.

3. Illustration pratique : le cas de l'affichage publicitaire

« À la vitesse où les médias évoluent, où les technologies et les modes de consommation bouleversent les équilibres anciens, bien malin qui peut décrire avec certitude à quoi ressemblera le paysage médias dans 10 ans[4]. »

Le marché de la communication est en pleine mutation, sous l'impulsion des technologies du Web mais aussi du fait de l'évolution des réglementations urbaines et des comportements des consommateurs-citoyens-professionnels. Face à ce type de situation, les acteurs du secteur doivent s'interroger sur l'impératif de changer tout ou partie de leur offre et de leurs métiers, en tenant compte des velléités potentielles de nouveaux entrants.

Il n'existe pas de démarche unique pour construire une représentation partagée d'un espace d'innovation futur. Il doit être l'émanation d'un travail collectif, permettant de croiser des regards différents sur le monde de demain et la place que l'on souhaiterait et pourrait prendre – en tant qu'acteur du secteur ou nouvel entrant.

3.1. Dynamique d'innovation

Le marché de la communication est avant tout constitué des investissements publicitaires réalisés par les annonceurs. Ils s'élevaient en 2009 en France à 29,8 milliards d'euros, soit 8,6 % de moins qu'en 2008. Les principaux annonceurs en France sont Renault, Orange, SFR, Peugeot, Carrefour, Unilever, Bouygues Télécom, Citroën, P&G, E. Leclerc, Intermarché, Française des Jeux, Nestlé, Ferrero, L'Oréal Paris – soit, en secteurs d'activités, par ordre d'importance : la distribution, l'automobile, l'alimentation, la culture et les loisirs, la finance et l'assurance, les télécoms, l'hygiène et la beauté. Un tiers de ces investissements concernent la communication locale (hors médias), alors que l'essentiel des budgets médias concerne l'achat d'espaces d'affichage (84,6 %). La mise à disposition d'espaces médias publics est très fortement réglementée pour éviter tout effet de pollution visuelle.

On distingue différents types d'espaces : distribution et commerce, espaces fermés de loisirs, infrastructures de transport, espaces de vie professionnelle, espaces de vie privée (hôtellerie, restauration). Quatre types d'acteurs constituent la filière (en dehors des annonceurs) : agences conseils en communication (environ 16 000 entreprises) ; médias (télévision, radio, salles de cinéma, presse, affichage : environ 10 000 entreprises) ; sociétés de vente d'espaces publicitaires (régies de presse, de télévision, de radio, d'affichage et d'autres types de supports : environ 5 600 entreprises) ; principaux prestataires hors médias : entreprises de distribution de courrier et de reroutage, d'études de marché, d'organisation de foires et salons, d'imprimerie, de prestations graphiques, d'enregistrements sonores et visuels, de films institutionnels et publicitaires (environ 36 500 entreprises).

4. Source : « Prospective : le paysage médias en 2020 », *Union des annonceurs*, actualités de novembre 2010.

L'affichage publicitaire est le mode de communication qui a aujourd'hui le plus d'impact et d'influence sur le comportement des publics ciblés – dont les consommateurs. Mais, à l'instar du marché de la communication, il tend aujourd'hui à devenir plus interactif et dynamique. En 2006, ce *digital media* représentait aux États-Unis 11 milliards de dollars, 630 000 écrans et 97 000 emplacements. Ainsi, les écrans numériques et les LED semblent prendre une belle part du marché, se substituant aux traditionnelles affiches papier. D'autres innovations émergent telles que les bâches événementielles, les affiches odorantes, les images lenticulaires, les vitrines interactives. Les acteurs des médias sont à la recherche de différenciation et d'impact spectaculaire. Par exemple, **Next One devient leader national de l'affichage *indoor* sur réseaux d'écrans avec des innovations de *business models* multi-annonceurs :** « Être présent dans la plus grande salle de concerts de France s'inscrit dans la continuité de notre stratégie. Ce nouveau dispositif permet de renforcer notre offre d'affichage ciblé et d'augmenter la puissance de notre réseau », résume Guillaume Vaillant, directeur associé de Next One.

La forte augmentation de la mobilité des personnes entraîne un transfert de plus en plus marqué du choix des médias vers les domaines hors domicile et l'espace public. À cela s'ajoutent une fragmentation en croissance du paysage médiatique et un bouleversement des habitudes d'utilisation des médias. Avec le recours à différents canaux d'information et de communication en parallèle, l'attention des consommateurs pour les médias individuels diminue fortement.

Plus spécifiquement, la maturité des technologies numériques signe la fin de l'affichage statique papier et réglementé en termes de dimensions et d'emplacements. Cela est déjà amorcé à des degrés différents : les affiches intègrent des TAG pour déporter une partie du contenu sur des objets communicants (smartphones, tablettes, etc.) ; les affiches sont remplacées par des écrans TV, des bornes interactives et les LED se déploient largement.

Pourtant, aucune nouveauté ne se détache vraiment. Les dispositifs de réalité augmentée n'ont toujours pas prouvé leur utilité, sauf pour les jeux, la musique et les films. La prochaine révolution du téléphone n'est rien d'autre qu'un picoprojecteur intégré. Pourtant, on nous annonce une communication future sans écran mobile ni contact, mais sur des lunettes ou projetée sur les murs et les objets. Cette modernisation pose les bases d'une communication plus numérique et permet l'arrivée de nouveaux acteurs dans la filière et, de fait, un renouveau de l'affichage, plus riche et plus segmenté. Les annonceurs voient une évolution bénéfique de leur relation client, qui devient une véritable arme concurrentielle.

En parallèle, de nouveaux vecteurs publicitaires se développent massivement : autour du sport où la publicité et le sponsoring sont déterminants dans le financement des événements ; autour du financement par la publicité de contenus gratuits ou à coûts réduits. La mesure de performance du média devient un critère de choix majeur pour les annonceurs. Enfin, la valeur du point de vue du consommateur final change : est-ce que la publicité l'aide dans son expérience de consommateur, dans sa vie de citoyen responsable face à des défis majeurs comme la santé ou l'énergie ou face à des problèmes d'insécurité accrus ? Les annonceurs quant à eux, notamment les « grandes marques », font face à de nouveaux défis, pour lesquels s'invitent d'autres acteurs comme les sociétés de l'Internet ou les opérateurs télécoms (car la communication représentera bientôt plus de 50 % du trafic de données) : communiquer au plus près du point de vente et capturer l'attention du client ; générer des contenus numériques et intégrer numérique et physique par exemple par la projection d'hologrammes en environnement réel ; apporter des services en temps réel ; fournir de l'information contextualisée et géolocalisée ; etc. Dans le même temps, les réglementations amplifient la lutte contre la pollution visuelle et pour le développement durable avec la création de labels et de taxes, le contrôle accru et la limitation des espaces d'affichage – et une guerre à la pollution générée par l'électronique. Dans ce contexte et selon les mots de l'Udecam (Union des entreprises de conseil et d'achat média), on peut s'interroger : en 2020, invasions barbares du numérique ou contre-attaques de l'empire de la communication ?

3.2. *Megatrends* et espace d'innovation

L'analyse du secteur de la communication permet de sélectionner trois forces de changement majeures qui conduisent à se focaliser sur trois *megatrends* :

- Technologies numériques (au sens large) : l'offre devient extrêmement sophistiquée technologiquement et permet aux fournisseurs de solutions de communication d'apporter des produits et des services différenciateurs pour les annonceurs, qui eux-mêmes améliorent ainsi leur relation client – pourvu qu'ils découvrent les usages de ces solutions de communication dans leur propre approche de la relation client tout en maîtrisant les éventuels effets paradoxaux de ces technologies face aux consommateurs.
- Urbanisation : la population humaine se stabilise aujourd'hui autour de 10 milliards. Par contre, si de nos jours environ 50 % de la population mondiale vit dans les villes et que le rythme du développement économique de la planète se poursuive, ce seront d'ici quelques dizaines d'années environ 8 milliards de personnes qui vivront dans de nouvelles structures urbaines. Les territoires, à travers notamment les institutions publiques et les réglementations, privilégient les technologies citoyennes, propices à réduire les problématiques de surpopulation, d'environnement, d'énergie, de santé, de transports – en l'occurrence, c'est la communication externe sans papier et sans pollution visuelle qui prévaut et les solutions retenues seront celles qui feront la preuve de leur impact en accord avec des villes et des couloirs de déplacement reconfigurés. Les mégacités sont associées à des phénomènes de fragmentation pour redonner une taille humaine aux espaces, recréer la notion de village et de lien humain. En 2014, 70 % de la population européenne fera son marché auprès des producteurs locaux. La mutualisation et l'utilisation optimisée des ressources naturelles rares font partie intégrante des réflexes de tout un chacun et répondent à des réglementations très strictes. La priorité est aux valeurs sociétales et environnementales, l'innovation soutenue par les pouvoirs publics est avant tout sociale. Un défi devient l'optimisation de l'utilisation des espaces : limiter les pertes, mutualiser, faciliter la reconfiguration par la modularité, utiliser l'espace aérien en garantissant la sécurité, contre tous types de risques, même climatiques.
- Nouvelles générations : la génération Y est demandeuse d'innovation mais, dans le même temps, elle est extrêmement exigeante et imprévisible dans ses comportements. Elle impose aux grandes marques notamment d'être considérée différemment d'un client traditionnel en s'adaptant à ses valeurs, ses comportements et ses croyances. Trois axes

paradoxaux se dégagent : la sociabilité choisie, l'universel personnalisable à l'extrême, la symbolique. Ses valeurs : individualité et interconnexion mondiale ; impatience et volatilité (tout, tout de suite) ; inventivité et renouveau (ou constante remise en question et recherche de variété) ; sociabilité choisie (s'isoler et partager) ; place renouvelée des symboles et recherche d'émotions fortes (imaginaire, rire, références historiques – sans surcharge d'informations). La nature revêt une place importante et la technologie se doit d'être transparente. L'art, la scénographie, le design ont une importance accrue pour permettre aux consommateurs de plonger pleinement dans des univers et vivre des émotions.

Ces trois *megatrends* permettent de dégager trois niveaux d'impact majeur sur le futur du secteur de la communication :

1. **Des ruptures technologiques pour des solutions de communication de plus en plus complexes** (l'exemple type est la vitrine interactive). L'offre se complexifie, une pléthore de nouvelles fonctionnalités sont possibles : connectivité à Internet et objets mobiles ; personnalisation et adaptation en temps réel en fonction des consommateurs ; réalité augmentée ; comptage des passants ; veille et mise en route automatique ; affichage 3D, son, tactile, information. Les hologrammes d'accueil des clients sont un exemple de cette transformation de la communication. En complément, les performances environnementales, et notamment énergétiques, de ces solutions de communication ne cessent de progresser avec les nouvelles générations « vertes » de IT, les nouvelles technologies de capture et de stockage d'énergie, l'électronique flexible, l'intégration 3D, etc. On se dirige vers la zone 2, avec un effet de possible renforcement des consommateurs finaux de la nouvelle génération. L'affichage devient un élément de divertissement gratuit pour les consommateurs. On peut attendre une plus grande diversité de formats d'affichage – notamment plus grands pour attirer l'attention –, une importance accrue de la qualité des contenus vidéo 3D – avec l'apport de la scénographie et des artistes (au sens d'œuvre d'art) ou encore des historiens pour les valeurs sociétales ou des designers et des architectes pour des formats originaux. Des objets complémentaires vont s'avérer nécessaires avec le refus de continuer à porter sur soi son ou ses écrans, souvent trop petits et peu propices au partage et à la lecture collective – pour leur préférer des supports physiques plus naturels et, en apparence, moins technologiques. Cela correspond à une hybridation des solutions de communication qui ne pourront pas être pensées indépendamment les unes des autres. Les solutions devront en effet intégrer l'accès aux réseaux sociaux – locaux et mondiaux – en donnant la possibilité de s'interconnecter, mais aussi, parfois, de s'isoler en tant qu'individu. Il ne s'agit plus d'une communication d'un annonceur vers un consommateur, mais de plusieurs annonceurs vers plusieurs consommateurs : communication bidirectionnelle, au sein de laquelle certains individus ont une influence particulière.
2. **Des changements de comportement des annonceurs.** Face à une offre variée et pléthorique, des contraintes réglementaires et budgétaires accrues, et des consommateurs divers et imprévisibles, le comportement d'investissement des annonceurs dans la communication est colossalement remis en question. Tout d'abord, ils élèvent leur niveau d'exigence vis-à-vis des acteurs de la filière : ils exigent plus, c'est-à-dire plus d'influence, plus de services, plus d'originalité – pour le même budget voire un

budget réduit – avec plus de garanties de retour sur investissement – tout en contribuant à la problématique environnementale et énergétique selon des chartes et des labels réglementés. En définitive, l'annonceur devient plus volatil vis-à-vis de l'offre de communication en place et valorise plus le caractère original et unique des offres. Il est « éduqué » et conscient des limites du tout numérique, notamment de la faible différenciation que cela confère ainsi que d'un déficit d'image et d'une incapacité à entrer dans la sphère personnelle du client. C'est la fin des budgets démesurés, et les annonceurs attendent de nouvelles modalités de tarification. Dans ce contexte, les annonceurs sont aussi plus ouverts à des campagnes de communication décalées, hors médias, menées avec des partenaires inattendus. Ils limitent ainsi les dépenses et le problème du coût de plus en plus élevé des espaces d'affichage. Ils optimisent l'utilisation de leurs propres espaces privés pour de la communication et s'engagent avec de nouveaux acteurs pour exploiter mutuellement leurs espaces. Ils se désengagent des médias « gênants » pour les consommateurs, en tête desquels la télévision, les prospectus et l'Internet mobile. Ils se tournent aussi vers la communication d'entreprise, la communication urbaine avec les collectivités territoriales, l'événementiel comme vecteur d'image en même temps que de communication – et en lien avec la redéfinition des espaces de communication.

3. **La redéfinition des espaces médias et des lieux de communication.** Les réglementations environnementales ont pour premier effet de limiter le nombre d'espaces de communication dans les lieux publics, d'interdire ou de surtaxer les communications non durables selon des critères de matériaux, de consommation d'énergie, de recyclage et d'imposer aux acteurs de la communication de respecter des chartes et des labels, de mesurer leur impact environnemental et sociétal, de faire la preuve effective de leur responsabilité sociale. Les acteurs de la communication et les utilisateurs de solutions vont devoir afficher leur politique de développement durable et mesurer leurs résultats. Il est urgent de trouver de nouveaux lieux privés mais hors habitat – car les consommateurs refusent le *push*, trop invasif ! Face à ces contraintes, la communication tend à favoriser l'ubiquité : les lieux de communication sont dupliqués pour correspondre aux logiques de mobilité et d'habitat des consommateurs tout en permettant d'entrer dans la sphère personnelle du consommateur ; les solutions de communication sont faiblement consommatrices d'espaces ; elles sont en outre de plus en plus transparentes, intégrées à l'environnement. Certains espaces d'affichage prennent une importance capitale : le point de vente, pour entrer dans la sphère personnelle du consommateur ; les lieux branchés, touristiques, événementiels ; les nouveaux lieux urbains comme les aérotropolis, les écocentres, les zones de shopping ; les lieux symboliques pour les annonceurs désireux de communiquer de nouveau sur des valeurs – de façon aussi à générer de l'émotion et de l'expérience, à surprendre.

3.3. Thématiques et métaconcepts

Les principaux annonceurs font face à une forte remise en question de leurs pratiques de communication. Trois types de problèmes essentiels émergent : le renouvellement de la relation client ; la visibilité et le sens de l'image et de la marque ; les contraintes économiques et la preuve d'efficacité.

- La communication n'est plus seulement un outil de *push* d'informations vers le client avec pour visée d'influencer son comportement. Elle est un élément à part entière de la proposition de valeur au client ; elle sert autant à définir l'offre qu'à connaître les clients, dans leur diversité et leurs paradoxes, leurs valeurs et leurs comportements évolutifs pour les acquérir, les retenir et développer leur consommation.
- **Des enjeux d'image et de marque :** l'image doit être plus visible, différenciante et se répandre dans de nouveaux lieux. Il s'agit d'accentuer la visibilité, par exemple dans de nouveaux carrefours d'audience (de niche et non de masse). À cet effet, les annonceurs disposant de stratégies de marque fortes ou d'une image innovante à défendre vont chercher à faire ce que les autres ne font pas encore par l'hypersollicitation des yeux et des sens en général (il faut émerger en inventant perpétuellement pour créer l'envie) et en favorisant l'expérience client, les émotions et, au final, la valeur apportée au client par la communication.
- **Des enjeux de performance commerciale et économique :** les budgets de communication tendent à se stabiliser, voire à diminuer. L'engagement des dépenses est soumis à des conditions drastiques d'optimisation des ressources et de garantie d'impact, de retour sur investissement et de limitation des risques.

En définitive, l'affichage devient nécessairement *green* et hybride. Toutefois, nous pouvons aussi dégager une liste d'enjeux majeurs qui sont autant de thématiques d'innovation :

- capter l'attention des consommateurs-citoyens – appartenant à des réseaux sociaux et des communautés et, dans le même temps, fondamentalement individualistes et volatils ;
- délivrer de l'émotion, de l'expérience et du souvenir – plus que des messages à des consommateurs qui seraient passifs ;
- capturer des données de désirs et de comportements consommateurs en temps réel ;
- occuper le terrain, notamment les nouveaux carrefours d'affluence et lieux de vie quotidienne ;
- apporter plus de valeur au client, en lui permettant en particulier d'exprimer son inventivité et son désir de renouveau pour mieux le satisfaire au final.

En réponse à ces enjeux, et après analyse systématique de l'affichage dans chaque *megatrend*, quatre métaconcepts d'innovation sont proposés : l'affichage spectaculaire ; l'affichage citoyen ; l'affichage ubiquiste ; l'affichage relationnel (voir tableau 4.3 pour une présentation des trois premiers).

Tableau 4.3 : Émergence de métaconcepts innovants pour l'affichage publicitaire

Types d'affichages et valeur client	Annonceurs ciblés en priorité	Caractéristiques de l'affichage	Localisation
Affichage spectaculaire Dans la masse d'information, il faut pouvoir être visible et porter une image et des valeurs.	Grande marque, marché de masse Annonceurs high-tech, innovants	Très grand et « beau » design, original, unique Média riche (son, image, toucher, odeur…), hybride, interconnecté	Lieux prestigieux ou symboliques
	Affiche géante : façades digitales, écrans géants ; affiche lieux : halls, galeries, showrooms, simulateurs ; affiche objets : mobilier, vitrines, points de vente, stands		
Affichage citoyen Le consommateur cherche une valeur d'utilité pour sa vie de citoyen ou d'individu (santé, sécurité, loisirs, transports, etc.).	Ceux liés à des thématiques territoriales ou de la vie quotidienne (alimentaire, loisirs…)	Essentiellement informatif – écrans numériques avec des messages ou des vidéos	Dans les objets mobiles connectés ; en extension chez le consommateur (ou dans son véhicule) ; sur le lieu de vente ou de passage (plutôt extérieur)
	Vitrines de pharmacie sur la qualité de l'air et les mesures de prévention ; centres de fitness /piscines sur la qualité de l'air ambiant		
Affichage ubiquiste Il faut être présent en tous lieux de vie et de passage et selon les reconfigurations urbaines.	Les annonceurs traditionnels du secteur – dont ceux à forte implication dans la cité et dans l'environnement	Un affichage optimisé en termes d'espace, de coût et d'empreinte environnementale et énergétique, mais aussi efficace et interconnecté entre sites ; aide à la navigation ; « concept d'architecte »	Écocentres de travail, points de rencontres, points de shopping mutualisés, nouvelles gares, zones de recharge de véhicules…
	Des bulles, des box, *des tentes à label* green… *transparent, intégré,* on demand ; des affiches partagées avec fonction « MyCarte » locale		

Conclusion

La compréhension des dynamiques d'innovation est un travail difficile et complexe, jamais fini et source de grandes incertitudes. Il est pourtant indispensable si l'on veut se montrer un tant soit peu clairvoyant. Il est aussi insuffisant pour décider et agir en matière de nouvelles directions d'innovation en dehors du cadre. Cette compréhension doit être largement partagée pour favoriser les interprétations et les enrichissements collectifs quant à la vision du futur que chacun se construit, dans son périmètre. Elle requiert des comportements orientés vers le futur, ouverts et surtout tolérants à l'ambiguïté. Il ne faut pas décider trop vite, car les options multiples sont inconfortables. Il ne faut pas reculer la décision indéfiniment car, alors, il est trop tard. C'est l'inertie managériale et organisationnelle qui a tué nombre de leaders tels que Polaroid, devenus des dinosaures.

C'est, en réalité, un travail passionnant, au quotidien, que d'imaginer et d'agir pour construire un futur renouvelé, de plus en plus motivé par des défis sociétaux et environnementaux critiques, par de nouvelles valeurs. Il mérite probablement des capacités d'anticipation relevant d'attitudes et de dispositifs dont peu d'entreprises sont aujourd'hui dotées. Il faut sortir des cellules d'études de prospective, de veille ou de scénarios pour être plus dans l'action et au contact du terrain à l'image de l'innovation. Les centres d'innovation ouverte sont sans aucun doute des voies prometteuses, afin de créer les conditions et l'environnement propices à comprendre et mener les dynamiques d'innovation autour de secteurs stratégiques pour les territoires et de questions sociétales et environnementales critiques. Ils fonctionnent comme des séries de « laboratoires », plus comportementaux que techniques, qui permettent une immersion totale et interactive dans de nouveaux univers. C'est en soi une lignée d'innovation architecturale !

Bibliographie complémentaire

Christensen C., Raynor M. et Verlinder M., « Skate Where the Money Will Be », *Harvard Business Review*, novembre 2001, p. 73-81.

Hamel G. et Prahalad C.K., « Competing for the Future », *Harvard Business School Press*, 1994.

Hamel G., *Leading the Revolution*, Plume, Penguin Books, 2002.

Kim C. et Mauborgne R., *Stratégie Océan bleu : comment créer de nouveaux espaces stratégiques*, Pearson, coll. Village Mondial, 2005.

Moulinex La Fournée, un concept qui révolutionne la machine à pain ?

Appareil électroménager de la taille d'un minifour, la machine à pain assure le processus de pétrissage, de levée et de cuisson (environ 3 heures) à partir du moment où l'utilisateur a intégré les ingrédients de son choix pour composer son pain (environ 10 minutes de préparation). Elle offre de vastes possibilités de personnalisation du pain selon les goûts et les moments. Elle permet en outre d'avoir du pain chaud à tous les repas (grâce notamment à la fonction programmation et au départ différé).

Entre 1850 et 1990, la consommation de pain n'a cessé de chuter dans les habitudes alimentaires des Français. Autrefois aliment de base, il est devenu un élément d'accompagnement d'une nourriture de plus en plus volumineuse constituée de produits riches en sucre. Le temps consacré aux repas et à leur préparation n'a cessé de diminuer au cours de cette période, avec une préférence pour les plats préparés et facilement conservables. On prend de moins en moins le temps d'aller chercher le pain… Toutefois, les temps changent et les consommateurs reviennent aux valeurs de proximité et de tradition, illustrées notamment par la machine à pain.

Venu des États-Unis, ce phénomène a envahi la France : en 2006, 760 000 machines ont été vendues contre 550 000 en 2003 [+113 % par rapport à 2005 selon le Gifam (Groupement interprofessionnel des fabricants d'appareils et d'équipement ménager)]. Une enquête réalisée en 2006 par MMZ Conseil pour la marque de farine Francine témoigne de cet engouement : 21 % des femmes de plus de 18 ans font leur pain elles-mêmes contre 18 % en 2004. Alors que le prix de la baguette augmente régulièrement de quelques centimes d'euros, que les pains spéciaux sont déjà extrêmement chers et que les loisirs « à la maison » explosent, de nombreux consommateurs préfèrent s'improviser boulangers en s'équipant d'une machine coûtant de 40 à 120 €. Ils bénéficient du plaisir du partage, du choix des ingrédients et de la bonne odeur que dégage le pain en fin de cuisson. Face à cet engouement, les fabricants de machines à pain innovent sans cesse. Par exemple, en 2007, Moulinex sort la machine à pain qui fabrique des baguettes. Et, de manière complémentaire, les livres de recettes abondent et les fabricants de farine proposent toute une gamme de farines : pour pain de campagne, pour pain au seigle, pour pain au lait, etc.

En 2010 pourtant, après une stabilisation en 2008, le marché s'effondre (voir figure 4.5). Selon le Gifam, les ventes sont de 335 000 appareils contre 929 000 en 2008, soit une baisse de 64 % en deux ans. La baisse continue en 2011. Les trois quarts des Français n'ont pas de machine à pain, et il est peu probable qu'ils en acquièrent dans le futur. On n'observe plus que quelques rebonds lors de la fête des Mères.

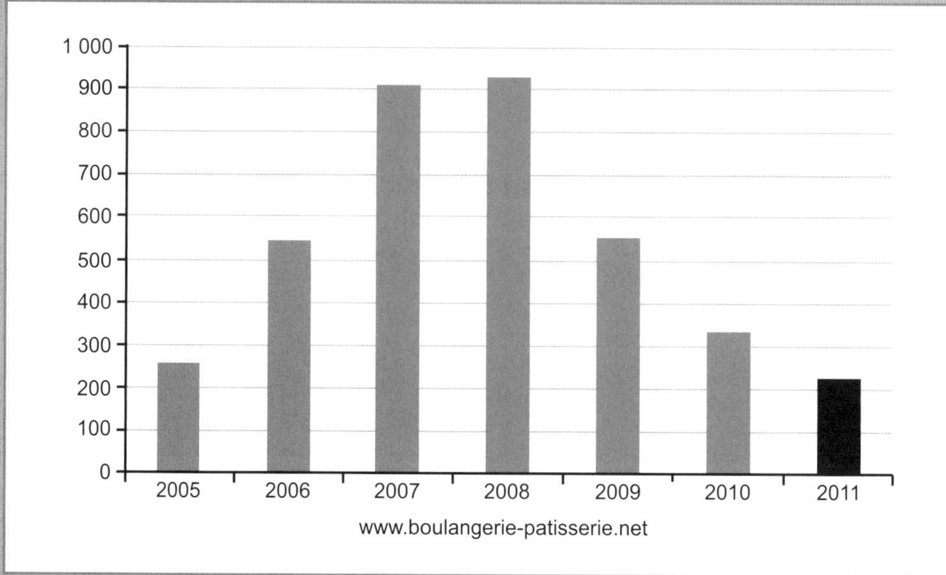

Figure 4.5

Ventes de machines à pain en France – prévisions pour 2011 d'après la tendance des deux premiers mois.

Source : Gifam.

Dans ce contexte, le Groupe Seb décide de relancer le marché de la machine à pain avec le concept La Fournée. Ainsi, en septembre 2011, Moulinex lance une machine à pain à la technologie révolutionnaire (voir figure 4.6), qui va permettre à tous les amoureux de bon pain de réaliser, chez eux et en toute simplicité, de vraies miches de pain à la manière d'un artisan boulanger.

Au-delà de ses caractéristiques techniques, ce qui est révolutionnaire c'est d'apporter aux consommateurs tout le savoir-faire des artisans boulangers, en offrant une sélection de préparations boulangères qui garantissent un résultat irréprochable. Elles ont été imaginées et conçues par Frédéric Lalos, Meilleur Ouvrier de France, et les équipes de Moulinex. Une grande variété de fournées est proposée en vente en ligne selon deux types : les Fournées d'antan et les Fournées inventives. La machine est vendue environ 200 € et les préparations (par lots de cinq sachets) entre 6 € et 10 € (pour la brioche et le pain aux figues). Il s'agit de sachets comprenant la levure de boulanger et une préparation à laquelle on ajoute de l'eau et de la farine en utilisant le kit de préparation intégré dans le tiroir de la machine.

Figure 4.6

La Fournée, une nouvelle génération de machines à pain.

Questions

1. Sur quelle ou quelles dynamiques d'innovation est ancré le concept de La Fournée, de Moulinex ?
2. Dans quel espace d'innovation se situe La Fournée par rapport aux générations précédentes de machines à pain ? Dans quelle mesure est-ce « révolutionnaire » ?
3. Quel changement cela apporte-t-il ou va-t-il apporter au niveau des métiers et des offres ?

Chapitre 5

Gérer la créativité en entreprise

Après avoir lu ce chapitre, vous saurez :

- identifier les individus créatifs et comprendre quelles sont les sources de leur créativité ;
- étudier la place de la motivation dans le processus créatif ;
- inscrire l'individu créatif dans la créativité organisationnelle ;
- identifier le rôle du manager et des outils de stimulation de la créativité.

Quelle sera la composition olfactive du prochain parfum de Dior, Chanel, Clinique ou Lancôme ? Quelle note aromatique le rendra unique ? Quelle émotion générera chez le client la fragrance nouvellement créée ? Le résultat final dépendra d'une personne créative incontournable, appelée le « nez ». La neuroscience explique que l'émotion et la cognition induites par la composition du parfum sont des dimensions prises en compte dans son évaluation. Cet individu clé prend donc en compte les fragrances déjà proposées, les échecs et les réussites associés à d'anciennes compositions. Un parfumeur-créateur intègre également dans sa décision son intuition, son émotion et sa sensibilité. Leur besoin de création vient « du désir de s'exprimer, de dire quelque chose à l'autre selon sa propre forme d'expression »[1].

Naturellement, un « nez » doit continuer à enrichir ses références pour ne pas proposer une pâle version d'un autre parfum. Les clients comparent aisément les différentes compositions auprès de distributeurs facilement accessibles, tels que Marionnaud, Sephora, Nocibé. Le « nez » doit relever un défi à chaque création de parfum. Quelles qualités doit-il avoir pour atteindre cet objectif ? Existe-t-il des outils permettant à un individu créatif de maintenir et de développer sa créativité ?

Cet exemple souligne la difficulté fréquente de nombreuses entreprises à trouver des idées fructueuses en vue de réussir un projet d'innovation et de développer un avantage concurrentiel. Après avoir identifié une fragrance plaisante, les maisons de parfumerie déclinent souvent le parfum en « eau de toilette » plus ou moins

1. Voir Leszczynska D., « Aux sources de l'action innovante des communautés créatives », dans *Management et Sciences sociales*, L'Harmattan, n° 6, 2009, p. 225-240.

concentrée. L'idée première est alors exploitée. Comment une entreprise peut-elle renouveler ses idées ? Serait-il alors possible qu'une personne comme un « nez » débloque la situation ? Si oui, qui est-elle, que fait-elle, comment le fait-elle ? Quelle est la place des managers ?

L'objectif de ce chapitre est alors de se pencher sur un acteur clé et souvent méconnu en management de l'innovation : l'individu créatif. En effet, s'il est directement influencé par son environnement professionnel, et donc par les décisions prises en matière d'innovation, il nourrit le processus créatif et innovant. Il contribue au développement de la créativité organisationnelle. Ainsi, son impact mérite d'être explicité pour comprendre le rôle du manager de l'innovation. Toutefois, une question se pose : tous les collaborateurs d'une entreprise peuvent-ils être des créatifs ? Si oui, quoi faire pour les inciter à développer leur potentiel créatif ? Quant à vous, lecteur de ce manuel, êtes-vous une personne dite « créative » ou « potentiellement créative » ?

1. La créativité individuelle : pilier de l'émergence des idées

Quel est le point commun entre les personnages de Gaston Lagaffe, de Géo Trouve-Tout et du professeur Tournesol dans *Tintin* ? Hormis leur caractère lunaire et amusant, ils jouent souvent un rôle clé pour sortir de situations plus ou moins risquées les autres personnages des histoires associées de ces bandes dessinées. Mais qui sont ces individus créatifs capables d'explorer des horizons inconnus et d'exploiter de nouvelles combinaisons de ressources ? Ont-ils des capacités hors du commun ? Quelles sont leurs sources de créativité ?

1.1. Principes généraux de la créativité individuelle

Par définition, la créativité individuelle est caractéristique de l'homme : seule une personne peut être jugée « créative ». En effet, la créativité appartient au monde cognitif, ce qui implique la capacité à formuler une problématique en vue d'y apporter une réponse sous la forme d'idées. Toutefois, il est à noter que cette personne formule cette problématique de manière consciente ou non. Certes, il existe des outils de stimulation de la créativité, qui amènent une réflexion consciente. Cependant, il faut reconnaître que certains individus créatifs, par exemple des artistes, imaginent des idées d'une manière indicible : ils ne parviennent pas à retracer le cheminement de leur pensée. Cette catégorie de personnes est souvent mise sur un piédestal dans la presse ou la littérature, ce qui a le défaut de rendre le statut du créatif proche du mystique. Loin de nous l'idée de nier l'existence de ce genre d'individus, mais nous ne traitons pas précisément de leur cas en raison de l'impossible accès aux informations. Ce chapitre s'intéresse aux individus créatifs qui suivent un processus créatif. La figure 5.1 met en scène les étapes présentées dans les sections suivantes : le processus créatif en général – abordé par l'exploration et/ou l'exploitation d'idées –, les capacités créatives et la motivation.

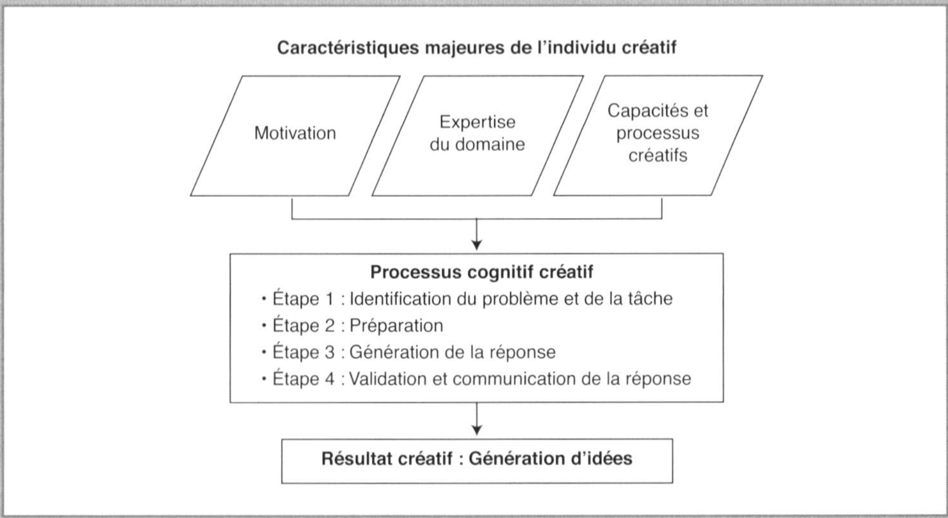

Figure 5.1
Aperçu de la créativité individuelle.

Source : adapté d'Amabile *et al.*, 2002, p. 27.

1.1.1. Le processus créatif

Les étapes 1 à 4 du processus créatif de la figure 5.1 sont génériques : des allers-retours sont nécessaires au cours du processus. Mais, pour faciliter la compréhension, nous retenons cette approche linéaire du processus créatif. La première étape consiste à prendre conscience de l'existence d'un problème. L'individu peut s'en rendre compte par lui-même ; il peut également recevoir les doléances d'un tiers (un collègue, un client, un fournisseur…) ; ou encore son responsable peut l'affecter à un problème identifié par la hiérarchie. Vient alors l'étape 2 : l'individu regroupe les informations disponibles, les analyse, les « triture » selon des méthodes créatives pour trouver une idée (étape 3). Enfin, il teste son idée avant de la communiquer et qu'elle soit reconnue comme « LA » bonne idée susceptible de résoudre le problème.

Ainsi, l'objectif d'un individu créatif n'est pas de proposer une mise en œuvre concrète et immédiate d'une idée face à un questionnement. L'intention du créatif est d'avancer un résultat nouveau (différent de ce qui a été fait jusqu'alors) et approprié au problème posé ; il doit donc identifier des tensions conceptuelles entre *ce qui se fait* et *ce qui pourrait se faire* – même si elles ne sont pas clairement formulées par les acteurs concernés. Sa discussion conceptuelle peut d'ailleurs rendre difficile son appréhension par les autres acteurs du management de l'innovation, car « trop dans le monde des idées ». Toutefois, sa prise de hauteur a le mérite d'ouvrir le champ des possibles. Elle se fait selon deux modes : l'exploitation d'idées existantes et l'exploration de nouvelles idées.

1.1.2. Exploration ou exploitation ?

L'exploration d'idées nouvelles. Le créatif est un explorateur qui cherche, expérimente, découvre et prend des risques. Dans ce cas de figure, sa discussion conceptuelle peut ne pas aboutir à une idée réalisable. Néanmoins, les résultats intermédiaires seront certainement le support de prochaines réflexions. La discussion conceptuelle est ici plus longue à dérouler, car l'exploration implique l'existence de variables méconnues, voire inconnues. Le créatif est donc amené parfois à démarrer sa discussion *ex nihilo*[2], si le problème à résoudre n'a jamais été rencontré jusque-là. Il construit donc l'ensemble de l'appareil conceptuel pour ensuite le déconstruire et envisager des solutions. Ce cas de figure extrême est de plus en plus rare, et les créatifs essaient de créer des passerelles entre l'inconnu et le connu.

Par exemple, un chercheur en génétique ne connaît pas tous les gènes de l'être humain, surtout s'il est spécialiste d'une maladie orpheline où peu de recherches ont été effectuées. De ce fait, sa recherche scientifique passe par la constitution d'un échantillon de personnes affectées par cette maladie, par la description de leur pathologie et par l'identification du gène défaillant. Vient ensuite la déconstruction de ce modèle à travers des expériences pour tester certaines de ses idées. L'exploration est donc une aventure conceptuelle de long terme, dont la satisfaction n'est pas corrélée systématiquement au niveau de l'engagement du créatif : le Téléthon rappelle chaque année que les chercheurs pourtant fortement engagés n'ont pas encore identifié de traitements efficaces contre les myopathies.

L'exploitation d'idées existantes. Le créatif est un exploitant de l'existant qui améliore, produit, sélectionne et implémente des concepts. Il est donc amené à jongler entre des idées et à tester des rapprochements inédits. Le risque pris est moindre, car la discussion conceptuelle est bâtie sur des variables maîtrisées. Le résultat peut amener une innovation moins originale mais plus réalisable.

Pour accélérer sa recherche, le généticien spécialiste d'une maladie orpheline peut par exemple sélectionner les recherches scientifiques traitant d'autres pathologies et les rapprocher de ses propres préoccupations. Ce principe s'appelle, selon Gregory Bateson, « la fertilisation croisée ». Certaines idées inhérentes au domaine X sont utilisées pour étudier le domaine Y, alors que les deux domaines ont peu de liens conceptuels entre eux. Le résultat de la fertilisation d'un domaine par un autre est la perception nouvelle du domaine étudié car appréhendé sous un angle différent (voir figure 5.2).

---

2. La création *ex nihilo* se rapproche du concept de « bricolage » de Baker et Nelson (2005). Ce concept désigne la possibilité de créer quelque chose à partir de rien (création de produits ou de marchés qui n'existaient pas, création d'espace institutionnel autorisant ce qui est interdit dans d'autres espaces...).

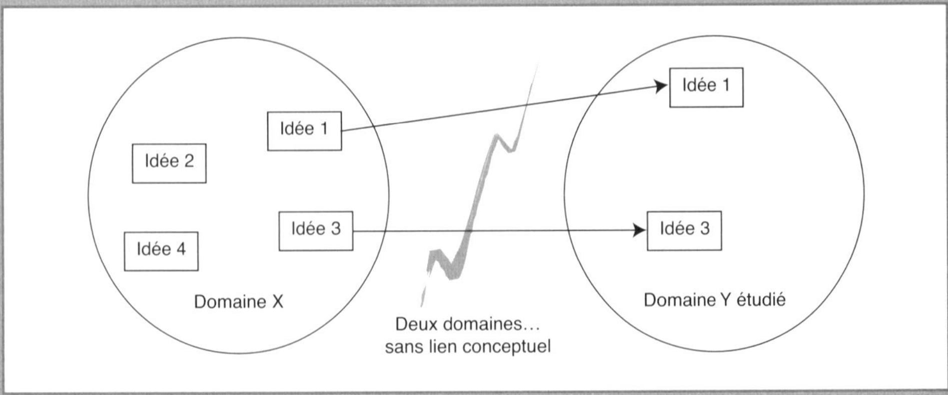

Figure 5.2
La fertilisation croisée.

Exemple 5.1

Exploration d'une technologie pour la DS de Citroën en 1955 et exploitation du concept en 2009

Roland Barthes qualifie la DS de « nouveau *Nautilus* » pour spécifier le degré poussé d'innovation de cette automobile. Effectivement, elle est un concentré d'innovation technique et de recherche sur le plan de la forme. Exposée au Salon de l'automobile à Paris en 1956, elle révolutionne les standards automobiles. Plusieurs individus créatifs sont à l'origine de ce produit exceptionnel. Tout d'abord, Paul Magès est considéré comme le père de l'hydraulique : il conçoit un système de freinage et de suspension en s'inspirant du mécanisme circulatoire de l'être humain. La DS adopte ce mécanisme, ce qui transforme le voyage aux yeux des conducteurs et des passagers en une aventure paisible.

L'ingénieur André Lefèbvre s'associe à Paul Magès dans la conception de la DS. Leur exploration technologique ne sera pas, en revanche, sans difficultés. Citroën n'ayant pas prévu un tel succès pour la DS, il se retrouve en rupture de stock rapidement et doit réorganiser ses lignes de production. Toutefois, les parties prenantes externes de ce projet (comme les garagistes et les acheteurs) ne sont pas familières des innovations intégrées sur la DS. Citroën doit alors proposer une version simplifiée de la DS initiale.

Cette exploration technologique est complétée par un autre type d'exploration : l'ergonomie/la recherche de la forme/le style. André Lefèbvre aurait proposé à Flaminio Bertoni, un styliste italien, une forme au projet de voiture en joignant l'une à l'autre ses mains renflées ou bombées. Ce styliste féru de sculpture, de peinture et d'architecture y voit une forme aérodynamique et moderne. Après de multiples prototypes, la DS prend sa forme définitive et renferme une technologie tellement avant-gardiste que les concurrents de Citroën mettront plus de 10 ans à la rattraper. La fabrication de la DS a duré 23 ans.

Exemple 5.1 (suite)

Cet exemple, davantage inscrit dans une démarche d'exploration, ne s'arrête pas là : en février 2009, Citroën propose d'exploiter le concept de la DS des années 1960 pour se lancer dans la « gamme premium » et expose au Salon de l'automobile de Genève « *DS inside Concept* ». Le projet profite donc de l'exploration de la DS originale, mais aussi de sa réputation. L'avenir indiquera si l'exploitation du concept de la DS de 1955 est une réussite.

Ainsi, les deux postures « exploration » et « exploitation » s'opposent dans l'esprit, mais elles se complètent généralement dans le processus créatif (voir tableau 5.1). De plus, force est de reconnaître que la socialisation des individus dans une entreprise les empêche d'être une « page vierge » face à un nouveau problème.

Tableau 5.1 : Caractéristiques principales de l'exploration et de l'exploitation

	L'exploration	L'exploitation
L'individu	Un explorateur	Un exploitant
L'objectif recherché	Découvrir des idées inédites	Rapprocher des idées de manière inédite
Le mode de fonctionnement	L'expérience, la recherche pure, la découverte de concepts	L'amélioration, la sélection et la production de concepts
Le niveau de risque	Fort	Variable (en fonction du problème)
Le type de variables utilisées	Méconnues, voire inconnues	Connues
La temporalité	Moyen/long terme	Court/moyen terme

Pour conclure cette section, nous définissions la créativité individuelle comme « la capacité d'une personne à concevoir une discussion conceptuelle puis à l'exploiter avec des idées existantes et/ou à l'explorer en imaginant des idées nouvelles ». Si certains individus créatifs sont spécialisés dans une des deux postures – exploration ou exploitation –, d'autres jonglent avec les deux modes présentés car ils se complètent au niveau de la temporalité (court terme *vs* long terme) mais aussi au niveau du contenu (idées connues *vs* idées inédites). Un manager se doit alors d'adapter son management à ces cas de figure distincts ; les sections suivantes abordent entre autres cet aspect.

1.2. Les sources de la créativité individuelle

En raison de l'ancrage de ce manuel en gestion, l'individu créatif est abordé ici comme l'acteur majeur de la créativité organisationnelle (voir section 2.1.1). En revanche, des études de chercheurs en psychologie méritent notre attention. Teresa Amabile a réalisé plusieurs recherches fondamentales dans l'étude de la créativité individuelle. Elle a approfondi le cas de managers considérés comme créatifs et a identifié des caractéristiques significatives de leur personnalité. Ces capacités cognitives sont exposées, puis des ressources à la créativité individuelle sont proposées et illustrées.

1.2.1. Les capacités cognitives à la créativité

Des différentes études en psychologie, nous comprenons que certaines qualités des individus créatifs sont *a priori* innées ou acquises par l'éducation de la personne, tandis que d'autres peuvent être influencées par des facteurs extérieurs comme le management de l'innovation ou encore la culture de l'organisation. Amabile souligne certains traits de caractère favorables à la créativité individuelle comme l'**endurance**, la **curiosité**, l'**énergie** ou encore l'**honnêteté intellectuelle**. Si la créativité individuelle est la capacité d'explorer et d'exploiter des idées existantes ou non, nous comprenons d'autant plus l'importance de telles caractéristiques. En effet, un individu créatif lancé dans une discussion conceptuelle peut être amené à la démarrer *ex nihilo*. Dans ce cas de figure, il aura besoin de persévérer dans son exploration, mais aussi de reconnaître les impasses conceptuelles. Même dans le cas de l'exploitation d'idées maîtrisées, cet individu devra être endurant pour proposer une solution conceptuelle réellement inédite. Il devra, par ailleurs, « rendre à César ce qui appartient à César » : un créatif reconnaît la paternité des idées premières ayant servi de tremplin à sa proposition finale. Quand Paul Magès explique son système hydraulique de freinage, il rappelle le mécanisme circulatoire de l'homme. Son exploration a produit des fruits tout en soulignant le modèle originel.

Ces capacités sont enrichies par d'autres qualités telles qu'une **relative autonomie**. L'autonomie est un critère majeur dans la démarche de la créativité. Elle implique la capacité de l'individu à créer ses propres lois (du grec *auto*, soi-même, et *nomos*, loi). Par exemple, la créativité individuelle appréhendée sous le mode de l'exploration demande de concevoir par soi-même un modèle de raisonnement (voir le cas du généticien). L'explorateur est amené à identifier des règles de fonctionnement pour parvenir ensuite à déconstruire la discussion créée. Toutefois, cette autonomie est « relative ». Elle ne peut pas se faire qu'à partir de l'individu ; elle doit prendre en considération son contexte. La discussion conceptuelle est encadrée par d'autres règles non négligeables, comme celles imposées par le marché des consommateurs ou encore par les institutions régissant l'environnement. La posture de l'exploitation a tendance à limiter le risque d'ignorer ces règles-ci : par définition, cet individu créatif adopte les idées provenant d'autres domaines légitimes. Il est alors plus aisé pour lui de rattacher les étapes de sa discussion conceptuelle et le résultat idéal aux règles de l'environnement – ce qui ne l'empêche pas de créer les siennes.

PX'Therapeutics (appelée Protein'Expert jusqu'en 2008) est une PME de biotechnologies située dans la région grenobloise. Leur activité consiste à proposer des thérapeutiques biologiques grâce à la recherche et la production de protéines recombinantes. Cette entreprise collabore avec les firmes du marché pharmaceutique au niveau des essais cliniques (phases 1 et 2). Lorsque le dirigeant veut innover et constituer une équipe créative, il dit chercher des individus capables d'être à contre-courant, mais aussi de respecter le modèle économique de l'organisation tout comme les besoins des clients (bioMérieux, le CHU de Grenoble, le CNRS, Pfizer, le CEA…). L'autonomie des individus est donc encadrée.

T. Amabile poursuit sa recherche en soulignant un facteur sur lequel il est ardu d'agir : des **capacités spéciales pour penser de manière créative**. Une pensée divergente, une définition hors normes d'une situation ou encore une hétérogénéité des liens entre domaines sont quelques-unes des démarches de ces créatifs. Des outils contribuent, certes, au développement de ces capacités, mais ils ont leurs limites. Couplée à **l'attrait pour le risque**, cette qualité enrichit la créativité individuelle. La posture de l'exploitation est alors rehaussée, car à partir de données connues – voire banales –, le créatif parvient à proposer une discussion conceptuelle originale. La **naïveté** favorise pareillement une telle discussion, car l'individu ne peut pas se sentir contraint par des considérations qu'il ne connaît pas ! Néanmoins, la naïveté doit être équilibrée par une certaine **expertise** du domaine pour éviter de creuser dans une direction qui s'avère être une impasse. Ainsi, le généticien spécialiste des maladies orphelines a suivi un cursus scientifique poussé pour parvenir à ce degré de spécialité. Il continue d'ailleurs à s'instruire en décortiquant les recherches de ses collègues communiquées lors de colloques scientifiques ou dans des revues académiques. Une seule personne peut tenter de coupler une relative naïveté et une expertise. En revanche, cette configuration n'est pas systématiquement tenable en raison de l'assimilation de réflexes propres à l'expert. Une dernière capacité à noter place l'individu face à son entourage. Ses **capacités sociales** le conduisent à ouvrir son esprit aux idées des autres, à les écouter et à développer et maintenir un bon relationnel. Un individu créatif n'est pas un solitaire ; il a besoin des autres pour s'enrichir mais aussi pour faire passer ses idées auprès des acteurs décisionnaires.

Exemple 5.2

Des designers, une force créative pour la PME stéphanoise Doing

Imaginez une PME stéphanoise créée en 1992, composée de huit personnes, appartenant au secteur du numérique. Son nom : Doing. Elle propose des sites internet sur mesure et s'appuie sur des compétences informatiques fortes en interne. Avec le développement d'Internet, cette entreprise croît fortement. Pourtant, à la fin des années 1990, elle est confrontée à des problématiques nouvelles qui amènent le dirigeant à vouloir arrêter cette aventure. Des salariés décident alors de la poursuivre. Se pose toutefois une question : quelle orientation stratégique prendre pour réussir cette reprise ? La culture de Doing est axée sur l'innovation depuis sa création : dès 1996, certains de ses projets étaient financés par Oséo-Anvar. Pour relancer l'aventure, la nouvelle gérante, M.-V. Gellet, pense naturellement à développer des projets innovants. Le choix se porte sur la poursuite d'un ancien projet : des cartes de fidélité pour des associations de commerçants locaux. Cependant, ils se rendent rapidement compte que les consommateurs ont déjà pléthore de cartes et n'ont pas réellement envie d'en rajouter une dans leur sac. Les acteurs de cette PME ne trouvent malheureusement pas d'autre idée que de faire une énième « carte ». Un futur échec ? Des designers se sont alors penchés sur cette tension conceptuelle et ont commencé par dire : « Et si cette carte était non pas une carte matérielle mais immatérielle ? » Ces individus créatifs ont pris le contre-pied de ce qui paraissait « évident ». Ils ont proposé le développement d'une carte RFID, sous la forme d'un patch à coller sur un objet couramment présent dans le sac des consommateurs. Leur démarche a été facilitée par leur naïveté sur le sujet : ils n'étaient pas bloqués par d'anciennes démarches créatives. Au contraire, ils ont repris simplement le constat des développeurs du projet : « Les consommateurs ont trop de cartes dans leur portefeuille. »

Des études soulignent, de plus, des caractéristiques freinant la créativité de l'individu, comme la jalousie, un trop fort esprit de compétition, une attitude pessimiste ou encore la fainéantise. Pour autant, toutes les caractéristiques mentionnées jusque-là ne sont pas à appréhender d'une manière manichéenne. Il faut les voir comme un équilibre à maintenir au fil du temps afin de permettre la créativité organisationnelle et par suite l'innovation. Les caractéristiques du tableau 5.2 ne doivent pas être prises isolément, mais dans une perspective globale. En effet, elles interagissent entre elles. En outre, rien ne garantit qu'un créatif génial ne sera pas jaloux d'un autre qui le déposséderait de son pouvoir. Retenons de ces paragraphes que rares sont les personnes n'ayant aucune once de créativité. Ainsi, vous aussi, lecteur de ce manuel, vous pouvez être un « individu créatif » ! Ce statut sera d'autant plus accru que votre motivation sera grande.

Tableau 5.2 : Caractéristiques d'un individu créatif

Être endurant, curieux, enthousiaste	Détenir des capacités spéciales pour penser de manière créative
Disposer d'une belle énergie et d'une honnêteté intellectuelle	Être attiré par le risque
Être capable d'une relative autonomie	Maintenir et développer une expertise
Aimer le goût du défi	Posséder des capacités sociales

1.2.2. La motivation : un moteur majeur de la créativité individuelle

Les caractéristiques mentionnées précédemment dépendent pour partie d'un facteur majeur : la motivation. Par définition, elle implique des forces conscientes ou non qui déterminent le comportement d'une personne. Dans le cas de la créativité individuelle, les auteurs en psychologie en retiennent deux types : la motivation dite intrinsèque, car provenant de l'individu, et la motivation extrinsèque car induite par des facteurs extérieurs à l'individu.

Certains chercheurs considèrent ces deux types de motivations en opposition : pour eux, leur combinaison ne peut aboutir à une synergie créative. Herzberg (1966) distingue les facteurs « motivants » des facteurs d'« hygiène ». Ces derniers sont à l'origine d'une démotivation s'ils sont insuffisants, mais leur présence ne favorise pas la motivation. Deci et ses collègues concluent à une relation orthogonale entre les deux motivations : si l'une augmente, l'autre décroît. Csikszentmihalyi (1975) insiste sur l'importance primordiale de la motivation intrinsèque : les tâches proposées intéressent fortement la personne qui est donc largement impliquée dans son travail. Il insiste sur la créativité comme d'une expérience *autotélique* (du grec *auto*, soi-même, et *téléos*, fin) : selon ses recherches, les créatifs ne trouvent pas de gratification dans un mystérieux but extérieur, mais dans leur activité en elle-même. L'important est le parcours en fonction de critères fixés par les créatifs eux-mêmes.

En revanche, des études plus récentes (Amabile, 1993, 1997) indiquent que les motivations intrinsèques et extrinsèques peuvent se combiner pour créer une synergie créative, sous certaines conditions. Nous parlons alors de **la motivation intrinsèque** quand un individu trouve dans son travail du plaisir, de l'intérêt, une satisfaction à être curieux dans la tâche, une expression de lui-même ou encore un défi personnel. **La motivation extrinsèque** caractérise la situation où l'individu s'engage dans son travail avec l'intention d'atteindre un certain objectif qui fait partie du travail en lui-même. Cet objectif est contrôlé par une source extérieure *via* la promesse de récompenses, la crainte d'un retour négatif de cette autorité, la surveillance de délais stricts ou l'obligation de suivre des procédures précises. Par exemple, si un chercheur de R&D est motivé par un défi scientifique et que son objectif vise à trouver une solution pour remporter le challenge, il s'agit d'une motivation intrinsèque. Si ce même chercheur s'implique dans le projet pour remporter une récompense proposée par l'entreprise, il s'agit d'une motivation extrinsèque. Cette illustration souligne la difficulté à déterminer parfois le type de motivation. Elle nous montre également que les deux motivations peuvent très bien se combiner : pourquoi ne pas s'investir dans un défi qui nous plaît pour *in fine* obtenir une récompense ? Ces deux motivations peuvent donc coexister.

Toutefois, la motivation extrinsèque peut avoir des effets négatifs et nuire à la créativité. Certaines dispositions sont productives comme celles permettant à l'individu créatif d'accroître ses compétences et ses connaissances. L'outil du « 360° » peut, à titre d'illustration, enrichir le créatif, à condition que ce soit réalisé dans un objectif constructif et axé sur le travail et non sur la personne. Les dispositions davantage basées sur l'idée du contrôle se combinent difficilement avec une motivation intrinsèque, car l'individu a le sentiment de ne plus être maître de son travail. Ainsi, les récompenses impliquant des contraintes fortes sur la réalisation du travail créatif ont des effets négatifs sur le résultat.

La synergie des deux motivations est à pondérer, néanmoins, au cours du processus créatif. Les premières étapes consistent à se représenter le problème, à le discuter sur le plan conceptuel et à envisager l'exploration et/ou l'exploitation d'idées. La motivation intrinsèque joue ici un rôle capital, car ces étapes supposent une forte implication de la part de l'individu, de l'endurance et de l'énergie. La motivation extrinsèque joue un rôle dans la suite du processus. Imaginez-vous en train de finaliser les dernières pages d'un long mémoire sur un thème qui vous a passionné. Leur rédaction devient douloureuse même si vous avez vous-même choisi le sujet ! Des délais précis et la promesse d'une reconnaissance (ou d'une bonne note !) contribuent à maintenir l'individu engagé dans le travail et l'aident à terminer le processus.

Ainsi, les managers ne doivent pas espérer atteindre des résultats hautement créatifs uniquement grâce à une motivation extrinsèque. Pis, ils ne doivent pas croire que ce type de motivation est efficace tout au long du processus et manipuler ce levier systématiquement. Enfin, ils ne doivent pas imaginer que tous les créatifs sont sensibles aux mêmes ensembles de facteurs motivationnels. Des managers d'individus créatifs comprendront que le *mix* des motivations intrinsèques et extrinsèques conduit à des synergies créatives sous certaines conditions. Le cas de la motivation nous amène à conclure, de plus, que les sources de la créativité individuelle ne sont pas uniquement propres à l'individu, mais que l'environnement professionnel joue un rôle. La section suivante aborde cet aspect, notamment en développant le concept de créativité organisationnelle.

Approfondissement 5.1

La question du contrôle dans la créativité

La littérature s'accorde généralement pour dire que le contrôle a un impact négatif sur la créativité. En effet, cela a pour effet d'induire une pression sur l'individu créatif et nuit à sa motivation intrinsèque. Cependant, le cas des concours met en relief que, même dans de fortes situations de contrôle, les individus parviennent à proposer des projets créatifs. Par exemple, les concours en architecture sont très réglementés, particulièrement dans le domaine public : le contrôle s'avère alors jouer le rôle de garde-fou mais semble empêcher l'émergence de nouveauté ou d'originalité. Une recherche* sur le cas du bâtiment Skin Wall dans la zone de Bonne à Grenoble détaille le déroulé d'un concours où l'architecte Édouard François a réussi à faire sortir du sol un bâtiment considéré comme très innovant. Au-delà des coursives en bois appréciées par le commanditaire, l'OPAC 38, ce bâtiment a une protection thermique semblable à une peau : un « habit » recouvre les murs extérieurs. L'architecte a bataillé fortement afin de faire accepter sa créativité. L'étude montre que cette réussite dépend de la forme du contrôle. Si certains critères de mesures, de normes sont incontournables, on constate que les projets défendent également une « idée » générale, des valeurs, des principes directeurs. Ainsi, après avoir bien respecté les normes et les règles, l'architecte a inscrit la nouveauté dans ces valeurs. Cette réflexion permet d'appréhender le contrôle non pas comme un concept global, mais à travers différentes facettes. Le contrôle peut donc être considéré comme ayant un impact positif sur la motivation et par suite sur la créativité.

* Pour davantage de détails, voir l'article de Dhuyvetter W., Szostak B. et Le Loarne S., « Control Process and Innovation in Architecture Competition. Towards Sustainable Housing: The Lessons from Skin Wall Case Study », *EGOS Conference*, Suède, 7-9 juillet 2011.

2. Créativité individuelle : la responsabilité de l'organisation

La section 1 de ce chapitre a détaillé les caractéristiques d'un individu créatif mais aussi le moteur principal de la démarche de cet individu : sa motivation. Or, la créativité individuelle est également influencée par l'organisation elle-même, l'environnement professionnel et les règles du domaine (voir approfondissement 5.3). Il convient alors de mieux comprendre le concept de « créativité organisationnelle », pour ensuite connaître les acteurs impliqués dans la génération des idées et saisir le rôle des managers.

2.1. Les acteurs clés de la créativité organisationnelle et de la génération des idées

Inscrire l'individu créatif dans une organisation nous conduit à définir ce que l'on entend par « créativité organisationnelle », mais aussi à repérer les acteurs avec qui collaborer pour générer de nouvelles idées. Nous nous attarderons sur le rôle du manager pour conclure cette section en raison de son importance dans le processus créatif.

2.1.1. Fondements de la créativité organisationnelle

La créativité organisationnelle diffère de l'innovation en raison de la focale retenue. L'innovation est centrée sur le résultat du processus de conception, tandis que la créativité organisationnelle s'intéresse à la capacité de l'organisation à toujours se renouveler elle-même. De plus, l'innovation s'inscrit dans l'organisation, alors que la créativité organisationnelle transforme l'organisation en vue d'intégrer quelque chose de nouveau. Une dernière différence vient de la place de l'homme : sans nier sa place dans l'innovation, il est d'usage de rapprocher l'innovation à des contenus davantage technologiques. La créativité organisationnelle s'appuie avant tout sur la créativité individuelle, donc sur l'homme. Ce concept met donc l'accent sur l'individu créatif en situation organisée en vue de créer, développer ou maintenir un avantage concurrentiel. La construction sociale est par conséquent capitale : les individus engagés dans la créativité organisationnelle sont entourés par d'autres personnes. Il ne s'agit pas alors d'une situation créative semblable à un Picasso peignant des toiles étonnantes. Le tableau 5.3 rappelle des définitions théoriques proposées par des chercheurs anglo-saxons à l'origine de ce concept.

Tableau 5.3 : Définitions majeures de la créativité organisationnelle

Amabile, 1988	« La production d'idées nouvelles et utiles, par un individu ou un petit groupe travaillant ensemble. »
Amabile, Mueller, Simpson, Hadley, Kramer, Fleming, 2002	« Une réponse nouvelle et appropriée à une tâche indéterminée dont la mission sera déterminée plus tard*. »
Ford, 1996	« La créativité organisationnelle est un jugement subjectif et spécifique à un domaine, de la nouveauté et de la valeur du résultat d'une action particulière. »
Ford, Gioia, 2000	« La créativité doit être définie comme une *construction sociale*. »
Drazin, Glynn, Kazanjian, 1999	« C'est un processus d'engagement dans une démarche créative indépendamment de la qualité du résultat (nouveau, utile, créatif). »

* Définition en anglais : « A *novel, appropriate response to an open-ended task.* »

Sources : Amabile T., « A Model of Creativity and Innovation in Organizations », *Organizational Behavior*, vol. 10, 1988, p. 123-167 ; Amabile T.M., Mueller J.S., Simpson W.B., Hadley C.N., Kramer S.J. et Fleming L., « Time Pressure and Creativity in Organizations: A Longitudinal Field Study », *HBS Working Paper*, 2002 ; Drazin R., Glynn M. et Kazanjian R., « Multilevel Theorizing about Creativity in Organizations: A Sense-Making Perspective », *Academy of Management Review*, vol. 24, n° 2, 1999, p. 286-307 ; Ford C., « A Theory of Individual Action in Multiple Social Domains », *Academy of Management Review*, vol. 21, n° 4, 1996, p. 1112-1142 ; Ford C.M. et Gioia D.A., « Factors Influencing Creativity in the Domain of Managerial Decision Making », *Journal of Management*, vol. 26, n° 4, 2000, p. 705-32.

Ces définitions nous apprennent les caractéristiques principielles de la créativité organisationnelle. Nous en retenons trois : la notion d'engagement de l'individu créatif, le facteur « environnement » et la dimension temporelle de la capacité de l'organisation à se renouveler (voir figure 5.3). L'agencement de ces principes nous conduit à proposer pour définition générale de la créativité organisationnelle en tant que construction sociale : « l'engagement d'individus créatifs dans un processus créatif en situation organisée ».

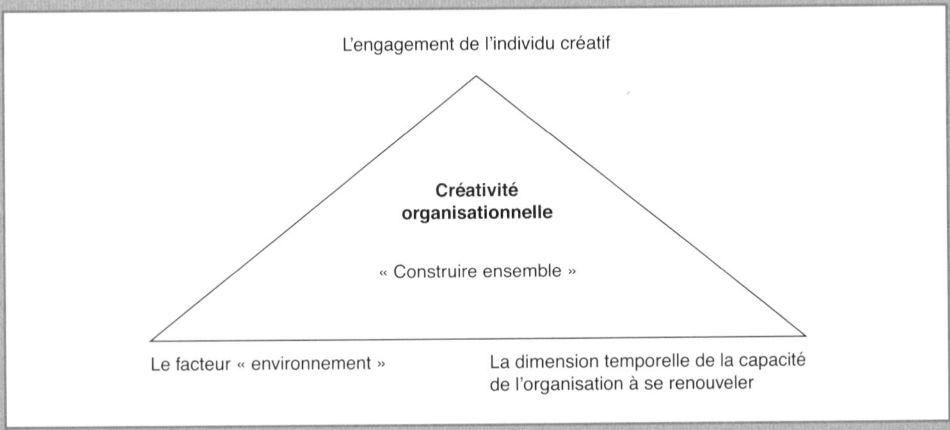

Figure 5.3
Caractéristiques principielles de la créativité organisationnelle.

Source : B. Szostak.

L'engagement de l'individu créatif. Parler de créativité organisationnelle implique que l'individu créatif ait décidé volontairement d'entrer dans un processus créatif, de transmettre son idée, de la partager pour recueillir des critiques par exemple. Ainsi, il discute de son idée avec d'autres individus (créatifs ou non), essaie de la « vendre » jusqu'à ce qu'un « client interne » l'adopte. Le cas de France Télécom illustre ce premier principe. En effet, cette grande entreprise est structurée en M, c'est-à-dire en de multiples divisions qui sont plus ou moins méconnues les unes des autres. La direction de l'innovation ne peut pas commercialiser le prototype d'une idée développée et retenue ; il faut que ce soit une division produits qui se l'approprie. Ainsi, France Télécom a mis en place une exposition annuelle des offres innovantes à destination des acteurs internes à la structure. Sont conviés les directeurs et responsables marketing des divisions produits, des divisions de distribution, etc. L'idée doit donc être prise en main par un de ces acteurs devenu alors un « client interne »[3].

L'idée se transforme ensuite au fur et à mesure de son appropriation. Si, initialement, l'individu créatif l'interprétait à partir de sa propre grille d'analyse intrasubjective (c'est-à-dire sa vision du monde construite à partir de ce qu'il croit, pense, vit, etc.), la communication de l'idée à un groupe d'acteurs (par exemple aux membres de sa division) appelle une nouvelle grille dite intersubjective (c'est-à-dire la construction d'une vision du monde commune au groupe). Quand toute l'organisation est impliquée, il s'agit du niveau collectif où les différentes analyses intersubjectives font l'objet de compromis.

3. Pour plus de détails, consulter l'article de Le Loarne S., « De l'idée d'offre à l'innovation produit », *Revue française de gestion*, n° 161, 2006, p. 111-123.

Approfondissement 5.2

La typologie d'Unsworth (2001)

Kerrie Unsworth (2001)* propose d'appréhender la créativité à travers deux dimensions : (1) pourquoi s'engager dans le processus créatif et (2) quel est le type de problème au départ ? Quatre formes de créativité se dessinent alors.

La créativité réactive correspond à la situation où un manager impose à un individu de s'engager dans un problème clairement défini. La créativité attendue suppose qu'un manager demande à un individu de chercher une réponse à un problème difficile à définir. La créativité contributive concerne un individu créatif désireux de s'engager dans la résolution d'un problème formalisé. Enfin, la créativité proactive désigne la situation où un individu créatif décide de découvrir un problème non formulé. La chercheure souligne certaines implications relatives à chaque type de créativité. Par exemple, les créativités proactive et contributive demandent du créatif davantage de capacité à « vendre » ses idées auprès de sa direction. Ce sera d'autant plus aisé que l'individu a un statut, un pouvoir et des connaissances spécifiques ou encore des capacités sociales de négociation entre autres. Aussi, la pression du temps a un impact positif sur la créativité réactive mais négatif sur l'attendue et la proactive. Cette recherche encourage alors les managers à bien discerner le niveau de définition du problème et d'engagement de l'individu dans le processus créatif.

* Unsworth K., « Unpacking Creativity », *Academy of Management Review*, vol. 26, n° 2, 2001, p. 289-297.

Le facteur « environnement ». L'engagement du créatif dépend du contexte interne et externe à l'organisation. Par exemple, le manager peut encourager l'individu à exprimer sa créativité par une évaluation appropriée, des ressources mises à sa disposition ou encore un objectif clairement indiqué. L'environnement externe cadre également cet engagement : de nouvelles attentes des consommateurs, des normes institutionnelles amenant l'organisation à changer ses processus créatifs ou les résultats en eux-mêmes. Pour illustration, ces dernières années, la place de l'écologie et du développement durable est devenue primordiale (voir le Grenelle de l'environnement de juillet à décembre 2007). Ainsi, les industries ont dû revoir leurs copies quant à la conception et à la fabrication de certains produits. Le secteur automobile est marqué par ces nouvelles normes : les Salons de l'automobile le démontrent systématiquement avec des *concept-cars* plus écologiques. Les clients impactent pareillement l'engagement du créatif ; on parle alors de la « sanction par le marché ». En effet, certaines idées pourtant pertinentes échouent car trop en avance pour leur marché (cas de l'Avantime de Renault).

La dimension temporelle de la capacité de l'organisation à se renouveler. L'engagement du créatif, de son équipe et de leur organisation prend du temps, tout comme l'analyse du contexte interne et externe. Il existe, en sus, des crises au cours du processus créatif. Les crises dites « naturelles » surviennent quand le système actuel ne permet pas de résoudre une difficulté : il faut donc renouveler ce système pour aboutir à une solution légitime. Les crises « manipulatrices » prennent leur origine dans l'engagement d'un individu créatif qui souhaite manipuler le système pour atteindre des fins personnelles. En effet, renouveler une organisation conduit à une nouvelle répartition du pouvoir entre les acteurs, ce qui ne laisse pas indifférents les individus victimes du nouvel ordre. Enfin, les crises « dynamisantes » sont provoquées en tant qu'outil pour manager les objectifs de la communauté. Elles introduisent de la fraîcheur dans le processus. Les outils de créativité peuvent remplir ce rôle (voir chapitre 11).

Autres caractéristiques sur la créativité organisationnelle. La créativité organisationnelle amène les individus créatifs à proposer leurs idées à des tiers pour qu'elles soient sélectionnées et retenues dans le contexte interne et externe. Cameron Ford (1996) développe cette idée et s'appuie sur l'approche de la créativité selon Mihaly Csikszentmihalyi (voir figure 5.4) pour distinguer les experts des règles d'un domaine : si l'idée remet en question une règle, seuls les experts pourront alors décider d'intégrer (ou non) la nouvelle règle. Il s'agit bien d'une construction sociale de l'idée.

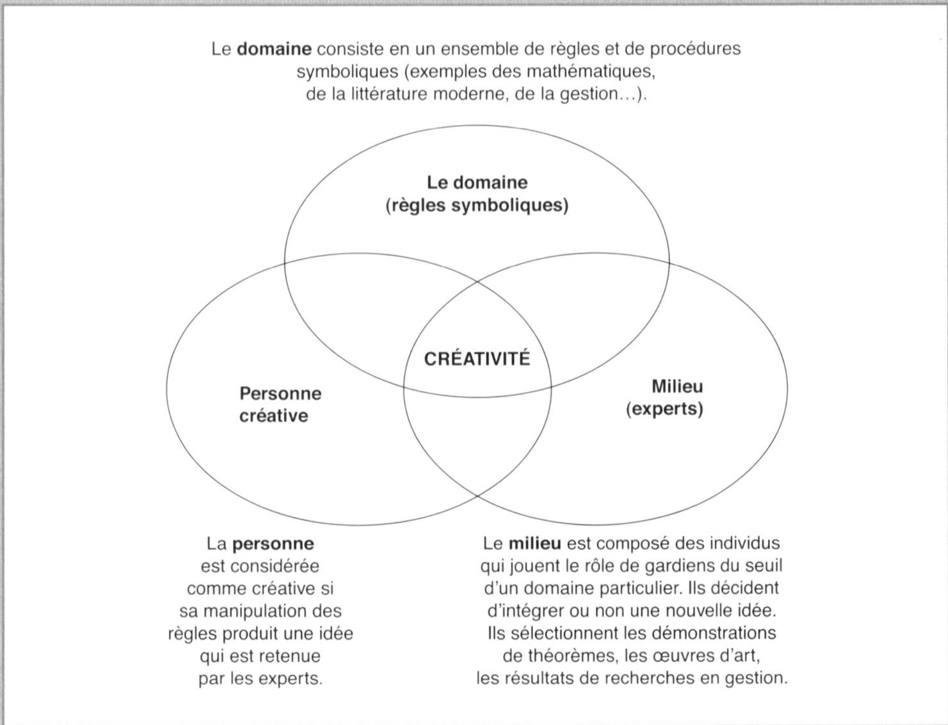

Figure 5.4
Approche de la créativité selon Mihaly Csikszentmihalyi.

Dans son développement, Ford (1996) adopte également le modèle évolutionniste variation-sélection-rétention (ou VSR). L'engagement de l'individu créatif dans le processus créatif le conduit à proposer son idée, ce qui perturbe le système. La sélection de la variation dépend alors de quatre niveaux de l'action sociale : les groupes internes, l'organisation, les environnements institutionnels et les marchés. Le jugement d'une action est donc d'abord interne, ce qui dépend de la stratégie des groupes et de l'organisation. Puis, l'action créative est canalisée par les normes externes (voir figure 5.5). La rétention de l'idée consiste alors en son acceptation par les niveaux de l'action sociale : elle est intégrée dans les nouvelles règles et normes du système.

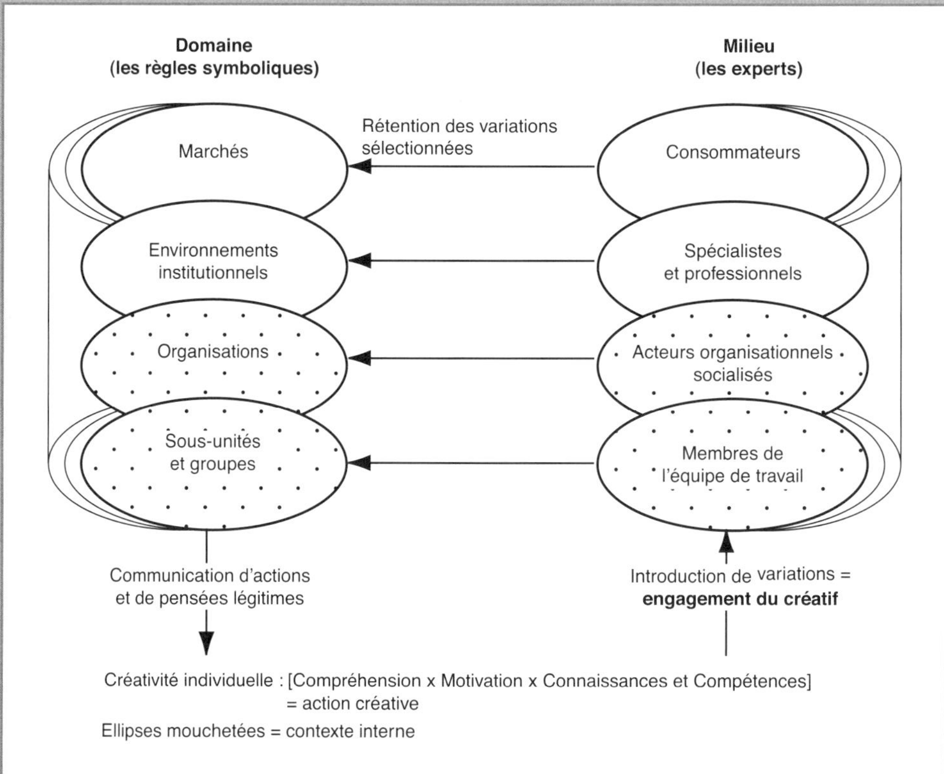

Figure 5.5
La créativité organisationnelle vue par le modèle VSR.

Source : adapté de Ford, 1996, p. 1126.

En somme, ces fondements de la créativité organisationnelle mettent en avant l'importance de la situation organisée découlant de la volonté de l'individu créatif à partager son idée, du processus créatif incluant la nécessité de trouver un client interne et de gérer des crises et d'appréhender le phénomène avec les domaines internes mais aussi externes. La créativité organisationnelle souligne le caractère collectif de la construction du renouveau de l'organisation, qui passe par un nouveau produit, un nouveau service, une nouvelle fonction, etc. La section 2.1.2 met d'ailleurs en avant les acteurs internes et externes de la créativité organisationnelle : quels sont ces experts de domaines variés susceptibles de sélectionner et de retenir une « bonne » idée ?

2.1.2. Des acteurs majeurs de la créativité

Si un individu créatif s'engage dans un processus créatif, quels sont les partenaires organisationnels à sa disposition au sein de son organisation, mais aussi à l'extérieur ? Quels rôles peuvent-ils jouer pour permettre le renouveau de l'organisation sur le plan stratégique ? Comment collaborer avec eux pour réussir un processus créatif ? Les acteurs internes sont ici distingués des acteurs externes.

Les acteurs internes. Par définition, il s'agit d'un département, d'une division, d'un service, d'une fonction intégrés à l'organisation. Les individus y travaillant sont donc des salariés intégrant la culture et la stratégie organisationnelles. Les acteurs internes sont les garants de la cohérence interne de l'organisation. Ils doivent par conséquent se poser des questions sur le bien-fondé d'une idée : est-elle une réponse à un des questionnements stratégiques de l'organisation ? Les valeurs véhiculées par cette nouvelle idée respectent-elles les règles explicites et implicites de la culture de l'entreprise ? Si ce n'est pas le cas, dans quelle mesure cette idée bouleverse-t-elle le système actuel ? L'organisation est-elle prête à retenir cette variation ? Si oui, quelles modifications convient-il d'effectuer ?

Le rôle de ce type d'acteurs est de faciliter l'engagement des individus créatifs qui trouvent en eux un appui légitime en interne pour se lancer dans le processus créatif. Les organisations créant une division, par exemple propre au développement d'idées, indiquent leur volonté de se renouveler elles-mêmes. Pour qu'il y ait « créativité organisationnelle », il faut, néanmoins, que l'organisation ait la capacité de se transformer elle-même. Tout d'abord, des ressources (financières, humaines, matérielles, etc.) sont nécessaires pour y parvenir ; les PME sont donc désavantagées en raison de leurs ressources limitées. Cela ne signifie pas pour autant que les grandes entreprises sont nécessairement avantagées.

En effet, d'autres paramètres doivent être pris en considération. Tushman et O'Reilly III (1996) soulignent un effet pervers induit par la réussite d'une organisation. Ils constatent que le succès d'une idée peut conduire une organisation à grandir et à profiter de cette réussite pendant plusieurs années. Cet état développe alors une inertie au niveau structurel et culturel, d'où de possibles succès dans des marchés stables, mais des échecs dans les marchés turbulents. Ce « syndrome du succès » affecte par conséquent la capacité de l'organisation à se renouveler, d'où un niveau de créativité organisationnelle plus faible. En cas de nouvelles idées, les acteurs internes de telles organisations auront des difficultés à entreprendre une démarche de renouveau.

IBM, entreprise américaine du secteur de l'informatique, illustre ce phénomène. IBM a été créée en 1911 et a connu un développement au point d'être un acteur incontournable jusqu'au milieu des années 1980 ; son surnom était alors « Big Blue ». Son règne s'est affaissé, entre autres, pour des raisons culturelles : cette entreprise se croyait « invincible » au regard de l'enchaînement de ses succès. Lou Gerstner, devenu P-DG d'IBM en 1993, a constaté à son arrivée l'inertie structurelle et culturelle. Il a redressé la situation en abandonnant certains symboles comme le costume bleu imposé aux salariés, lequel avait valu son surnom à l'entreprise. Il a alors cherché à revitaliser la marque en créant une seule marque en vue d'engendrer des effets de levier. La marque unique a permis une meilleure cohérence entre les produits et a joué le rôle d'objet de rassemblement pour tous les acteurs de l'entreprise

IBM. L'exemple 5.3 apporte une illustration plus développée d'un acteur de la créativité organisationnelle : le design intégré.

Exemple 5.3

La créativité organisationnelle par le design au sein de la RATP

La RATP est une entreprise de services en charge du transport en commun dans la région parisienne. Elle a été créée en 1899 (Compagnie du métro de Paris, CMP) et n'a eu de cesse de se renouveler. Son matériel en est une première preuve : la RATP gère des bus, des métros, des tramways et des RER qu'elle modernise régulièrement. De plus, cette entreprise a voulu sortir de la logique « métro, boulot, dodo » ; elle a donc entrepris l'intégration d'une dimension culturelle, de bien-être et d'émotion positive au service proposé.

Ainsi, cette entreprise a créé une unité « management du design » dirigée par Yo Kaminagai. Ce responsable est un ingénieur civil des Ponts et Chaussées, passionné par le monde artistique et le design. Sa fonction est de coordonner les actions entreprises basées sur le design, afin de donner vie à un nouveau concept : « les espaces de transport ». Ainsi, la RATP ne se contente plus de transporter les gens d'un point A à un point B ; elle procure une expérience de vie fonctionnelle et affective. Plusieurs facteurs ont facilité ce renouveau.

L'histoire de la RATP est marquée par des hommes de l'art. Par exemple, Hector Guimard, architecte et designer de l'Art nouveau, a dessiné des bouches de métro (qui portent son nom) et qui sont toujours en place. Les expositions temporaires proposées dans des galeries du métro s'inscrivent dans cette lignée. Ainsi, cette organisation a démontré sa capacité à se renouveler à partir de valeurs créatives.

De plus, en raison de son profil ingénierique, Yo Kaminagai a pu plus aisément trouver des « clients internes » au sein de la direction de l'entreprise dirigée par des ingénieurs. Il a donc su rendre légitimes les idées proposées pour les voir, parfois, retenues et mises en œuvre dans les espaces de transport. La ligne 14 (Météor) illustre cette situation, selon lui.

Enfin, le design est rattaché au marketing qui est une fonction reconnue par les dirigeants de la RATP. Les idées retenues par ce service ont donc plus de chance d'être développées, car validées par les experts du domaine du marketing de la RATP.

Ainsi, si les designers, les ingénieurs et les hommes de culture sont des individus créatifs ayant marqué la vie de la RATP, cet exemple illustre la créativité organisationnelle comme une construction sociale du renouvellement de l'organisation au fil du temps en tenant compte des contraintes de l'environnement parisien du XIXe siècle à aujourd'hui.

Les acteurs externes. Par définition, ces acteurs ne sont pas liés aux contraintes organisationnelles. En revanche, ils permettent à une organisation de trouver un soutien à sa démarche de créativité. Cette aide peut être financière, directe ou non (subvention, crédit d'impôt, invitation à un événement créatif) ; d'ordre matériel (mise à disposition de lieux de travail, d'outils de pointe) ; ou encore purement institutionnel (reconnaissance officielle de la démarche entreprise par l'organisation).

Ces soutiens sont sollicités à n'importe quel moment de l'engagement de l'individu créatif dans le processus de renouveau de l'organisation. Naturellement, une légitimation officielle de l'idée en début de processus peut faciliter sa sélection par les experts internes ou externes. Cette démarche est d'ailleurs entreprise par les chercheurs scientifiques lorsqu'ils montent des projets dans le cadre de l'Agence nationale de la recherche (ANR). Suite à un appel à projets, des équipes proposent une piste à explorer. La sélection de leur idée leur vaut l'attribution d'une aide financière de la part d'une institution, telle que l'État. Elle suscite ainsi une meilleure reconnaissance par leurs pairs (internes et externes). Dans la même logique, des grandes entreprises et des PME sont davantage soutenues par des acteurs externes dans leur engagement de renouveau quand elles mettent en avant leur insertion au sein de pôles de compétitivité ou de *clusters* (ou systèmes productifs locaux). Ainsi, les 129 entreprises (bioMérieux, Essilor, Thales et 126 PME) appartenant au pôle Minalogic à Grenoble (Isère) profitent des actions proposées en matière de création d'idées jusqu'à leur valorisation dans les milieux industriels[4]. Ces acteurs externes jouent donc un rôle majeur dans la créativité organisationnelle. Ils permettent aux organisations de se renouveler en leur conférant une légitimité ou des fonds financiers et matériels à leur entreprise. Si certains sélectionnent directement des thèmes à explorer, d'autres régulent la créativité organisationnelle (voir exemple 5.4).

Exemple 5.4

La créativité organisationnelle suscitée par des acteurs externes

Certaines régions économiques sont en forte difficulté compte tenu, par exemple, que les entreprises locales ne parviennent pas à se renouveler. Aussi, des acteurs extérieurs incitent particulièrement les chefs d'entreprise à s'engager dans des processus créatifs et les soutiennent dans leur démarche de renouveau.

À Saint-Étienne, dans la Loire, de nombreuses PME sont des sous-traitants de grands donneurs d'ordre, notamment de l'industrie automobile. Quand ces donneurs d'ordre chutent, ils les entraînent vers le bas. Aussi, les institutions locales, telles que le conseil général de la Loire, tentent de redynamiser le tissu économique en incitant ces PME à développer leurs produits propres. Dans ce sens, elles s'appuient sur les réseaux (ou clubs d'entreprise) et les *clusters* pour créer des actions collectives au cours desquelles les chefs d'entreprise collaborent, par exemple, avec des designers. L'objectif est de les aider dans leur engagement dans un processus créatif original tout en minimisant les risques et en accélérant leur démarche. En effet, ces actions proposent un soutien financier, des conseils spécifiques qui rassurent les PME. Elles les amènent, par ailleurs, à intégrer le design comme une source de créativité, alors que leur propension naturelle ne les y conduisait pas.

L'ensemble de ces acteurs internes et externes favorise donc l'engagement d'individus créatifs dans la créativité organisationnelle, ou bien la sélection de l'idée de cet individu ou encore

4. Lien à consulter : www.minalogic.com.

sa rétention et sa mise en œuvre au sein de l'organisation. Ces acteurs peuvent collaborer en raison de leur définition (cas des clubs d'entreprise, des communautés de pratiques), mais leur collaboration implique également une démarche des acteurs internes auprès de partenaires externes (cas de financement Oséo-Anvar[5] ou de l'ANR[6]). Retenons alors l'importance pour les managers de connaître ces acteurs, car ceux-ci peuvent accroître la légitimité de l'engagement d'individus créatifs. Par ailleurs, les managers ont à charge de déterminer comment, dans leur organisation, ces acteurs peuvent construire ensemble un renouveau.

2.2. Les managers : leur mission pour générer cette créativité

Si un individu créatif détient certaines caractéristiques, force est de reconnaître qu'il peut ne pas vouloir et/ou pouvoir les exprimer sur son lieu de travail. T. Amabile s'est donc intéressée à cet environnement comme une ressource à la créativité individuelle : que peut faire (ou non) un manager pour inciter les personnes à libérer leur potentiel créatif ?

L'individu créatif doit bénéficier d'une relative autonomie. Le manager doit donc lui transmettre le sentiment qu'il contrôle lui-même son propre travail et ses idées, et qu'il est opérationnellement autonome. Cette liberté ne signifie pas que le manager ne contrôle pas du tout le projet du créatif. Au contraire ! Il doit s'intéresser au projet et poser des questions à la personne : « Où en êtes-vous dans l'avancée du projet ? Quelles sont vos dernières idées ? Souhaitez-vous communiquer cette pensée aux membres de l'équipe ? » Le manager doit imposer une **contrainte souple**, où il consulte le créatif, le soutient dans ses phases de doute grâce à l'empathie ou encore lui apporte une reconnaissance suffisante pour le stimuler dans la poursuite du projet.

Outre le contrôle, l'intérêt de poser des questions au créatif est de le rendre responsable de son projet. Un manager ne doit donc pas hésiter à s'entretenir régulièrement (de manière formelle ou non) avec lui pour lui indiquer que son projet est important pour la dynamique d'innovation en place dans l'entreprise. Le manager profitera de cette occasion pour ne pas s'attarder uniquement sur le contrôle d'un comportement lié à la tâche à effectuer, mais aussi sur le comportement social et émotionnel du créatif. Il lui démontrera alors son intérêt sincère pour son bien-être et ses sentiments. De telles actions favorisent, par ailleurs, le maintien de la créativité des individus (voir tableau 5.4).

L'encouragement sera alors plus efficace, car prenant en compte la personne dans son entier. Ce contact humain est capital en cas d'échec. Que doit ressentir le généticien travaillant sur des maladies orphelines quand il arrive que des patients décèdent ? N'est-il pas attristé de ne pas être parvenu à trouver une thérapie efficace ? Même si tous les créatifs ne sont pas dans ce cas de figure, il n'empêche qu'un échec nuit à leur motivation et les amène à douter de leurs capacités créatives. Le manager doit alors identifier des **stratégies de reconnaissance adaptées**, afin de valoriser les réussites et le travail effectué – même lorsque celui-ci aboutit à un échec. Ainsi, cette reconnaissance n'est pas axée uniquement sur le résultat (approche téléologique) mais aussi sur le processus permettant ce résultat. Les capacités créatives sont

5. Oséo-Anvar : Agence nationale de valorisation de la recherche ou Agence française de l'innovation (Oséo-Anvar).
6. ANR : Agence nationale de la recherche.

donc reconnues comme capitales – même en cas d'échec. De plus, ce système d'évaluation incite le créatif à ne pas se contenter de projets de court terme qui auraient plus de chances d'aboutir à des résultats encourageants.

Une autre pratique managériale consiste à **protéger le créatif de distractions**. En effet, si d'autres personnes de l'entreprise le sollicitent pour les aider dans une autre tâche, l'individu créatif peut perdre de vue son projet principal et ainsi se détourner subrepticement de ses objectifs. Le manager se doit d'assurer le confort intellectuel du créatif en lui évitant d'être sollicité pour des raisons externes au projet. En revanche, le créatif ne doit pas être déconnecté de son environnement, car il en a besoin pour étalonner ses idées et pour trouver de nouvelles sources d'inspiration, notamment s'il cherche à fertiliser son champ d'étude par un autre domaine. Le manager et le créatif sont donc amenés à collaborer sur l'élaboration du cadre de travail – cadre qui évoluera certainement au fil de l'avancement du projet.

Si les distractions au niveau des idées peuvent éloigner le créatif de ses intentions mais aussi le stimuler, les difficultés matérielles peuvent rapidement nuire à la créativité individuelle. Dans l'idéal, le manager doit **apporter suffisamment de ressources pécuniaires, humaines, physiques** pour décharger le créatif de ses demandes. Comment pourrait-il se concentrer sur les idées s'il est obligé de remplir des dossiers de demande de matières premières nécessaires à la réalisation d'un prototype, pour ensuite s'enquérir de la suite de sa demande et attendre de les recevoir ? Naturellement, ces remarques supposent des capacités importantes de la part de l'entreprise ; cette réalité est difficilement applicable dans une PME.

Un individu créatif jongle entre les postures d'exploitation et d'exploration. Ces modes de génération d'idées ne se déroulent pas sur la même échelle du temps : l'exploitation manipule des variables connues, d'où la possibilité de produire des idées plus rapidement que l'exploration qui étudie des variables mé- ou inconnues. La dimension du temps est donc un facteur à gérer, qui a un impact sur la motivation mais aussi sur le processus créatif (voir figure 5.1). T. Amabile rappelle que le manager doit **trouver un équilibre entre « laisser du temps » et « être dans l'urgence »**. Le temps est nécessaire pour explorer, réfléchir, discuter, formaliser des modèles, etc. Toutefois, la pression du temps conduit un créatif à penser de manière pragmatique : « Comment traduire mes cogitations en idées propices à l'innovation ? » Autant l'absence de contrainte qu'une pression trop forte freinent la créativité individuelle dans une entreprise. Les chercheurs montrent que la relation entre le « temps » et la « créativité individuelle » est curviligne. Le manager doit alors gérer le facteur « temps » au fil du projet. Si, lors du lancement, le créatif a besoin de temps pour explorer des horizons variés, le manager diminuera cette liberté pour inciter l'individu à penser à la traduction de ses idées.

Un dernier facteur de l'environnement professionnel à prendre en compte est **la capacité des personnes à collaborer entre elles** et non à être dans une logique de compétition. Si les individus sont sur la défensive, ils ne partageront pas leurs discussions conceptuelles, ils manqueront d'honnêteté intellectuelle par peur de voir quelqu'un d'autre s'approprier leur idée. Le manager joue donc un rôle clé : il permet la communication entre les personnes de l'entreprise et s'assure du respect de la paternité des idées. Il peut ainsi intégrer ce comportement comme un critère d'évaluation du travail du créatif. Si un créatif s'estime dépossédé de son exploration et, par suite, de ses idées, il participera difficilement à des projets collectifs supposant le partage de ses connaissances. Pour éviter cette situation dommageable à l'innovation, le manager s'assurera de la probité des acteurs conviés au partage et devra sanctionner un éventuel opportuniste. Ces signaux forts participeront à la création d'une véritable aventure créative entre les acteurs, mais aussi au maintien de la créativité de l'individu.

Tableau 5.4 : Actions managériales propices à la créativité individuelle

Adopter une contrainte souple	Favoriser la collaboration entre les personnes
Encourager les créatifs	Apporter suffisamment de ressources pécuniaires, humaines, physiques
Identifier des stratégies de reconnaissance adaptées	Trouver un équilibre entre « laisser du temps » et « être dans l'urgence »
Récompenser le créatif en fonction du résultat, mais aussi de son comportement (sa capacité à travailler en groupe)	Évaluer son travail en fonction de critères acceptés par le créatif (à négocier avant le début du processus créatif)
Protéger le créatif de distractions	

Approfondissement 5.3

Le point de vue de Mihaly Csikszentmihalyi sur la créativité individuelle

Les études de ce psychologue concernant la définition des individus créatifs l'ont conduit à mettre en évidence le rôle majeur du contexte. Le *domaine* qualifie l'ensemble des règles et procédures symboliques spécifiques à une discipline précise (les mathématiques, la biologie, la sociologie, la psychologie…). Le *milieu* est déduit du domaine ; il s'agit des individus experts qui sont les « gardiens » du domaine.

Ainsi, Csikszentmihalyi définit la créativité comme « un acte, une idée ou un produit qui modifie un domaine existant ou qui le transforme en un nouveau domaine ». La personne créative est alors l'individu dont la pensée ou les actions font évoluer le domaine (ou en créent un nouveau). Ces modifications ne peuvent avoir lieu que si les experts les valident. Pour lui, la créativité individuelle est fondamentale pour atteindre la créativité, mais ce n'est pas suffisant. Les domaines et milieux ont donc un rôle à jouer.

Ses recherches l'amènent, par ailleurs, à identifier 10 couples contradictoires typiques de la personne créative qualifiée de « complexe » :

1. Avoir beaucoup d'énergie et se reposer fortement (dormir).
2. Être intelligent et naïf (adopter la pensée convergente et divergente).
3. Mélanger la fantaisie et la discipline.
4. Osciller entre l'imagination fantasque et le sens pratique de la réalité.
5. Alterner entre l'introversion et l'extraversion.
6. Éprouver de la fierté et de l'humilité.
7. Adopter les caractéristiques des hommes et des femmes (c'est-à-dire l'androgynie psychologique).

Approfondissement 5.3 (suite)

8. Être conservateur et iconoclaste.

9. Éprouver de la passion et du détachement pour son travail.

10. Ressentir de grandes joies et peines.

Il insiste sur la complémentarité des pôles de chaque couple : une des polarités permet de reconnaître les idées nouvelles et l'autre facilite leur développement en vue de les faire reconnaître par les experts.

Source : Csikszentmihalyi M., *La Créativité*, Laffont, 2006.

3. Des outils pour stimuler la créativité

Les outils de créativité sont nombreux et variés. Certains sont plus rationnels, tandis que d'autres sont plus irrationnels. Nous faisons le choix de présenter certaines méthodes réputées en entreprises. Cela ne remplace pas, toutefois, une formation spécifique sur ce sujet.

3.1. Des outils orientées vers la créativité individuelle

Mihaly Csikszentmihalyi, psychologue ayant étudié la créativité, affirme qu'il est plus facile de favoriser la créativité en modifiant l'environnement et en donnant des outils qu'en encourageant à penser de façon plus créative. Cette section a alors pour intention de présenter quelques outils d'aide à la créativité individuelle. Deux grandes types de méthodes sont ici proposées : les analytiques et les interprétatives[7].

3.1.1. Des méthodes analytiques

Ces méthodes sont qualifiées de « rationnelles », car elles se rapprochent d'un programme comprenant des règles de fonctionnement claires. Les individus créatifs s'appuient sur ces méthodes lorsqu'ils ont la volonté, par exemple, de tendre vers l'exhaustivité ou de contrôler le cheminement de pensée. Dans cette logique, des logiciels ont été conçus pour assister les créatifs dans des cas particuliers. Par exemple, Jean-Pierre Petit a inventé dans les années 1970 un logiciel gratuit : Logotron[8]. Son principe est de combiner un des 333 préfixes et un des 205 suffixes grecs de manière aléatoire. Ces néologismes ont donc un sens étymologique. Cette méthode informatique permet de dépasser la capacité limitée des humains à associer à l'infini des racines de langues anciennes (voir tableau 5.5).

---

7. Pour davantage de détails sur d'autres méthodes créatives, voir : Brabandère (de) L. et Mikolajczak A., *Le Plaisir des idées*, Paris, Dunod, 2002.
8. Lien en activité au moment de la rédaction : http://francoib.chez-alice.fr/logotron/index.htm.

Tableau 5.5 : Création assistée par ordinateur de néologismes

Exemples de préfixes	Exemples de suffixes
noo- : esprit *onto-* : être *myco-* : champignon *démono-* : diable *zoo-* : animal	*-cynétique* : mouvement *-gène* : formateur *-dendron* : arbre *-centrique* : centre *-tope* : lieu
Exemples de néologismes créés par « Logrotron »	
Noocynétique, ontogène, mycodendron, démonocentrique, zootope…	

Évidemment, seul l'individu sera à même de donner un sens courant à ces néologismes, car l'ordinateur n'est qu'un robot perfectionné pour assister la créativité individuelle.

Une méthode plus classique est la démarche « combinatoire ». Le principe est de décomposer le problème, l'objet de la recherche en différents éléments pour les croiser et les combiner de manière systématique. Ce premier travail aboutit à une « matrice de découverte ». Cette grille à deux entrées permet de rapprocher des rubriques plus ou moins éloignées de manière à creuser une piste jusque-là non explorée. Certains créatifs n'utilisent qu'une seule rubrique à mettre en ligne et en colonne. Une fois les catégories identifiées, la méthode prescrit de répertorier les éléments caractéristiques de chacune d'elles, puis de remplir le tableau pour croiser chaque élément et se demander : « Quelle idée émerge de ce rapprochement ? » Parfois, l'idée est déjà explorée dans la réalité, parfois non. Les cases vides doivent donc inciter l'individu à être créatif dans l'orientation suggérée.

Une autre méthode analytique consiste à décortiquer les éléments constitutifs d'un objet pour ensuite les associer différemment ; il s'agit de l'analyse morphologique. Un visage est, par exemple, constitué de : deux yeux, une bouche, un nez, un front, deux joues, des sourcils. L'association de la « bouche » et des « joues » a donné l'idée à des sociétés de maquillage de proposer un produit « 2 en 1 » : il permet de colorer les lèvres et les joues et évite ainsi de devoir disposer d'un rouge à lèvres et d'un blush. À noter que cette idée répond au besoin des femmes de limiter le nombre de produits à transporter avec elles.

Les méthodes analytiques permettent d'explorer de manière rigoureuse des rapprochements de variables connues. Les idées nouvelles ne sont peut-être pas systématiquement hautement créatives, mais elles contribuent à avancer dans un projet éventuellement en panne de créativité.

3.1.2. Des méthodes interprétatives

Ces méthodes sont difficilement programmables car correspondant à la faculté de l'homme à prendre du recul sur une situation, à chercher une interprétation et à « raconter une histoire ». Une première démarche consiste à associer des idées et à développer des chaînes associatives. L'objectif est d'établir des passerelles entre des faits, des produits, des notions… *a priori* absentes jusqu'alors et d'en tirer des idées originales. Un des outils classiques visant à de tels rapprochements est la « carte mentale ». Il s'agit d'une représentation de la pensée d'une personne, afin d'identifier des associations peu courantes. Cet exercice est d'autant plus efficace que la personne est créative. En effet, sa pensée divergente, son autonomie et encore sa curiosité l'amèneront vers des idées nouvelles dans le contexte de l'objet d'étude. À noter que chaque carte est personnelle : elle est le reflet de la propre construction mentale d'un individu[9].

Si des concepts proches permettent de porter un nouveau regard sur l'objet étudié, des concepts éloignés amènent une distance plus forte, d'où davantage d'explorations et d'exploitations conceptuelles. L'analogie favorise une telle gymnastique de l'esprit. Nous créons par l'imagination des relations de ressemblance et de parenté entre au moins deux concepts. Qu'est-ce qu'un avion : une automobile qui vole ou un oiseau à moteur ? En outre, il existe quatre types d'analogies :

- *L'analogie directe.* La mise en parallèle de deux concepts proches du monde réel identifie de nouvelles pistes : « Et si la chauve-souris était un radar ? »
- *L'analogie symbolique.* La figure de style de la métaphore permet de désigner une chose par une autre : « Les services d'une entreprise sont comme les membres du corps humain. »
- *L'analogie fantastique.* L'objectif est de se projeter dans un monde magique, de science-fiction, de rêve. Platon a ainsi imaginé sa République idyllique.
- *L'analogie personnelle.* La personne s'imagine « à la place de... ». Au-delà de l'empathie, il s'agit de s'imaginer être un avion en train de voler, une bouteille de shampoing sur un linéaire, un aspirateur en action...

Le domaine de la bionique exploite ces démarches. Les scientifiques explorent le monde de la vie (les plantes, les animaux, l'humain...) pour trouver de nouvelles idées afin de répondre à des problèmes techniques déjà résolus dans la nature. Quelles sont les origines du Velcro, du revêtement aérodynamique de certains avions, et même de la forme d'un avion[10] ? L'homme a imité de tout temps les mécanismes biologiques.

Exemple 5.5

Autre méthode de créativité : le cas du designer Philippe Starck (1949)

Philippe Starck est un designer connu internationalement pour avoir conçu des édifices, des objets divers (chaise, lampe, table, tabouret, brosse à dents, lunettes...) et même de la nourriture.

Depuis l'âge de 15 ans, il a l'habitude de travailler avec un cahier de feuilles calques et un crayon à papier. Il a pris en compte les évolutions technologiques (comme la CAO), mais il imagine les objets grâce à ces deux outils basiques. Ses premiers dessins étaient très chargés et le calque lui permettait de conserver l'esprit de l'objet tout en ôtant les excroissances inutiles. Grâce à son expérience, il peut aujourd'hui nettoyer les dessins dans sa tête avant même le premier jet. Quoi qu'il en soit, le principe est toujours le même : après un premier dessin, il prend une autre feuille calque qu'il met par-dessus

---

9. Les logiciels de *mindmapping* sont utiles dans cet objectif. Voir www.xmind.net.
10. Pour répondre : le Velcro tire son origine de la bardane, la peau des requins a inspiré un nouveau revêtement des avions pour qu'ils aillent plus vite, et la forme des avions adopte celle des volatiles (des chauves-souris, des cigognes, des albatros...).

Exemple 5.5 (suite)

ledit dessin, il reprend les formes les plus pertinentes. Pour lui, le passage par ce filtre est un facteur de réussite de la longévité d'une création.

Cette méthode de travail est à mettre en relation avec le contexte du moment. En effet, sa création ne se comprend qu'en relation avec le marché notamment. À une époque où toutes les lampes vendues étaient tarabiscotées, noires et mates, il a voulu combattre un système de pensée unique en proposant la « Miss Sissi ». Cette lampe est qualifiée par son auteur d'« objet non créatif ». Il a cherché le plastique le moins cher pour le couler dans un moule minimaliste adoptant la définition formelle la plus simple d'une lampe, soit un chapeau et un pied. La fantaisie de cette lampe réside dans les couleurs détonnantes qui sont proposées. Ainsi, cette méthode prend le contre-pied du contexte en vigueur lors du projet. Pour cette raison, P. Starck qualifie une création de « bonne », mais pas de « belle » car elle est subjective.

Pour conclure cette section, il est à noter que ces méthodes ne sont que des outils. Si la personne ne veut pas se prêter au jeu de la créativité, elles ne feront pas d'étincelles. Un manager doit donc les mobiliser dans le but de stimuler un processus créatif, pour le lancer par exemple, ou en cours de route pour rafraîchir le processus.

3.2. Des outils orientés vers la créativité organisationnelle

La créativité organisationnelle s'appuie sur l'engagement d'individus créatifs dans un processus créatif en tenant compte des contraintes de leur environnement dans le but de renouveler l'organisation pour qui ils travaillent. Il est à noter que ce renouveau peut passer par la création d'un nouveau produit ou service, d'où des modifications moindres de l'organisation. Cependant, comment favoriser cette démarche de manière organisée ? Comment s'assurer que le processus est orienté de manière à créer de la valeur sur le marché ? Les trois outils présentés dans cette dernière section répondent à ces questions.

3.2.1. Le « cerveau total » de Ned Herrmann

La première méthode suppose de faire appel à un outil déposé : HBDI® (*Herrmann Brain Dominance Instrument*). L'idée principale est de déterminer le type de créativité des membres d'une entreprise pour savoir comment les associer au fil du processus, mais aussi savoir quels leviers actionner pour réussir leur engagement dans cette démarche. En effet, l'organisation cherchant à se renouveler, elle doit jongler entre les caractéristiques des individus créatifs et les facteurs environnemental et temporel. Cette méthode suppose alors de faire passer un test à chaque individu[11].

L'auteur de cet outil est un chercheur américain William E. (ou « Ned ») Herrmann (1922-1999). Il a cherché des méthodes pour maintenir (voire augmenter) la productivité des individus sur le plan créatif en situation organisée. Ses recherches l'ont amené à retenir la latéralisation cérébrale et le type de traitement de l'information pour démontrer que les individus répondent à des stimuli qui correspondent à des préférences cérébrales. Ainsi,

11. Voir le site de Herrmann International Europe : www.herrmann-europe.com.

dans les années 1970, alors qu'il était directeur de la formation des cadres chez General Electric, il a dressé des profils créatifs. Depuis, cet outil est commercialisé sous licence. De grandes entreprises comme Air France y ont fait appel.

Ned Herrmann propose d'aborder le cerveau de l'individu en fonction de deux axes : (1) distinction des deux hémisphères (le gauche *vs* le droit) ; (2) distinction des évolutions du cerveau (le limbique *vs* le cortical). *L'hémisphère gauche* est logique, analytique et rationnel. Il est le domaine du langage, de la parole, de l'écriture. Il quantifie, décompose un problème de manière méthodique et linéaire. Enfin, il séquence les actions. À l'opposé, *l'hémisphère droit* est intuitif, global et imaginatif. Il voit les liens entre les choses, associe et crée de nouvelles structures imaginaires. Son approche des choses est visuelle, spatiale et concrète (*vs* verbale). Le *cerveau limbique* est le siège de l'affectivité et des émotions, de la mémoire à long terme et de l'apprentissage par l'expérience. Il filtre les informations en fonction de l'impact émotionnel, il stocke les souvenirs. Il assure la connaissance par l'élaboration d'images. Le *cerveau cortical* est le siège de la conscience, du raisonnement, de la pensée logique et abstraite, de l'imagination et du langage. Il permet de réfléchir, de choisir et de s'adapter. Il mémorise, recombine la connaissance pour créer du neuf. Le croisement de ces axes crée une matrice 2 × 2 (voir figure 5.6).

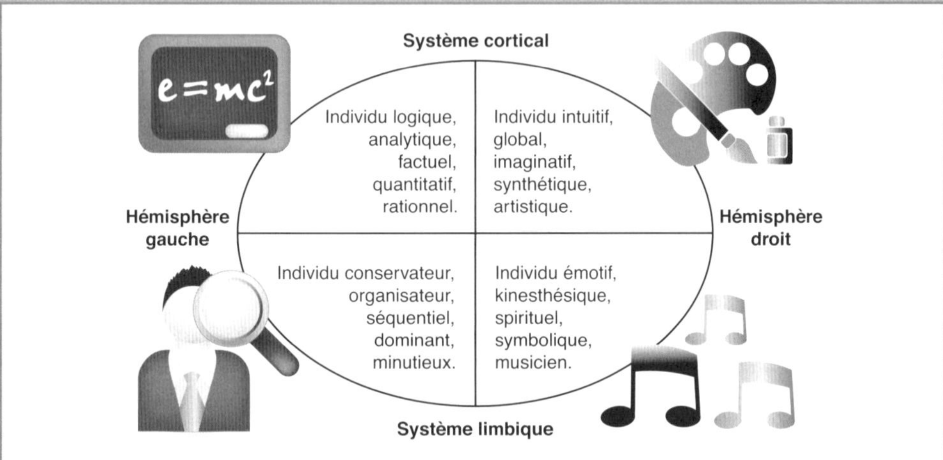

Figure 5.6
La quadrature du cerveau selon Ned Herrmann.

Source : adapté de Brabandère (de) et Mikajczak, *Le Plaisir des idées*, Dunod, 2002.

Le test permet de déterminer si un des quadrants est une préférence cérébrale (utilisation spontanée), un usage fonctionnel (utilisation si la situation le demande) ou s'il est évité voire rejeté. Le postulat de Ned Herrmann est que plus une équipe est hétérogène, plus elle est créative. En effet, ses recherches l'ont conduit à identifier les profils les mieux adaptés à chaque étape du processus créatif. Le modèle de Graham Wallas (1926) du processus créatif permet d'expliciter cette pensée (voir figure 5.7).

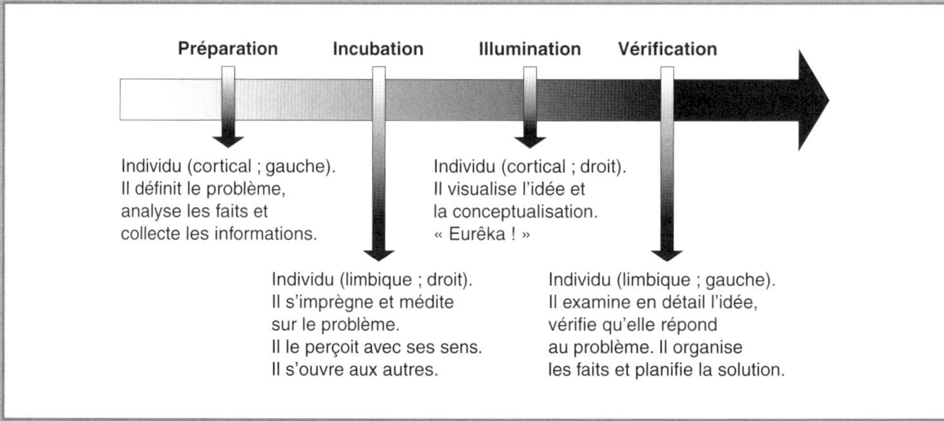

Figure 5.7

Le processus créatif selon la quadrature du cerveau.

Cette méthode permet donc de statuer sur le profil de chaque membre de l'équipe, mais elle pousse le manager à s'inquiéter de la composition de cette équipe : est-elle suffisamment hétérogène ? Constitue-t-elle un « cerveau total » ? Faut-il moduler sa composition au fil du processus ? De plus, si les profils des individus permettent de déterminer les forces des individus en rapport avec la créativité organisationnelle, ils pointent également leurs faiblesses (voir tableau 5.6). Le manager doit donc réfléchir à un mode de management adapté à chacun. Si l'importance de chaque profil varie au fil du processus, peut-être devra-t-il envisager un management évolutif. Naturellement, ce genre de dispositif nécessite une forte implication du sommet stratégique dans la créativité.

Tableau 5.6 : Faiblesses des individus selon la quadrature du cerveau

{Cortical ; gauche}	{Cortical ; droit}	{Limbique ; gauche}	{Limbique ; droit}
L'individu a peur de se tromper, de changer de mode de pensée. Il a une trop grande foi dans les chiffres. Il peine à utiliser tous ses sens.	L'individu a du mal à définir clairement le problème et à le décomposer. Sa proposition peut manquer de netteté.	L'individu craint de perdre son temps et de passer pour farfelu. Sortir de la sécurité du connu lui est difficile.	L'individu a peur d'être en minorité et de déplaire aux autres. Il a du mal à se détacher du groupe.

3.2.2. La méthode TRIZ

TRIZ est l'acronyme d'une méthode proposée par un ingénieur russe, Genrich Altshuller, *Teoriya Recheniya Izobreatatelskikh Zadatch*. Elle est connue aussi sous le nom de « théorie de résolution de problèmes inventifs ». Elle a d'abord été introduite en URSS au cours des années 1950 à 1980. Puis, elle a été utilisée par les entreprises européennes et américaines, comme Boeing, Procter & Gamble, IBM, Bourgeois, Legrand… Par exemple, PSA a introduit TRIZ dans son plateau Innovation et Créativité, *via* le projet Demetriz (déploiement de la méthode TRIZ). Ce constructeur a ainsi sensibilisé ses équipes de R&D à cette méthode, et a même formé de manière poussée des volontaires aux méthodes et outils de la méthode TRIZ.

Certains résultats de cette méthode nous sont familiers. Kodak avait constaté que les photos prises lorsque le contexte imposait le flash rendaient les yeux des personnes rouges. La méthode TRIZ leur a permis d'inventer les flashs anti-yeux rouges. Procter & Gamble a su trouver une solution à une contradiction importante : un bébé doit avoir les fesses au sec pour des raisons médicales, mais il est nécessaire qu'il ait une couche tant qu'il n'est pas propre, d'où une certaine humidité. La méthode TRIZ a amené cette entreprise à gérer ces deux contradictions en proposant les couches Pampers « qui gardent les fesses de bébé au sec ».

L'objectif des prochaines lignes n'est pas de rendre le lecteur spécialiste de cette méthode, mais de lui donner des points de repère. Pour la manipuler avec expertise, il serait nécessaire de suivre une formation dédiée[12].

Le postulat de cette méthode est de penser qu'un problème inventif peut se rapporter à un autre problème similaire résolu dans un autre contexte. Face à un problème spécifique, la démarche consistera à le décomposer en caractéristiques génériques, afin de chercher les voies de solutions proposées dans d'autres contextes. Les spécialistes du problème pourront ensuite les décliner dans leur cas précis et tester celles qui semblent pertinentes. Lorsque le problème est analysé, les caractéristiques identifient des contradictions, telles que « avoir une table solide et légère » ou « allonger un objet sans le rendre plus lourd », à partir de 39 paramètres identifiés par Genrich Altshuller. Sans être exhaustifs, nous trouvons des caractéristiques telles que : le poids d'un objet mobile ou immobile, sa longueur, la commodité de fabrication, d'utilisation, le degré d'automatisation, etc. Ensuite, grâce à 40 principes[13] mis en avant par le fondateur de TRIZ, les experts du problème peuvent résoudre ces contradictions sur un plan conceptuel pour enfin trouver une solution spécifique. Parmi ces principes sont présents ceux liés à l'extraction, à la fusion, au self-service, à la copie, à l'homogénéité ou encore à la multifonction.

Par exemple, comment garder la qualité d'un produit tout en améliorant sa durée de vie ? Le lait stérilisé doit être chauffé mais les principes actifs disparaissent sous l'effet de la chaleur. Un brevet a alors été déposé pour mettre le lait sous haute température pendant un laps de temps précis pour le stériliser tout en préservant les principes actifs. Dans le même ordre d'idée, découper certains matériaux, comme le plastique, peut déformer le produit initial : comment alors découper sans déformer ? Une découpe à grande vitesse résout cette contradiction.

Les paramètres et les contradictions identifiés par Genrich Altshuller s'appliquent aisément à des produits. Qu'en est-il dans les services ? La méthode TRIZ est-elle applicable ? Des auteurs pensent que, moyennant des ajustements, TRIZ est utile dans ce cas de figure[14]. Pour preuve, ils étudient une cantine universitaire. Le service rendu aux étudiants est simple : leur proposer des produits fraîchement cuisinés. La cantine a des horaires précis : elle est ouverte du lundi au vendredi de 8 h 30 à 18 h 30 ; elle ferme à 14 heures le samedi ; elle est fermée le

12. L'INSA de Strasbourg propose un master spécialisé (bac + 6) en conception innovante, construit autour de la méthode TRIZ : plus de 400 heures sont nécessaires pour la maîtriser.
13. Pour découvrir et jouer avec ces principes, voir : www.triz40.com.
14. Zhan J., Chai K.-H. et Tan K.-C., « Applying TRIZ to Service Conceptual Design: An Exploratory Study », *Creativity and Innovation Management*, vol. 14, n° 1, 2005, p. 34-42.

dimanche et pendant les vacances. Or, les étudiants ont aussi besoin de manger pendant les périodes de fermeture. L'administration n'envisage pas d'étendre les horaires d'ouverture de la cantine en raison du coût généré par une ouverture plus étendue et n'a pas la possibilité de proposer suffisamment de nourriture pendant les périodes de fermeture.

Les auteurs décomposent alors le problème à partir du premier principe : la segmentation. Ils proposent, par exemple, de séparer les étudiants selon leurs besoins : ceux qui ont des habitudes tardives seraient gérés par un service spécial. Ils pensent aussi à une solution permettant de fournir aux étudiants de la nourriture qui ne serait pas fraîchement cuisinée (ventes par distributeurs automatiques, mise à disposition d'une cuisine pour préparer leurs repas). Leur étude souligne d'autres solutions qui illustrent ainsi la pertinence de la méthode TRIZ même dans le cas de services.

De tels résultats suivent un processus typique de la créativité en situation organisée. L'étude de Cavalucci, Lutz et Thiébaud (2002) en propose une formalisation. En effet, trois phases se succèdent au cours de la méthode TRIZ :

1. Initiation permettant aux personnes de se familiariser avec le projet et la méthode TRIZ tout en dépassant l'inertie psychologique nuisible à la créativité.
2. Mise en œuvre de TRIZ : (i) comprendre le problème, (ii) formaliser les contradictions et (iii) les résoudre.
3. Évaluation de la solution générique dans le contexte de l'entreprise concernée.

Au cours de ce processus, les membres de l'équipe de créativité n'ont pas le même rôle à jouer (voir figure 5.8). Ainsi, les experts de la méthode TRIZ ont un rôle majeur en phase (1) et (2i). En revanche, les créatifs comme les ingénieurs occupent une place primordiale dans les autres phases (voir tableau 5.8).

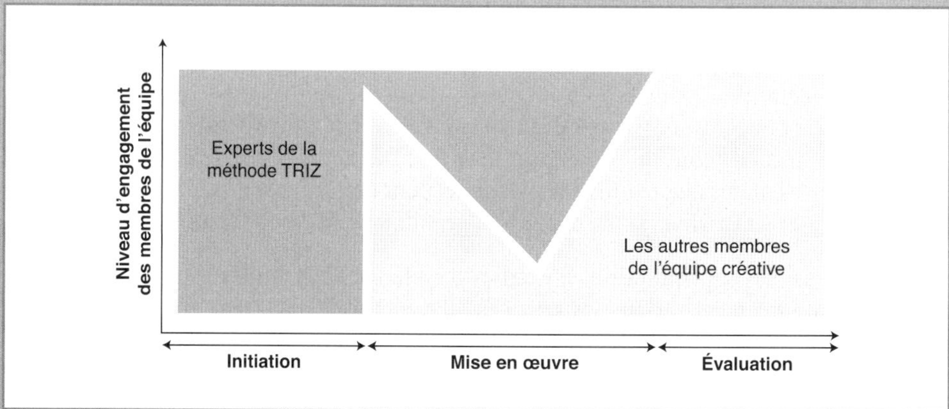

Figure 5.8

Engagement des individus au cours du processus créatif.

Source : adapté de Cavalucci D., Lutz P. et Thiébaud F., 2002, p. 1306.

L'évaluation ne peut être effectuée que par les personnes directement concernées, capables de discerner en quoi la solution est réellement nouvelle, utile et réalisable dans leur projet.

La démarche induite par cette méthode a donc abouti à des solutions pertinentes. Si le cerveau de Ned Herrmann permet d'identifier comment composer une équipe performante, la méthode TRIZ propose une manière de stimuler leur créativité en situation organisée. L'objectif de cette dernière méthode est donc de proposer une idée gagnante.

Conclusion

Qui sont les individus créatifs ? Et vous, appartenez-vous à cette catégorie de personnes ? Comment manager les individus créatifs ? Ces questions posées en introduction ont désormais une réponse. Les individus créatifs ne sont pas des gens nécessairement hors du commun ; leurs caractéristiques indiquent qu'autour de vous la plupart des personnes sont créatives. En revanche, il existe des caractéristiques inhibant la créativité individuelle, notamment au niveau du management. Il est donc important qu'un manager de l'innovation en soit conscient pour que soient pertinents ses choix en termes de sélection des individus à intégrer dans une équipe créative, de leur évaluation et du système de récompense à mettre en place. En effet, les pratiques managériales influencent directement la créativité individuelle qui, à son tour, enrichit l'innovation. Comment, en revanche, une organisation peut-elle profiter pleinement de la créativité individuelle ? Le chapitre suivant traite de ce thème : il aborde les mécanismes organisationnels mis en place pour capter les idées, structurer leur développement et permettre aux individus de construire ensemble une idée dans une organisation.

Bibliographie complémentaire

Amabile T., « A Model of Creativity and Innovation in Organizations », *Organizational Behavior*, vol. 10, 1988, p. 123-167.

Amabile T., « Motivational Synergie: Toward News Conceptualizations of Intrinsic and Extrinsic Motivation in the Workplace », *Human Resource Management Review*, vol. 3, n° 3, 1993, p. 185-201.

Amabile T., Mueller J.S., Simpson W.B., Hadley C. N., Kramer S.J. et Fleming L., « Time Pressure and Creativity in Organizations: A Longitudinal Field Study », *HBS Working Paper*, 2002.

Baker T. et Nelson R., « Creating Something from Nothing: Resource Construction through Entrepreneurial Bricolage », *Administrative Science Quarterly*, vol. 50, 2005, p. 329-366.

Brabandère (de) L. et Mikolajczak A., *Le Plaisir des idées*, Paris, Dunod, 2002.

Cavalucci D., Lutz P. et Thiébaud F., « Methodology for Bringing the Intuitive Design Method's Framework into Design Activities », *Journal of Engineering Manufacture* (JEM), 216(9), 2002, p. 1303-1307.

Cohendet P., Creplet F. et Dupouet, « Innovation organisationnelle, communautés de pratique et communautés épistémiques : le cas de Linux », *Revue française de gestion*, n° 146, 2003, p. 99-121.

Csikszentmihalyi M., *La Créativité : psychologie de la découverte et de l'invention*, Laffont, 2006.

Dechamp-Goy G. et Szostak B., « La légitimité du design aux yeux des dirigeants de PME : étude exploratoire de facteurs influents », dans *Management et Sciences sociales*, L'Harmattan, 2009, p. 31-53.

Drazin R., Glynn M. et Kazanjian R., « Multilevel Theorizing about Creativity in Organizations: A Sense-Making Perspective », *Academy of Management Review*, vol. 24, n° 2, 1999, p. 286-307.

Ford C., « A Theory of Individual Action in Multiple Social Domains », *Academy of Management Review*, vol. 21, n° 4, 1996, p. 1112-1142.

Ford C.M. et Gioia D.A., « Factors Influencing Creativity in the Domain of Managerial Decision Making », *Journal of Management*, vol. 26, n° 4, 2000, p. 705-32.

Gastaldi L. et Midler C., « Exploration concourante et pilotage de la recherche : une entreprise de spécialité chimique », *Revue française de gestion*, vol. 31 n° 155, 2005, p. 173-189.

Herzberg F., *Work and the Nature of Man*, Cleveland, OH, World, 1996.

Kim W.C. et Mauborgne R., « Sachez reconnaître une idée gagnante quand vous la rencontrez », dans *Harvard Business Review Innovation*, Éditions d'Organisation, 2003.

Le Loarne S., « De l'idée d'offre à l'innovation produit », *Revue française de gestion*, n° 161, 2006, p. 111-123.

Leszczynska D., « Aux sources de l'action innovante des communautés créatives », dans *Management et Sciences sociales*, L'Harmattan, n° 6, 2009, p. 225-240.

March J., « Exploration and Exploitation in Organizational Learning », *Organization Science*, vol. 2, n° 1, 1991.

Midler C., *L'Auto qui n'existait pas : management des projets et transformation de l'entreprise*, Dunod, 2004.

Tushman M. et O'Reilly III C., « Ambidextrous Organizations: Managing Evolutionary and Revolutionary Change », *California Management Review*, vol. 38, n° 4, été 1996, p. 8-30.

Woodman R., Sawyer J. et Griffin R., « Toward a Theory of Organizational Creativity », *Academy of Management Review*, vol. 18, n° 2, 1993, p. 293-321.

Zhan J., Chai K.-H. et Tan K.-C., « Applying TRIZ to Service Conceptual Design: An Exploratory Study », *Creativity and Innovation Management*, vol. 14, n° 1, 2005, p. 34-42.

Étude de cas

La création d'une école innovante

À notre époque, les entreprises ont besoin de personnes créatives mais aussi expertes dans leur structure pour gérer des problématiques complexes sur le plan stratégique. Ainsi, plusieurs établissements de la région Rhône-Alpes (notamment l'École centrale, l'École de commerce, l'université Lyon 1, etc.) ont pour projet de créer une nouvelle école : IDEA. L'objectif est de rassembler des compétences autour de l'innovation, le design, l'entrepreneuriat et les arts[15]. « L'idée, c'est d'implanter le "*design thinking*" en France, ce qui se fait déjà à Stanford, au MIT, en Israël, à Singapour ou encore en Finlande, explique Patrick Molle. Nous vivons dans une ère qui atteint une complexité inédite, et cela rend nos formations par domaines disciplinaires obsolètes. Demain, un leader devra être capable d'agir dans cette complexité, de créer de la richesse, de comprendre les nouveaux systèmes politiques, de décrypter les réseaux de pouvoir et, surtout, d'aborder les problèmes différemment pour trouver des solutions créatives. Nous voulons lancer une école de l'innovation qui sera un laboratoire permanent d'expérimentations, pour former ces esprits différents », analyse Patrick Molle.

Le ***design thinking*** est une démarche de réflexion qui part des compétences que les designers ont acquises pour mettre en adéquation les besoins des hommes et les ressources techniques disponibles dans le respect des contraintes économiques. Le *design thinking* propose un ensemble de principes applicables par un large éventail d'acteurs dans la résolution de problématiques variées (Burton, 2010)[16].

Parmi les nouveaux défis, nous en citons ici deux. Le premier concerne l'économie sociale et solidaire. Cette approche encourage à des valeurs de partage entre parties prenantes, d'équité entre la technostructure et le politique, ou encore de prise en compte des retombées des actions des entreprises en termes de développement durable. Le second défi concerne la montée en puissance de l'économie de la créativité qui met en avant le rôle majeur des « villes créatives » (comme Dublin, Séoul, Saint-Étienne, Sydney...)[17] pour motiver les citoyens à se mobiliser autour du capital intellectuel, culturel et artistique de chacun. L'expression « économie créative » vient de l'ouvrage de John Howkins (*The Creative Economy*, 2001), dans lequel il défend l'idée que la nouveauté vient de la nature et de l'intensité des liens qui existent entre « créativité » et « économie ». Cela réinterroge alors notre compréhension de la culture, de la technologie et de l'économie, qui sont trois concepts souvent mal ou peu articulés dans une stratégie entrepreneuriale.

Ainsi, la région Rhône-Alpes espère créer un nouvel établissement où pourront être formés les étudiants, les managers de demain, capables de devenir des experts dans un domaine et

---

15. Voir la dépêche de l'AEF (Dépêche n° 144876, Paris, jeudi 3 février 2011).
16. Burton T., *L'Esprit design*, Pearson, 2010.
17. Voir le réseau des villes créatives labellisé par l'Unesco.

de développer leurs aptitudes à la créativité. L'objectif de l'exercice consiste alors à imaginer cette structure de formation.

Questions

1. Proposez le processus créatif amenant à l'idée « IDEA ».
2. En reprenant les sources de la créativité individuelle, imaginez des dispositifs au sein d'IDEA pour favoriser les capacités cognitives à la créativité des étudiants. Détaillez le rôle du corps pédagogique et administratif.
3. Les réponses à la question précédente ont nécessité de faire preuve de créativité. Indiquez la méthodologie utilisée. Quelles en sont les forces et les faiblesses ?

Chapitre 6

Exploration et collaboration

Après avoir lu ce chapitre, vous saurez :

- ce qui différencie exploration et exploitation en termes de processus, de définition d'objectifs et de connaissances mobilisées ;
- quel est l'intérêt d'associer créativité et recherche ;
- ce que la dimension collective peut apporter à l'exploration ;
- appréhender les principaux enjeux et spécificités des partenariats d'exploration ;
- identifier les différentes dimensions du pilotage de l'exploration ;
- définir les bases de la théorie C-K.

En décembre 2008, dans le cadre d'un concours d'innovation organisé à Grenoble École de Management, le Groupe Seb et l'entreprise Legrand se rendent compte qu'ils partagent un questionnement commun : innover dans le domaine des fils électriques. L'année suivante, un projet européen est monté entre les deux entreprises.

Depuis la fin des années 1990, Air Liquide et sa filiale Axane sont convaincus de l'utilité de la technologie « pile à combustible » : zéro pollution, zéro bruit, recharge quasi instantanée... À la fin des années 2000, une équipe est chargée d'investiguer de nouveaux marchés.

En 2001, le Commissariat à l'énergie atomique et aux énergies alternatives (CEA) crée le partenariat MINATEC IDEAs Laboratory® à Grenoble. Des partenaires variés (Renault, Bouygues, STMicroelectronics, Grenoble École de Management...) travaillent ensemble pour explorer un domaine à peine défriché : les applications des nouvelles technologies telles que les micro- et nanotechnologies.

Ces trois exemples, très différents, mettent tous en avant un processus particulier : l'exploration. Explorer, c'est se lancer sur un champ d'innovation pour y mener des activités de conception. La solution finale de l'exploration n'est pas connue au début du projet ; il y a une volonté d'investir un terrain de jeux afin de découvrir de nouvelles possibilités, de créer de nouvelles connaissances et des concepts innovants.

Ce chapitre est structuré en trois parties. Tout d'abord, nous présenterons rapidement l'origine du terme « exploration » et nous décrirons quelles sont ses principales facettes. Alors que l'exploration est souvent qualifiée de chaotique et difficilement maîtrisable, nous présenterons, dans un deuxième temps, un effort de recherche important mené par l'équipe de recherche en gestion de l'École des mines de Paris pour mieux comprendre ces processus d'exploration. Ainsi, nous introduirons la théorie C-K, une modélisation qui prend en compte de manière interactive la dynamique des connaissances (compétences, savoir-faire, expertises...) et la dynamique des concepts (idées, problèmes non résolus...) à l'œuvre durant les activités d'exploration. Enfin, nous conclurons ce chapitre par les partenariats d'exploration. En effet, acquérir des connaissances, développer des concepts radicalement nouveaux sont souvent des challenges compliqués pour des organisations habituées à produire des idées à partir des connaissances et technologies dont elles disposent. Les partenariats d'exploration sont ainsi des moyens pertinents pour parvenir à investiguer des champs d'innovation hors de l'expertise traditionnelle des organisations. Nous présenterons l'outil de gestion OPERA – basé sur un formalisme très simplifié de la théorie C-K –, qui permet à la fois de piloter des missions d'exploration et de gérer la dynamique collaborative.

1. Penser les innovations de rupture

1.1. Spécificités des activités d'exploration

L'innovation n'est évidemment pas un phénomène nouveau. Elle est depuis longtemps considérée comme un vecteur de croissance de l'économie, un moteur puissant de développement industriel ; elle est sans cesse promue par les politiques publiques. Ce qui est plutôt récent, c'est le passage très sensible d'un régime où il s'agissait de mener un processus d'innovation qui se limitait à proposer des produits plus performants et moins coûteux que ceux proposés par la concurrence à un régime dans lequel les nouveaux produits doivent se différencier radicalement vis-à-vis de l'existant en créant des valeurs nouvelles. À titre illustratif, considérons un objet aussi répandu que le téléphone mobile. Aujourd'hui, les concepteurs de téléphonie mobile ne se contentent plus de travailler sur les performances classiques telles que la légèreté du téléphone ou la vitesse d'échange de données. Les entreprises visent de nouvelles poches de valeurs, parfois éloignées du secteur de la téléphonie (consultation d'horaires de bus, réception de la télévision, paiement en ligne...).

La capacité à inventer et à développer des objets qui surprennent les consommateurs nécessite généralement de recourir à un processus d'innovation particulier : l'innovation d'exploration (voir approfondissement 6.1), où l'objectif est moins d'exploiter des compétences et ressources maîtrisées afin d'améliorer des performances que de prospecter de nouvelles connaissances et compétences de sorte à dégager un nouvel ensemble de performances (nouvelles fonctionnalités d'usage par exemple).

L'exploration est très souvent opposée à la notion d'exploitation. De nombreux auteurs ont montré que les organisations étaient amenées à mobiliser, parfois implicitement, ces deux processus selon les situations et la culture de l'entreprise. En opposition à l'exploitation, les processus d'exploration sont souvent caractérisés par les spécificités ci-après.

1.1.1. Une difficulté à identifier les résultats finaux à l'avance

Une grande particularité des processus d'exploration, c'est qu'il est impossible de spécifier clairement les résultats de l'exploration au début du projet. Par exemple, lorsque l'on souhaite concevoir un nouveau produit innovant, ses composants, sa technologie, ses fonctionnalités ou encore ses utilisateurs ne sont pas connus au départ. Contrairement à l'exploitation – où les caractéristiques du produit sont définies avant le lancement du projet –, en exploration, la définition du produit se dessine progressivement durant le processus. C'est précisément lorsque la définition du produit sera claire que l'exploration s'achèvera. La richesse de l'exploration découle d'une exploration conjointe des technologies et des marchés, avec une double interrogation : quelles sont les connaissances technologiques mobilisables ? Quels nouveaux marchés explorer ? L'exploration procède de l'identification de concepts et de leur définition progressive en construisant leur valeur et en l'affinant au fil du processus. On a donc, en exploration, un processus qui associe la recherche de connaissances, l'émergence de problèmes, la production de concepts et l'expérimentation.

Vus sous ces différents aspects, les processus d'exploitation sont bien plus rassurants que ceux de l'exploration, partant d'objectifs assez précis et mobilisant des processus assez définis. À l'opposé, l'exploration constitue une navigation dans l'inconnu. Toutefois, aussi paradoxal que cela puisse paraître, l'inconnu, du moins dans les premières phases de la conception, est une dimension favorable à la production d'innovations car il apporte une vision large, et donc sans restrictions du champ de l'exploration.

1.1.2. Des utilisateurs souvent déboussolés !

En exploration, l'objectif initial étant souvent très ouvert (de sorte que l'exploration soit, *a priori*, assez riche), il est souvent difficile d'identifier clairement une cible client : cette cible va se définir en cours d'exploration, voire changer à un moment ou encore aboutir à plusieurs cibles différentes associées à plusieurs produits. De plus, il est souvent difficile de connaître précisément le besoin des utilisateurs : les utilisateurs actuels de l'iPhone avaient-ils formulé le besoin de ce produit ? La réponse est non ! Les utilisateurs sont généralement capables de formuler des problèmes qu'ils ont rencontrés. Dans ce cadre, les méthodes de gestion classiques donnent une part belle à l'expression du besoin des consommateurs. En revanche, en exploration, ces derniers éprouvent souvent des difficultés à se projeter et à imaginer des produits innovants : que peuvent bien répondre des utilisateurs face aux possibilités d'innovation des nanotubes de carbone ? Comment peuvent-ils se projeter dans cet univers inconnu ?

1.1.3. Une place importante accordée à la création de nouvelles connaissances par l'expérimentation

Les processus d'exploitation visant à atteindre les objectifs relevant des coûts, performances et délais s'appuient fortement sur les connaissances. Ces connaissances peuvent être disponibles directement dans l'organisation ou être identifiées comme manquantes (une nouvelle technologie, par exemple). En exploration, la donne est toute différente : en l'absence de référence précise tant sur l'activité que sur les produits à concevoir, il est généralement très difficile d'identifier les connaissances à utiliser, à plus forte raison si ces connaissances sont manquantes.

L'exploration en innovation est souvent utilement accompagnée d'expérimentations, ne serait-ce que pour orienter les recherches et consolider des pistes. La question est toutefois : qu'expérimente-t-on ? En effet, comme nous l'avons déjà dit, en début d'exploration, on ne dispose pas de sujet aux périmètres clairement définis permettant de lancer une expérimentation. En réalité, on se trouve dans une conduite inversée par rapport à l'exploitation ; l'exploration ne correspond pas à la recherche d'une solution, mais elle doit conduire à l'émergence de problèmes auxquels on cherchera des solutions.

1.1.4. Adopter une posture d'exploration en remettant en cause les schémas traditionnels

Mener des activités d'exploration conduit fondamentalement l'entreprise à remettre en question ses connaissances et ses habitudes. Les entreprises de création récente – délibérément construites sur une stratégie d'innovation – éprouveront sans doute moins de difficultés à adopter cette posture que des entreprises plus anciennes dotées d'une culture déjà bien établie. L'exploration vise à renouveler sa manière de penser le client (un client avec de nouveaux besoins, de nouveaux usages…), de penser ses compétences, ses activités et même sa culture. Explorer, c'est aussi jeter le doute sur un certain nombre de sujets dont la pertinence ne semblait jusqu'alors pas remise en cause. Alors que l'exploitation entraîne des routines éprouvées, des modes d'organisation stabilisés, des compétences bien définies, l'exploration, elle, conduit à interroger de nouvelles façons de faire, des organisations différentes et des compétences pas forcément maîtrisées.

Approfondissement 6.1

L'exploration

James G. March est un auteur fondateur du management des organisations ; ses recherches ont tenté de clarifier profondément les phénomènes particuliers d'exploration et d'exploitation présents dans les organisations. L'auteur s'intéresse notamment à la manière dont les organisations s'organisent et mobilisent leurs connaissances afin de répondre aux problèmes qu'elles rencontrent. L'auteur insiste sur la distinction de deux processus bien distincts : un processus d'exploitation qui vise à agir dans des domaines que l'organisation maîtrise déjà bien, afin, par exemple, de produire plus efficacement des produits ou encore d'améliorer de manière incrémentale une ligne de produits existante ; un processus d'exploration qui rimerait, selon lui, plus avec des dimensions telles que « la recherche, la variation, la prise de risque, l'expérimentation, le jeu, la flexibilité, la découverte, l'innovation ». Le processus d'exploration viserait à définir de nouvelles possibilités pour les organisations, à pénétrer dans des territoires peu ou pas connus par l'organisation. Ce processus d'exploration est qualifié de plus incertain et déboucherait sur des résultats à plus long terme. Face à des ressources limitées, March insiste sur le fait que les organisations seront amenées à choisir, parfois implicitement, entre ces deux processus. Il préconise notamment aux organisations de rechercher un équilibre entre ces deux approches.

Suite à son article paru en 1991, un engouement pour cette dichotomie s'est rapidement développé. Notamment, un certain nombre de chercheurs ont proposé des modes d'organisation visant à combiner des approches d'exploitation et d'exploration.

Approfondissement 6.1 (suite)

Trois types d'« ambidextries » s'en sont dégagés : « ambidextrie structurelle », qui vise à séparer les activités d'exploration/exploitation dans différents départements d'une même organisation ; « ambidextrie contextuelle », dont l'objectif est d'équilibrer le portefeuille de projet en caractérisant les projets selon leur niveau d'incertitude et la création d'organisation externe ayant pour rôle d'explorer de nouveaux domaines sans perturber l'efficacité routinière de l'organisation (« ambidextrie de réseaux »).

Un autre courant, porté par Danneels, se focalise davantage sur le lien avec l'innovation. En distinguant deux types de compétences – la compétence « marché » et la compétence « technologique » –, Danneels montre que les organisations sont amenées à mobiliser des connaissances plus ou moins proches de ces deux compétences centrales ; cette typologie le conduit à distinguer différentes catégories d'innovation (voir figure 6.1). La « pure exploration » correspond ainsi à une double exploration, à la fois sur les compétences « marchés » et « technologiques ». La « pure exploration » caractérise alors des modes d'apprentissage qui viseront aussi bien à apprendre sur de nouveaux marchés, qu'à adresser de nouveaux clients ou à étudier de nouveaux usages par exemple, mais aussi à prospecter de nouvelles technologies distantes des repères traditionnels de l'entreprise.

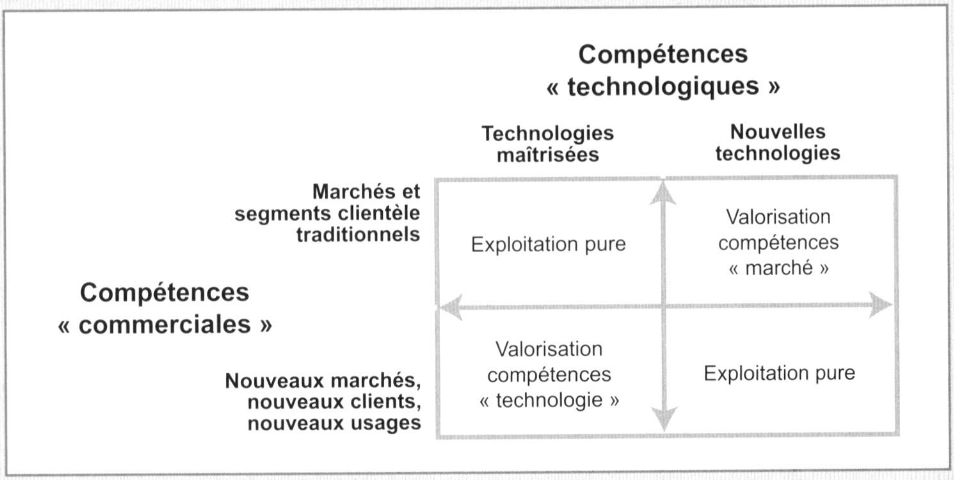

Figure 6.1

Typologies d'innovation par les compétences.

Source : d'après Danneels E., « The Dynamics of Product Innovation and Firm Competences », *Strategic Management Journal*, vol. 23, 2002, p. 1095-1121.

1.2. Le terrain de jeux de l'exploration : le champ d'innovation

La stratégie de rupture implique aussi de définir le terrain sur lequel on va la mettre en œuvre. Ce terrain, que l'on définit généralement par une problématique assez générale, est aussi appelé « champ d'innovation » (Le Masson *et al.*, 2006). Nous verrons un peu plus loin une proposition de démarche pour explorer ce champ d'innovation (voir exemple 6.1).

Commençons tout d'abord par étudier les composantes principales d'un champ d'innovation. Voici des exemples de champs d'innovation formulés par la RATP (Régie autonome des transports parisiens) :

- « *Soft mobilité* : l'accès à l'information en temps réel permet d'accéder à la ville et à ses services par des services géolocalisés [...] ».
- « *Services innovants à la personne mobile* : le voyageur ne veut plus être passif, mais gagner son autonomie, quelle que soit la situation ou l'endroit où il se trouve [...] ».
- « *Mobilité active* : le vélo urbain a ouvert la voie à une vision globale de la mobilité quotidienne. Cette mobilité comprend au sein d'un trajet une part importante de déplacements à pied, entre bus et métro ou RER et tramway. La marche réintègre la grande famille des transports urbains, avec un besoin de sécurité des piétons [...] ».
- « *Nouvelles mobilités* : de nouveaux systèmes hybrides se développent à côté des transports collectifs connus (bus, métro, RER, tramway). Ils sont à la fois individuels et collectifs, privés et publics comme l'est Autolib qui investit le créneau des automobilités [...] ».
- « *Nouvelle génération d'infrastructure transport* : le métro du XXIe siècle ne peut être celui du XXe siècle, malgré toutes les qualités de ce dernier qui a accompagné le développement de Paris. Il sera construit en partenariat avec des entreprises, des collectivités, des associations dont certaines ne sont pas du secteur des transports urbains [...] ».

Source : site RATP – www.ratp.fr/fr/ratp/c_5095/7-champs-d-innovation.

Une lecture de ces champs d'innovation nous livre plusieurs enseignements.

1.2.1. Une ambition stratégique

Nous pouvons constater que ces sujets sont justifiés stratégiquement et qu'ils ont de la valeur pour l'entreprise. L'élaboration d'un champ d'innovation est accompagnée d'une réflexion de fond sur les principales tendances, les opportunités et les menaces industrielles. La formulation des sujets d'un champ d'innovation nécessite que l'entreprise soit capable de détecter les signaux de son environnement et de se poser de bonnes questions : comment mon business évolue-t-il ? Qu'est-il nécessaire de changer dans mon organisation ? Quels sont les principes fondamentaux de fonctionnement de mon industrie et faut-il les faire évoluer ? Quels sont les critères de performance classiques sur lesquels les entreprises se font concurrence ? Peut-on imaginer d'autres cibles de valeur ? Les sources de ces champs d'innovation peuvent être multiples et provenir de réflexions sociétales (nouveaux usages...) ou encore de l'émergence des nouvelles technologies (voir exemple 6.1).

Exemple 6.1

Les hydroliennes, un champ d'innovation pour EDF

La production d'énergie électrique fait appel à un ensemble de techniques et de technologies éprouvées : les centrales thermiques classiques et nucléaires basées sur les turbines à vapeur, les turbines à combustion à cycle combiné (gaz et vapeur), les turbines hydrauliques au sein des barrages et retenues d'eau et, plus récemment, les panneaux photovoltaïques et les éoliennes. Même si ces technologies peuvent faire l'objet d'évolutions (c'est le cas aussi bien du photovoltaïque que du nucléaire), les conditions de fonctionnement et les niveaux de performance en sont aujourd'hui relativement bien connus.

Dans la recherche d'un accroissement de la part d'énergies renouvelables en production d'électricité, une nouvelle technologie a fait son apparition (en France, EDF s'est intéressée directement à cette technologie vers 2003) et illustre assez bien la notion de champ d'innovation : les hydroliennes.

S'il est clair que le potentiel de production des flux hydrauliques a été identifié et exploité depuis de nombreuses années, les hydroliennes posent un nouveau challenge. On ne peut les considérer comme une simple extension de la technologie utilisée dans les barrages, que ceux-ci soient construits sur des cours d'eau ou des retenues : il s'agit d'une exploitation marine en eaux libres, ce que même le barrage de la Rance ne réalise pas. Les problèmes à résoudre sont donc nouveaux et les solutions ne peuvent directement découler de l'expérience acquise en hydraulique « classique » : les règles de conception utilisées jusque-là pour les systèmes de production risquent d'être inappropriées. Par exemple, en termes de sécurité, la notion d'ouvrage physique bien délimité sur lequel on peut appliquer des règles de protection disparaît ; par ailleurs, les procédures de maintenance sont à repenser. Il faut donc explorer à la fois théoriquement (des modélisations) et expérimentalement (le nouveau parc hydrolien de Paimpol-Bréhat) ce nouveau champ pour répondre à diverses questions :

- Comment exploiter au mieux un flux hydraulique qui n'est pas guidé par des conduites ou des aménagements construits ?
- Comment réduire l'impact sur l'environnement – en particulier sur la faune et la flore – d'un dispositif technique posé en faible profondeur ?
- Comment faire en sorte que le dispositif ne soit pas endommagé par des tempêtes hors de toute protection physique, telle une digue ou une construction analogue ?
- Comment favoriser l'acceptabilité des hydroliennes vis-à-vis des autres usagers de la mer ?
- Comment optimiser l'exploitation d'un champ d'hydroliennes aux régimes forcément disparates en fonction des positions géographiques, des marées et des conditions météorologiques (les hydroliennes seront installées dans les zones à courants, donc généralement à des profondeurs assez faibles), même si on sait calculer l'ampleur de ces marées ?

Plusieurs opérateurs ont récemment mené des expérimentations avec différentes configurations de matériels, ce qui montre bien qu'il n'existe pas encore d'architectures stabilisées (éolienne avec un pylône, hydrolienne flottante, doubles hélices, hydrolienne à axe vertical…). L'exploration de ce champ d'innovation génère donc une nouvelle expertise pour EDF, en s'appuyant à la fois sur les ressources internes mais aussi sur de nouvelles expertises.

1.2.2. Un phénomène d'ouverture

On s'aperçoit également que ces champs d'innovation sont très « ouverts » et qu'ils connotent un nouveau territoire que l'on ne peut appréhender *a priori*. Même si certaines relations de ces champs d'innovation avec l'activité de l'entreprise sont établies, leur périmètre reste à déterminer. L'exploration d'un champ d'innovation ne vise pas à résoudre des problèmes bien définis. Il ne s'agit pas véritablement d'apporter une solution à court terme à un problème, mais plutôt d'inventer de nouveaux challenges pour l'entreprise et de dégager les nouvelles compétences nécessaires.

1.2.3. Un effort de conception pluridisciplinaire

Les sujets traités sont tellement ouverts qu'il semble illusoire de mener un seul et unique projet. Au contraire, plusieurs projets sont nécessaires pour explorer les différentes facettes du champ d'innovation. Ces projets doivent être menés en forte interaction, un apprentissage jugé inutile pour l'avancement d'un projet pouvant être directement valorisé dans un autre projet. L'exploration d'un champ d'innovation nécessite donc un véritable effort de collaboration des acteurs, afin de travailler les synergies entre les projets ou encore d'identifier les bons experts. Les champs d'innovation sont généralement transverses et ne portent habituellement pas sur une gamme de produits particulière ; l'ensemble des divisions et métiers de l'entreprise est susceptible d'être mobilisé durant l'exploration. Pour autant, rien n'assure que l'organisation disposera des compétences nécessaires en interne. Il va falloir, pour l'organisation, se munir de moyens d'investigation nouveaux, en quelque sorte inconnus, et même forcer parfois cette ouverture, tant elle est assez peu naturelle. L'exploration peut nécessiter la collaboration avec différents acteurs externes, ces acteurs étant parfois même situés dans d'autres écosystèmes industriels (voir chapitre 3).

2. La théorie de conception C-K : un effort de modélisation de l'exploration

2.1. Deux approches pratiques de l'innovation

Pratiquement, quand on examine les processus d'innovation développés par les entreprises, on remarque deux grandes approches dont celles-ci pensent qu'elles vont pouvoir influer sur l'ensemble des aspects mentionnés plus haut. Autant le dire d'emblée, aucune des deux ne peut être considérée comme optimale si elle est mise en œuvre indépendamment : c'est leur conjonction qui semble vraiment la plus fructueuse.

2.1.1. Management des idées

Cette première approche met en exergue l'activité de créativité qui conduit l'entreprise à s'organiser pour produire de nouvelles idées en espérant que quelques-unes seront reprises et transformées en innovations. Les entreprises qui favorisent cette approche ont cependant bien compris que la créativité, pour être efficacement « provoquée », doit être organisée. Quand il s'agit de produire des idées, beaucoup d'entreprises organisent des séances de créativité (des séances de *brainstorming*) qui réunissent un ensemble plus ou moins important de collaborateurs. Ces séances se déroulent généralement de manière ponctuelle, car elles sont destinées à traiter une problématique particulière mais aussi car il n'est pas aisé de mobiliser des collaborateurs dans la durée. Une alternative assez récente est apparue avec la mise à disposition de plates-formes associées aux intranets des entreprises (par exemple, le System Opener d'EDF R&D). Ces nouveaux dispositifs permettent un mode de travail asynchrone, avec des participants qui peuvent se connecter à leur convenance et inscrire leur collaboration dans un cadre temporel plus souple, donc plus acceptable. Ainsi, il devient possible de favoriser une collaboration plus durable. Ces dispositifs peuvent offrir des fonctionnalités variées : mise à disposition d'*insights* destinés à stimuler la créativité en présentant des informations qui concernent aussi bien la technologie et le marketing que des aspects clients ou sociétaux – l'organisation de challenges autour d'une problématique donnée en temps limité (par exemple, une ou deux semaines)… Par ailleurs, ces entreprises exposent les équipes créatives à divers stimuli comme des tendances, de la veille… en espérant que se produiront des « rebonds créatifs ». Dans le meilleur des cas, des plages temporelles libres sont aussi proposées aux collaborateurs pour exercer leur créativité.

Quelles sont les limites de cette approche ?

Une limitation de l'approche par la créativité est le « danger » de faire émerger une abondance de concepts sans parvenir à développer les connaissances nécessaires à leur sélection et à leur élaboration future. En effet, la sélection des idées n'est généralement pas bien prise en charge par les méthodes de la créativité. En d'autres termes, les méthodes de créativité ne prennent pas en compte l'élaboration des critères de sélection au fur et à mesure que les idées sont générées. Comment peut-on évaluer une idée en l'absence des connaissances nécessaires pour porter un jugement éclairé ? Quels sont les « bons » critères ?

De plus, la « gestion » des groupes créatifs constitue un réel problème : faut-il un groupe entraîné aux méthodes créatives pour traiter l'ensemble des problématiques ou vaut-il mieux constituer des groupes *ad hoc* ? La réponse est loin d'être évidente, d'autant que des travaux récents auraient tendance à montrer qu'un individu seul est parfois plus créatif qu'en groupe. On le voit, l'approche purement créative reste hautement incertaine.

2.1.2. Management de la recherche

La seconde approche favorise l'activité de recherche, dans laquelle l'entreprise produit des connaissances (de nature scientifique, généralement) susceptibles de déboucher sur une innovation. Cette approche s'appuie sur des dispositifs, comme des laboratoires ou des centres de recherche, et des compétences « pointues ». C'est souvent l'innovation technologique qui est mise en avant.

Quelles sont les limites de cette approche ?

Un exemple historique est celui d'IBM dont les laboratoires ont produit des inventions remarquables mais dont peu sont arrivées sur le marché, du moins le marché visé par les produits IBM.

Il faut toutefois signaler que beaucoup d'innovations proviennent non pas de connaissances nouvelles, mais de nouvelles combinaisons de connaissances existantes. Pour reprendre l'exemple de l'iPhone, rien n'est vraiment nouveau dans les composants qui l'animent : les dalles tactiles existaient, la reconnaissance vocale aussi, si l'on s'en tient aux technologies les plus visibles. L'innovation a surtout résidé dans un « génie » de l'assemblage.

Par ailleurs, le chemin vers l'innovation peut vite devenir très coûteux car, dans la réalité, il n'y a pas de moyen systématique de savoir quelles connaissances construire et, en corollaire, lesquelles vont manquer. Dit autrement, il n'existe pas de corrélation directe entre innovation et effort de recherche : une organisation au budget de R&D substantiel n'est pas automatiquement assurée d'un succès en innovation.

2.2. Combiner créativité et conception : la théorie C-K (*Concept-Knowledge*)

Au final, on voit bien que, si les deux approches ont leurs limites, elles semblent complémentaires. C'est la modélisation de cette complémentarité pour l'exploration que propose la théorie C-K élaborée au début des années 2000 par Armand Hatchuel et Benoît Weil du Centre de gestion scientifique de l'École des mines de Paris (voir approfondissement 6.2.) [Hatchuel et Weil, 2006 ; Le Masson *et al.*, 2006]. Elle hybride les deux approches en associant systématiquement les concepts et les connaissances dans le processus d'innovation : les concepts générés orientent la production de connaissances, celles-ci permettant, à l'inverse, d'affiner la description des concepts à produire. L'évaluation des concepts se fait progressivement par la mise en évidence des connaissances qui les sous-tendent. Le passage au développement des concepts retenus s'en trouve ainsi facilité. Encore relativement récente, cette théorie suscite un intérêt croissant dans de nombreux laboratoires de recherche internationaux (Chalmers University of Technology, Kitami Institute of Technology, Tel Aviv University, São Paulo State University...). Un certain nombre d'entreprises françaises comme Renault, la SNCF, la RATP, Dassault Systèmes, STMicroelectronics, Alstom et bien d'autres ont eu recours aux formalismes de la théorie C-K dans leurs projets d'innovation.

Approfondissement 6.2

La théorie C-K

D'une théorie de résolution de problème à une théorie de conception innovante

Herbert Simon est reconnu comme étant le premier à affirmer l'existence d'une « science de la conception ». Prix Nobel d'économie en 1978, Simon contribue activement à construire les prémisses de cette nouvelle science. Ses contributions majeures dans le domaine de l'intelligence artificielle offrent des notions importantes (principe de rationalité limité, *problem solving*...) permettant de mieux comprendre et modéliser les raisonnements à l'œuvre durant les activités de conception. En résumé, selon Simon, l'activité de conception pouvait être comprise en étudiant une heuristique particulière mêlant des phases de décomposition de problèmes en sous-problèmes, des phases de génération de solutions et des phases d'évaluation.

Au début des années 2000, en formulant la théorie C-K (*Concept-Knowledge*), Armand Hatchuel et Benoît Weil offrent une perspective conceptuelle nouvelle. À partir d'une analyse critique des travaux d'Herbert Simon, Hatchuel affirme que la résolution de problèmes est un cas particulier de l'activité de conception. Si de nombreuses activités de conception visent à résoudre un problème, la conception ne peut pas se réduire à résoudre des problèmes, aussi complexes soient-ils. Autrement dit, Hatchuel et Weil postulent l'existence d'une théorie de conception, plus générale que le paradigme de l'optimisation.

La théorie C-K

Fondamentalement, la théorie C-K distingue deux espaces interdépendants (au sens mathématique du terme) : l'espace des concepts et l'espace des *knowledges*. L'espace K regroupe toutes les connaissances dont un concepteur (designer, ingénieur, ergonome, architecte…) dispose durant son activité de conception. On dit que ces connaissances ont un « statut logique » car le concepteur est capable de déclarer ces propositions comme vraies ou fausses. Au contraire, l'espace C accueille des propositions pour lesquelles le concepteur n'a pas les connaissances lui permettant de prouver qu'elles soient faisables ou infaisables. La théorie C-K modélise l'activité de conception comme étant une série d'allers-retours entre l'espace C et l'espace K : les connaissances des concepteurs vont permettre de définir l'objet en spécifiant des propriétés dans l'espace C ; inversement, les propriétés de l'objet modélisé dans l'espace C vont guider l'apprentissage du concepteur (espace K).

Durant un processus de conception, un premier concept est généré (par exemple, le ballon de football écolo) ; celui-ci va ensuite être précisé en développant ses propriétés. Au fur et à mesure, le concepteur va mobiliser un certain nombre de connaissances qui peuvent être variées (par exemple, matériaux/procédé de fabrication, prix, types de pratiquants, normes…). La théorie C-K abrite également les notions de créativité et d'imagination, souvent considérées comme des variables exogènes et difficilement modélisables. Les auteurs montrent qu'il est ainsi possible de différencier des raisonnements de conception « innovante » des raisonnements de conception plus « routinière ».

Pour ce faire, les auteurs montrent que les propriétés de l'espace C sont de deux natures : elles peuvent être restrictives (propriétés connues dans K, telles qu'un ballon rempli d'air) ou expansives (propriétés inconnues dans K, telles qu'un ballon de foot avec capteurs). Ces propriétés expansives vont petit à petit transformer l'identité de l'objet – le Soccket (voir figure 6.2) est-il toujours un ballon de foot ou bien est-il devenu une pile électrique ? – en forçant le concepteur à puiser ou à générer des connaissances nouvelles (par exemple, technologies de récupération…). Lorsque le concept est suffisamment précisé pour exister, le concepteur peut alors donner un statut à son objet. L'inconnu devient connu (c'est-à-dire que le concept devient connaissance), ce qui marque la fin du processus de conception.

Approfondissement 6.2 (suite)

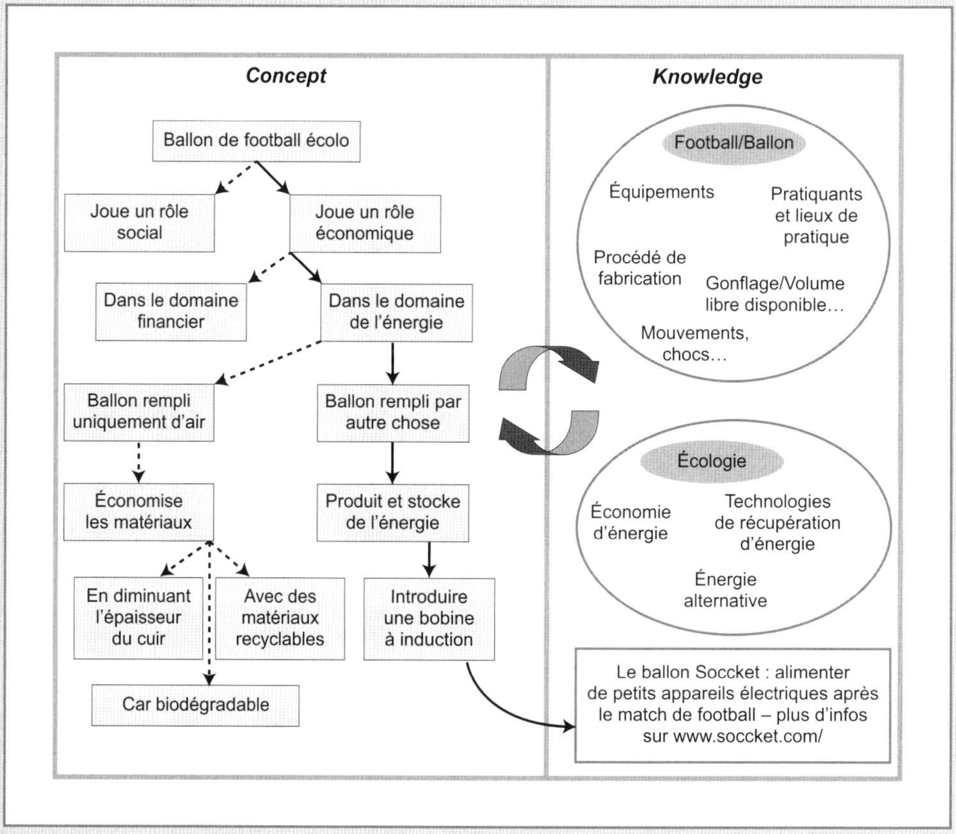

Figure 6.2

Un exemple illustrant l'exploration du concept « ballon de football écolo ».

Sources : Hatchuel A. et Weil B., « A New Approach of Innovative Design: An Introduction to CK Theory », *International Conference on Engineering Design*, Stockholm, 2003 ; March J.G., « Exploration and Exploitation in Organizational Learning », *Organization Science*, vol. 2, n° 1, 1991, p. 71-87.

3. L'exploration collective

3.1. Les partenariats d'exploration

À moins de disposer de moyens financiers importants, d'avoir une latitude assez forte sur les ressources humaines et d'accepter les probables échecs de l'exploration, les entreprises confrontées à cette situation se tournent le plus souvent vers des partenariats afin de diminuer l'incertitude globale. C'est ce qu'on appelle le « partenariat d'exploration » (Segrestin, 2006). Ce terme désigne les dynamiques de coopération interorganisations visant à explorer conjointement un champ d'innovation commun (nouveaux concepts, nouvelles connaissances…) [voir exemple 6.2.].

Le partenariat d'exploration engage les entreprises participantes sur des territoires partiellement inconnus ou, dans le meilleur des cas, partiellement connus de certains partenaires. Un partenariat d'exploration se caractérise, paradoxalement, par le manque d'éléments d'orientation : on ne connaît pas réellement les clients visés, on les suppose ; on ne connaît pas précisément les compétences à mobiliser, on les découvre au fur et à mesure ; surtout, la valeur de l'objet final du partenariat n'est pas déterminée, elle se construit tout au long des travaux. À l'opposé des partenariats classiques tels que les partenariats de sous-traitance par exemple, où il s'agit d'atteindre au mieux un objectif déterminé par une bonne gestion de ressources, il faut, dans les partenariats d'exploration, concevoir l'objectif lui-même, objectif qui pourra ensuite faire l'objet d'un partenariat plus « classique ». En résumé, les partenaires ne s'engagent pas réellement sur un objectif mais sur la détermination progressive d'un objectif. En termes de moyens, alors que les partenariats classiques sont vus comme une façon d'augmenter le pouvoir d'action, le partenariat d'exploration est perçu quant à lui comme une façon d'augmenter le champ d'action des partenaires.

De manière générale, les partenariats d'exploration revêtent un triple enjeu pour une organisation.

3.1.1. L'acquisition ou la production de contenu

La dénomination « contenu » recouvre à la fois les connaissances (c'est-à-dire ce que les organisations apprennent) et les concepts (c'est-à-dire les nouvelles idées, les nouveaux défis à relever…). Ce sont d'ailleurs les deux notions principales de la théorie C-K, ce qui correspond bien à la façon dont procèdent les entreprises quand elles mettent en œuvre les mécanismes suivants :

- le recueil de connaissances *via* les veilles technologiques, sociétales ou concurrentielles ; *via* les abonnements aux flux de type RSS ; *via* les participations aux séminaires… ;
- la construction de nouvelles connaissances *via* les actions de R&D, seules ou en partenariat, l'utilisation de plates-formes de résolution de problèmes internes ou externes (telle la plus connue, Innocentive)… ;
- le recueil ou la production de nouvelles idées *via* l'innovation participative, les challenges internes, le *crowdsourcing* et les concours d'idées proposés aux écoles et autres communautés…

3.1.2. L'acquisition ou la production de relations

Il s'agit là de favoriser des projets de collaboration et de créer des opportunités de collaboration. Il existe tout un ensemble de moyens pour y parvenir, comme l'appel aux « capitaux-risqueurs » pour détecter des « start-up », l'appui sur des « *barcamps* » ou même la simple participation à des conférences ou séminaires, dont l'intérêt réside autant dans le contenu des conférences que dans la collecte de cartes de visite des autres participants.

3.1.3. L'organisation de la conception

Cet aspect, plus complexe, fait référence aux divers processus, techniques et organisations à même d'appuyer l'innovation.

3.2. Guide pratique de la gestion d'un partenariat d'exploration : l'outil OPERA

Beaucoup de questions se posent en matière de partenariats, en particulier sur les phases de démarrage, car nombre d'entre eux aboutissent à des échecs. Ces questionnements sont évidemment exacerbés dans les partenariats d'exploration. Un partenariat d'exploration est très incertain surtout si, comme dans certains cas, les partenaires appartiennent à des secteurs d'activités très divers (voir exemple 6.2).

- Comment choisir les partenaires ?
- Quelle est la structure organisationnelle adaptée ?
- Comment faire en sorte qu'ils s'engagent réellement ?
- Comment piloter le partenariat ?
- Quels objectifs généraux fixer ?
- Comment évaluer les résultats ?
- Comment transférer et valoriser les résultats du partenariat dans la maison mère ?

OPERA (outil pour l'exploration, la représentation et l'action) [Gillier *et al.*, 2010] est un instrument de gestion basé sur les formalismes de la théorie C-K, qui permet de gérer le pilotage de l'exploration en partenariat. À l'image des cartes élaborées par les explorateurs, OPERA correspond à un système cartographique (voir figure 6.3). Concrètement, aujourd'hui, cette carte peut être réalisée à partir de logiciels de *mindmapping* (c'est-à-dire qu'un grand nombre de logiciels de cartes heuristiques sont téléchargeables gratuitement) ; des développements sont en cours pour proposer des logiciels adaptés spécifiquement à la théorie C-K.

La description d'OPERA est utilisée pour bien comprendre l'avancement de l'exploration. Piloter dans l'inconnu ne signifie pas avancer à l'aveugle mais, au contraire, nécessite de prendre en compte plusieurs facteurs :

- bien comprendre d'où l'on part ;
- envisager le territoire (c'est-à-dire le champ d'innovation) dans lequel on évolue ;
- identifier différentes pistes sur ce territoire ;
- évaluer ces pistes en cours de route ;
- qualifier le territoire au fur et à mesure de l'exploration des pistes ;
- identifier un ou des objectifs qui pourront faire l'objet d'un partenariat de codéveloppement ;
- …

Exemple 6.2

MINATEC IDEAs Laboratory

MINATEC IDEAs Laboratory se présente comme un plateau d'innovation multipartenaire. Nous le qualifions plus précisément de partenariat d'exploration (Segrestin, 2003) regroupant des partenaires académiques et industriels de secteurs de marché différents. Le partenariat vise « à imaginer, proposer et valider par les usages des objets, applications et services dans le domaine des micronanotechnologies » (source : contrat de participation du partenariat). MINATEC IDEAs Laboratory a été créé en 2001. Ce partenariat d'exploration est accueilli sur le campus du CEA à Grenoble. En 2012, il est composé de partenaires aux horizons variés : d'industriels de plus ou moins grandes tailles (Bouygues, Renault, STMicroelectronics, Groupe Brunet, Fabrique des quatre vents), d'un grand centre de recherche technologique (CEA), d'une collectivité territoriale (conseil général de l'Isère) et d'organismes de formation (Grenoble École de Management, Grenoble INP, UPMF). MINATEC IDEAs Laboratory est un regroupement de partenaires sans aucune création de société commune : ce n'est donc ni une alliance, ni une fusion, ni une joint-venture, mais bien un partenariat entre des entreprises et des organisations universitaires. En intégrant MINATEC IDEAs Laboratory, les partenaires s'engagent à mettre en commun des ressources humaines et financières. Conformément à la définition même d'un partenariat d'exploration, l'objet de la coopération n'est pas défini *ex ante* (Segrestin, 2003 ; Segrestin, 2008). En d'autres termes, lors de la signature du contrat, les partenaires de MINATEC IDEAs Laboratory ne savent pas clairement sur quels objets/services ils vont travailler ; au mieux, ils disposent de thématiques extrêmement larges (par exemple, bâtiment et énergie, information en mobilité). Le principal intérêt commun est l'attrait pour les micronanotechnologies et les nouvelles technologies en général : le CEA espérant démarrer de nouveaux programmes de recherche et valoriser ses technologies, les partenaires espérant l'acquisition de connaissances stratégiques et/ou la création de nouveaux produits/services. Les partenaires de MINATEC IDEAs Laboratory mènent une double exploration : à la fois une exploration sur des concepts de produits/services novateurs et sur les opportunités qui peuvent émerger entre les partenaires et les projets d'exploration communs susceptibles d'être lancés. Des réunions de comité de pilotage regroupant les partenaires de MINATEC IDEAs Laboratory sont organisés mensuellement, afin de gérer les projets d'exploration lancés et d'échanger sur les voies d'innovation de demain.

Source : Gillier T., « Comprendre la génération des objets de coopération interentreprises par une théorie des coraisonnements de conception », *Thèse de doctorat soutenue le 26 mai 2010*, Grenoble, Institut national polytechnique de Lorraine.

OPERA est composé de six phases :

Phase 1 : identification du champ d'innovation à investiguer

Celui-ci est défini par les partenaires en fonction des stratégies et des ressources correspondantes *a priori* (à ce niveau, on ne peut avoir qu'une vision limitée des ressources qui seront réellement impliquées). Contrairement à un projet – où on connaît la « fin de l'histoire » et où il faut organiser les moyens pour l'atteindre –, le champ d'innovation ne peut être évoqué qu'avec beaucoup de flou. Il s'agit généralement d'une problématique générale laissant, *a priori*, à chaque partenaire l'opportunité de trouver une place. L'exemple d'un champ d'innovation comme « mobilité et énergie » est à même de fédérer un grand nombre d'acteurs, dont ceux des services et des télécommunications en complément des constructeurs automobiles ou des énergéticiens. Il n'est évidemment pas question d'épuiser un tel champ mais d'y trouver des zones de réflexion pour le partenariat, zones qui dépendront principalement des stratégies des acteurs et des compétences qu'ils seront à même de mettre en jeu (mais qui ont, au début du partenariat, l'inconvénient de ne pas être encore révélées).

Phase 2 : identification des connaissances existantes chez chacun des partenaires vis-à-vis du champ d'innovation

Ces connaissances peuvent être spécifiques ou partagées. Cette identification est importante car elle permet de faire l'état :

- des savoirs et savoir-faire avec les compétences existantes ;
- des produits déjà proposés relevant du champ ;
- des ressources nécessaires.

Les modalités de recueil vont des présentations orales mutuelles aux présentations de maquettes ou prototypes. L'ensemble de ces connaissances doit explicitement être formalisé afin de pouvoir figurer dans « l'espace des connaissances » du partenariat. Faire cet état, c'est aussi comprendre la façon de concevoir des partenaires. Par façon de concevoir, on entend essentiellement les grandes règles sur lesquelles les partenaires s'appuient individuellement pour définir leur offre. Afin de mieux appréhender cette notion, voici trois exemples un peu simplifiés de ces règles et d'autres choix possibles :

- Pour un constructeur automobile, une voiture de type berline a quatre roues et cinq portes, elle est montée sur une plate-forme.
- Jusqu'à une époque récente, la production d'énergie électrique était centralisée et non pas envisagée comme décentralisée autonome.
- Dans le modèle « *Better Place* », on abandonne le paradigme dominant de l'amélioration de l'autonomie des véhicules électriques avec la nécessité d'améliorer coûte que coûte l'autonomie des batteries ou de raccourcir le temps de la recharge pour construire l'autonomie par une approche plus systémique : quand une batterie est vide, on la remplace par une pleine ; ce n'est plus l'autonomie du véhicule qui est questionnée mais l'infrastructure qui l'accompagne.

Ces règles de conception sont le plus souvent implicites et leur identification est une source très intéressante pour des pistes d'innovation de rupture, ne serait-ce qu'en les prenant à contre-pied pour définir de nouveaux produits. La suite de la conception permettra de définir les nouvelles connaissances et les nouvelles règles de conception à même de favoriser l'innovation.

Phase 3 : exploration conceptuelle et définition des missions d'exploration

Dans cette phase commence le début de l'exploration proprement dite. Si on reprend le formalisme C-K décrit plus haut (voir approfondissement 6.2), on commence à définir différentes partitions de l'espace C à partir du champ d'innovation en veillant à explorer en dehors des règles habituelles de conception et en favorisant la production de nouvelles connaissances.

En d'autres termes, il s'agit de développer les premières « branches » de l'espace C et d'identifier les principales connaissances et compétences nécessaires à acquérir pour progresser dans l'exploration. Chaque partenaire est ensuite amené à positionner ses préférences en entourant à la fois les concepts présents dans l'espace C et les connaissances recensées dans l'espace K. Au début, il n'est pas rare que les partenaires rencontrent de véritables difficultés à se positionner. Comme ils ne savent pas exactement ce qui se « cache » sous les différents concepts et connaissances, ils ont souvent tendance à se positionner sur toutes les parties de l'arbre. Qu'à cela ne tienne ! Au fur et à mesure de l'exploration, les partenaires pourront modifier et affiner leurs préférences.

Lorsqu'il commence à être possible d'identifier différentes « branches » de l'arborescence C-K, on peut alors définir plusieurs missions d'exploration. Ces dernières correspondent à des projets, à la différence que l'objectif final n'est pas connu. Les missions d'exploration sont ensuite positionnées sur OPERA ; elles sont formulées à partir des séquences de concepts et des connaissances manquantes identifiées. Les missions d'exploration peuvent se situer sur des « branches » plus ou moins proches, selon que l'on souhaite une exploration localisée ou plus vaste. La fin de cette étape aboutit à la définition de plusieurs missions avec leurs organisations et leurs ressources.

Phase 4 : intégration des résultats dans l'arborescence C-K

Durant cette phase, les équipes d'exploration mènent les activités habituelles de R&D telles que du prototypage, des séances créatives, des essais techniques ou encore des études de marché. Au fur et à mesure, les différents résultats et choix de conception sont intégrés à OPERA. La cartographie se construit : les différentes idées, qu'elles aient été poursuivies ou non, sont intégrées à l'espace C ; les connaissances produites ou les connaissances identifiées manquantes sont positionnées dans l'espace K. Afin de clarifier la cartographie, on peut utiliser une codification visant à distinguer les concepts plutôt restrictifs (c'est-à-dire les concepts supportés par des connaissances existantes) ou les concepts plutôt expansifs (c'est-à-dire les concepts nécessitant un effort d'apprentissage). De même, l'espace du *Knowledge* peut être organisé en trois catégories : la connaissance existante, la connaissance produite par l'équipe d'exploration et les futures connaissances à acquérir. La figure 6.3 illustre l'arborescence C-K.

Phase 5 : pilotage de l'exploration par un comité de pilotage

La cartographie OPERA, qui permet de représenter le panorama du champ d'innovation investigué, est ensuite régulièrement présentée au comité de pilotage du partenariat d'exploration. OPERA synthétise tous les concepts et connaissances investigués, ainsi que le positionnement des missions d'exploration lancées. Le comité de pilotage peut avoir ainsi une vision d'ensemble de la progression de chaque mission d'exploration ainsi que leurs complémentarités. Une telle représentation permet d'identifier les différentes poches de valeur, les *gaps* (techniques, conceptuels…) et les synergies entre missions. L'identification des connaissances manquantes peut aider les partenaires à identifier les nouveaux partenaires à intégrer ou les nouveaux recrutements à réaliser. Une nouvelle fois, les partenaires peuvent positionner leurs préférences en entourant ces zones sur l'arbre C-K. Cela permet notamment de distinguer différents degrés de collaboration : les zones fortement entourées constituent les intérêts de collaboration les plus forts. Le comité de pilotage peut ainsi recommander aux équipes d'exploration de diriger leurs explorations vers les intérêts forts du partenariat. Le processus d'exploration peut alors être piloté et dirigé dans différentes directions. À la fin de chaque comité de pilotage, OPERA est remis à jour afin de bien collecter les différentes informations. OPERA est une cartographie dynamique et l'énoncé d'une idée peut nécessiter de modifier l'arborescence conceptuelle : chaque idée doit pouvoir trouver sa place dans l'espace C !

Phase 6 : fin de l'exploration

À la fin de l'exploration, les membres du partenariat d'exploration ont une représentation de leur investigation. La comparaison des différentes versions d'OPERA (début du partenariat, milieu du partenariat et fin du partenariat) permet notamment de mesurer la progression du partenariat. En observant les concepts qu'ils ont réussi à valider dans l'espace K, les participants ont notamment un feed-back sur le taux de réussite des missions d'exploration lancées.

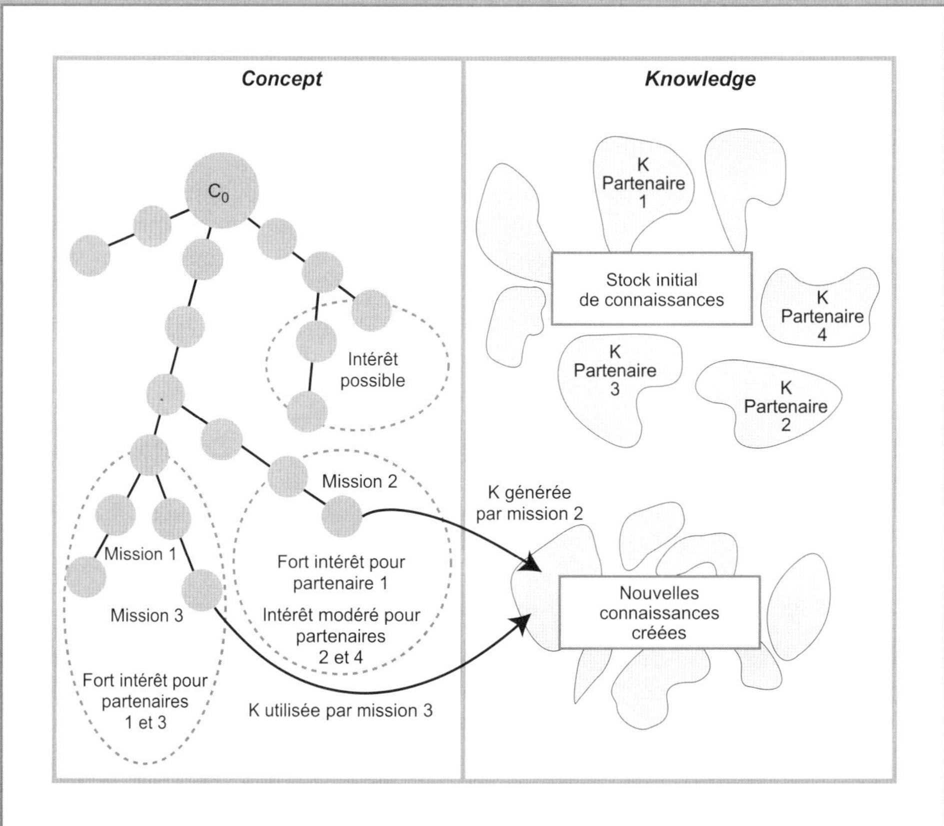

Figure 6.3
Aperçu d'une cartographie C-K basée sur l'outil OPERA.

Conclusion

Ce chapitre présente un processus particulier, le processus d'exploration, que les organisations adoptent pour investiguer de nouveaux territoires afin de développer des produits et des technologies radicalement nouvelles.

Nous avons vu que le processus d'exploration était caractérisé par de nombreuses incertitudes, notamment en termes de résultats à atteindre. Cependant, nous avons également montré que de nouveaux outils et théories émergeaient afin de gérer au mieux ces situations d'exploration.

Nous avons notamment présenté rapidement la théorie C-K qui permet en particulier de modéliser le processus d'exploration en distinguant deux espaces : celui des concepts qui cristallisent des propositions nouvelles, des idées de nouveaux produits par exemple ; celui des connaissances qui symbolisent les connaissances et les apprentissages réalisés durant l'exploration.

Enfin, nous avons insisté sur le fait que les organisations recourent fréquemment à des collaborations pour explorer. Nous avons présenté une forme particulière : les partenariats d'exploration. Ces partenariats réunissent différentes organisations désireuses de mener ensemble des missions d'exploration sur un champ d'innovation. Bien que l'exploration soit un processus mené avec peu d'indications initiales sur la direction à prendre, nous avons insisté sur la nécessité d'un guidage et avons alors présenté l'outil de gestion OPERA (outil pour l'exploration, la représentation et l'action), un système de cartographie qui permet aux parties prenantes d'un partenariat d'exploration de piloter leur exploration en coordonnant différentes missions d'exploration et en s'assurant de la cohésion de l'ensemble des partenaires.

Bibliographie complémentaire

Gillier T., « Comprendre la génération des objets de coopération interentreprises par une théorie des coraisonemments de conception : vers une nouvelle ingénierie des partenariats d'exploration technologique », *Thèse de doctorat*, INPL, 2010.

Gillier T., Piat G., Roussel B. et Truchot P., « Managing Innovation Fields in a Cross-Industry Exploratory Partnership with C-K Design Theory », *Journal of Product Innovation Management*, vol. 27, n° 6, 2010, p. 883-896.

Gupta A.K., Smith K.G. et Shalley C.E., « The Interplay between Exploration and Exploitation », *The Academy of Management Journal*, vol. 49, n° 4, 2006, p. 693-706.

Hatchuel A. et Weil B., « La théorie C-K : fondements et usages d'une théorie unifiée de la conception », *Colloque sciences de la conception*, Lyon, 2002.

Hatchuel A. et Weil B., « C-K Design Theory: An Advanced Formulation », *Research in Engineering Design*, vol. 19, 2008, p. 181-192.

Hooge S., Agogué M. et Gillier T., « A New Methodology for Advanced Engineering Design: Lessons from Experimenting C-K Theory Driven Tools », *International Design Conference*, 2012, Dubrovnik (Croatie).

Lenfle S., « Exploration and Project Management », *International Journal of Project Management*, vol. 26, 2008, p. 469-478.

March J.G., « Exploration and Exploitation in Organizational Learning », *Organization Science*, vol. 2, n° 1, 1991, p. 71-87.

Le Masson P., Weil B. et Hatchuel A., *Les Processus d'innovation : conception innovante et croissance des entreprises*, Hermes Science Publications, 2006.

Segrestin B., *Innovation et Coopération interentreprises. Comment gérer les partenariats d'exploration ?*, Paris, CNRS Éditions, 2006.

Exercice

La mobilité « bien-être »

L'importance de la santé et du bien-être est grandissante dans les préoccupations sociétales. De nombreuses entreprises ont d'ailleurs profité de cette tendance pour lancer leurs innovations. Un exemple emblématique est le célèbre jeu Wii Fit de Nintendo. Bien que les effets bénéfiques sur la santé restent contestés, cette innovation est sans nul doute un succès commercial. Dans le même esprit, Nike et Apple s'associent pour lancer le kit Nike + iPhone, un capteur (accéléromètre) qui se place dans une basket et permet de visualiser un certain nombre d'informations lorsque l'on fait son jogging (distance, nombre de calories brûlées, géolocalisation de la course...). Dans le domaine agroalimentaire, des initiatives rencontrant plus ou moins de succès sont visibles : par exemple, Danone qui s'est illustré récemment avec un « yaourt cosmétique », montrant, au passage, que les entreprises innovantes sont aussi celles qui franchissent leurs frontières d'activités.

Imaginons maintenant qu'un constructeur comme Peugeot souhaite explorer le domaine de la santé et du bien-être, et rencontre à ce sujet l'entreprise Danone. Les constructeurs automobiles cherchent de plus en plus à investir le territoire du « zen » et Peugeot pourrait voir, dans la collaboration avec Danone, le moyen de sortir d'une image essentiellement liée à une mobilité « efficace » pour aborder une mobilité « bien-être ».

Questions

1. Synthétisez de manière indépendante l'espace C et l'espace K des entreprises Peugeot et Danone. En d'autres termes, exprimez les principales compétences/expertises/technologies/connaissances (espace K) et les principaux défis/challenges/problèmes non résolus (espace C) de Peugeot et Danone.
2. Si l'on croise les espaces C et K des deux partenaires, quelles seraient les possibles pistes de collaboration ? Quelles seraient des problématiques communes ?
3. Imaginons que les deux partenaires se mettent d'accord pour collaborer et qu'ils souhaitent, notamment, concevoir de nouveaux produits et services où la voiture n'est plus un simple moyen de se déplacer mais un véritable lieu de vie. Réalisez un diagramme C-K du concept « un repas bien-être en voiture ».
4. Définissez les règles qui président à un repas conventionnel à table (ordre des plats, accessoires utilisés, temporalité...) puis les règles à briser pour concevoir « un repas bien-être en voiture ».

Partie 3

La démonstration de l'innovation

Chapitre 7

Marketing de l'innovation

Après avoir lu ce chapitre, vous saurez :

- identifier la problématique de la commercialisation de l'innovation et des enjeux et facettes du marketing de l'innovation, dès les phases amont d'émergence de l'idée ;
- mettre en place, animer et participer à des démarches de marketing de l'innovation ;
- anticiper les principales limites et difficultés opérationnelles des métiers du marketing de l'innovation.

« L'innovation ne vaut que si elle fait progresser le tennis et profite au plus grand nombre, telle est notre philosophie ».

Éric Babolat, P-DG de l'entreprise.

En 1875, un an après l'invention officielle du tennis, Pierre Babolat crée les premiers cordages de tennis, en boyaux naturels à la demande de l'Anglais Bussey. Jusque-là, l'entreprise de la famille Babolat était spécialisée dans la transformation de boyaux de moutons pour la charcuterie (qu'elle abandonne en 1980), les cordes à instruments musicaux et les ligatures chirurgicales. Babolat organise son réseau de distribution international à partir de 1950. En 1955, la marque fabrique un premier cordage en nylon. Plus récemment, les années 1990 sonnent le début de la diversification avec les premières gammes de raquettes de tennis en 1994 et de badminton en 1995. La fabrication de balles de tennis est lancée en 2001 dans le cadre d'un partenariat avec une filiale du groupe japonais Sumitomo, puis celle de chaussures de tennis, en partenariat avec Michelin *via* sa filiale Michelin Lifestyle Limited, en 2003. En 2008, Babolat collabore avec Emporio Armani pour la confection d'une raquette. Le lancement d'une gamme de chaussures de badminton, toujours en partenariat avec Michelin, intervient en 2009.

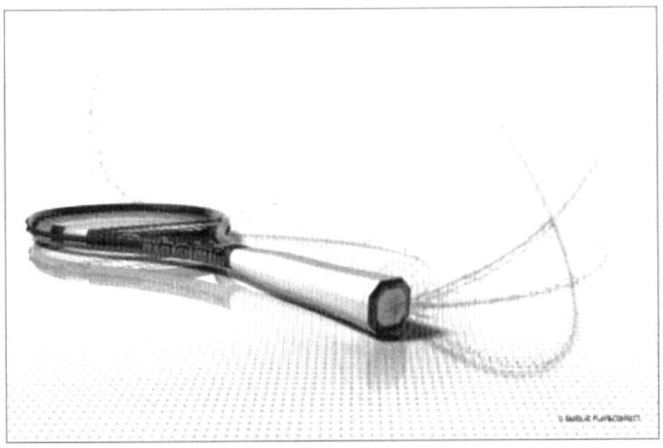

Véritable ETI (entreprise de taille intermédiaire ayant fait de l'innovation son arme concurrentielle) âgée de 137 ans, Babolat est leader mondial en sports de raquette. Elle ambitionne aujourd'hui d'apporter un changement majeur dans le monde du tennis avec sa raquette intelligente baptisée « Babolat Play & Connect ». Des capteurs enfouis dans le produit permettent d'enregistrer, pendant une séquence de jeu, de nombreuses informations pour les restituer après le jeu : nombre de revers, de coups droits, centrage de la balle, force de frappe, effet donné à la balle, etc. Dotée d'une connexion sans fil, la raquette restituera ces informations vers un logiciel qui permettra aux joueurs de mieux analyser leur comportement et de le corriger au besoin. En phase de test et bientôt de lancement commercial, avec notamment une démonstration pendant le tournoi de Roland-Garros en mai 2012, avec R. Nadal, numéro 2 mondial, l'entreprise ne livre que peu d'informations. Après cet événement, une centaine de prototypes devrait être confiée à des testeurs, représentant la communauté tennistique internationale dans son ensemble (joueurs de clubs, enseignants, compétiteurs, etc.). Il s'agit d'une démarche d'expérimentation collaborative active permettant de mieux comprendre la valeur perçue par les futures parties prenantes de l'innovation. La mise sur le marché serait prévue pour 2013.

Le numérique entre dans tous les secteurs d'activités. Le sport n'est pas épargné. Le cyclisme et la formule 1, entre autres, ont déjà adopté ces pratiques de suivi et d'évaluation de performance en temps réel et dans la durée. Par exemple en cyclisme, les puissances développées, les vitesses moyennes et les fréquences cardiaques permettent de mesurer une performance tout en tenant compte d'un état de santé. C'est un moyen d'améliorer ses résultats, mais aussi de trouver du ludique dans certains sports où l'on peut se mesurer à soi-même dans le temps, aux autres dans son réseau ou aux professionnels. Cette tendance à fournir des services d'information personnalisée en temps réel, grâce aux capacités des technologies numériques notamment, devrait atteindre le tennis. « Cela fait 10 ans que nous y pensons et 5 ans que nous y travaillons », souligne Éric Babolat. Il ajoute : « Nous espérons à terme, d'ici 10 ans, avoir atteint une substitution totale avec les raquettes actuelles, ce qui suppose de s'inscrire dans le temps pour convaincre tout le monde et de ne pas changer les caractéristiques fondamentales de la raquette. »

Toutefois, si l'on comprend bien l'intérêt dans le cyclisme par exemple, on peut s'interroger dans le tennis où la performance dépend de bien d'autres facteurs que la puissance ou le centrage de la balle, dont des éléments non mesurables par des capteurs, comme l'état mental du joueur, la nature de la surface, le jeu de l'adversaire. S'il suffisait de taper toutes les balles à 200 km/h pour gagner, le tennis serait un autre sport ! L'entreprise Head s'était déjà essayée par le passé à mettre de l'électronique dans le tennis, en vain. Il est donc important et légitime de se poser quelques questions sur le marché potentiel de cette raquette et de le faire selon une démarche d'approche marché appropriée.

Dès lors qu'il s'agit d'innovation, le niveau d'incertitude quant à la réussite d'une nouvelle offre sur le marché – actuel ou futur – est élevé voire maximal, pouvant engendrer des postures d'attente, durant lesquelles les porteurs de l'innovation vont continuer à acquérir des connaissances par des études *ad hoc*. Au final, deux options se présentent à ceux qui doivent décider du lancement commercial : le pari que cela marchera grâce à un investissement toutefois réduit (car risqué) ; le rejet faute de garanties quant à la probabilité que l'offre atteigne le niveau de performance standard de l'entreprise (ce qui signifie un risque d'utilisation sous-optimale des ressources opérationnelles de l'entreprise, et donc une performance moindre).

Les enjeux de l'approche marché, dans ce contexte de démonstration de la valeur d'un concept innovant, sont tout à fait déterminants et multiples :

- éclairer les décisions stratégiques de lancement commercial et, par voie de conséquence, celui des processus d'industrialisation, de production, de logistique et les investissements associés ;
- comprendre comment le marché va se développer, quelles sont les caractéristiques de l'offre qui vont permettre l'adoption, la diffusion et la rétention par les clients d'une nouvelle solution, en substitution à une solution existante, pour préparer l'organisation et les ressources opérationnelles de sa mise en œuvre ;
- mettre en place et actionner les mécanismes d'interaction et d'influence de l'environnement et des clients, dans une relation client durable et source de connaissances nouvelles et de comportements nouveaux.

1. Les concepts fondamentaux de l'approche marché en innovation

1.1. Marché et innovation

S'intéresser au marché consiste, pour une entreprise, à comprendre la façon dont les clients fonctionnent en termes d'achat. Elle peut alors proposer, à tout ou partie de cet ensemble d'acteurs, une offre supérieure à celle des concurrents et dégager ainsi un chiffre d'affaires suffisant, afin de garantir des bénéfices durables correspondant aux objectifs stratégiques prévisionnels. Dans ce contexte, le marché total peut être vu comme le chiffre d'affaires constitué de l'ensemble des achats d'une offre par les clients. La plupart des produits de grande consommation font l'objet d'études spécialisées menées par de grands cabinets de conseil qui établissent, année après année, les chiffres d'affaires réalisés et prévisionnels de différentes gammes de produits. Grâce à ces études, les entreprises du secteur sont en mesure d'établir leurs prévisions de vente, et donc de production et de bénéfices ! Les cabinets travaillent à partir de bases de données historiques des comportements de consommation et interrogent des bases de données de consommateurs existantes, comme les panels, les listes des achats auprès des distributeurs tels que Carrefour ou Décathlon, les informations contenues dans les cartes de fidélité. Ils disposent de modèles économétriques de fonctionnement du marché, construits à partir des observations antérieures du marché. Ils peuvent ainsi procéder à des études statistiques. Toutefois, cela ne fonctionne qu'en présence d'un historique suffisant et de conditions d'environnement stables pour modéliser le fonctionnement du marché et l'adapter à la marge selon quelques paramètres maîtrisés, comme l'inflation ou une modification mineure du produit.

Par exemple, les effets d'une baisse de prix sur les comportements d'achat d'un produit cosmétique standard ou d'un téléphone peuvent être simulés en termes de répercussions sur les parts de marché relatives des offres en présence.

Dès lors qu'il s'agit d'innovation, l'historique n'existe pas ou, pour le moins, doit être remis en question. De nouveaux paramètres interviennent et de nouveaux comportements émergent. Par exemple, l'annonce d'une nouvelle génération de produits multimédias peut entraîner un effet d'attente et un ralentissement de la consommation, suivi d'un pic. Les études apportent une représentation de la structure du marché total, dont il est important de tenir compte, mais elles ne doivent en aucun cas être considérées comme une base de calcul pour l'innovation. Celle-ci est censée apporter du changement et venir perturber plus ou moins le marché existant dans son fonctionnement. Même si l'objectif à terme est celui d'une position dominante sur un marché mature relativement stable, celui-ci n'existe pas encore. C'est l'arrivée de l'innovation qui le créera ou bien qui transformera un marché existant.

L'enjeu donc, en marketing de l'innovation, est de franchir les étapes amont qui aboutiront à la construction d'un marché puis à la pénétration d'un marché dit principal (de volume et non de niche) au fur et à mesure de la diffusion de l'innovation. L'approche de G. Moore est particulièrement pertinente pour comprendre cette problématique amont du marketing de l'innovation dans son ensemble. Son modèle est présenté à la figure 7.1.

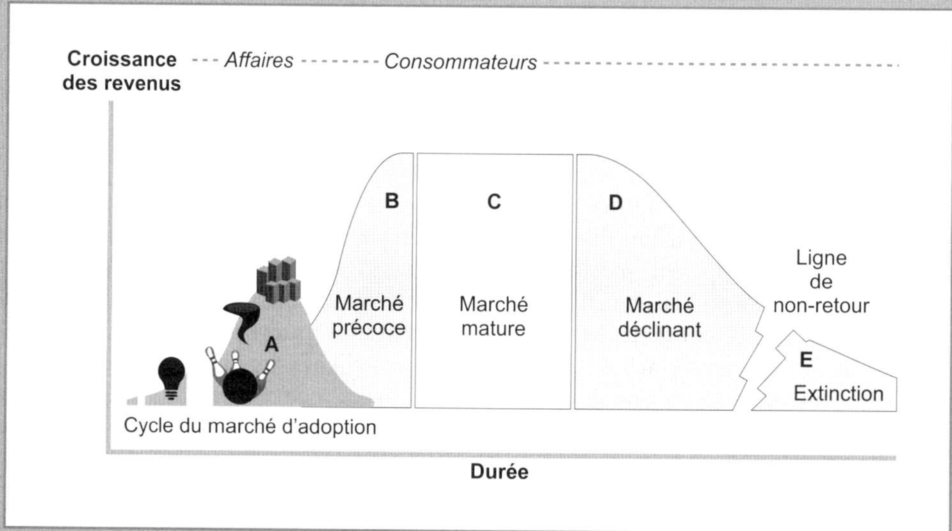

Figure 7.1

Cycle de vie du produit nouveau et adoption par les clients.

Source : adapté de Moore G., *Crossing the Chasm, Marketing and Selling High Tech Products to Mainstream Customer*, éd. révisée, HarperCollins Publisher, 1999.

Cette courbe de diffusion de l'innovation est ce que tout innovateur doit tenter de construire et de qualifier, voire de quantifier, avant d'établir son *business model* de l'innovation et son plan d'action commercial. Sa spécificité est l'existence d'un marché d'adoption à qualifier et comprendre comme condition à l'entrée sur un marché principal, dit B puis C. Deux questions majeures sont soulevées :

1. Qu'est-ce que le marché d'adoption et quels sont les groupes de clients successifs qui vont permettre d'atteindre une position dominante sur ce marché, source de visibilité, de références et de ressources financières pour entrer sur un marché principal ? Dans le cas de Movea, le marché d'adoption est celui des télécommandes multimédias alors que cela aurait pu être les kinésithérapeutes pour la rééducation physique des patients. Le marché principal sera celui des smartphones et des tablettes, c'est-à-dire des solutions de communication mobile.
2. Comment préparer le passage du marché d'adoption au marché principal ? Passer, par exemple, d'un marché de professionnels à celui du grand public ? Movea aurait-elle pu capitaliser sur le marché des kinésithérapeutes pour tenter une pénétration du marché des smartphones ?

L'adoption d'une innovation par des clients dépend :

- Des caractéristiques de l'offre :
  - L'avantage relatif qui fait référence à la valeur perçue par le client en comparaison des solutions concurrentes. La notion de marché intègre la concurrence actuelle et future.
  - La compatibilité de l'innovation avec le système de valeurs et de normes dans lequel s'insère le client. Le marketing de l'innovation doit développer une connaissance intime des clients dans leur rapport à l'innovation.
  - La difficulté de compréhension et d'utilisation de l'innovation en lien avec sa complexité. Le marketing de l'innovation doit permettre de générer des connaissances nouvelles dans la confrontation physique de l'innovation avec le client. Toutefois, à l'ère des réseaux sociaux et de la simulation, peut-on envisager d'autres approches ?
  - La testabilité de l'innovation par le client, ce qui suppose que le marketing de l'innovation pense à une relation client dès les phases amont du processus d'innovation – qu'il s'agisse de codéveloppement avec le client ou de showroom interactif.
  - L'observabilité de l'innovation et de son impact sur les premiers utilisateurs. Les clients pilotes doivent donc être choisis avec attention quant à leur volonté d'optimiser la valeur de l'innovation, leur capacité à améliorer la solution ainsi que leur visibilité, leur exposition à un large public susceptible de s'identifier à ces pionniers. Les caractéristiques des premiers clients et des pionniers sont d'être des leaders d'opinion, des agents de changement, faisant preuve d'une grande capacité d'innovation et d'une forte volonté de changement. Ils sont capables de prendre des risques sans exiger un niveau d'information extrêmement élevé et disposent d'une forme d'exposition aux médias de masse.
- Des comportements d'achat des différents groupes de clients qui constitueront le marché d'adoption. Les courbes de diffusion de l'innovation nous apprennent qu'ils se répartissent en cinq catégories principales que tout innovateur essaiera de qualifier et de quantifier pour sa propre innovation :
  - Les pionniers, inconditionnels de l'innovation, sont prêts à acquérir des solutions même si elles ne sont pas totalement au point. Parmi eux peuvent figurer des clients pilotes, ceux qui sont toujours insatisfaits et qui, dans le même temps, ont les compétences et la motivation pour faire évoluer et améliorer la solution. S'ils disposent en

outre d'une forme d'exposition au marché des adopteurs précoces, et que ceux-ci s'identifient à eux, alors le passage de l'un à l'autre sera d'autant facilité. Ce mécanisme a été étudié dans le sport avec la mobilisation de professionnels de renommée pour convaincre ensuite les sportifs de haut niveau. C'est ce que l'on trouve dans le minicas introductif de Babolat avec Nadal.

- Les adopteurs précoces sont ceux qui, si la démonstration est faite, veulent être parmi les premiers à acquérir l'innovation car elle leur confère un avantage stratégique ou une contribution significative à leur développement personnel – une image par exemple –, d'où l'importance d'associer une marque à l'innovation.
- La majorité des suiveurs se compose de ceux qui attendent que l'innovation ait totalement fait ses preuves et que le prix, par un effet d'économie d'échelle, ait atteint un seuil inférieur. Ils ne sont pas prêts à essuyer les imperfections de démarrage ni le surcoût éventuel du lancement de l'innovation.
- Les retardataires sont ceux qui se procurent l'innovation quand ils n'ont plus d'autre choix et que la substitution est avérée sur le marché.
- Les réfractaires, par contre, sont ceux qui tentent d'avoir une influence négative sur l'innovation et la valeur perçue. Il s'agit par exemple de groupes de lobbying, qui luttent contre les effets des ondes sur la santé des citoyens.

La façon dont l'innovateur prépare son passage d'un segment à l'autre par effets de capitalisation, d'accumulation et d'influence est déterminante pour éviter le fossé (appelé *chasm* par G. Moore) qui laisse l'innovation au stade d'invention technique ayant satisfait des premiers clients « farfelus » ou « géo-trouve-tout », tels que les départements de R&D d'entreprises exerçant une activité de veille et d'exploration auprès de sources externes.

Ensuite, l'innovateur devra aussi préparer l'effet « tornade », qui correspond à la phase de forte croissance du marché où les solutions concurrentes sont peu à peu éliminées pour n'en garder qu'une ou deux qui domineront le marché. C'est ici notamment une course aux économies d'échelle, au verrouillage du marché par des barrières au changement de solution (abonnement, consommables spécifiques, etc.). Ce passage doit lui aussi être envisagé très tôt dans les phases amont de l'innovation et peut nécessiter la mobilisation de partenaires pour des ressources complémentaires spécifiques, comme l'accès à un marché ou l'image.

- Les caractéristiques plus générales de l'environnement des clients, pour comprendre les leviers et les freins à l'adoption de l'innovation qui s'exercent sur eux, comme l'annonce d'une nouvelle réglementation. C'est donc une acception étendue de la notion de marché – incluant l'ensemble des dimensions économiques, politiques, sociales ou encore technologiques, environnementales et concurrentielles – qui doit être adoptée dans l'approche marché, selon une logique systémique. En l'occurrence, l'orientation vers le marché futur est déterminante en marketing de l'innovation pour formuler une offre acceptable et demande de comprendre les dynamiques d'innovation telles que présentées au chapitre 4.

1.2. La valeur de l'innovation du point de vue du client

Si le marketing de l'offre est habitué à travailler en terrain conquis, avec une connaissance et de fortes certitudes quant aux comportements et aux processus d'achat des clients, tout est remis en question face à l'innovation. On entre dans le monde très subjectif de la perception et des jeux d'influence entre l'entreprise innovante et ses clients potentiels. Chaque fois que l'on peut observer une réaction d'un client, il s'agit de l'interpréter. Le WAP (*Wireless Application Protocol*) a-t-il échoué à cause de son prix ou bien à cause de son design ou encore à cause de la taille de son écran qui rendait l'utilisation d'Internet difficile ? Au-delà du problème d'interprétations multiples, les réponses à apporter pour satisfaire le client potentiel ainsi que la réaction de ce client sont tout aussi imprévisibles. La commercialisation de la PlayStation 3 a été un échec en Europe à cause de son retard de commercialisation et de son prix extrêmement élevé. Est-il possible de rattraper ce retard par la sortie d'une version améliorée, deux fois moins chère au moment des fêtes de Noël ? Ou bien, la Wii, massivement achetée par les clients déçus, les a-t-elle définitivement séduits et éloignés de la PlayStation ?

Ce problème de perception est décuplé lorsque les processus d'achat sont longs et complexes, notamment en B to B. Il faut convaincre chaque acteur de ce processus – tous différents dans leurs perceptions et leurs objectifs professionnels et personnels. Face au risque perçu de toute innovation, ils vont avoir tendance à choisir un référentiel de comparaison défavorable à l'innovation pour la rejeter. Ils vont aussi avoir des avis contradictoires sur l'innovation, rendant ainsi difficile la formulation de l'offre. Le risque est de devenir trop consensuel au détriment de la différenciation de l'innovation.

Comprendre la valeur de l'innovation du point de vue du client présente des enjeux majeurs pour lancer une offre : formuler une offre et un argumentaire commercial ; établir un prix de vente de l'innovation et un positionnement concurrentiel ; anticiper les revenus basés sur l'innovation. Dans les phases amont du processus d'innovation, la valeur du point de vue du client est avant tout perçue puisqu'il n'a pas d'expérience pratique. Cette perception est construite selon quatre logiques complémentaires et imbriquées :

- Une valeur dite intrinsèque, correspondant à l'utilité et à la facilité d'utilisation ressenties par le client lorsqu'il est exposé au concept d'innovation. Cela est lié à la clarté de la présentation fournie par les porteurs. On note deux limites récurrentes : une focalisation trop forte sur les dimensions techniques de l'offre, présentées selon un langage peu compréhensible par le client lambda ; un manque de projection du concept dans la réalité quotidienne du client ciblé, qui ne s'identifie ainsi pas comme client. À ce stade et dans les phases amont, il s'agit de déclencher le coup de cœur, un effet d'impulsion.
- Une valeur dite relative qui correspond au réflexe cognitif de comparaison, par le client, de la nouvelle offre à un référentiel connu, c'est-à-dire à des offres existantes ou émergentes. Le choix du référentiel par le client peut se faire par différents biais, dont l'analogie avec des objets similaires ou bien la recherche de solutions alternatives connues face à la question traitée par l'innovation. Il est important donc que le porteur de l'innovation spécifie lui-même le référentiel de comparaison le plus pertinent, celui vis-à-vis duquel la différenciation et les avantages de sa solution sont significativement mis en valeur.

- Une valeur dite stratégique, qui correspond au calcul mental du client consistant à évaluer les bénéfices qu'il tirera de l'intégration durable de cette innovation. Il cherche à comprendre en quoi l'innovation servira ses propres objectifs de succès, selon ses critères à lui. Pour une entreprise, les objectifs peuvent être multiples : compétitivité par la qualité, les coûts, les délais ; différenciation par la valeur offerte au client (un design particulier, une performance technique…) ; possibilité de surmonter des obstacles majeurs, tels qu'une future réglementation, ou encore de servir son image citoyenne, notamment lorsque l'on pense au développement durable avec un effet dérivé potentiel sur le chiffre d'affaires.
- Une contre-valeur de contraintes, liée aux investissements et à l'effort requis pour changer et intégrer l'innovation ainsi qu'au niveau de risque élevé associé à l'innovation et au changement.

La figure 7.2 présente une vue synthétique de la valeur de l'innovation perçue par le client.

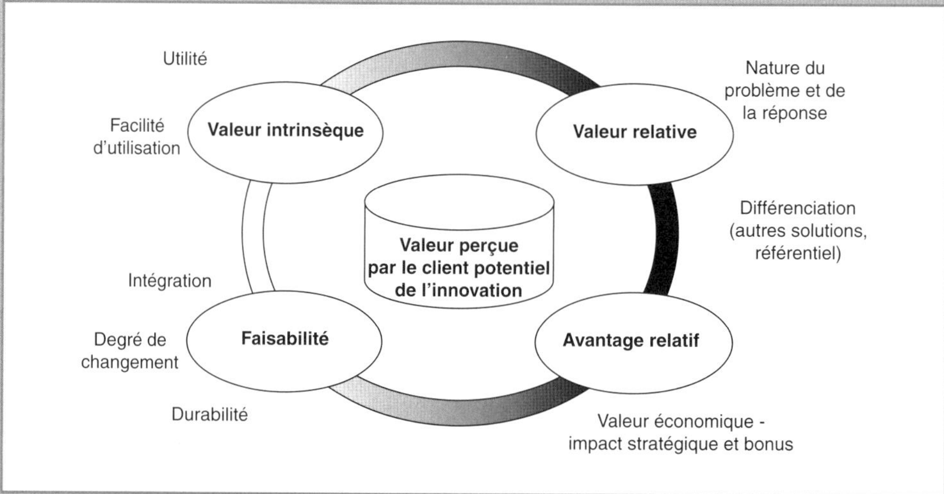

Figure 7.2
La valeur de l'innovation perçue par le client.

Source : l'auteur.

1.3. L'offre innovante

1.3.1. Une formulation de l'offre en fonction des « 4P » du marketing

La formulation d'une offre, en marketing traditionnel, consiste à réaliser un support de vente présentant les produits et les services selon la logique des 4P (prix, produit, promotion, place), sous une ou diverses formes (catalogue, plaquette, site internet, etc.) et à en indiquer les modalités de communication (salons, rendez-vous en face à face, Internet, etc.). Dès qu'il s'agit d'une nouvelle offre, alors apparaissent quelques paradoxes et difficultés soulignés dans le tableau 7.1.

Tableau 7.1 : Les 4P face à l'innovation

Éléments de l'offre	Description	Problèmes face à l'innovation
Produit	Partie technique : • fonctions et performance • éléments composant la solution • qualité technique du produit Partie non technique : • délais de mise à disposition • service après-vente • prescripteur • références • image et marque	• Forte évolutivité de l'offre et frontières floues de différents segments de marché • Référentiel de performance à définir (nouveaux critères, niveau de performance très élevé) • Manque de recul sur des critères établis (fiabilité, durée de vie, dangers d'utilisation) – dépendance de partenaires • Absence de références clients, éducation et conviction du prescripteur • Processus de production et de commercialisation non éprouvés
Prix	• Modalités de fixation du prix • Conditions de vente • Garanties	• Diffuser rapidement, par un prix attractif, sans faire douter de la valeur de l'innovation • Maximiser la génération de revenus, au risque de ralentir la diffusion et de laisser du temps à la concurrence pour réagir
Place	• Lieux de mise à disposition • Canaux de distribution	La plupart du temps, l'innovation en phase d'émergence supporte mal la comparaison avec l'existant – sa différenciation tend à provoquer des réactions émotionnelles de rejet de la différence, conscientes ou inconscientes, chez le client comme chez le distributeur à qui l'innovation demande un effort supplémentaire.
Promotion	• Informations sur l'offre (canaux et supports) • Publicité • Relation client	Faire connaître le produit au client suppose souvent, dans le même temps, d'éduquer ce dernier pour qu'il comprenne la nouveauté. Ensuite, le faire aimer et le faire acheter suppose une forte proximité avec le client pour lever ses incertitudes et les risques perçus. Le rôle de la force commerciale est déterminant.

Ce tableau a trois vertus pour la formulation de l'offre d'innovation :

- Rappeler la base des 4P à partir de laquelle formuler toute offre en tenant compte, dans le cas de l'innovation, des limites de cette approche.
- Faciliter le dialogue constructif avec les acteurs de l'environnement réel pour approcher la notion de valeur de leur point de vue de manière pratique, ni trop étroite (focalisation sur la solution uniquement) ni trop conceptuelle (en dehors de toute réalité de consommation). Ainsi seront incluses des dimensions émotionnelles et relationnelles, spécifiquement au service de la différenciation, de même que des modalités qui vont réduire la perception de risque associée à l'innovation. C'est ici que le cadre de l'expérience client décrit à la figure 7.3 peut s'avérer utile.

- Identifier très tôt des caractéristiques incontournables de la proposition de valeur que la plupart des clients attendent. Il peut s'agir, par exemple, de la nécessité de proposer des services pertinents, bien au-delà du simple service après-vente, ou bien de l'importance de l'éducation des clients pour l'adoption du concept ; tous ces points, qui constituent des leviers de l'adoption de l'innovation, agissent sur l'utilité et la facilité d'utilisation perçues. Les points de divergence dans cette formulation vont faire prendre conscience de la possibilité que plusieurs réalités coexistent ou bien que le point de vue des clients est différent. En conséquence, la possibilité de s'adresser à l'ensemble des clients est utopique et fait ressortir la nécessité d'un positionnement marketing et de choix de segments de marché, définis comme des groupes de clients homogènes en termes de besoins et de comportement d'achat. Dans ce cheminement, la nécessité du recours à des partenaires extérieurs de distribution, de codéveloppement pour tester la solution, d'image pour faire connaître va être mise en exergue grâce à la structure des 4P.

1.3.2. L'offre innovante : entre maîtrise de la différenciation et de l'incertitude quant à la réelle valeur apportée au client

Il est important, enfin, d'insister sur deux notions spécifiques et essentielles en innovation : la différenciation et l'incertitude (associée au risque). Le tableau 7.2 récapitule les principaux traits de différenciation d'une offre pouvant créer de la valeur tout au long de l'expérience client (promotion, achat, installation, utilisation, maintenance, recyclage). Ils permettent de caractériser le positionnement d'une offre.

Tableau 7.2 : Les paramètres de différenciation de l'offre innovante

Différenciation de produit	Forme, performance, fonctionnalités, durée de vie, compatibilité, fiabilité, style, entretien
Différenciation de services	Facilité de commande, livraison, installation, formation client, maintenance, gestion des incidents, conseils
Différenciation par les personnes au sein de la relation client	Compétences, courtoisie, crédibilité, fiabilité, réactivité, communication
Différenciation dans les canaux de distribution	Couverture, expertise, performance
Différenciation dans l'image octroyée	Symboles, médias, atmosphère, événements

Les principales incertitudes de l'innovation doivent être identifiées et maîtrisées, afin de limiter les risques du point de vue du client. Leur degré d'importance doit être évalué pour mettre l'accent sur les principales incertitudes. Elles peuvent être de cinq natures : (1) risque marché (va-t-on trouver suffisamment de clients pour subsister ?) ; (2) risque technique (la solution va-t-elle bien fonctionner et combien de temps faudra-t-il pour trouver une solution à un problème ?) ; (3) risque organisationnel (capacité à gérer la croissance, à se positionner à l'international, à fonder une équipe de direction compétences) ; (4) risque de processus (temps de maîtrise des processus de production de leur industrialisation à leur mise à l'échelle du marché, processus de commercialisation, de livraison et de maintenance) ; (5) risque sur la disponibilité de ressources humaines, financières et matérielles suffisantes. De fait, l'organisation portant l'innovation est un aspect essentiel de la décision d'achat du client qui sera d'emblée plus sceptique qu'avec une entreprise établie.

Enfin, le marketing doit permettre de démontrer la valeur de l'innovation pour la compétitivité de l'entreprise. C'est la question de l'alignement avec la stratégie de l'entreprise qui nécessite :

- de concilier des objectifs souvent ambitieux de vitesse de diffusion, sur des segments de marché diversifiés et sur des territoires géographiques étendus avec des moyens limités et une forte incertitude de retour sur investissement ;
- d'identifier le poids des expériences antérieures et des règles et référentiels établis avec l'incertitude et la nécessité d'apprendre au fil de la commercialisation, dans une démarche progressive de pénétration de marchés.

Ainsi, une innovation peut s'avérer en très forte contradiction avec l'image et le positionnement concurrentiel de l'entreprise qui la porte. C'est le cas par exemple de la société Bic, qui cherchait à commercialiser un stylo électronique haut de gamme à un prix 100 fois supérieur à ses autres produits. Cela demande des choix organisationnels forts comme la création d'une nouvelle division autonome dans ses politiques de taille de marché, de marges et de profit, et éventuellement concurrente des activités établies. Seule la direction de l'entreprise peut acter de tels choix.

2. Les démarches et pratiques du marketing de l'innovation

2.1. Vue d'ensemble de la démarche de marketing de l'innovation

Les activités principales des équipes de marketing de l'innovation peuvent être décomposées de la façon suivante :

- énoncer la proposition de valeur au client et la concrétiser sous la forme d'un prototype d'offre ;
- explorer et cibler les clients potentiels de l'offre innovante ;
- observer, tester, analyser les comportements des clients potentiels face aux caractéristiques de l'offre et comprendre la valeur de l'innovation du point de vue de différents groupes de clients : c'est la production d'une segmentation ;
- identifier les options de lancement et de développement commercial de l'innovation, recommander des choix de priorités successives ;
- accompagner la préparation et la mise en œuvre de l'organisation marketing et commerciale qui va assurer la réussite de l'innovation sur le marché ;
- capitaliser sur l'innovation pour accélérer et fiabiliser les expériences à suivre.

La figure 7.3 est une visualisation de la démarche de marketing de l'innovation en référence avec une démarche marketing générique.

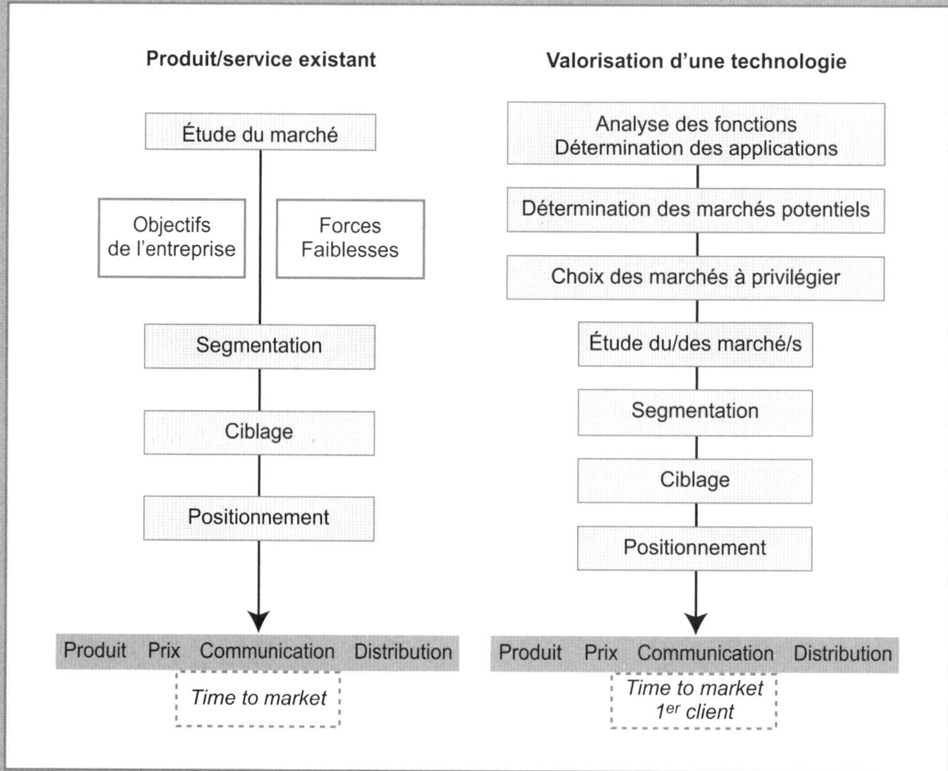

Figure 7.3

La différence entre le marketing « générique » et le marketing de l'innovation.

Source : Ray D., cours de marketing de l'innovation ; professeur et directeur de l'Institut du capital client, Grenoble École de Management.

Les démarches présentées ci-après concernent les phases de segmentation, de ciblage et de positionnement. En marketing classique, le marché préexiste déjà à l'offre. En ce sens, l'offre et ses évolutions sont directement dictées par la demande exprimée ou non d'un segment de clientèle ciblée. On a coutume d'appeler « marketing de l'offre » la démarche de marketing de l'innovation, dans la mesure où c'est le potentiel de la technologie qui détermine les applications, donc les marchés potentiels, et, ensuite, qui en raison de sa présence sur ce marché peut être touché par l'innovation (technologique).

2.2. La conviction de l'existence d'un marché prometteur

Exemple 7.1

Deux exemples à méditer

Selon vous, quelle est la valeur perçue du point de vue du client pour les propositions d'innovation suivantes ? Notez A, B ou C.

Un kart sans bruit

Commentaire. *A priori*, du point de vue d'un amateur de kart, cela est contre-nature et a une valeur négative. Toutefois, du point de vue des citoyens environnants, voire des collectivités territoriales locales, les solutions de lutte contre les nuisances sonores ont une valeur potentielle. Enfin, le kart peut être considéré comme un véhicule utilisé en dehors d'un circuit de kart, comme sur un site de type parc, golf ou un site d'entreprise étendu où le bruit peut être une nuisance difficilement acceptable !

Une sonde portable de détection précoce de l'infestation des silos de céréales verticaux (outil qui, planté au sommet du silo, détecte une larve dans 99 % des cas proposés en substitution des tamis utilisés par prélèvement d'une poignée de céréales en bas du silo, ne détectant que les insectes adultes avec 60 % de fiabilité)

Commentaire. Il existe une grande valeur économique à ne pas perdre de stock pour cause d'infestation, tout en limitant l'utilisation de produits chimiques, mais aussi une valeur d'image potentielle par la garantie apportée aux industriels de première transformation. Toutefois, il est très dangereux de grimper au sommet d'un silo ; cela n'arrive qu'extrêmement rarement, en cas de force majeure. En outre, grimper au sommet d'un silo équipé comme un cosmonaute est un changement de pratiques difficilement acceptable. Peut-être faut-il revoir la solution (non portable) et la cible (les industriels de première transformation pour convaincre les stockeurs !).

Ces deux exemples ont donné lieu dans la réalité à des innovations réussies, après avoir fait l'objet d'une réflexion marketing spécifique. Pourtant, l'envie pouvait être grande de rejeter le premier d'emblée et d'accepter le second sans tenir compte d'une nécessaire reconception de la solution. Cet enrichissement de l'idée – selon des dimensions de marché et de concurrence, d'environnement et de comportement du client – doit permettre de passer de l'idée à la proposition de valeur au client.

La notion de proposition de valeur au client, comme brique centrale du *business model*, fait l'objet de nombreux travaux présentés au chapitre suivant. En marketing, elle est définie comme une description du problème du client, de la solution qui adresse ce problème et de la valeur de ce produit dans la perspective du client. Toutefois, nous nous attachons donc ici aux modalités d'émergence de cette proposition de valeur qui est aussi une traduction de la partie technique de l'offre en besoins et attentes du client. La figure 7.4 propose une structure générique pour formuler progressivement une proposition de valeur et identifier les clients et les segments de marché potentiels d'un concept innovant – point de départ de l'analyse.

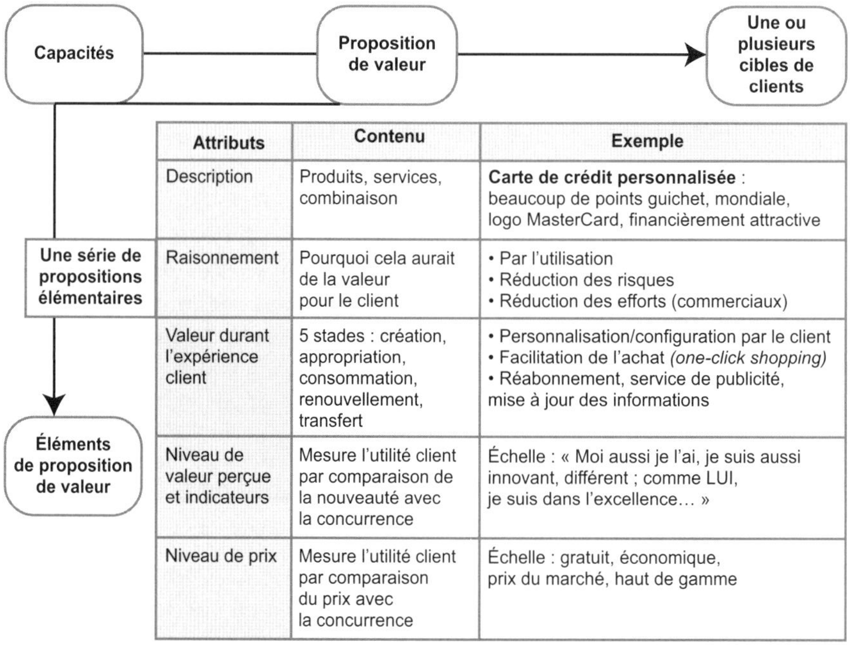

Attributs	Contenu	Exemple
Description	Produits, services, combinaison	**Carte de crédit personnalisée** : beaucoup de points guichet, mondiale, logo MasterCard, financièrement attractive
Raisonnement	Pourquoi cela aurait de la valeur pour le client	• Par l'utilisation • Réduction des risques • Réduction des efforts (commerciaux)
Valeur durant l'expérience client	5 stades : création, appropriation, consommation, renouvellement, transfert	• Personnalisation/configuration par le client • Facilitation de l'achat *(one-click shopping)* • Réabonnement, service de publicité, mise à jour des informations
Niveau de valeur perçue et indicateurs	Mesure l'utilité client par comparaison de la nouveauté avec la concurrence	Échelle : « Moi aussi je l'ai, je suis aussi innovant, différent ; comme LUI, je suis dans l'excellence… »
Niveau de prix	Mesure l'utilité client par comparaison du prix avec la concurrence	Échelle : gratuit, économique, prix du marché, haut de gamme

Figure 7.4
Formuler progressivement la proposition de valeur au client.

Source : inspiré des travaux de Osterwalder et Pigneur.

La proposition de valeur au client est à la croisée entre les aspects techniques de la solution et une lecture pratique par des utilisateurs immergés dans le monde réel. Il s'agit d'identifier des applications potentielles de l'idée d'innovation dans le monde réel. L'application permet de conceptualiser des connexions entre une idée virtuelle et des situations réelles pour, ensuite, projeter une compréhension du monde tel que l'innovateur voudrait qu'il devienne en mobilisant les moteurs d'évolution qui existent dans la réalité. Il va raconter une histoire dont l'objectif est de convaincre les parties prenantes de participer !

Plus précisément, l'application est à l'intersection des fonctions et caractéristiques techniques distinctives d'un concept nouveau, tel qu'imaginé dans les phases d'exploration et des situations d'utilisation de ces fonctions dans des processus opérationnels génériques réels. Pour comprendre cette notion qui va précéder la proposition de valeur au client, nous proposons, dans le tableau 7.3, un exemple de matrice d'applications pour le concept de ballon éclairant tel qu'initialement envisagé par la société Airstar.

Tableau 7.3 : Exemple de matrice d'applications potentielles d'un concept de ballon éclairant

Situation et processus opérationnels Fonctions et caractéristiques techniques distinctives	Décorer une scène de manière unique pour un spectacle ou un événement majeur	Éclairer un espace (intérieur ou la nuit) où l'ombre constitue une gêne	Interventions sur zone *outdoor*, fixe ou mobile, non câblée, de nuit ou zone obscure
Reproduire la lumière du jour sans ombre		Lampadaires pour terrains de sport, pistes de ski à usage nocturne Spots pour plateau de tournage de cinéma	Équipement pour les véhicules de secours sur autoroutes
Éclairer une zone isolée ou hostile (pas de source électrique, difficulté d'accès) de manière mobile			Équipement pour engins de chantiers mobiles dans les tunnels
Produire un objet éclairant spectaculaire	Cérémonies d'événements majeurs (jeux Olympiques)		

Ainsi, des applications *a priori*, c'est-à-dire telles que conceptualisées par l'innovateur en dehors de toute réalité du terrain, sont identifiées. Par exemple, un concept de ballon éclairant peut être vu comme un lampadaire, un spot, une lumière décorative ou un équipement de véhicules d'intervention. Dès lors, les dimensions moins techniques et plus économiques, symboliques et émotionnelles du concept innovant, peuvent être déclinées autour du lampadaire, du spot, de la décoration. Cette projection artificielle dans la réalité permet ensuite de démarrer une approche de confrontation au terrain et d'expérimentation des hypothèses faites sur le marché avec un langage partagé et trois points d'entrée :

- une base de données de clients potentiels avec leurs contacts – ici, les réseaux sociaux peuvent prendre une importance croissante ;
- un ou plusieurs prototypes d'offres, partant de comparaison et de reconception des offres pouvant s'apparenter en partie à l'innovation et établies sur le marché ;
- une série de questionnements, mis en œuvre par un guide d'entretien par exemple ou des *focus groups* ou encore des simulations correspondant aux apprentissages requis pour enrichir et valider la proposition de valeur au client et la réalité du marché de l'innovation.

Sur la base des éléments observés et des données collectées, l'analyse marketing permet de qualifier et de hiérarchiser des segments de marché porteurs et accessibles pour l'entreprise innovante par identification des problèmes critiques des clients, de l'adéquation de la solution proposée au problème et de son acceptabilité, pratique, éthique, sociale et émotionnelle. Cette analyse fait l'objet du paragraphe suivant. De plus en plus, l'implication des parties prenantes de l'innovation, clients finaux mais aussi acteurs de la chaîne de valeur, s'avère nécessaire dans les phases amont de l'innovation pour maximiser la valeur potentielle de l'innovation tout en levant des verrous et des difficultés potentielles. Les démarches d'expérimentation active proposées par S. Thomke – par exemple du type « *voice of the customer* », tel que pratiqué par Movea – sont de plus en plus privilégiées et requièrent de nouvelles compétences marketing ainsi que de nouveaux espaces d'innovation tels qu'évoqués dans la conclusion du chapitre 4.

2.3. La démonstration de faisabilité marketing et la préparation du lancement

La pierre angulaire de la démonstration de l'existence d'un marché potentiel valide pour l'innovation est la segmentation. En innovation, elle nécessite de remettre en question les segments de marché tels qu'existants et prédéfinis sur le marché. Elle implique aussi une forte part d'intuition. En ce sens, la première phase d'une démarche de segmentation, en marketing de l'innovation, est souvent appelée « segmentuition ». Les segments intuitivement identifiés sont ensuite validés par des démarches plus classiques et rationnelles.

2.3.1. Une segmentation fondée sur une étude documentaire et l'interview informelle de clients potentiels

À l'issue de la collecte des données de terrain sur la perception des consommateurs potentiels, mais aussi de l'ensemble des acteurs de la chaîne de valeur, des groupes de clients vont être qualifiés. Il en découle ce qui suit :

- Leur fiche d'identité, croisée avec la valeur perçue et les comportements d'achat, fait ressortir des caractéristiques communes, des perceptions et des comportements identiques. Ce sont des segments de marché potentiels qui émergent, dont certains seront mis en retrait car la valeur est faible, les barrières à l'adoption sont élevées ou encore les représentants de la catégorie sont rares.
- L'analyse des données, notamment des valeurs perçues et du langage spécifique aux utilisateurs, permet de redéfinir l'offre et la proposition de valeur, mais aussi de trouver les clés de mesure de cette valeur pour la transformer en prix de vente.
- L'analyse des données relatives au comportement d'achat des clients potentiels permet de travailler les dimensions relationnelles, émotionnelles de la relation client, ainsi que des processus d'accès au marché tout en maîtrisant les risques perçus, qu'ils soient techniques, commerciaux, humains ou financiers.

2.3.2. Une segmentation réalisée selon le croisement de deux dimensions : les applications potentielles et les comportements d'achat des clients

À l'issue de ce travail d'analyse, une segmentation de marché qualitative selon deux dimensions apparaît : un axe portant sur les offres et leurs caractéristiques différenciatrices et un axe portant sur les comportements d'achat des clients que l'on caractérise généralement par un mot clé ou une expression. Elle permet de dégager des segments prioritaires puis de cibler les marchés selon une série de critères quantitatifs. L'existence de ces segments pourra alors être validée non plus de manière qualitative, comme cela était le cas pour l'identification des segments, mais par des études de marché quantitatives :

- intensité du besoin formulé, taille et dynamique d'innovation du marché ;

- revenus potentiels et bénéfices escomptés pour l'innovateur, basés sur une analyse par segment de marché des logiques en place : faible volume et grosse marge, effet de récurrence, verrouillage des clients et assurance d'un revenu minimal ;
- compatibilité avec les moyens, l'image, le positionnement de l'entreprise innovante ;
- intensité concurrentielle, capacité et probabilité de réaction gagnante de la concurrence ;
- fluidité et crédibilité des mécanismes de diffusion de l'innovation sur l'ensemble du marché d'adoption ;
- compétences distinctives constituant des barrières à la concurrence et en adéquation avec l'effort à produire pour pénétrer le marché d'adoption ;
- exploitation des synergies entre segments et loi du moindre effort ;
- niveau de risque et maîtrise par l'innovateur, afin de faciliter l'adoption et les délais de commercialisation vers les premiers segments de marché ;
- importance des partenaires dénommés « complémenteurs », faisabilité des partenariats stratégiques et de la négociation du partage de la valeur équitable et durable.

Ces critères sont indicatifs et systématiquement adaptés par l'innovateur en fonction de son profil d'innovateur entrepreneur, de son contexte d'innovation (nouvelle entreprise, entreprise établie, etc.). Toutefois, le marketing se doit d'être force de proposition initiale sur des critères et des priorités, afin ensuite de stimuler une discussion – d'une part, avec ceux qui lanceront l'innovation ; d'autre part, s'il s'agit de personnes différentes, avec ceux qui l'ont conçue en amont – pour ne pas dénaturer ou dégrader l'innovation et nuire à sa différenciation et sa valeur.

2.3.3. Une démarche de ciblage selon la capacité de l'entreprise à répondre aux risques techniques et commerciaux pour chacun des segments identifiés

Les démarches marketing en innovation, dans les phases amont, se limitent généralement à cette recommandation de ciblage des marchés prioritaires. Toutefois, la nécessité d'accompagner le transfert du concept d'innovation vers sa mise en œuvre par les équipes de marketing opérationnel et les commerciaux est reconnue critique et encore insuffisante. En effet, dans la plupart des cas, et face à la nécessité de mettre en place un plan d'apprentissage en même temps qu'une démarche de commercialisation, l'effort et le temps nécessaire pour délivrer l'offre sont très largement sous-estimés. L'acquisition d'une base de contacts clients, la compréhension de leur processus d'achat et des perceptions de chaque intervenant face à l'innovation, la nature des relations avec les distributeurs et les prescripteurs peuvent être autant de barrières à une estimation correcte des budgets, des ressources et des délais nécessaires à la diffusion commerciale de l'innovation. D'un autre côté, les commerciaux sont confrontés à la pression du chiffre d'affaires et peuvent se trouver empressés de signer les premiers contrats clients, « coûte que coûte », éventuellement en dehors des cibles prédéfinies. L'innovateur étant généralement tellement satisfait par chaque contrat et la direction tellement reconnaissante à travers d'éventuelles commissions et primes, que le marketing doit s'adapter, rationaliser *a posteriori* ses segments de marché et sa feuille de route en fonction des performances aléatoires des commerciaux. Finalement, le risque est celui d'un éparpillement et d'un épuisement de l'organisation au détriment des synergies et de la pénétration sur un segment de marché susceptible de conférer à l'innovation la légitimité et les retours sur investissement qu'elle mérite.

Le marketing amont doit travailler à l'interface avec ses homologues en aval de la chaîne de valeur, afin de garantir une plus grande appropriation de l'innovation par les personnes qui vont la transformer en un succès sur le marché. Cette capacité de transfert requiert tout d'abord que les démarches marketing ne soient pas uniquement menées en laboratoires ou en bureaux d'études, mais qu'elles soient réalisées sur le terrain par les personnes qui exploiteront l'innovation ou bien par celles qui les formeront. Il faut donc une implication des équipes innovantes dans la conception et la démonstration des processus de commercialisation et de marketing opérationnels, et non une sous-traitance totale du marketing amont à des cabinets spécialisés. La problématique opérationnelle est multiple :

- En ce qui concerne le produit, l'offre est fortement évolutive en termes de qualité, caractéristiques et options, service après-vente et garantie.
- En ce qui concerne le prix, son niveau est relativement très élevé pour le premier segment et évolue vers un niveau plus attractif ; les conditions promotionnelles (remise, rabais), les conditions de paiement et de crédit sont adaptées au segment cible sans nuire au concept innovant.
- En ce qui concerne la distribution, une forte proximité des clients est souvent nécessaire au départ, puis peut s'estomper selon les segments et laisser la place à des canaux plus traditionnels.
- En ce qui concerne la communication, elle évolue du *one-to-one* avec des arguments à forte composante technique à une cible plus élargie, avec des arguments au contenu davantage commercial.

Ensuite, il s'agit de parvenir à mobiliser l'écosystème spécifique à la mise sur le marché de l'innovation, à l'intérieur et à l'extérieur de l'organisation. Le marketing doit sensibiliser et donner les outils et les moyens en temps et en compétences aux porteurs de l'innovation pour réaliser ce travail. Dans le cas contraire, ces derniers rencontreront une série d'obstacles qui leur feront perdre un temps précieux ainsi qu'à ceux, par exemple, qui sont en charge de nouveaux partenariats. Cela nous amène aux limites et perspectives d'évolution du marketing de l'innovation, abordées à la section 3 de ce chapitre.

3. Limites et perspectives

Comme nous l'avons présenté à la section précédente, la démarche de marketing de l'innovation est essentiellement fondée sur l'intuition :

- Intuition quant à la segmentation : les applications et les clients auxquels elle peut s'adresser sont souvent déterminés de manière subjective ou, du moins, grâce à l'expérience du porteur de projet. Cette intuition est ensuite validée par des études.
- Intuition quant au ciblage : ce dernier se fait selon l'évaluation des risques perçus et réels de la capacité de l'entreprise à adresser tel ou tel segment de marché. Or, une évaluation des risques avant même une réelle définition de l'offre ne peut être qu'intuitive.

Aussi, pour conforter cette intuition, il est possible de mettre en place plusieurs démarches complémentaires au sein de l'entreprise : il s'agit, tout d'abord, de compenser les démarches marketing actuelles par la multiplication des points de contact avec les clients potentiels. Il s'agit, ensuite, de développer une « orientation marché ». Enfin, il s'agit de donner davantage de pouvoir aux acteurs gestionnaires de la marque dans l'entreprise, capables d'évaluer les ressources de cette dernière pour asseoir l'offre innovante.

3.1. Compenser les démarches marketing actuelles par une plus grande expérience terrain

La première initiative pour formuler de meilleures intuitions consiste non pas à chercher des études de marché existantes... sur des marchés qui n'existent pas encore, mais à récupérer le maximum d'informations tangibles, en particulier par les acteurs qui sont en prise directe avec le marché : les commerciaux, les acheteurs, les consultants dans des entreprises... L'exemple 7.2 présente les démarches du BEM (Bureau d'études marketing) du CEA (Commissariat à l'énergie atomique) et illustre comment un service parvient à capturer de l'information utile et qui justifie – ou, au contraire, infirme – les intuitions sans nécessairement chercher à éradiquer ces dernières. Cet exemple n'est pas singulier, bien au contraire : de grands groupes, comme Seb, multiplient les expériences terrain directes pour capturer de l'information : les responsables achats remontent régulièrement leurs ressentis, les informations qu'ils collectent en visitant telle ou telle usine en Chine. Des responsables d'études ethnographiques sont embauchés pour analyser les comportements des clients, les comportements d'usage des produits mais également d'achats, aux quatre coins du monde. Enfin, les designers ou responsables techniques se déplacent beaucoup avec les responsables commerciaux pour mieux comprendre, encore une fois sur les zones géographiques moins connues, comment les clients achètent et utilisent les produits actuels. L'intégralité des informations recueillies et recoupées permet de générer des connaissances sur les besoins et sur les marchés qui n'existent pas encore.

Cette tendance illustre le devenir du métier du marketing, en particulier dans un contexte d'innovation (voir exemple 7.2).

Exemple 7.2

Le cas du Bureau d'études marketing du CEA (Commissariat à l'énergie atomique)

Le Bureau d'études marketing du CEA Grenoble a été créé au début des années 1990, avec pour vocation initiale d'identifier le marché potentiel des technologies développées dans les laboratoires du CEA. C'est l'intégration de la démarche de marketing de l'innovation, mise au point par Paul Millier, permettant d'établir de manière extrêmement détaillée, et presque exhaustive, le potentiel d'applications d'une technologie, de qualifier et de prioriser les segments de marché prometteurs. Partant de là et après 20 ans de pratique, le BEM présente un bilan qui va bien au-delà de ce type de services, à travers ses six offres basées sur trois méthodologies de recueil de l'information que sont la recherche documentaire, les *focus groups* et les entretiens individuels téléphoniques ou en face à face : études stratégies/*benchmark* ; études sectorielles ; études de positionnement technologique/start-up ; actions précommerciales ; études flash ; 48 heures chrono.

Exemple 7.2 (suite)

Le cœur de la valeur ajoutée de l'entité réside dans les trois premières offres que nous détaillons ci-après.

Études stratégies/***benchmark*** : il s'agit avant tout d'aider aux décisions et aux choix d'orientation en matière d'innovation et de technologie. Les patrons d'innovation et de R&D trouvent dans ce service un appui à l'identification de leurs axes de développement prioritaires, à la gestion de leur portefeuille de projet et à l'élaboration de leur *roadmap* d'innovation. Les recommandations formulées par l'équipe marketing sont au cœur de ces études, l'intervenant réalise un travail fin de *benchmark* en comparant les solutions et leur potentiel de performance les unes aux autres et en réalisant des entretiens approfondis avec des partenaires stratégiques du BEM.

Études sectorielles : il s'agit de découvrir et de comprendre le fonctionnement d'un marché, et plus précisément sa dynamique d'innovation, afin de mieux comprendre les mécanismes potentiels d'entrée ainsi que les leviers et les barrières spécifiques à la pénétration de ces marchés. Ces études reposent sur un travail important de recherche documentaire et des entretiens relativement nombreux avec des experts technico-économiques ciblés.

Études de positionnement technologique/start-up : il s'agit d'une aide aux choix de valorisation d'une technologie. Les questions que se pose le porteur du projet d'innovation technologique sont :

- Pour quelles applications ma technologie a-t-elle potentiellement un intérêt ?
- Pour quelles applications ai-je le plus d'atouts face au besoin et à la concurrence ? Quelles sont celles qui présentent le plus d'attrait au niveau économique ?
- Quels partenaires convient-il de choisir pour l'application la plus prometteuse ?
- Quelles sont les opportunités et les menaces sur les applications les plus prometteuses ?
- Quel est le meilleur mode de valorisation : start-up ? Transfert ? Joint-venture… ?
- Quel positionnement éventuel faut-il adopter pour une start-up ? De quels atouts dispose-t-elle ? Quelle offre concrète et quel modèle économique convient-il de choisir ?

Ce type d'étude exige une grande adaptabilité des démarches aux différents degrés de maturité de la technologie. Cela va du *screening* applicatif en amont jusqu'au projet de start-up. Le chargé d'étude, après un travail minutieux de collecte d'informations sur les caractéristiques et les performances de la technologie, réalisera un recueil d'informations *via* des entretiens terrain avec des experts et des clients potentiels.

Exemple 7.3

Les perspectives d'évolution du métier selon Claire-Noëlle Bigay, directrice du BEM, CEA Minatec

Ce qui marque le plus l'évolution de la fonction marketing au sein de Minatec, c'est la professionnalisation du métier. Après environ 20 ans d'existence, le processus d'innovation fondé sur les technologies du CEA est maintenant bien établi et connu. La contribution du Bureau d'études marketing a été démontrée et est maintenant pleinement reconnue. Nous sommes donc aujourd'hui entrés dans une phase d'optimisation de nos démarches, afin d'amplifier la création de valeur basée sur la technologie. Cela se traduit dans nos pratiques par de nouvelles questions et préoccupations :

- La recherche de l'optimisation des recettes basées sur la technologie, la maximisation du retour sur investissement en travaillant sur les choix de valorisation, la discrimination des choix de partenaires et de segments de marché – cette approche, plus financière, est relativement nouvelle et nous conduit à développer de nouvelles méthodes.
- Le suivi et l'accompagnement des projets d'innovation dans les phases de transfert et de valorisation, avec un rôle d'évaluation des résultats devant alimenter les décisions d'investissements et de partenariats notamment avec les start-up. Par exemple, une attention particulière est accordée à la création d'emplois après deux à trois ans de création de l'entreprise. Si elle n'atteint pas environ 25 personnes, alors il y a de fortes probabilités pour que nous nous désengagions de l'activité qui ne produit pas la création de valeur attendue.
- La qualification des clients et partenaires potentiels, en fonction de leur aptitude à innover et à valoriser nos technologies, est très largement approfondie. Nous observons et investiguons plus largement la capacité d'innovation de nos partenaires et de nos clients en réalisant une sorte de « profil » sur la base de critères tels que leurs pratiques d'organisation, de collaboration, les modes de financement qu'ils mobilisent, l'existence et la structure d'une structure commerciale, le profil des individus avec lesquels le transfert et/ou le partenariat est envisagé.
- La présence terrain, notamment à l'international, avec des VIE – jeunes diplômés, embauchés en contrat à durée déterminée sous la forme de volontariat international en entreprise – que nous formons ici puis avec lesquels nous collaborons à distance deux fois six mois ; et, de manière générale, plus de pragmatisme et d'adaptation aux réalités du terrain dans les démarches (pression du temps, dynamiques de changement).
- L'intégration (et la facturation d'environ 20 jours de travail), dans les contrats industriels, de la dimension marketing et état de l'art des brevets comme des éléments de l'innovation ayant une valeur économique.

En définitive, notre métier demande plus de confrontation active et accélérée avec le terrain, une sophistication de la connaissance client face à l'innovation et de l'ensemble des questions de *business model*, une préoccupation des liens entre l'innovation et l'ensemble de l'écosystème d'innovation où elle naît.

3.2. L'orientation marché, déterminant de la capacité d'innovation[1]

La capacité d'innover avec succès tient pour partie à l'organisation de ses orientations stratégiques, dont son orientation marché.

Une entreprise orientée marché est celle dont la culture et les comportements sont en accord avec le « concept marketing ». Il place le consommateur et sa satisfaction au centre de l'organisation, et l'orientation marché désigne ainsi « une culture organisationnelle, un ensemble partagé de croyances et de valeurs, qui placent le consommateur au centre de la stratégie et de la mise en œuvre de l'organisation » (Deshpandé et Webster, 1989[2]). Elle façonne la manière dont l'organisation définit les informations à collecter, la manière dont elle diffuse ces informations et la manière dont elle y répond. Plus spécifiquement, placer le consommateur en son centre conduit l'organisation à être orientée vers ses consommateurs, vers ses concurrents, afin d'identifier comment ceux-ci répondent aux attentes des clients ciblés, et vers les technologies, afin de délivrer aux consommateurs, de manière continue, une valeur supérieure.

Les observations sur les liens entre orientation marché et innovation ont considéré trois effets :

- sur la capacité de l'entreprise à innover ;
- sur sa capacité à innover de manière radicale ;
- sur sa capacité à lancer des innovations qui rencontreront le succès sur le marché.

Christensen et Bower (1996)[3] ont soutenu que l'orientation marché pourrait réduire la capacité de l'entreprise à innover, essentiellement parce qu'elle conduit à placer une trop grande attention sur le consommateur et à ne pas intégrer, dans le processus d'innovation, les technologies émergentes. Par ailleurs, les idées émanant des consommateurs seraient rarement radicales. Cependant, l'orientation marché n'est pas uniquement réactive aux attentes des consommateurs, mais comprend aussi une dimension proactive de découverte de leurs besoins latents, notamment par l'utilisation de la méthode des clients pilotes (*lead users*) [Narver *et al.*, 2004 ; voir chapitre 3]. Cela explique les nombreuses évidences empiriques qui ont démontré un effet positif de l'orientation marché sur la capacité de l'organisation à innover.

Les recherches sur les effets de l'orientation marché sur la radicalité des innovations offrent des résultats plus contrastés. Certaines études rapportent des effets positifs et significatifs, tandis que d'autres concluent à des effets non significatifs. Les raisons en sont encore mal connues.

En revanche, être orienté marché conduit globalement à plus de succès des innovations développées, même si cet effet est contingent. La raison tient essentiellement à une amélioration du processus d'acquisition et de traitement de l'information sur le marché ainsi qu'à un surcroît de créativité au sein de l'équipe en charge de l'innovation.

---

1. Cette section a été écrite par David Gotteland, auteur de : *Développer un produit nouveau*, édité chez Pearson ; *L'Orientation marché : nouvelle méthode, nouveaux outils*, paru aux éditions d'Organisation. Qu'il soit ici remercié de sa contribution.
2. Deshpandé R. et Webster Jr. F.E., « Organizational Culture and Marketing: Defining the Research Agenda », *Journal of Marketing*, 53(1), 1989, p. 3-15.
3. Christensen C.M. et Bower J.L., « Customer Power, Strategic Investment, and the Failure of Leading Firms », *Strategic Management Journal*, 17(3), 1996, p. 197-218.

3.3. Au-delà des liens avec la R&D et le design : les services et la marque

Face à l'accélération et à la complexification de l'innovation, dans des environnements où le réglementaire, la citoyenneté, l'économie, la géopolitique sont autant de facteurs perturbant finalement les comportements des consommateurs, la notion d'écosystème devient prédominante et doit être prise en compte par le marketing. Cette notion est développée aux chapitres suivants. On distingue l'environnement interne et l'environnement externe à l'innovation. Si ce dernier a été bien exploré par le marketing, le positionnement de l'innovation en interne, au sein de l'entreprise, a été largement ignoré. Pourtant, les phénomènes de cannibalisation d'un produit par une nouveauté ou encore la substitution d'une génération de produits par une nouvelle lignée de concepts radicalement différents font avant tout l'objet de blocages en provenance de l'organisation elle-même. Si les approches marketing traditionnellement focalisées sur la segmentation et l'offre s'étendent aujourd'hui vers la stratégie et le *business model*, deux fractures semblent émerger de façon récurrente : l'absence d'une réflexion sur l'innovation de services et sur la marque dans les phases amont du processus d'innovation. L'attention à ces dimensions de l'offre est tardive bien que traditionnelle !

La dimension des services, en lien notamment avec l'économie numérique, revêt une importance de plus en plus importante dans l'innovation. Par exemple, on peut entendre des scénarios d'innovation dans lesquels des entreprises industrielles de produits, comme des constructeurs automobiles, imaginent devenir des entreprises de services. Cette trajectoire est en route : tout imaginer comme un service. La question est de savoir si l'on peut aborder, dans les phases amont, l'innovation de service de la même façon que l'innovation de produits.

On peut distinguer au moins deux situations :

- Les services sont un complément « traditionnel », donc attendu, de l'offre de produit. C'est par exemple la maintenance, l'installation ou la formation. Ces services peuvent faire l'objet d'innovation pour être en harmonie avec l'innovation elle-même. Toutefois, le changement par rapport à l'existant est généralement incrémental.
- Les services constituent l'essentiel de l'offre, le produit étant fourni gratuitement ou pour une somme dérisoire, comme c'est le cas dans la téléphonie mobile. Alors, l'innovation va prendre corps dans l'échange et dans la relation entre le client et l'innovateur, tout au long de l'expérience client. La technologie s'avère moins prédominante dans la perception de l'innovation à la faveur de la capacité du client à s'emparer de la valeur qu'on lui offre, dans le flux de ces activités. Par exemple, dans le cas du téléphone mobile, la question initiale de la couverture géographique des antennes relais était cruciale car les coupures intempestives ou l'isolement de trop nombreux sites auraient été sources de trop d'insatisfaction, de trop de valeur négative. La cocréation avec les acteurs utilisateurs et clients, en situation totalement réelle, est la seule façon de démontrer la valeur d'un service innovant et de le différencier.

Les services soulèvent de nouveaux défis internes aux organisations, en termes : de conception et de visibilité, car ils sont intangibles ; de fixation de prix, car il dépend de la consommation et non du coût de revient incrémenté d'une marge ; de facturation, qui se fait au terme de la consommation et non au moment de la livraison du produit, etc.

La mobilisation de spécialistes du marketing des services aux côtés des acteurs amont de l'innovation ne peut qu'être source d'enrichissement. C'est ainsi que, par exemple, Aéroports de Paris a créé de nouveaux espaces clients, apportant un service nettement supérieur à l'existant.

Il en est de même pour la marque à laquelle les innovateurs n'accordent généralement une attention que tardive et superficielle. Face à l'absence de travaux et de pratiques documentés, nous proposons ici un plaidoyer visant à ouvrir une perspective pour les chercheurs, les enseignants, les étudiants et les innovateurs. Il sera aussi la conclusion de ce chapitre.

Approfondissement 7.1

Plaidoyer pour une réflexion avancée sur le rôle et la place de la marque dans les phases amont de l'innovation par Anaïk Barbé

Marquer, c'est exister… c'est affirmer, devenir visible et lisible… c'est allier et rallier.

Annaïk Barbé, anthropologue de marque et directrice de création, élabore toutes les façons dont une marque se construit, s'active, se donne à voir et s'exprime. Elle est passionnée par la création, ses enjeux et ses freins et construit en permanence le pont entre le monde des créatifs et celui de la stratégie business et opérationnelle. Elle est entrepreneur et intervient dans le secteur du luxe et de l'industrie.

Pour que l'invention devienne innovation, il est indispensable que l'idée devienne une réalité, et seule la rencontre avec le marché permet cette transformation. Dès lors, le développement de l'idée ne peut qu'être accompagné de l'étude des médias qui vont permettre de toucher ce marché ciblé ou découvert. Il est donc question d'élaborer le discours, les mots, les images, les repères spatiaux et temporels qui vont contribuer à la présentation, la représentation, la séduction puis la vente de l'invention. La marque va devenir une approche holistique de l'innovation et de son inventeur.

Il s'agit de considérer la marque comme une personne : qui elle est, son histoire antérieure, sa géographie, son langage verbal et non verbal, comment elle se tient, comment elle se comporte, son espace et ses goûts. Tout signe et tout habillage de cette marque sera le reflet de son tempérament et de son caractère, et, par là même, la façon de s'adresser et de toucher les autres sera décisive pour son avenir. Son expérience va construire son filtre cognitif qui va devenir en quelque sorte son « fil à plomb » lors des évolutions de l'activité. La marque devient alors l'existence réelle, transposée et durable, de l'invention face au marché. Une personne sans lien avec son environnement social ne peut se définir. Ainsi en est-il de la marque de l'innovation avec son entourage. On quitte alors l'autocentrage pour s'adresser aux destinataires, avec ses valeurs et son éthique. Il est ainsi question d'élaborer la marque et ses attributs en adoptant une démarche rigoureuse et sans concession, à l'image de l'invention, de façon à assurer une pérennité de la posture créative. Plus loin, c'est un sceau porteur de l'affirmation de la relation au risque et à la création de valeur dans le champ de l'incertitude dont il est question. Là, la marque joue un rôle fondamental car elle endosse non seulement la signature du risque mais également sa maîtrise avec un niveau d'intangible qui permet de dépasser le produit pour aller dans le champ sans limite de la relation client et du service.

La marque est donc un formidable ressort pour accéder à un niveau de dimension qui n'aurait pu être imaginé en restant concentré sur le produit inventé. Plus loin, la marque va permettre une relation dynamique avec l'innovation grâce à la définition de son ADN, de son empreinte digitale et de son corps dominé par un cerveau qui va nourrir l'imaginaire pour être lui-même le moteur de nouvelles créativités. C'est alors que la marque devient un appui régénérateur, une aide et un garant d'alignement pour nourrir une posture fraîche et durable de création et de génération d'idée face à un marché qui permettra à l'idée de muer en innovation. Il s'agit d'un véritable cycle vertueux.

En effet, il est important de comprendre le fond de la marque, son âme, mais aussi et surtout son supplément d'âme qui échappe à toute logique cartésienne et analyse financière du risque.

L'art du codage, décodage et réencodage est alors nécessaire à maîtriser afin que le sens soit gardé.

Le point central sous-jacent réside dans l'attitude de la marque face au marché : faut-il être détaché de toute contingence clients et garder une attitude « jusqu'au-boutiste » de la création et de l'invention ou faut-il répondre simplement au client en devançant parfois ses attentes non exprimées clairement ? C'est là tout l'enjeu de promesse du marqueur et l'autorégénération permise par l'innovation qui rend la marque inoxydable.

Conclusion

Avoir une idée d'innovation est une chose. Identifier son marché en est une autre. Plus l'innovation est de nature radicale, moins le marché existe et plus il y a d'incertitude pour prouver l'existence de ce marché et pour qualifier et quantifier la taille de ce marché. Les démarches de marketing classiques, reposant sur une analyse de la demande pour identifier des applications, ne peuvent que générer des innovations incrémentales et s'appliquent très mal à l'identification d'un segment de marché pertinent susceptible d'accepter une innovation radicale. Aussi, pour faciliter cette démarche, les porteurs de projet et organismes en charge d'identifier des marchés fonctionnent sur l'intuition, intuition qu'ils rationnalisent et qu'ils objectivent grâce à la collecte de données réelles, issues de leur propre expérience de marché – qu'il s'agisse d'une expérience de commercialisation ou encore de test – et de celles de leurs collaborateurs : gestionnaires de comptes, acheteurs, commerciaux, etc.

Bibliographie complémentaire

Day G.S., « The Capabilities of Market-Driven Organizations », *Journal of Marketing*, 58(4), 1994, p. 37-52.

Millier P., *L'Étude des marchés qui n'existent pas encore*, Éditions d'Organisation, 2002.

Moore G.A., *Crossing the Chasm, Marketing and Selling High-Tech Products to Mainstream Customer*, éd. révisée, New York, HarperCollins Publishers, 1999.

Narver J.C., Slater S.F. et MacLachlan D.L., « Responsive and Proactive Market Orientation and New-Product Success », *Journal of Product Innovation Management*, 21(5), 2004, p. 334-347.

Rogers E., *Diffusion of Innovations*, New York, The Free Press, 1995.

Thomke S., *Experimentation Matters*, Cambridge, MA, Harvard Business School Press, 2003.

Von Hippel E., « Lead Users: A Source of Novel Product Concepts », *Management Science*, 32(7), 1986, p. 791-805.

Silent Force Extreme® : dorénavant, la puissance s'exprime aussi en silence

Rowenta, fabricant français d'aspirateurs et marque reconnue sur ce marché, filiale du Groupe Seb, s'inscrit depuis 2007 dans une démarche d'innovation associant performance et silence sur les aspirateurs traîneaux haut de gamme. Il est aujourd'hui en train de regagner son leadership et d'imposer un nouveau design associé à un saut de performance vertigineux du point de vue de ses clients.

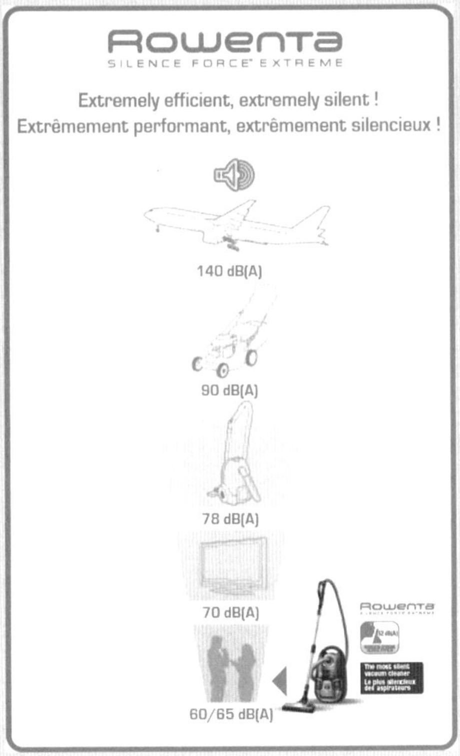

Après 15 ans de recherche en acoustique sur son site de recherche et production basé à Vernon, dans l'Eure, Rowenta lance en septembre 2011 la deuxième génération d'aspirateurs silencieux : Silence Force® Extreme, d'un niveau sonore inégalé de 62 dB(A), extrêmement bas comparé au niveau sonore moyen des aspirateurs avec sac (78 dB(A)[4].

Sachant que 3 dB(A) de moins divisent par deux la perception de niveau sonore, Silence Force Extreme® est cinq fois plus silencieux que la génération précédente, Silence Force®, à 69 dB(A), sans aucun compromis de performance d'aspiration ni d'efficacité énergétique pour laquelle Seb est très proactif en vue du futur étiquetage.

Les travaux de la recherche sur l'association optimale performance/silence (qui normalement s'opposent) ont porté autant sur le corps de l'aspirateur que sur l'ensemble de la chaîne d'accessoires (flexible + poignée + tube + tête d'aspiration). La nouvelle construction réussit la prouesse technologique d'obtenir de meilleures performances de dépoussiérage tout en offrant un niveau sonore extrêmement bas.

4. Source : GFK (moyenne des cinq aspirateurs avec sac concurrents les plus vendus en France, en Belgique, en Italie, en Espagne et au Portugal), janv./févr. 2011.

Du point de vue de l'usage, Silence Force® Extreme répond à une réelle attente du consommateur : l'association d'un excellent niveau de performance avec un confort d'utilisation inégalé (silence et ergonomie) dans le respect d'un principe de consommation énergétique efficace.

Passer l'aspirateur est habituellement jugé comme une corvée ménagère. En effet, au-delà de l'effort physique, l'inconfort sonore est élevé, ce qui coupe l'usager de son entourage et peut être source de stress et d'irritation…

Avec Silence Force® Extreme, à 62 dB(A), l'usager n'est plus coupé de son environnement : il peut continuer de converser sans hausser la voix ; son entourage n'est pas perturbé dans ses activités, percevant le bruit de l'aspirateur comme un léger bruit de fond confortable.

Grâce à Silence Force® Extreme, la puissance s'exprime en silence !

Une deuxième génération d'aspirateurs pour reprendre le leadership et étendre le marché durablement

Le marché des aspirateurs traîneaux avec sac est un marché mature avec une concurrence très forte. En 2010, ce marché des aspirateurs avec sac représentait 3 millions de produits et un chiffre d'affaires de 321 millions d'euros en Europe du Sud (France, Belgique, Italie, Espagne, Portugal). Rowenta (Groupe Seb) est leader sur le segment du silence (associé à la puissance) grâce au succès de Silence Force® (lancé en 2007) qui s'est vendu à plus de 650 000 exemplaires à ce jour (données confidentielles du Groupe Seb). Suite au succès de Silence Force®, Rowenta a vu de nombreuses offres concurrentes émerger avec des positionnements similaires. Pour reprendre le leadership et s'approprier le territoire performance et silence, le Groupe Seb a décidé de développer une nouvelle génération d'aspirateurs extrêmement performants et extrêmement silencieux : Silence Force® Extreme.

Le choix de la différenciation par un saut de performance majeure sur les critères d'achat décisifs

Fruit de plusieurs années de recherche et d'une forte proximité avec les consommateurs, la gamme d'aspirateurs Silence Force® Extreme est construite autour de quatre piliers majeurs : la performance, le silence, l'ergonomie et le design. L'objectif est d'offrir aux consommateurs une offre la plus aboutie possible sur leurs critères clés d'achats et d'usages en aspirateurs. C'est pourquoi le Groupe Seb s'est donné comme défi de créer la gamme d'aspirateurs la plus silencieuse du marché, tout en offrant des performances de dépoussiérage optimales et en garantissant une efficacité énergétique parmi les meilleures et en avance sur les futures réglementations dans ce domaine.

Ce nouveau produit est le fer de lance de la nouvelle gamme d'aspirateurs Rowenta. L'amélioration du rapport silence/performance constitue un gain vertigineux pour les clients et permet d'envisager non seulement de regagner des parts de marché mais aussi d'étendre le marché au-delà de l'Europe du Sud, voire de changer les modes d'utilisation de l'aspirateur.

Son lancement permet à Rowenta de définir de nouveaux codes transversaux pour tous ses aspirateurs en termes de design, de finitions, d'ergonomie et d'efficacité énergétique. Avec cette nouvelle gamme, Rowenta renforce son positionnement face à des marques reconnues telles que Miele et Electrolux.

Les objectifs majeurs assignés à cette nouvelle gamme depuis le début du processus de développement sont :

- de devenir la marque la plus innovante sur le territoire du silence associé à la performance ;
- de contribuer à renforcer l'image de Rowenta comme une marque haut de gamme, respectueuse de ses clients et de l'environnement ;
- pour l'Europe du Sud, de renforcer ses positions sur le segment des aspirateurs entre 200-250 € et au-delà de 250 € ;
- pour l'Europe du Nord, d'investir de nouveaux marchés grâce à un produit très innovant qui montre le savoir-faire de Rowenta.

Les principales avancées technologiques, pour obtenir une innovation de rupture au niveau acoustique, ont été les suivantes :

- Isolation des sources de bruit :
  - carénage autour du moteur ;
  - circuit d'air optimisé.
- Absorption du bruit de refoulement :
  - intégration d'un silencieux en aval moteur ;
  - intégration de matériaux spécifiques pour éliminer certaines fréquences gênantes.
- Suppression de vibrations du moteur :
  - création de blocs silencieux axiaux et radiaux.
- Réduction du niveau sonore de l'ensemble de la chaîne d'accessoires :
  - tête d'aspiration silencieuse ;
  - tube télescopique silencieux ;
  - crosse de manipulation silencieuse ;
  - flexible silencieux.

10 brevets ont été déposés, lors du développement, afin de protéger les innovations clés qui ont donné naissance à Silence Force® Extreme.

Pour réussir ces évolutions technologiques, le Groupe Seb a mobilisé d'importants moyens, internes et externes, pour conduire ses efforts de recherche :

- équipe recherche et laboratoire Vernon : 32 personnes, budget R&D : 3,2 M€ ;
- moyen de simulation numérique avancé (modélisations informatiques des flux aérauliques et acoustiques) ;

- collaboration avec des laboratoires spécialisés en acoustique :
  - Mathelys (absorbant) ;
  - Ceeva : analyse vibration et cartographie acoustique.
- partenaires industriels spécialisés (matériaux absorbants, motorisation, chaîne d'accessoires…).

Sur le plan de l'orientation clients, les équipes de marketing, de design et d'ergonomie ont été très largement impliquées, très tôt et de manière importante, dans le processus d'innovation pour identifier les éléments clés de valeur et les intégrer dans la réflexion sur le design du produit. Cela a conduit par exemple à intégrer une cabine de peinture sur le site de Vernon pour retravailler notamment des détails de forme. L'équipe est en train de comprendre aujourd'hui, par le marché, l'ampleur de la rupture en cours.

Enfin, une attention particulière est portée aux préoccupations écologiques et de développement durable, en accord avec les aspirations des clients (qui refusent tout de même toute perte sur la performance et le silence) ainsi qu'avec les futures contraintes d'étiquetage énergétique qui guettent le secteur à l'horizon 2013. Le Groupe Seb fait partie des acteurs proactifs dans ces comités de normalisation pour favoriser un haut niveau d'exigence de cet étiquetage – susceptible de déranger quelques grands concurrents internationaux.

Questions

1. Quel est le niveau de contribution du marketing à cette innovation ?
2. Quelle est l'approche marché adoptée ? Quelles sont les forces et limites de cette approche ? Quelles seraient vos recommandations ou idées complémentaires pour l'améliorer ?
3. Quelles sont les interfaces ?

Chapitre 8

Concevoir un *business model* pour l'innovation

Après avoir lu ce chapitre, vous saurez :

- définir un *business model* ;
- concevoir un *business model* pour créer et capturer de la valeur, en adéquation avec l'innovation développée ;
- positionner ce *business model* dans la chaîne de valeur externe de l'entreprise.

L'innovation peut venir de plusieurs sources : l'entreprise elle-même, le marché ou encore l'évolution de l'environnement de l'entreprise. Par exemple, pour les éditeurs d'ouvrages, le développement des technologies de l'information et de la communication – en particulier Internet – conduit à ce que les entreprises innovent dans leurs produits, mais aussi dans leurs *business models*. La nouvelle tablette d'Amazon, le Kindle Fire, est une réponse simultanément à l'innovation technologique sur des marchés visés par les éditeurs et aux stratégies des entreprises évoluant dans le marché des tablettes. Amazon innove dans son *business model* en axant sa proposition de valeur sur un accès au *cloud* ; par conséquent, son produit nécessite moins de capacités en termes de gigas – capacités qui sont pourtant une des bases de la compétition sur le marché des tablettes. Cet accès facilité au *cloud* permet un meilleur usage des contenus en ligne comme le *streaming*. Pour un abonnement mensuel de quelques dollars, les utilisateurs accèdent au contenu d'Amazon : livres, bandes dessinées, séries et films. Ce *business model* a aussi pour objectif de renforcer la vente des produits d'Amazon qui développe son offre disponible sur sa plate-forme (quasiment tous produits de grande consommation allant des livres aux chaussures, en passant par l'ameublement et les jeux pour enfants), faisant ainsi évoluer les ressources et les compétences de l'entreprise. Cela a aussi nécessité un réaménagement du réseau de valeur de l'entreprise : Amazon a passé des accords avec les majors de l'industrie du cinéma et de la télévision (CBS, Twentieth Century Fox, Warner et Sony). Le *business model* du Kindle Fire est conçu pour répondre à un segment spécifique du marché des tablettes tout en apportant une innovation de *business model*. Le contenant – la tablette – devrait permettre de mieux vendre le contenu – les produits et services disponibles sur la plate-forme Amazon. La marge réalisée par l'entreprise est basée sur les biens culturels numériques, et non pas sur la tablette. L'introduction du Kindle Fire sur le marché américain en 2011 a conduit les analystes à réévaluer à la hausse le marché mondial des tablettes, attribuant la majeure partie de cette croissance au nouveau produit d'Amazon[1].

La stratégie d'innovation d'une entreprise doit permettre de concevoir un *business model* qui crée de la valeur pour les clients et conduit à la capture de cette valeur par l'entreprise. La première partie du chapitre détaillera les différents composants d'un *business model*. L'entreprise doit pouvoir positionner ce dernier dans la chaîne de valeur externe de l'entreprise. La seconde partie du chapitre proposera différentes manières de positionner un *business model* par rapport au type d'innovation et à la chaîne de valeur externe de l'industrie.

1. Le *business model* : comment l'entreprise crée et capture de la valeur

Dans la littérature en sciences de gestion, la définition du *business model* ne fait pas encore l'objet de consensus. Il est souvent présenté comme un cadre conceptuel, un modèle, une représentation ou encore une méthode. Dans ce chapitre, nous retiendrons la définition suivante : un *business model* est défini par les hypothèses faites par l'équipe dirigeante concernant les besoins des clients, ainsi que la façon dont l'entreprise peut y répondre et par conséquent générer des profits[2]. Autrement dit, le *business model* reflète les hypothèses des décideurs de l'entreprise sur la manière dont l'entreprise génère de la valeur pour ses clients et capture une partie de cette valeur sous la forme de profits.

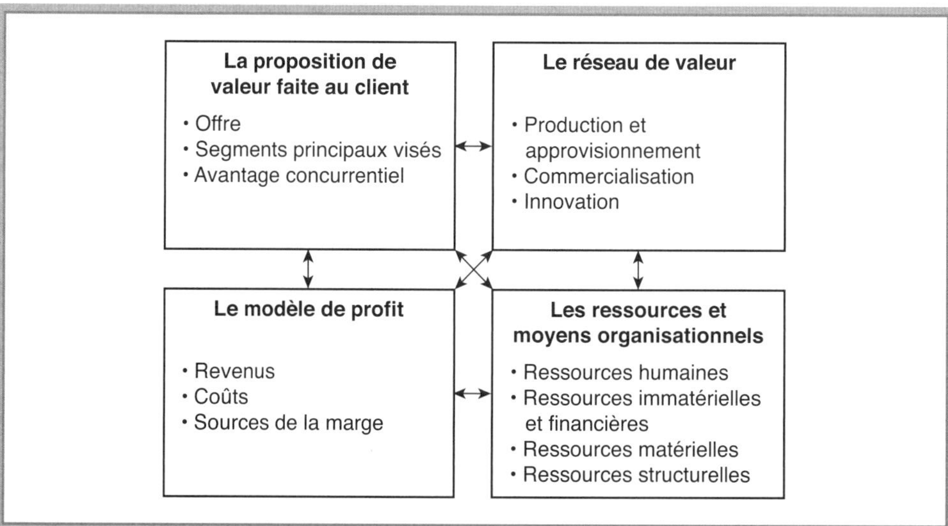

Figure 8.1
Les quatre composantes du *business model*.

1. Voir par exemple l'analyse de *IHS iSuppli*, décembre 2011.
2. D'après la définition de Teece D., 2010.

S'il existe encore des tensions sémantiques quant à la définition du *business model*, il n'en est pas de même sur ses composantes qui sont beaucoup plus stables. Une grande partie des auteurs s'accorde sur l'existence de quatre composantes principales (voir figure 8.1) : la proposition de valeur faite aux clients, le réseau de valeur, les ressources et moyens organisationnels, et le modèle de profit.

1.1. La proposition de valeur faite aux clients

Une proposition de valeur est une offre qui crée un supplément de valeur pertinente et attractive pour une cible définie de clients. L'attractivité de l'offre provient essentiellement de la valeur que capture le client en acquérant cette offre. Pour ce faire, la valeur de l'offre doit être suffisamment perceptible et utile pour le ou les clients. La perception par le client des avantages et coûts potentiels de l'offre innovante joue un rôle essentiel. Rogers (1962) comme Robertson (1971) ont montré que la perception de la valeur par le client est liée aux caractéristiques intrinsèques de l'offre innovante. On peut regrouper les caractéristiques proposées par Rogers en trois catégories :

- **L'avantage relatif** correspond au niveau d'amélioration apporté par l'innovation et perçu par le client. Si l'offre innovante se substitue à une offre existante, le client va comparer les performances de la nouvelle offre avec l'offre de référence. Si l'offre est complètement nouvelle, elle devra répondre à une forte insatisfaction du client potentiel telle que la résolution d'une contrainte, un gain de temps, une simplification de l'usage, l'apparition d'une nouvelle possibilité ou opportunité.
- **La transparence** regroupe : la simplicité à comprendre et à utiliser la nouvelle offre, car la diffusion d'une innovation nécessitant un apprentissage sera plus lente ; la testabilité, c'est-à-dire la possibilité d'utiliser l'offre à petite échelle, ce qui peut faciliter son appropriation par les usagers, favoriser le bouche-à-oreille et ainsi diminuer l'incertitude et le risque.
- **La compatibilité** mesure la cohérence de l'innovation avec les pratiques existantes, en termes de compétence, d'équipement, de norme et de système antérieur, mais aussi en termes de valeurs. La compatibilité correspond au degré d'adéquation entre les valeurs et les pratiques des consommateurs potentiels et celles nécessaires à l'utilisation de l'innovation.

À ces trois catégories de critères qui participent à la construction de la perception des avantages de l'offre innovante par le client, il faut associer la perception des coûts liés à l'adoption et qui correspondent également à trois critères :

- **Le niveau de prix anticipé** qui mesure l'effort financier que le consommateur estime réaliser en achetant le produit. Il est toujours relatif, c'est-à-dire en rapport avec la valeur perçue ou le coût estimé.
- **Le risque perçu lié à l'adoption** de l'innovation qui correspond au risque de faire le mauvais choix. Ce risque est particulièrement fort lors de la modification des standards (par exemple, logiciels, téléphones, jeux électroniques).
- **Les coûts de transfert :** le choix d'adopter l'innovation peut conduire le client potentiel à faire toute une série de renoncements.

On peut estimer que la valeur perçue par le client correspond au *trade off* qu'il fait entre ce que l'innovation est susceptible de lui apporter (les avantages de l'offre) et ce que son adoption le conduira à abandonner et risquer (les coûts liés à l'adoption). Une bonne proposition de valeur doit transférer une partie suffisante de la valeur intrinsèque de l'offre innovante aux clients, mais pas seulement : pour être économiquement rentable et rémunérer correctement les capitaux investis, la proposition de valeur doit également permettre à l'ensemble des partenaires engagés dans l'élaboration, la conception, la fabrication et la distribution de l'offre innovante de capturer suffisamment de valeur. Il s'agit là d'un des points clés du réseau de valeur et du concept même de *business model* : le partage de la valeur.

1.2. Le réseau de valeur

Le réseau de valeur explique et décrit comment l'entreprise « réalise » sa proposition de valeur. Pour délivrer la proposition de valeur, l'entreprise a besoin de mobiliser des ressources et des compétences et de maîtriser des processus qui correspondent aux différents éléments de conception, fabrication et distribution de l'offre innovante. Parmi ces éléments, l'entreprise distingue les ressources et processus de la chaîne de valeur qu'elle prend en charge en interne, et ceux qu'elle externalise au sein de son réseau de valeur.

Il faut identifier les partenaires ou organisations impliqués dans la chaîne d'approvisionnement, la production, la commercialisation, ainsi que ceux participant à la création de l'innovation. Les managers de l'entreprise doivent réaliser la bonne adéquation entre les ressources et compétences propres de l'entreprise et celles qu'elle va externaliser et/ou développer avec des entreprises partenaires présentes dans son réseau de valeur (fournisseurs, sous-traitants, distributeurs). Le partage de la valeur entre l'ensemble des acteurs va dépendre du choix du positionnement de l'entreprise dans la chaîne de valeur externe (voir exemple 8.1). La chaîne de valeur externe comprend toutes les étapes, de la conception au produit ou service délivré au consommateur final. Nous verrons, dans la seconde partie de ce chapitre, qu'un *business model* peut être positionné différemment dans la chaîne de valeur externe et que cela conditionne la manière dont l'entreprise crée et capture de la valeur.

Exemple 8.1

Le réseau de valeur d'une entreprise de dispositifs médicaux intelligents

Dans le cas d'une entreprise de dispositifs médicaux, tels que la seringue, l'entreprise conçoit un *business model* sur une chaîne de valeur comprenant six étapes (simplifiées) : la production des matières premières, la conception des dispositifs médicaux, l'industrialisation, l'assemblage, le couplage avec un produit (un médicament issu d'une entreprise de l'industrie pharmaceutique) et la distribution.

Si l'entreprise réalise les étapes de conception, d'industrialisation et d'assemblage, elle a une relation de client à fournisseurs avec les fabricants de matières premières. En effet, les matières premières ne sont pas particulièrement spécifiques. De même, elle aura une relation de fournisseur à clients envers les distributeurs. Par contre, elle créera un partenariat avec une entreprise de l'industrie pharmaceutique pour mettre un produit spécifique dans la seringue. Ce partenariat peut être exclusif ou non, c'est-à-dire que,

Exemple 8.1 (suite)

dans le second cas, elle pourra établir d'autres partenariats avec d'autres entreprises pharmaceutiques. L'entreprise pharmaceutique en tant que partenaire va capturer une partie de la valeur créée : les revenus générés par la vente du produit seront partagés entre l'entreprise de dispositifs médicaux et l'entreprise pharmaceutique. Le réseau de valeur de l'entreprise de dispositifs médicaux est composé des fournisseurs de matières premières, de l'entreprise ou des entreprises de l'industrie pharmaceutique et des distributeurs.

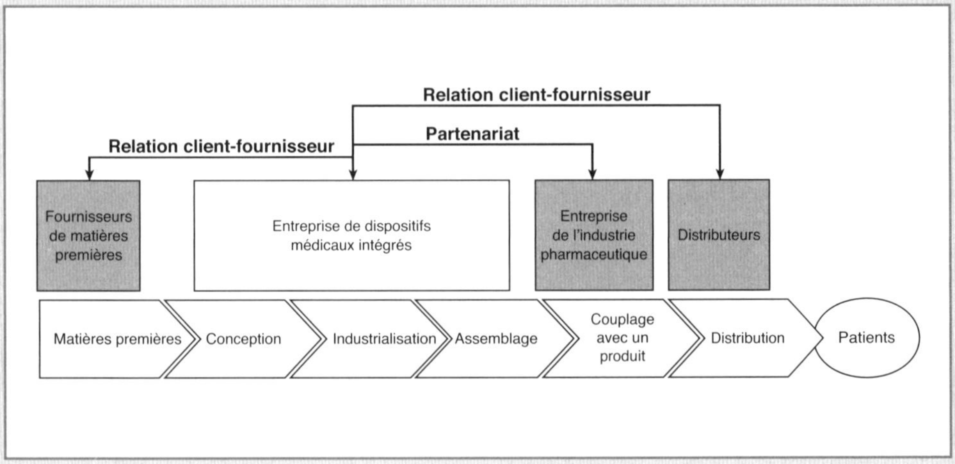

Figure 8.2
Réseau de valeur d'une entreprise de dispositifs médicaux intelligents.

1.3. Les ressources et moyens organisationnels

Puisque les dirigeants déterminent quelles ressources et compétences vont être externalisées dans le réseau de valeur, ils doivent aussi déterminer les ressources et moyens organisationnels mobilisés en interne pour réaliser la proposition de valeur délivrée au client. Ils doivent identifier quatre types de ressources particulières :

- Les **ressources humaines** doivent prévoir le nombre de personnes travaillant sur ce *business model*, le temps de travail alloué et les responsabilités dans la mise en œuvre du *business model*. Dans le cas d'un réseau de valeur mobilisant des organisations externes, la coordination des actions doit également être prévue (par exemple, la création d'un poste de responsable des partenariats).
- Les **ressources immatérielles et financières** concernent les brevets, le savoir-faire, les licences, etc. Ce sont aussi les flux financiers nécessaires à la mise en œuvre du *business model*. Ces flux peuvent provenir des fonds de l'entreprise, mais aussi d'emprunts bancaires ou d'une augmentation du capital de l'entreprise.

- Les **ressources matérielles** sont les fournitures, les stocks, le parc informatique ou les autres éléments consommables pour la bonne réalisation de la proposition de valeur. Ces ressources matérielles peuvent être quantifiées en fonction de l'unité (par exemple, 10 tonnes de silicium pour fabriquer des composants électroniques) ou de la consommation dans le temps (10 tonnes de silicium par an).
- Les **ressources structurelles** font référence à la structure de l'organisation. Par exemple, si la distribution des produits ou des services se fait par des agences locales, ces dernières devront être prévues dans ce composant du *business model*. La structure même de l'entreprise est au cœur de la problématique, car nous verrons par exemple que le *business model* de l'intégration totale de la chaîne de valeur nécessite l'investissement dans l'ensemble des ressources et compétences nécessaires à la réalisation de chacune des étapes de la chaîne de valeur externe.

1.4. Le modèle de profit

Les choix opérés sur les trois précédents composants vont déterminer les coûts de structure et les modes de génération de revenus – les deux éléments de l'équation économique de valeur ou modèle de profit. Les coûts résultent des choix de l'entreprise quant à la façon dont elle va mobiliser les ressources et compétences, présentes dans son réseau de valeur ou en interne, et se positionner dans la chaîne de valeur pour délivrer la proposition de valeur. Les modes de génération de revenus sont variables d'une industrie à l'autre et dépendent des choix de l'entreprise relatifs à la combinaison des différentes sources de revenus et aux modes de tarification.

Quels que soient le secteur et le mode de tarification, trois grandes sources de revenus peuvent être identifiées : les droits qui correspondent à la vente de brevets ou de licences d'utilisation des actifs et savoir-faire ; les produits qui représentent la source la plus classique ; les services qui restent aujourd'hui la source de revenus qui se développe le plus. Pour établir son modèle de revenus, l'entreprise peut repérer les modèles existants dans le secteur où elle souhaite développer son innovation. À titre d'illustration, on observe que les restaurants étoilés utilisent de nombreuses sources de revenus afin d'assurer leur pérennité (voir exemple 8.2).

Exemple 8.2

Les modèles de revenus dans la haute gastronomie

À partir d'une étude réalisée auprès de 20 grands chefs en France, en Belgique, en Grande-Bretagne et en Suisse, ayant deux ou trois étoiles Michelin, sur une période de 10 ans*, il a été démontré que le modèle de revenus standard (voir figure 8.3) de ceux qui choisissent de se concentrer exclusivement sur leur métier de base – la restauration – est loin d'être rentable avec une marge qui peine à atteindre 5 %. Toutefois, l'enquête révèle que les chefs s'engagent bien souvent, en plus de leur activité principale de restauration, dans des activités variées, allant des livres de recettes aux plats à emporter ou encore du consulting à l'hôtellerie (voir figure 8.4). Cette diversification contribue à améliorer leur niveau de rentabilité et à assurer la croissance de leur affaire en adoptant un modèle de revenus diversifiés.

* Voir Nlmevo et Surlemont, 2008.

Exemple 8.2 (suite)

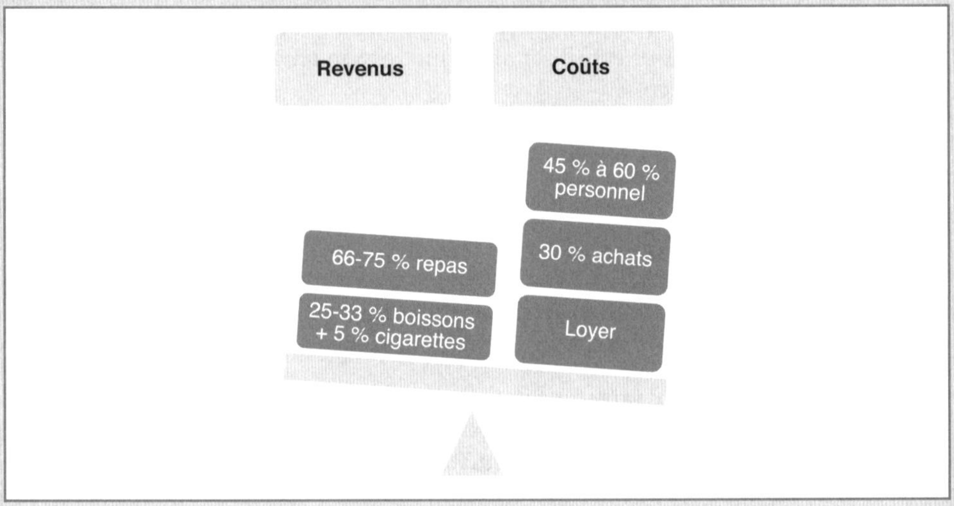

Figure 8.3

Modèle de revenus standard.

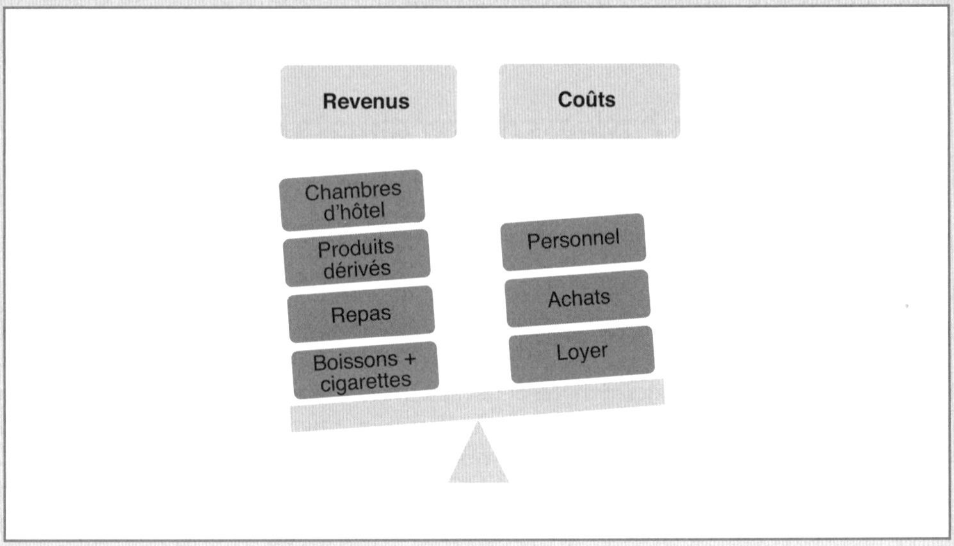

Figure 8.4

Modèle de revenus diversifiés.

Les travaux portant sur Internet montrent notamment la grande diversité des modes de tarification en vigueur sur la Toile. On retrouve par exemple :

- L'abonnement ou le paiement à l'usage, où les revenus peuvent être assurés par le client à l'avance de manière forfaitaire (abonnement à un service) ou être directement liés à l'usage (télévision payable à la demande).

- Le modèle *freemium* : il correspond à la mise à disposition gratuite d'un service de base. Pour accéder à des fonctionnalités plus étendues ou à une durée d'utilisation plus longue, les utilisateurs doivent payer et utiliser alors une version *premium*. C'est le cas de Skype, LinkedIn ou encore Viadeo.
- Un autre modèle consiste à tirer profit des faibles coûts marginaux d'Internet (production, stockage, diffusion) pour faire découvrir au client une création. On peut citer l'exemple de la diffusion gratuite d'e-books, susceptibles d'encourager l'achat des versions papier d'un ouvrage, ou encore de la musique MP3 téléchargeable gratuitement pour communiquer sur un concert, un CD ou un DVD.
- Bien d'autres modes de tarification existent sur Internet, comme de proposer à la communauté d'utilisateurs de payer ce qu'elle souhaite, ainsi que le fait Wikipédia.

Outre le choix des modes de tarification, l'entreprise va chercher à mixer les différentes sources de revenus, en cherchant par exemple à combiner rapidité et récurrence des revenus. La vente de produits liés, comme les consommables (modèles de lames de rasoir, jeux vidéo, cartouches d'encre, dosettes de café....), ou de services associés au produit sont des modèles de revenus qui répondent à cette exigence.

À présent que les composants du *business model* ont été caractérisés, nous allons nous attacher à une étape importante de la conception d'un *business model* : le positionnement dans la chaîne de valeur externe.

2. Positionner le *business model* dans la chaîne de valeur externe

2.1. La chaîne de valeur externe de l'industrie

Nous venons de voir que, pour mettre en action son ou ses *business models*, une entreprise peut avoir besoin de l'intervention de partenaires dans un réseau de valeur. Elle doit aussi considérer l'insertion dans la chaîne de valeur externe, celle de l'industrie. La chaîne de valeur externe est l'ensemble des activités et des acteurs nécessaires à la création d'un produit ou d'un service, depuis la conception et les matières premières jusqu'au client final (voir exemple 8.3 pour le détail de la chaîne de valeur externe dans l'industrie du jeu vidéo). Ces acteurs ne sont pas nécessairement partenaires ; ils peuvent être clients, fournisseurs, concurrents. En fonction du *business model* grâce auquel l'entreprise se positionne, il est possible de développer plusieurs activités et des liens différents entre les maillons de la chaîne en amont et en aval. Un développeur de jeux peut être une entreprise indépendante commissionnée par des éditeurs, ou alors une entreprise intégrée par un éditeur ou un fabricant de consoles.

La chaîne de valeur du jeu vidéo est constamment en évolution : les fabricants de consoles étaient jusqu'à présent très largement dominants par rapport aux fabricants d'autres plates-formes, mais de nouveaux usages tels que le téléphone mobile remettent en question les zones de création de valeur et les modèles de revenus. En fonction de l'évolution de ces zones de création de valeur, il est stratégique pour une entreprise de s'insérer de façon optimale afin d'assurer une capture de valeur à la mesure de la création de valeur. Les chaînes de valeur évoluent dans le temps et dans leur composition. Cette évolution implique une reconfiguration du positionnement des acteurs en place dans l'industrie, allant parfois jusqu'à la disparition de certaines entreprises et l'apparition de nouveaux concurrents. Ces mécanismes de reconfiguration sont directement liés, d'une part, à la dynamique de maturation de l'industrie et, d'autre part, à l'émergence de nouveaux *business models* qui remettent en question l'ordre préétabli de la chaîne de valeur.

Exemple 8.3

La chaîne de valeur externe dans l'industrie du jeu vidéo

La chaîne de valeur du jeu vidéo est composée de cinq étapes principales (voir figure 8.5) : le développement de composants, la fabrication de consoles, le développement de jeux, l'édition et la vente au grand public.

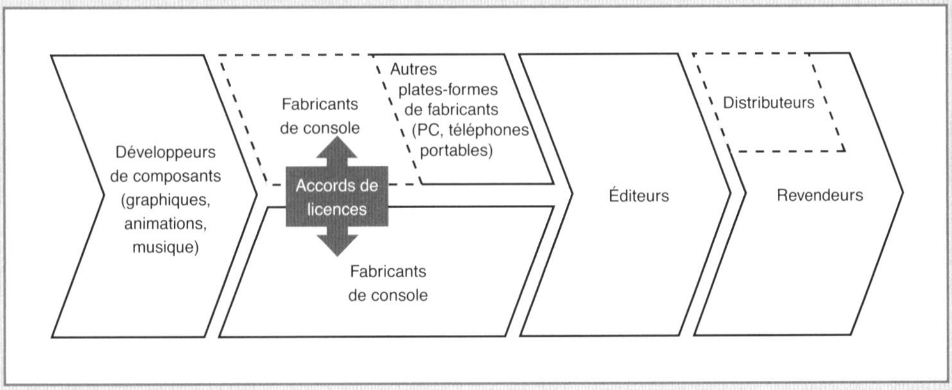

Figure 8.5
Chaîne de valeur externe de l'industrie du jeu vidéo.

Les **développeurs de composants** sont des studios spécialisés dans la production d'éléments graphiques, d'animations ou de morceaux de musique. Les **fabricants de plates-formes** se distinguent en deux groupes : ceux qui produisent des consoles de jeux (Sony, Nintendo, Microsoft) ; ceux qui produisent pour les autres plates-formes (ordinateurs, téléphones mobiles, etc.). Les **développeurs de jeux** sont souvent des entreprises indépendantes commissionnées par des éditeurs ou les fabricants de consoles. Ils passent donc des accords de licences dans lesquels les deux entreprises vont s'entendre sur un pourcentage des ventes (les royalties) et/ou une vente de licence, exclusive ou non (voir chapitre 14). Les **éditeurs** disposent d'une position dans la chaîne de valeur qui leur confère un fort pouvoir sur les autres maillons, car ils décident de la viabilité des propositions de nouveaux jeux. De plus, les éditeurs peuvent eux-mêmes concevoir de nouveaux jeux. Ils organisent également le financement de ces derniers, l'ensemble du processus de production et le marketing. Ils obtiennent en général le copyright du jeu et la plus grande part de la valeur générée par le succès commercial d'un jeu vidéo. **Les revendeurs** sont des enseignes spécialisées (comme Micromania) ou non (Carrefour, Auchan, etc.).

Par exemple, l'évolution de l'industrie de la microélectronique vers la nanoélectronique a conduit les acteurs à se diriger vers plus de spécialisation. La microélectronique fait partie des industries les plus intenses en capital au monde, avec l'aéronautique et l'aérospatiale. Une usine de 300 mm (le standard actuel) coûte plus de 4 milliards de dollars à construire et les coûts de services (équipements, salle blanche, hygiène clinique) sont importants. L'intensité capitalistique a conduit les acteurs de cette industrie à remettre en cause le *business model* dominant de l'entreprise intégratrice s'occupant des étapes de conception et de production des circuits. Les entreprises ont eu tendance à se spécialiser autour d'une étape de la chaîne de valeur de cette industrie : conception des circuits ou production des circuits. Aujourd'hui, les firmes en forte croissance sont celles qui ont fait le choix de se spécialiser à l'extrême dans l'une ou l'autre de ces étapes : par exemple, les Américains Broadcom et Qualcomm, dans la conception ; les Taïwanais TSMC ou UMC, dans la production. Ces mécanismes de repositionnement des acteurs ont conduit vers une désintégration de la chaîne de valeur externe au profit d'une meilleure spécialisation des activités des entreprises. L'innovation technologique est souvent à l'origine de ces mécanismes de reconfiguration de la chaîne de valeur d'une industrie.

À l'inverse de la spécialisation, certaines évolutions de chaînes de valeur externes vont vers l'intégration des différentes étapes et la concentration des acteurs. C'est le cas du secteur du vin. Avant les années 1990, la production était relativement localisée et les producteurs de vins des différents pays étaient assez isolés les uns des autres. Les consommateurs de vins choisissaient essentiellement les productions locales ou des pays voisins. Par exemple, une grande partie de la production française était vendue au Royaume-Uni. Puis les exportations globales de vin ont connu une grande croissance grâce à la baisse des barrières tarifaires, la réduction des coûts liés à la logistique et la baisse de certaines barrières commerciales. L'internationalisation du marché a créé de nouvelles opportunités et reconfiguré le positionnement des acteurs sur la chaîne de valeur de l'industrie. Pour faire face à la concurrence mondiale, les petits producteurs se sont regroupés et les entreprises ont cherché à intégrer le plus de maillons possibles de la chaîne de valeur.

Ces effets de maturation de l'industrie créent donc de nouvelles zones de profit, et l'anticipation de celles-ci est un des défis de l'équipe de management de l'entreprise.

2.2. Une typologie des *business models*

Il existe plusieurs typologies de *business models*. Celle que nous proposons ici est basée sur l'insertion dans la chaîne de valeur, car elle met en évidence la problématique du choix des partenaires, clients et fournisseurs de l'entreprise. Ces cinq archétypes de *business models* sont des représentations génériques (voir tableau 8.1) et doivent être adaptés par les équipes de management en fonction de l'entreprise, de son environnement et des opportunités.

L'intégration totale ou intégration verticale : l'entreprise couvre l'ensemble de la chaîne de valeur. Elle réalise toutes les étapes allant de la conception jusqu'au client final. Décathlon en est un exemple. Son essor s'est fait à travers ce *business model* d'intégration totale de la chaîne de valeur, de ses propres conceptions à son réseau de distribution. Le modèle de profit est fondé sur une vente au détail d'équipements et de vêtements de sports. Toute la production est maîtrisée par Décathlon ainsi que l'innovation et la commercialisation. La proposition de valeur est axée sur des produits à tarifs abordables de bonne qualité ; en magasins, l'offre proposée au client concerne principalement les produits commercialisés sous différentes marques (une par type de sport) mais appartenant toutes à Décathlon. En conséquence, Décathlon a dû investir dans toutes les ressources et compétences nécessaires à la maîtrise de la chaîne de valeur.

L'intégration partielle : le *business model* de l'entreprise couvre au moins deux étapes de la chaîne de valeur externe. L'offre n'est pas nécessairement délivrée au consommateur final car le client de l'entreprise peut être une autre entreprise. Ce *business model* se focalise sur la réalisation d'une partie de la chaîne de valeur externe. Par exemple, Legrand, spécialiste mondial des produits et systèmes pour installation électrique, a dans son portefeuille de *business models* ce modèle de l'intégration partielle associant recherche et développement puis production. Les produits sont vendus à d'autres entreprises qui distribuent et installent les produits.

Le fournisseur de services ou produits : ce *business model* concerne la spécialisation dans la réalisation de services ou produits qui peuvent être proposés à plusieurs clients dans plusieurs chaînes de valeur. Il est souvent basé sur la maîtrise d'une étape technologique qui peut être adaptée à plusieurs produits ou services. Une entreprise maîtrisant par exemple l'ingénierie des minicaméras pourra proposer ses services dans la chaîne de valeur du matériel chirurgical, des téléphones portables ou encore de l'armement. Elle ne réalise pas nécessairement l'étape de production et peut vendre un service d'ingénierie. Autre exemple, une entreprise telle que A. Raymond propose ses compétences dans l'attachement de composants pour plusieurs industries : le textile, l'automobile ou encore la santé. À l'origine, A. Raymond était spécialisée dans les boutons-pressions. Ses compétences ont ensuite été redéployées dans l'automobile pour permettre de lier solidement des composants. L'entreprise a développé des offres utilisées dans plusieurs chaînes de valeur.

Le modèle virtuel : ce *business model* est basé sur la capacité de l'entreprise à organiser un réseau de partenaires et de fournisseurs. L'entreprise externalise ainsi la plupart des étapes de la chaîne de valeur. Nike, Benetton ou encore Dell ont ainsi marqué l'histoire des entreprises dotées de ce type de *business model*. Les frais fixes (salaires, amortissements, loyers, etc.) sont remplacés par des frais variables (paiement des fournisseurs, partenariats, alliances). Le système d'information doit être très intégré pour gérer la logistique et les flux. Ce *business model* est par exemple celui de Calvin Klein. L'entreprise sélectionne des fabricants de vêtements, lingerie, parfum, lunettes, montres, linge de maison, maroquinerie, etc., afin d'apposer sa marque sur leurs produits. Cela lui confère une grande flexibilité, la structure étant à géométrie variable.

Les intermédiaires : ce *business model* consiste à proposer un produit ou un service développé par une première entreprise à une autre entreprise. Comme un courtier en Bourse, ce *business model* fait le lien entre plusieurs entreprises ou plusieurs chaînes de valeur. Le modèle de revenu peut être basé sur des commissions sur les transactions ou bien sur le rachat puis la revente. Bosfor Bioscience est une de ces entreprises qui fonde son *business model* sur la mise en relation de deux entreprises, afin de conclure des accords de distribution et de vente de certains produits médicaux dans des zones géographiques données.

Tableau 8.1 : Typologie des *business models*

Business model	**Représentation**
Intégration totale	L'entreprise maîtrise toutes les étapes de la chaîne de valeur. 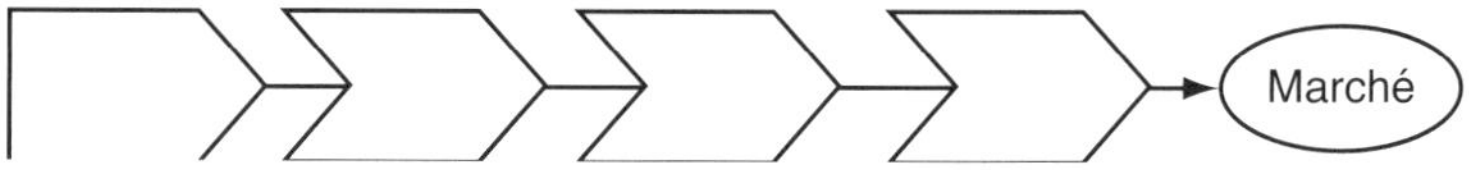
Intégration partielle	L'entreprise maîtrise au moins deux étapes successives de la chaîne de valeur. 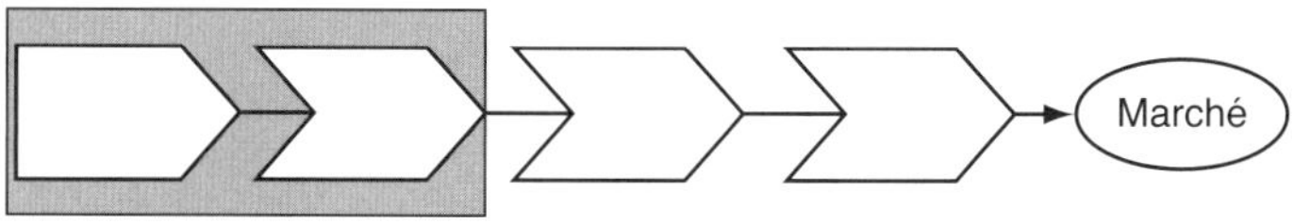
Fournisseur de services ou produits	L'entreprise est spécialisée dans la réalisation d'un produit ou d'un service pouvant être proposé dans une ou plusieurs chaînes de valeur. 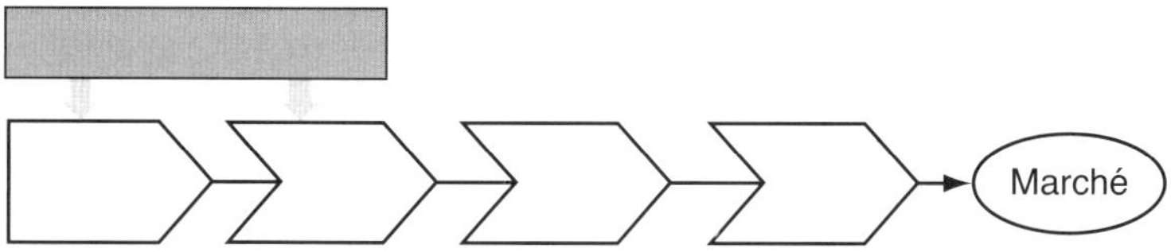
Virtuel	L'entreprise utilise un réseau de partenaires et fournisseurs pour réaliser la proposition de valeur faite au client. 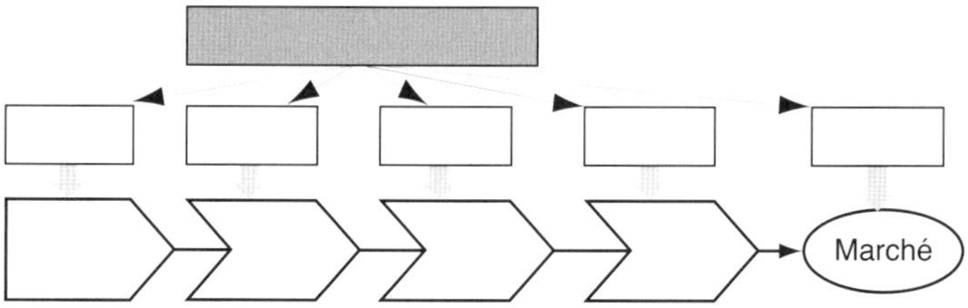
Intermédiaire	Comme un courtier en Bourse, l'entreprise fait le lien entre plusieurs entreprises, potentiellement dans des chaînes de valeur différentes. 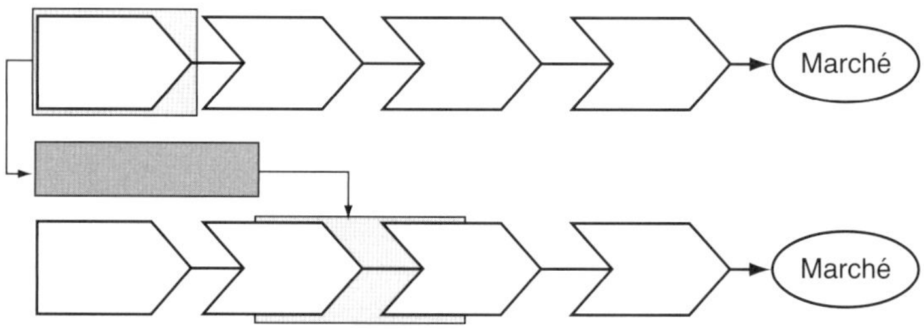

2.3. Le choix d'un *business model* adapté à l'innovation

La typologie de *business models* précédente montre qu'il existe de nombreux choix possibles de positionnement du *business model*. Pour opérer ce choix, lorsque l'entreprise cherche à mettre l'innovation sur le marché, il convient de prendre en compte plusieurs paramètres : le type d'innovation, la chaîne de valeur externe de l'industrie visée et l'entreprise elle-même. Ce dernier paramètre est détaillé au chapitre suivant, car l'innovation peut non seulement créer des tensions par rapport au *business model* existant mais également profiter de synergies avec les activités actuelles de l'entreprise. L'outil Kibis© (voir chapitre 9) permet de mettre en évidence les tensions et les synergies dans le cadre d'une entreprise existante.

2.3.1. Choix du *business model* par rapport à l'innovation

Deux principales dimensions doivent être prises en compte pour le choix de *business model* par rapport à l'innovation : la première est le type d'innovation ; la seconde est la protection de l'innovation.

Le chapitre 2 a présenté une typologie selon l'intensité de l'innovation : innovation radicale, innovation incrémentale ou architecturale. Cette typologie offre un intérêt particulier concernant la prise en compte de l'impact de l'innovation sur l'entreprise et la chaîne de valeur externe :

- Dans le cas d'une innovation incrémentale, l'entreprise peut s'appuyer sur ses compétences et ressources existantes puisqu'elle a déjà un produit ou un service sur lequel est fondée cette innovation incrémentale. Par conséquent, cette innovation ne requiert pas forcément de changement de *business model*. Par exemple, si une entreprise est spécialisée dans le développement et la fabrication de cartes graphiques pour les ordinateurs avec un *business model* d'intégration partielle, elle pourra garder le même *business model* en améliorant ses ressources et compétences pour intégrer l'innovation incrémentale, qu'elle soit de procédé ou de produit.
- Dans le cas d'une innovation architecturale, le produit ou le service existant n'est pas remis en cause ; il s'agit d'un réagencement des composants ou des étapes du service. Ce type d'innovation ne nécessite pas forcément un changement de *business model*, mais plutôt une réorganisation du réseau de valeur de l'entreprise. Le *business model* du virtuel donnera une grande agilité pour ce type d'innovation, mais les autres *business models* pourront également convenir. Il s'agit davantage de réorganiser le réseau de valeur que de véritablement changer de *business model*.
- Dans le cas d'une innovation radicale, les ressources et les compétences nécessaires à l'innovation peuvent être complètement nouvelles pour l'entreprise. Elle va devoir arbitrer entre investir dans ces nouvelles ressources et compétences en interne ou aller les chercher à l'extérieur – dans un nouveau réseau de valeur. L'entreprise doit alors prendre en considération le second paramètre : la protection de l'innovation.

L'entreprise doit analyser l'importance de la protection de l'innovation (voir chapitre 12 sur la protection et la valorisation de l'innovation). Par exemple, dans le cas d'un médicament issu des biotechnologies, les brevets assurent une bonne protection de l'innovation. L'entreprise qui détient ces brevets pourra aisément capturer la valeur créée par ces nouveaux médicaments. Elle peut donc externaliser plus facilement certaines étapes de la chaîne de valeur : ses droits sur l'innovation sont protégés. Les *business models* du virtuel et de l'intermédiaire seront donc possibles. Par contre, s'il est difficile de protéger l'innovation, ce qui est le cas si l'innovation réside dans le savoir-faire de l'entreprise, il faut que l'entreprise garde en interne la maîtrise de ces étapes de la chaîne de valeur. Elle va donc s'orienter vers un *business model* d'intégration totale, d'intégration partielle ou de fournisseur de services ou de produits.

Pour choisir un *business model* par rapport à l'innovation, les managers doivent considérer le type d'innovation afin d'évaluer les ressources et compétences existantes et réutilisables, ainsi que les changements dans le réseau de valeur. Simultanément, les managers devront évaluer le degré de protection de leur innovation. S'il est difficile de protéger l'innovation, alors il est préférable de construire les compétences en interne plutôt que de les externaliser. Ces deux paramètres – type d'innovation et degré de protection – vont guider leur choix de *business model* par rapport à l'innovation.

2.3.2. Choix du *business model* par rapport à la chaîne de valeur externe

Comme expliqué ci-dessus, l'évolution d'une chaîne de valeur externe peut être due à des innovations venant bouleverser les technologies établies ou les *business models* des entreprises. C'est par exemple le cas de l'industrie du cinéma suite à l'émergence du numérique. Avant le numérique, la chaîne de valeur du cinéma reposait sur trois grandes étapes : la production, la distribution et l'exploitation de salles (voir figure 8.6). Dans cette chaîne de valeur, les différents acteurs devaient faire face à plusieurs contraintes : l'étape de postproduction était très longue ; le nombre de copies de la bobine originale était limité (cela nécessitait de faire un internégatif toutes les 500 copies et le coût de chaque copie était de 2 000 €) ; les bobines de 35 mm étaient lourdes, peu maniables, coûteuses à transporter et d'une durée de vie relativement courte.

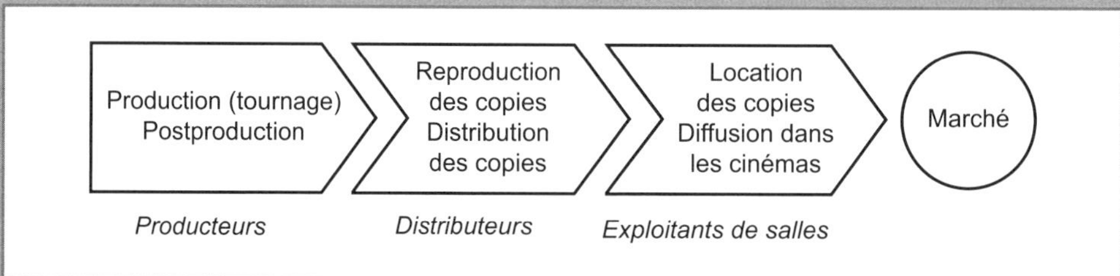

Figure 8.6
Chaîne de valeur externe du cinéma avant le numérique.

On avait déjà vu l'apparition des images de synthèse avant 2000, mais elles étaient en général ajoutées en postproduction et sur des formats argentiques (35 mm). Le numérique, sous la forme de caméras numériques et de projecteurs numériques, a amené des changements à plusieurs niveaux. Pour l'étape de production, le numérique donne un accès immédiat aux rushes, de la flexibilité, un montage du film plus facile et plus rapide ainsi que moins risqué.

Pour la distribution, le coût de la copie baisse à 150 € et le nombre de copies devient illimité. Une étape essentielle pour les distributeurs est désormais le cryptage et la protection des copies. Pour les exploitants de salles, les projecteurs numériques permettent de changer de projection en fonction du public et des événements. Les bénéfices sont donc énormes pour les producteurs, et encore plus pour les distributeurs, car le numérique leur permet de diminuer les coûts. Par contre, pour les exploitants de salles, le bénéfice est moindre et les investissements sont importants : il faut rééquiper toutes les salles, acheter des serveurs et en outre apprendre à les utiliser. L'équipement d'une salle coûte de 100 000 à 150 000 €, sans compter la formation des projectionnistes. De plus, le cinéma est une industrie de standards : les acteurs de cette industrie utilisent quasiment tous la même technologie (la bobine 35 mm) ; un changement de standard demande l'adoption du nouveau standard par la majorité des acteurs. Le numérique entraîne donc une inégalité dans les investissements des différents acteurs pour changer de standard technologique ainsi qu'une inégalité des bénéfices à l'adoption de la nouvelle technologie.

En France, plusieurs start-up vont tester différents *business models*. NovoCiné[3] tentera en 2001 un premier *business model* basé sur l'exploitation de salles avec un investissement dans l'équipement (*business model* d'intégration partielle sur la fin de la chaîne de valeur). Le temps de reprise des salles d'exploitation est trop long, et les films numériques ne sont pas encore assez nombreux. Ce *business model* fut un échec. En 2003, NovoCiné se lance dans un *business model* de fournisseur de services en proposant des solutions techniques aux exploitants de salles. Ces derniers ne semblent pas prêts à adopter un nouveau standard technologique, et NovoCiné est une entreprise trop petite pour faire pencher les autres acteurs de la chaîne de valeur vers le numérique. En 2004, elle cherche un nouveau *business model* et adopte un modèle proche de l'entreprise virtuelle : NovoCiné s'engage dans un réseau de distributeurs européens pour promouvoir le numérique. En 2008, l'entreprise entre dans un plan de sauvegarde sur décision de justice.

Aujourd'hui, le financement du cinéma numérique en France (inspiré du modèle américain) est organisé à travers un tiers opérateur (voir figure 8.7). Les producteurs et les distributeurs versent une taxe à la copie virtuelle à ce tiers opérateur. Le tiers opérateur trouve les financements, finance en partie les installations des exploitants de salles et rembourse les emprunts avec la taxe.

L'émergence du numérique a donc créé de nouvelles opportunités dans la chaîne de valeur telles que le modèle de producteurs de projecteurs numériques (*business model* du service/produit spécialisé) et un *business model* d'intermédiaires.

Ainsi, une évolution de la chaîne de valeur externe de l'industrie doit être envisagée sous plusieurs angles pour les entreprises :

- Quelles sont les nouvelles opportunités créées par l'évolution de la chaîne de valeur ?
- L'entreprise a-t-elle le potentiel pour s'insérer dans la chaîne de valeur compte tenu des spécificités de l'industrie, telles les questions de standard technologique ?

3. Pour plus de détails sur ce cas d'entreprise, voir Barthélemy V. et Paris T., « Start-up en quête de *business model* ou l'art du tâtonnement stratégique », *Gérer et Comprendre*, vol. 84, 2006, p. 4-11.

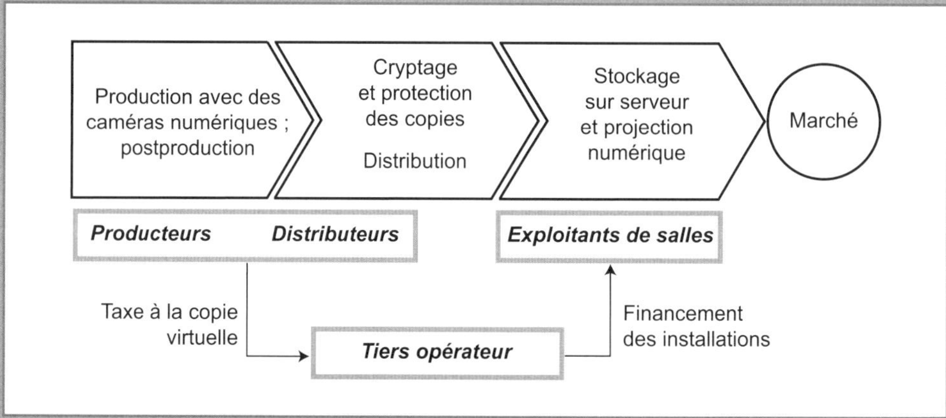

Figure 8.7
Chaîne de valeur externe du cinéma aujourd'hui.

Conclusion

Le choix du *business model* pour l'entreprise est une étape importante qui doit prendre en compte la proposition de valeur faite au client, le réseau de valeur, les ressources et moyens organisationnels et le modèle de profit. Parmi les différents *business models*, le choix dépendra du type d'innovation développée, de l'analyse de la chaîne de valeur externe et de l'entreprise elle-même. Ces grands types de *business models* sont dans la pratique adaptés par les entreprises. Par exemple, certaines utilisent des *business models* semi-virtuels. Aprilia, le fabricant de motos, conçoit et assemble des motos dont les composants sont fabriqués par un réseau de 250 petites et moyennes entreprises locales. Ainsi, il est en mesure de produire plus de 300 000 unités par an, avec seulement 750 salariés en propre.

Une même entreprise peut également développer un portefeuille de *business models*. Les grandes entreprises utilisent très fréquemment une multitude de *business models* simultanément pour délivrer différentes propositions de valeur à plusieurs types de clients.

La méthode proposée dans ce chapitre comprend deux étapes principales pour la conception d'un *business model* lié à l'innovation :

1. La détermination des composants du *business model* :
   - la proposition de valeur faite au(x) client(s) ;
   - le réseau de valeur ;
   - les ressources et moyens organisationnels ;
   - le modèle de profit.
2. Le choix d'un type de *business model* :
   - selon le type d'innovation et sa protection ;
   - selon la chaîne de valeur externe et son évolution.

Les *business models* ne doivent pas être statiques, ils ont besoin d'être réévalués en permanence pour s'adapter aux transformations de l'environnement de l'entreprise. Par exemple, l'apparition du numérique dans l'industrie du cinéma a fait émerger de nombreux *business models* pour finalement arriver à un modèle de partage des investissements par l'intervention d'un organisme extérieur. La capacité d'une entreprise à tester et à faire évoluer ses *business models* est importante pour sa pérennité. Le chapitre suivant, présentant l'outil Kibis©, détaille une méthode d'évaluation de nouveaux *business models* pour des entreprises existantes.

Bibliographie complémentaire

Barthélemy V. et Paris T., « Start-up en quête de *business model* ou l'art du tâtonnement stratégique », *Gérer et Comprendre*, vol. 84, 2006, p. 4-11.

Demil B. et Lecocq X., « *Business Model* Evolution: In Search of Dynamic Consistency », *Long Range Planning*, vol. 43 (2-3), 2010, p. 227-246.

Nlmevo F. et Surlemont B., « Le choix des modèles de revenu dans la haute gastronomie », *Revue française de gestion*, vol. 181, 2008, p. 145-159.

Sabatier V., Mangematin V. et Rousselle T., « From Recipe to Dinner: *Business Model* Portfolios in the Biopharmaceutical Industry », *Long Range Planning*, vol. 43 (2-3), 2010, p. 431-447.

Schweizer L., « Concept and Evolution of *Business Models* », *Journal of General Management*, vol. 31, 2005, p. 37-56.

Teece D.J., « *Business Models*, Business Strategy and Innovation », *Long Range Planning*, vol. 43 (2-3), 2010, p. 172-194.

Étude de cas

Sanoma Magazines International : à la recherche d'un nouveau *business model*

L'industrie de l'édition est composée de trois segments principaux : les livres, les journaux et les magazines. Les magazines représentent 30 % du chiffre d'affaires mondial de cette industrie. L'émergence d'Internet remet fortement en question ce marché à double face, c'est-à-dire s'adressant à la fois à des types de clients très différents : les lecteurs et les annonceurs (entreprises qui utilisent les magazines à but publicitaire).

Sanoma Magazines International (SMI) est une division de Sanoma Media – un grand groupe de médias présent dans toute l'Europe. SMI s'occupe de toute l'activité magazines dans 10 pays : la Bulgarie, la Croatie, la République tchèque, la Hongrie, la Roumanie, la Russie, la Serbie, la Slovaquie, la Slovénie et l'Ukraine. SMI a dans son portefeuille de produits de nombreux titres. Dans la région adriatique, l'entreprise publie par exemple *Lisa*, *Story*, *Klik*, *Elle* et *National Geographic Magazine* ; en Bulgarie, elle publie notamment *Cosmopolitan*, *Bliasak* et *Maximum*.

Avant l'émergence d'Internet, SMI était un intermédiaire important entre les annonceurs et leurs clients. SMI a toujours eu pour compétence centrale l'édition. L'édition consiste à faire des choix d'information délivrée au lecteur en accord avec la marque du magazine. Une étude de Sanoma montre que ses lecteurs confèrent trois attributs principaux aux magazines :

- Par rapport au contenu : les mots « confirmation, inspiration, rêve, éducation, optimisme et style » sont les plus importants.
- Par rapport à la marque : les mots « relation, crédibilité, confiance, intimité, créateur de tendances, lien affectif » sont les principaux thèmes.
- Par rapport au support : les mots « tangible, partout, sac, cadeaux, papier, odeur » reviennent principalement.

Par exemple, des conseils de maquillage donnés dans *Cosmopolitan* sont perçus comme plus crédibles que les centaines de conseils accessibles sur Internet pour les lectrices. La marque du magazine, son contenu et sa crédibilité font que le lecteur préfère lire ces conseils dans le magazine. Pour les annonceurs, le magazine est un moyen de toucher directement leurs consommateurs. Le contexte délivré par les éditeurs de magazines est important, car il attire le regard des consommateurs à travers leur contenu, et ce regard est exposé au message commercial des annonceurs. Dans *Cosmopolitan*, une annonce publicitaire de Gemey Maybelline se trouvera sur la même page que – ou à proximité de – l'article sur les conseils de maquillage. Pour SMI, les annonceurs garantissent la principale source de revenus. SMI vend ensuite ses magazines aux grossistes et détaillants. L'abonnement est une source de revenus très faible dans les pays visés, car le réseau postal et les habitudes des consommateurs font que le paiement en avance d'un produit qui sera reçu ensuite tous les mois est peu choisi.

En janvier 2009, SMI lance le projet Vision 2020. Ce projet a pour vocation de préparer les *business models* de l'avenir, sachant qu'Internet est en train de modifier profondément la chaîne de valeur externe de l'industrie. Le support papier est concurrencé par les applications mobiles et les portails internet. Les principales conclusions du projet Vision 2020 sont que :

- Le nombre des titres de magazines s'est fortement accru en Europe au cours des 10 dernières années. Le volume des magazines vendus augmente toujours, mais faiblement. Les revenus de la publicité diminuent petit à petit.
- Les applications digitales et les versions accessibles en ligne n'offrent pas la même expérience de lecture que le magazine.
- Les moteurs de recherche pourraient permettre à court terme aux lecteurs de créer leur propre contenu. Cela menace le métier d'éditeur – au cœur du *business model* actuel. Les algorithmes des moteurs de recherche pourraient permettre de chercher, sélectionner et fournir les contenus désirés par le lecteur sur Internet.
- D'autres types de leaders d'opinion apparaissent sur Internet : les bloggeurs commencent à délivrer du contenu et à y apporter une crédibilité relative. Ces nouveaux leaders menacent également le métier d'éditeur.
- Les applications numériques permettent aux annonceurs de disposer d'informations plus détaillées sur ce que lisent les consommateurs, le temps durant lequel ils sont exposés au message publicitaire, leurs habitudes, etc.
- Certains annonceurs développent leur propre contenu sur Internet. Par exemple, Johnson & Johnson a créé un site internet proposant du contenu pratique et de réflexion pour les parents et futurs parents. Avant Internet, Johnson & Johnson utilisait principalement les magazines destinés aux parents pour faire de la publicité sur ses produits destinés aux soins des nourrissons et enfants en bas âge.
- Les marques sont généralement fortement liées au support, c'est-à-dire le magazine. Le transfert d'une marque forte de magazine en format internet et application mobile ne se traduit pas forcément en succès.

Aujourd'hui, SMI essaie de défendre sa compétence principale : l'édition. SMI sait créer du contenu et du contexte, et détient aussi des marques fortes. Les managers s'interrogent sur la réutilisation des ressources et compétences dans de nouveaux *business models*. SMI connaît bien tous les acteurs de la chaîne de valeur externe et pourrait envisager de profiter de cette position centrale. La façon dont l'entreprise orchestre son réseau de valeur pourrait changer : les clients pourraient devenir des partenaires, ou inversement. C'est tout le *business model* et la position de l'entreprise dans la chaîne de valeur qui sont remis en cause.

Questions

1. Identifiez la chaîne de valeur externe des magazines grand public avant et après l'introduction du numérique : quelles sont les principales modifications dans les relations entre les différents acteurs de cette chaîne de valeur externe ?
2. En tenant compte du développement du numérique, qui sont les clients – ou groupes de clients – de Sanoma Magazines International ? Dans quelle mesure le numérique remet-il en cause le positionnement de Sanoma Magazines International dans la chaîne de valeur externe ?
3. En reprenant la typologie de *business models* présentée dans ce chapitre, proposez un ou plusieurs *business models* possibles pour Sanoma Magazines International.

Chapitre 9

Intégration de l'innovation et choix d'organisation

Après avoir lu ce chapitre, vous saurez :

- utiliser le *business model* comme un outil d'aide aux décisions d'intégration opérationnelle d'une innovation potentielle ;
- identifier les enjeux et la complexité des décisions d'intégration de l'innovation, de la décision à l'allocation de ressources et la mise en œuvre structurelle ;
- argumenter à propos de l'importance d'intégrer le management dès les phases amont d'émergence de l'innovation pour mieux préparer son transfert et son exploitation.

Entre 1937 et 1980, l'entreprise Polaroïd est devenue leader mondial du marché de la photographie. Ses revenus augmentent en moyenne de 23 % par an et sa rentabilité atteint 17 %, essentiellement grâce aux pellicules. La recette de son succès tient à une offre unique alliant qualité et instantanéité des photos, une excellence opérationnelle contribuant à des économies d'échelle et une efficacité internationale de la distribution. Le point de départ de cette aventure est lié à une expertise technologique forte dans la chimie du nitrate d'argent, associée ensuite à des compétences en optique et en électronique. Plus de 500 brevets ont été déposés.

Entre 1980 et 1990 démarre la période de transition vers les technologies numériques. Elles semblent en totale synergie avec le marché et l'offre de l'entreprise, qui investit donc dans un laboratoire dédié au numérique. Toutefois, au bout de 10 ans, le constat est extrêmement négatif à commencer par les résultats financiers qui sont absents. Aucune vente. Aucune innovation technologique ne s'est révélée concluante durant cette période, malgré un niveau d'investissement élevé. Les solutions numériques ne permettent pas d'allier qualité et instantanéité, et il n'est pas envisageable de ne pas imprimer les photos immédiatement. Les segments de marché actuels ne pourront pas tolérer la faible qualité des images. Les jeunes quant à eux n'ont pas les moyens suffisants pour constituer un marché rentable. Les commerciaux ne savent comment vendre ce type de produits bas de gamme.

La direction de l'entreprise, renouvelée dans les années 1990, décide de revenir aux bases en se recentrant sur la formule initiale du succès par une réduction drastique des investissements dans le numérique, un recentrage sur l'argentique et une quasi-fermeture du centre du numérique. Malgré cela, l'entreprise parvient à sortir un appareil photo numérique en 1996. Toutefois, la concurrence japonaise est déjà installée sur le marché. Ce lancement est un échec commercial et l'entreprise est de fait exclue du marché. Le numérique se substitue rapidement au Polaroïd, les revenus chutent et l'entreprise entre dans un processus de banqueroute en 2001 avec un premier rachat. Elle ne relèvera jamais la tête.

Ce cas est iconique, mais que d'exemples moins dramatiques tout un chacun pourrait citer : Nike et Adidas refusent le projet d'innovation de l'inventeur de la Geox ; le Groupe Seb refuse de s'engager aux côtés de Nestlé pour sortir une machine Nespresso ; etc. Comment expliquer de telles défaillances décisionnelles et comment améliorer la situation ? On ne peut évidemment pas s'en prendre aux décideurs uniquement. Du point de vue managérial et avec un peu d'empathie, on comprend que l'innovation est plus un problème qu'une opportunité. Elle fait peser des pressions supplémentaires, une plus grande incertitude, plus de risques nouveaux pour des bénéfices peu visibles et très aléatoires, au moins à titre individuel. Le manager devrait parier sur la dynamique de son environnement et de son marché, la capacité de son organisation à changer, le scepticisme des investisseurs, internes ou externes. Il devra, pour gagner son pari, consentir des efforts pour penser et agir autrement ou bien faire de nouvelles choses ! Examiner de nouveaux *business models* encore inconnus vis-à-vis desquels son expérience lui est inutile ? Motiver les opérationnels à s'engager dans une voie qui pourrait leur nuire, voire leur être fatale ?

Ce chapitre part du principe que, à l'instar de l'implication des clients en amont des processus d'innovation, il faut aussi impliquer les managers dès les phases amont d'exploration et de démonstration de sorte qu'ils soient ensuite susceptibles de lancer et d'exploiter l'innovation. Après une première partie visant à comprendre la problématique et les leviers de progrès, une démarche innovante est décrite puis illustrée par un cas réel, codéveloppé avec l'entreprise Schneider Electric.

1. Le transfert du projet vers les activités opérationnelles

Selon Teece[1] (2010), la survie des entreprises face à des environnements changeants dépend de leurs capacités dynamiques, en particulier de leur capacité à manager le changement par la combinaison, la recombinaison et la reconfiguration des atouts mobilisables à l'intérieur et à l'extérieur de l'entreprise. Les managers doivent savoir orchestrer les ressources nécessaires à l'innovation et inventer de nouveaux *business models* et de nouvelles formes organisationnelles pour les mettre en œuvre. S'ils disposent sans aucun doute, pour la plupart d'entre eux, des savoir-faire en gestion du changement, face à l'innovation la problématique devient complexe de par la nouveauté et l'incertitude concernant la situation cible. Cette section vise à comprendre la complexité de cette problématique, à proposer une façon de l'aborder et des leviers de progrès.

1. Teece D., « *Business Models*, Business Strategy, and Innovation », *Long Range Planning*, 43(2-3), 2010, p. 172-194.

1.1. La problématique du transfert et de l'intégration de l'innovation dans l'organisation

La partie visible de l'iceberg est une défaillance dans le processus interne de sélection par les décideurs et d'achat des projets d'innovation par les managers opérationnels. Elle s'explique essentiellement par des dissonances cognitives produites par l'innovation sur les modèles mentaux des managers de tous niveaux, qui ne comprennent pas le projet, ne savent pas faire, n'y croient pas, n'acceptent pas la remise en question ou se sentent menacés par le changement. Par exemple, Nike et Adidas ne veulent pas croire dans la valeur potentielle du confort et de l'hygiène des chaussures de sport au détriment du design et de l'image ! Le Groupe Seb n'a pas voulu croire que les consommateurs acceptent de payer une machine à café deux fois le prix du marché actuel. Par ailleurs, il est surtout effrayé par un partenariat avec un géant mondial de l'alimentaire qui va capturer l'essentiel de la valeur du marché grâce à ses capsules – et non sa machine à café.

Un premier problème consiste donc à rendre plus explicites les raisons pour lesquelles et la façon dont les managers devraient modifier et changer leur organisation, leurs processus managériaux et leurs ressources pour réussir l'exploitation d'une innovation. Cela signifie que le *business model* de l'innovation, tel qu'abordé au chapitre précédent, devrait autant que possible être documenté par les équipes d'innovation. Le corollaire est que ces équipes aient accès à des managers décideurs et opérationnels, ce qui est plutôt rare. Par voie de conséquence, la nécessité d'avoir des champions de l'innovation, managers influents dans l'organisation pour pouvoir accéder à un vivier de ressources élargi, est aussi avérée.

Le problème des modèles mentaux est qu'ils sont généralement implicites et que les individus ont rarement une pleine conscience de leur contenu et de leurs manifestations dans leurs décisions, actions et comportements. Dans le cas des décisions d'investissement et d'allocation de ressources pour des projets d'innovation significativement nouveaux, la clarté doit être apportée à quatre niveaux :

- L'identification des sources de renforcement entre les modèles mentaux et les éléments de l'innovation, qui sont indispensables pour motiver l'action voire un changement de *business model*.
- L'identification des sources de dissonances, d'écarts majeurs qui nécessiteraient un effort spécifique, du leadership et une performance accrue pour être surmontés.
- Les processus managériaux à mettre en place pour saisir les synergies et surmonter les difficultés et la facilité perçue de réalisation. La question centrale ici est celle du renouvellement des capacités, à mener en parallèle à une exploitation optimisée des activités à court terme. Deux modes de renouvellement majeurs peuvent être envisagés : le développement interne comme la formation du personnel à de nouvelles compétences ; l'acquisition externe de ces compétences. Il peut s'agir de critères de rapidité requise pour arriver sur le marché au bon moment, de facilité de mise en œuvre, de criticité des nouvelles compétences pour l'avenir de l'entreprise. L'impact de l'arrivée de ces nouvelles compétences sur l'existant et la possibilité que cela rende une partie des ressources existantes obsolescentes sont aussi un enjeu à prendre en considération. Ce débat s'avère souvent

extrêmement difficile au sein des entreprises, opposant des logiques de court terme à celles de long terme, de continuité à celles de changement, d'amélioration à celles de rupture. Toutefois, nombre d'entreprises parviennent à gérer ces questions paradoxales, le principal problème étant en réalité une question de culture individuelle, comme explicité par Movea lors du rachat de Gyration (voir chapitre 1). La façon dont ces décisions sont prises, leur fréquence, l'équilibre entre décisions opérationnelles et exceptionnelles et les modalités de maintien de ces décisions, même en cas de changement de dirigeants, doivent être examinés. Quels sont les processus pour :

- créer une nouvelle unité ?
- recruter des ingénieurs en dehors des domaines de compétences cœur de l'entreprise ?
- réaffecter du personnel clé au sein de l'entreprise ?
- couper plus de ressources financières pour les produits actuels que pour l'innovation, par exemple en période de crise ?
- acquérir des entreprises pour innover ?
- créer une nouvelle force de vente avec sa structure associée dédiée à l'innovation ?

• Les façons d'accéder aux ressources souvent rares et distinctives requises pour le projet. Les procédures habituelles d'allocation de ressources ne sont généralement pas satisfaisantes, car elles donnent la priorité aux activités d'exploitation génératrices de revenus et de bénéfices. Le plus souvent, de nouveaux arrangements organisationnels sont nécessaires, en interne et avec des partenaires externes, susceptibles d'apporter des atouts complémentaires à l'équipe d'innovation. C'est ainsi que l'organisation devient ambidextre, à la condition d'investir aussi dans ses capacités intégratives.

Au-delà des problèmes liés aux modèles mentaux, certaines décisions en faveur de la réalisation de l'innovation peuvent être prises, selon des dynamiques décisionnelles tout à fait appropriées : durables, évolutives, équilibrées entre des logiques divergentes, questionnables dans le temps. Elles restent cependant difficiles à mettre en œuvre au niveau opérationnel, voire détournées ou ignorées. C'est notamment lié au phénomène de rigidité organisationnelle. Par exemple, la focalisation d'une entreprise sur une discipline scientifique de sa compétence cœur peut la rendre moins attractive pour des scientifiques d'autres disciplines. L'accumulation de connaissances tend à créer une dépendance causale. Ces rigidités s'observent à tous les niveaux de l'organisation et des individus. Les craintes les plus connues face à l'innovation à fort potentiel de changement comprennent : les risques de cannibalisation de l'innovation envers les produits existants ; les coûts de transfert de la situation actuelle vers l'innovation, les besoins en formation ; les problématiques de reconversion des hommes et des infrastructures (donnant lieu notamment à la destruction de compétences).

1.2. La question de l'interface entre innovation et plate-forme opérationnelle

La compréhension de la problématique favorise l'identification d'une façon de procéder pour mieux intégrer les projets d'innovation, notamment lorsqu'ils présentent un caractère éminemment nouveau. La suggestion est de préparer les réponses aux questions que les managers décideurs et opérationnels se poseront, de manière plus ou moins consciente. Les informations ainsi ajoutées au concept et au projet d'innovation constituent une vraie valeur ajoutée à la démonstration de faisabilité de l'innovation. Elle peut même, dans les phases amont, permettre de décupler la valeur potentielle de l'innovation du point de vue du client en apportant de la nouveauté dans le management et les processus clés de l'entreprise. Cela passe par l'implication amont de compétences managériales opérationnelles et décisionnelles dans les équipes innovation.

Le *business model* apparaît comme un modèle intégratif, approprié pour diagnostiquer le degré de compatibilité entre l'innovation et le *business model* établi et décider de ses modalités d'intégration et d'exploitation. La valeur ajoutée de ce cadre est de se poser les bonnes questions pour :

- préparer l'organisation d'accueil de l'innovation :
  - révéler dans une organisation existante les tensions et opportunités posées par le lancement d'une innovation et la nécessité de créer un nouveau *business model* ;
  - agir sur ces tensions et sur les synergies (comme effet de levier, sinon il n'y a pas la motivation pour agir sur les tensions) et préparer un plan d'apprentissage et d'expérimentation ;
  - concevoir une organisation cible et préparer sa mobilisation, notamment lorsqu'une phase d'expérimentation de l'innovation grandeur nature est nécessaire ;
  - disposer d'une représentation globale et partager la démarche afin de se l'approprier et de la reproduire.
- construire des organisations apprenantes, sous la forme d'environnement naturel d'expérimentation de *business models* ;
- construire de nouvelles représentations des marchés, fondées sur des principes revisités et générateurs de nouvelles stratégies.

Christensen *et al.*, dans leur article sur la nécessité de savoir réinventer son *business model*, présentent sommairement le cas Dow Corning, qui est passé de solutions personnalisées sur mesure à des solutions standard à faibles coûts, vendues sur Internet. L'analyse du cas pour chacune des dimensions du *business model* présenté dans le tableau 9.1 permet de prendre conscience de manière explicite des motivations pour s'engager et des barrières à surmonter. C'est une aide à la décision et à la préparation de l'organisation idoine pour, le cas échéant, lancer l'innovation.

Tableau 9.1 : Analyse comparée des business models établis et nouveaux – cas Dow Corning

	Description des BM à comparer		Écarts
	BM émergent	BM établi	
Proposition de valeur au client			**FORT sans synergies**
Positionnement	Bas coûts	Performance technologique	Nouveaux clients
Clients	Grandes entreprises, gros marchés	Diversifiés (tailles et industries)	Élimination segment
Solution	Produit standard	Solution high-tech sur mesure	Standard à créer
Délais commerciaux	2 à 4 semaines	6 semaines environ	Accélération
Services	Éliminés ou facturés	Dans le package	Réaction clients
Approche vente	Prix catalogue sur Internet	Négociation contractuelle	Nouveau système IT
Profit			**FORT sans synergies**
Modèle de revenu	Prix faibles × Vol. élevé × Clients limités	Prix élevés × Vol. variable	Prix : –15 %
Taille commandes	Élevée	Diverse	
Coûts de structure	Faibles : économies d'échelle	Élevés (frais généraux)	Minimiser, automatiser
Marges unitaires	Faibles	Élevées	
Ressources			**FORT avec synergies**
Compétences clés	Gestion, optimisation qualité, coûts, délai	R&D, exploration	
Technologies	Établies	Avancées	
Partenaires clés	Fournisseurs	Recherche	
Marque	Importante	Importante	
Processus clés			**FORT, synergies ?**
Commercialisation	Automatisée	Orientée services	
R&D	Cycles courts de développement produit	Avance technologique	
Production	Fournisseurs	Qualité interne	
Marketing	Opérationnel	Innovation	
RH	Recrutement	Formation	
Systèmes d'info		Critique	

La grille du *business model* présentée au chapitre précédent permet de poser les questions pertinentes visant à identifier les paramètres critiques à la réussite du projet, c'est-à-dire ceux sur lesquels agir pour : maximiser les synergies entre innovation et *business model* établi ; réduire les tensions et les risques liés aux rigidités que l'innovation impose de surmonter. Si les tensions tendent à ressortir facilement du fait de certains biais de comportements naturels, il est important pour l'innovateur d'être celui qui met en avant les raisons pour lesquelles son projet ne devrait pas être rejeté. Cela passe par une explicitation des indicateurs, normes et valeurs de l'entreprise favorables au projet d'innovation. La figure 9.1 présente une cartographie indicative de ces indicateurs.

Figure 9.1

Franchir la première ligne de défense managériale contre l'innovation.

Source : l'auteur.

1.3. Leviers d'intégration de l'innovation

L'intégration de l'innovation repose en grande partie sur la capacité des organisations à se renouveler, sur leurs capacités dynamiques. Dans ce sens, la notion d'ambidextrie organisationnelle se développe dès lors qu'il s'agit d'innovation de rupture. Une étude réalisée aux États-Unis fait ressortir quatre types dominants de choix d'organisation pour mettre en œuvre l'innovation de rupture avec, pour chacun, un taux de réussite des projets. Leurs résultats sont présentés à la figure 9.2.

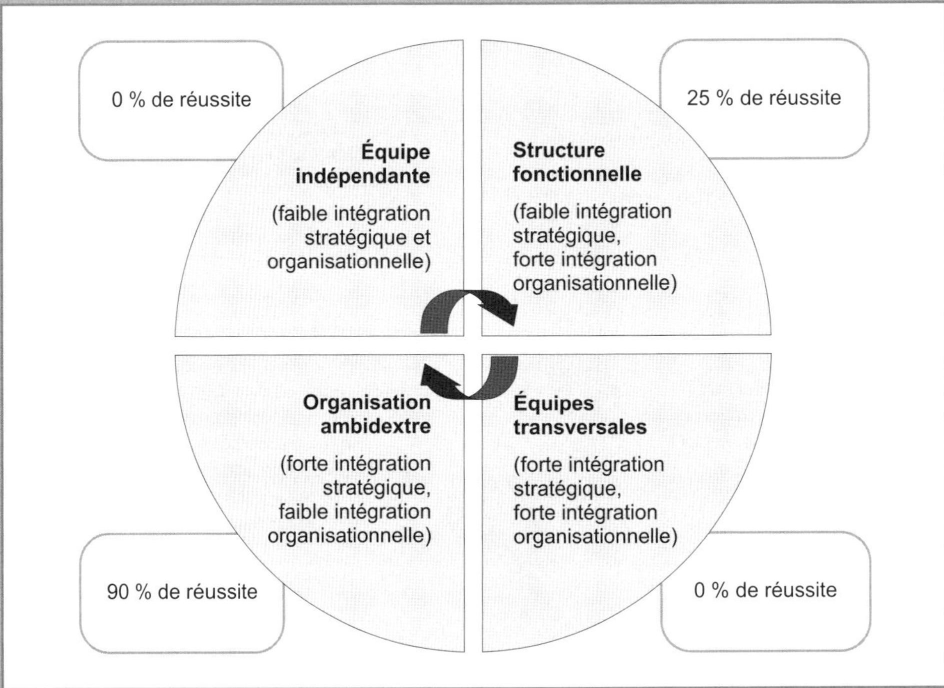

Figure 9.2
Ambidextrie organisationnelle et réussite de l'innovation de rupture.

Source : l'auteur, inspiré de Tushman et O'Reilly.

Le principe fondamental de l'organisation ambidextre est de comprendre qu'il ne s'agit pas de deux organisations intégrées au sein d'une même entreprise, mais de deux cultures intégrées au sein d'une même organisation. L'intégration est le maintien d'un lien étroit entre les différentes unités d'innovation par une vision intégrée et partagée au niveau de la direction. Elle est orientée vers le futur, a la volonté de mettre sur le marché des innovations de rupture tout en poursuivant des bénéfices issus de l'exploitation de l'innovation incrémentale. Deux types d'actions spécifiques caractérisent ce style de direction : l'allocation de moyens à l'exploration et à l'apprentissage au sein de structures nouvelles dédiées ; l'autorisation et le financement de l'échec sous réserve de capturer des apprentissages (voir tableau 9.2).

Tableau 9.2 : Devenir une organisation ambidextre (inspiré de Tushman et O'Reilly)

	Exploitation	Exploration
Intention stratégique	Coûts et profits	Innovation et croissance
Tâches critiques	Opérations, efficience, innovation incrémentale	Adaptabilité, nouveaux produits, innovation radicale
Compétences clés	Opérationnelles	Entrepreneuriales
Structure	Formelle et mécanique	Adaptative et flexible
Système de contrôle et de récompense	Marges et productivité	Jalons et développement
Culture	Efficience, faible risque, qualité, clients	Prise de risque, rapidité, flexibilité, expérimentation
Rôle du leadership	Autoritaire, *top-down*	Visionnaire, implication

Le corollaire se situe au niveau des capacités dynamiques de l'entreprise et des compétences dites entrepreneuriales qui doivent être favorisées par les dirigeants dans des processus spécifiques à l'innovation. Pour ce faire, il est nécessaire qu'ils démontrent explicitement leur capacité à :

- être focalisé sur l'innovation, de manière durable ;
- être dans une dynamique de changement, orienté vers de nouvelles initiatives ;
- être en logique d'équilibrage continue entre le stable et le discontinu, au moment de l'allocation de ressources, du choix des leaders et des porteurs de projets (autour de l'équipe d'innovation ou de la fonction organisationnelle, du manager innovant ou du manager de produit).

Approfondissement 9.1

Les compétences entrepreneuriales favorables à l'ambidextrie

Certains managers à profil entrepreneurial sont valorisés. J. Liouville (2009) présente une synthèse des compétences entrepreneuriales requises pour permettre à l'ambidextrie organisationnelle d'exister.

Compétences d'expérimentation	Compétences sociales
• Vision à long terme (prospective) • Créativité • Management de la conception • Relation avec les communautés d'amateurs passionnés (*open sources*, par ex.) • Autonomie • Ouverture à la critique • Gestion des risques • Persistance des nouvelles idées • *Story telling* (relation avec les investisseurs potentiels) • Acquisition de capital	• Leadership • Sens de l'éthique affiché • Psychosociologie • Travail en équipe • Gestion d'équipes • Écoute • Communication • Gestion des conflits (par exemple, capacité de médiation) • Management des réseaux professionnels (par exemple, partenaires de coopération) • Recrutement et motivation

Approfondissement 9.1 (suite)

Compétences de diffusion	Compétences de « mise en marché »
• Management de la chaîne de valeur • Impartition • Planification • Management de la technologie (qualité, flexibilité, modularité, etc.) • Transfert de technologie (par exemple, prise de licences) • Organisation • Gestion du temps • Gestion budgétaire • Gestion de trésorerie • Contrôle de gestion	• *Supply chain management* • Marketing • Glamour (fascination des clients, à l'exemple d'Apple) • Vente • Service après-vente • Relation clients (solliciter l'avis des clients, traiter leurs suggestions, etc.) • Anticipation des besoins des clients • Organisation orientée « clients » à tous les niveaux de l'entreprise

C'est en travaillant sur ces caractéristiques de décisions, d'organisation et de comportements que peuvent s'affirmer les capacités dynamiques de l'organisation sur des marchés qui évoluent rapidement. Elles se traduisent par une capacité à reconfigurer rapidement la structure de l'organisation pour saisir de nouvelles opportunités en s'adaptant à des marchés émergents. Des entreprises comme Dow Corning ou Apple en ont fait une compétence centrale. Schneider Electric, dans sa capacité à intégrer rapidement des compétences et des métiers de *data center* face à l'évolution vers des solutions intelligentes de gestion de l'énergie, démontre aussi cette aptitude en investissant significativement dans un domaine susceptible de générer une valeur importante sur le marché de l'énergie. Les partenariats en nombre, en diversité et en nature sont aussi un indicateur de capacité dynamique des entreprises, surtout lorsqu'ils sont en dehors du métier et de la filière historique et établie de l'entreprise.

En définitive, le manager est celui qui doit identifier et choisir, parmi les options organisationnelles entrepreneuriales possibles, celles qui seront les plus appropriées pour le développement de chaque innovation. L'approfondissement 9.2 permet d'examiner plus précisément ces logiques organisationnelles.

Approfondissement 9.2

Stuctures organisationnelles ambidextres

		Importance stratégique		
		Faible	**Moyenne**	**Forte**
Lien avec les opérations	**Fort**	Essaimage total	Micro-nouvelle division	*Business unit* spéciale
	Moyen	Contractualisation	Nouvelle division	Département nouveau produit
	Faible	Soutien et contractualisation	*Business unit* indépendante	Intégration directe

Approfondissement 9.2 (suite)

C'est un enrichissement indispensable aux projets d'innovation que d'anticiper et d'impliquer les futures parties prenantes de son exploitation pour optimiser les chances de succès des projets. Penser à la structure d'organisation cible doit permettre : d'accéder aux compétences et de pallier les risques de destruction ou d'obsolescence trop rapide ; d'assurer une mise en œuvre efficace, non contrainte inutilement par des procédures faites pour un autre métier ; d'innover si besoin au niveau de la chaîne de valeur interne et des fonctions managériales.

En pratique, ce travail relatif à la structure cible pour le lancement et l'exploitation de l'innovation est difficile. Il requiert une compréhension et une connaissance de l'organisation et du management particulièrement fines, dont peu d'individus disposent en réalité. Le rôle des équipes d'innovation est, dans ce contexte, souvent oublié : conceptualiser cette structure cible, avec dans la mesure du possible les personnes de management auxquelles elles ont accès facilement. En effet, au même titre qu'elles collaborent avec les clients pour l'approche marché amont, elles devraient collaborer avec les futurs managers opérationnels. C'est indispensable, car cet effort ne sera pas fourni au moment de la décision stratégique de sélectionner le projet d'innovation pour le lancer (voir chapitre 10). C'est une façon de lever les blocages et les réticences au changement de managers décideurs qui sauront mieux, partant d'un existant, contribuer à la problématique des modalités organisationnelles de lancement de l'innovation.

Approfondissement 9.3

Les petites entreprises aussi sont concernées

Développer l'agilité managériale des petites structures

« Dessinons ensemble le paysage de vos innovations ! »

Roland Pesty,
fondateur de Pollen Innovation,
expert en management de l'innovation

J'accompagne les porteurs d'innovation dans la transition vers la mise en place et l'animation d'une plate-forme d'activités dédiée à la mise en œuvre et l'exploitation de leurs concepts. Qu'il s'agisse de création d'entreprise ou de création d'activité au sein d'une organisation existante, on retrouve quelques constantes.

Approfondissement 9.3 (suite)

Tout d'abord, une situation paradoxale de nécessité d'innover associée à une réalité de mise en danger, de par des risques multiples et un niveau d'incertitude extrêmement élevé – en lien avec l'exploration de nouveaux territoires inconnus.

Il faut prendre conscience de l'intérêt des avancées conceptuelles apportées notamment par les « académiques » : écosystème d'innovation, diversité pilotée, innovation par les usages, innovation ouverte, etc. Leur mise en perspective avec les mutations en cours, comme le développement durable, les préoccupations éthiques, la valorisation de l'immatériel, permet de prendre conscience de questions majeures telles que les nouveaux *business models* et la problématique de transition entre l'existant et le futur. C'est un exercice important pour accélérer le changement et, ce faisant, réinventer l'innovation.

J'ai créé Pollen Innovation pour contribuer à ce mouvement en interface avec les académiques et les innovateurs, étant moi-même innovateur. Ma valeur ajoutée auprès des managers, actuels et futurs, comprend : une simplification de leur compréhension du processus d'innovation perçu comme trop complexe aujourd'hui ; une mise en cohérence de la stratégie, des acteurs et des démarches ; un accompagnement dans la mise en réseau et la fabrique de connexions créatives déterminantes ; le développement au sein de l'entreprise d'une capacité permanente à innover en capitalisant sur les expériences et en apprenant en continu. Il s'agit, comme le disait un dirigeant de PME de la plasturgie, de compléter de manière pratique et appliquée les apports classiques d'un positionnement stratégique ou encore de l'élaboration d'un *business plan*.

La section suivante propose une démarche pour faciliter ce travail d'interface entre les porteurs d'innovation et les décideurs. Le chapitre 10, quant à lui, abordera la problématique du point de vue de ces derniers.

2. Démarche associant porteurs d'innovation et décideurs : l'approche Kibis©

La démarche Kibis©[2] s'appuie sur la notion de *business model* tel que nous l'avons décrit au chapitre 8. Elle permet de rendre explicites les modèles mentaux implicites en usage dans les entreprises et de faire converger l'innovation et le *business model*. Cette démarche se veut un outil pédagogique visant à améliorer l'interface entre les managers décideurs et opérationnels avec les innovateurs dès les phases amont de démonstration de l'innovation. Cet outil est aussi, au final, une aide à la décision de sélection stratégique de l'innovation. Nous présentons ci-après la démarche, puis une illustration à partir d'un cas réel.

2. Kibis© (*Kick Innovation in BusInesS*©) a été codéveloppée par Schneider Electric et Grenoble École de Management.

2.1. Vue d'ensemble de la démarche Kibis©

Le principe fondamental de la démarche (voir figure 9.3) est celui de la création de sens par l'intelligence collective. Il s'agit d'identifier les différentes perceptions face à un phénomène nouveau et complexe, afin de rendre visibles les biais cognitifs de chacun et de construire ainsi une représentation collective dans laquelle chacun pourra enrichir sa vision parcellaire.

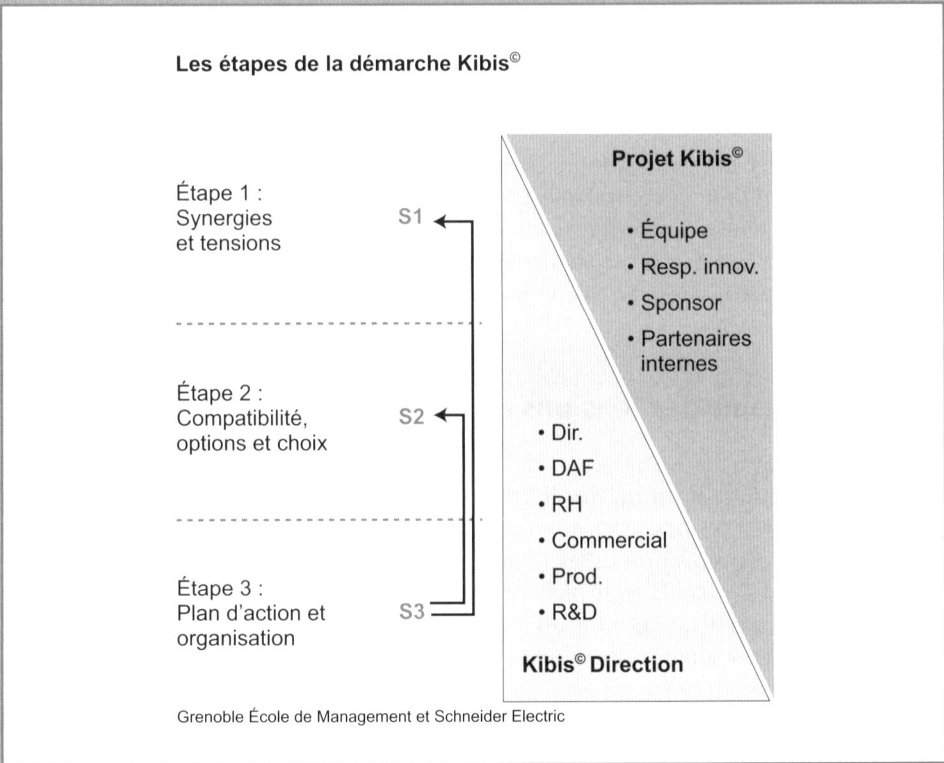

Figure 9.3
Vue d'ensemble de la démarche Kibis©.

Les prérequis à la démarche sont :

- une présentation claire et synthétique de l'innovation soumise à décision ;
- un environnement de sélection interne idoine, qu'il soit simulé par l'équipe d'innovation ou bien réel, impliquant en phase amont des managers décideurs.

La démarche nécessite, au moins pour les premières fois, environ deux heures de travail collectif. La première étape consiste à découvrir l'innovation puis à lister individuellement les trois synergies et les trois tensions principales perçues entre l'innovation et le *business model* tel que compris par chacun. Cette première réflexion fait l'objet d'un partage entre les membres participants. Des redondances apparaissent et renforcent certaines croyances.

Des points de complémentarité sont aussi mis en avant et, si besoin, explicités aux uns par les autres de sorte qu'ils puissent éventuellement se les approprier et enrichir leur compréhension. Enfin, des points de contradiction peuvent aussi apparaître et permettent de soulever de nouvelles questions.

Ensuite, nous entrons dans la deuxième phase de la démarche. L'approche qualitative et collective des synergies et des tensions est traduite par un positionnement sur la matrice de compatibilité (voir figure 9.5). Face à ce positionnement d'abord individuel, puis collectif si possible, quatre situations peuvent se présenter et ouvrent chacune des options types de mise en œuvre de l'innovation.

Pour finir, ces options sont nourries en termes de plan d'actions prioritaires et de moyens associés. Ces derniers sont localisés dans l'organisation ou en dehors, afin de permettre, ensuite, de formuler des recommandations sur la structure de lancement de l'innovation et son rattachement tant structurel que hiérarchique. On utilise ici la notion d'ambidextrie pour émettre des choix de configuration organisationnelle à soumettre aux décideurs. Nous revenons plus en détail sur les deux piliers de cette démarche : la cartographie des synergies et des tensions ; la carte de compatibilité entre l'innovation et le *business model* en place.

2.2. Cartographie des tensions et des synergies

Chaque participant assiste à la présentation de l'innovation, physiquement ou de façon virtuelle, pour simuler un comité de sélection de l'innovation. Il explicite les synergies qu'il voit entre le projet et les orientations stratégiques de l'entreprise. Il peut aussi souligner l'adéquation entre l'innovation et les dynamiques d'innovation externes. Afin de ne pas être noyé dans trop de détails et de recherche d'exhaustivité propres à rassurer les gens face à l'incertitude, les participants sont invités à se limiter à trois synergies et trois tensions. Une fiche spécifique à chaque synergie et chaque tension permet de présenter les points de vue personnels de manière rapide et synthétique en spécifiant, pour chaque fiche, sur quelle ou quelles dimensions du *business model* porte la synergie ou la tension. Une cartographie collective des tensions et des synergies est ainsi réalisée et partagée comme l'illustre la figure 9.4.

Cette cartographie apporte deux enseignements majeurs :

- L'explicitation du ou plutôt des *business models* perçus de manière implicite : c'est un enseignement utile pour la prochaine innovation et pour le travail du management sur les forces et les faiblesses de l'organisation en place face à l'innovation.
- L'identification des réactions du système immunitaire contre l'innovation et aussi – mais généralement de manière moins flagrante – les réactions favorables à l'innovation.

C'est en soi une phase utile pour que les porteurs de l'innovation comprennent les raisons d'un éventuel rejet ou statu quo de la direction face à l'innovation. C'est un levier indispensable pour identifier les questions clés de la sélection et préparer des réponses constructives.

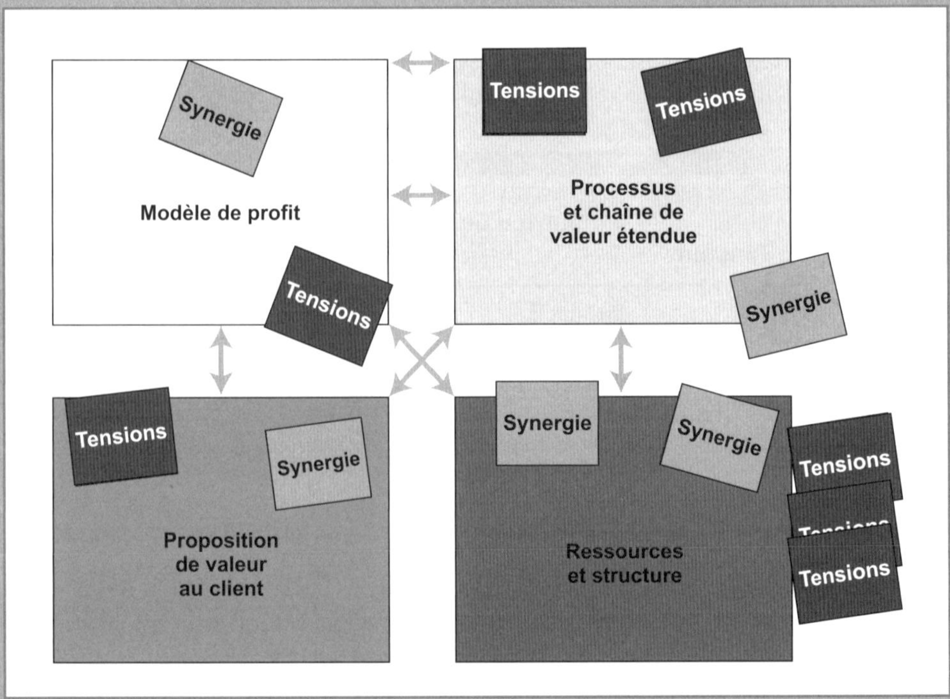

Figure 9.4
Cartographie des synergies et des tensions.

2.3. Matrice de compatibilité et options organisationnelles

L'étape suivante peut être assimilée à une phase de catégorisation permettant de qualifier le problème d'intégration de l'innovation auquel on est confronté. Chaque personne, après avoir enrichi sa compréhension des synergies et des tensions au cours de discussions avec ses collègues, va donner une évaluation personnelle du niveau de synergie et du niveau de tension que génère le projet d'innovation. Ainsi, on obtient pour une innovation un ensemble de positions individuelles sur la matrice de compatibilité présentée à la figure 9.5.

Les participants ne voient pas, avant de se positionner, les terminologies spécifiques à chaque case afin de ne pas les orienter dans leur évaluation des synergies et des tensions. Nécessairement, des divergences entre participants sont mises en exergue et permettent de nouveau l'échange. Chacun peut argumenter ses choix de pondération concernant les synergies et les tensions. Finalement, une lecture des implications liées au positionnement de l'innovation peut aider à une convergence finale ou à la nécessité de mener plusieurs options d'intégration de front.

Souvent, dans le cas d'innovation à fort potentiel de création de valeur, la position finale est le dilemme : synergies fortes et tensions fortes. Les participants se voient alors détailler les implications et les options potentielles visant à expérimenter l'innovation « grandeur nature » afin de réduire l'incertitude et les tensions en toute sécurité pour l'entreprise. Une posture située entre l'externalisation de la phase d'expérimentation ou son intégration totale dans une entité flexible et autonome de l'organisation sera élicitée et proposée.

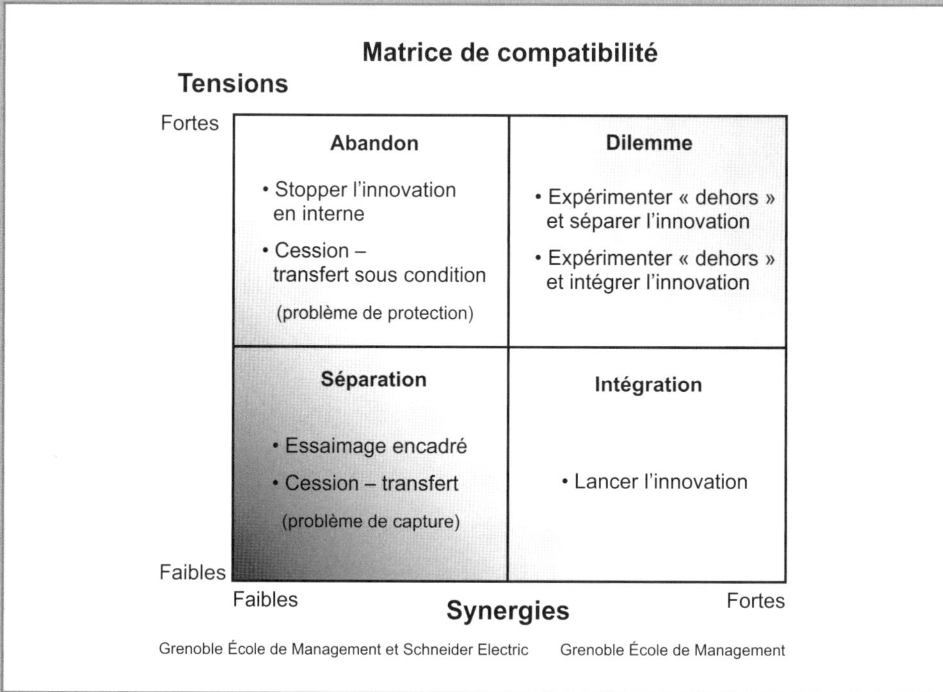

Figure 9.5
La matrice de compatibilité entre l'innovation et l'organisation.

3. Un retour d'expérience : le cas « *Drill it right* », Schneider Electric

3.1. L'entreprise et l'innovation potentielle

Schneider Electric est l'un des leaders mondiaux dans le domaine de la gestion de l'énergie. Présente dans plus de 100 pays, l'entreprise propose des solutions dans plusieurs secteurs d'activités stratégiques : les infrastructures énergétiques, l'industrie et les fabricants de machines, les bâtiments non résidentiels, les centres de serveurs de données et le résidentiel. Les valeurs en faveur d'une énergie durable fondée sur l'efficacité énergétique sont largement défendues par les 110 000 employés du groupe. Il a réalisé 19,6 milliards d'euros de chiffres d'affaires en 2010. La principale division concerne des équipements et des systèmes couvrant toutes les phases de la transmission et de la distribution électrique.

En matière d'innovation, l'entreprise veut transformer son industrie en se positionnant comme pionnier des solutions innovantes en faveur du développement durable et responsable, à l'échelle internationale. Trois tendances sont motrices : l'efficacité énergétique, les nouvelles économies émergentes comme moteur de développement, le *smart grid* (réseau énergétique intelligent visant à équilibrer la production et la consommation d'énergie, dans le temps et dans l'espace). Toute innovation doit donc permettre d'étendre le leadership des solutions et d'accélérer les affaires. Pour ce faire, Schneider Electric investit 4 à 5 % de son chiffre d'affaires en R&D (386 brevets et 8 600 ingénieurs dans 20 pays en 2009). L'innovation est structurée en plate-forme d'innovation, structure organisationnelle permettant de faire collaborer la R&D, le marketing, le design, la production, etc. spécifique à chaque *business unit* (en 2010).

Le projet d'innovation : « *Drill it right* »

L'idée est née au sein de la principale division du groupe. Le problème de départ est celui du perçage des portes des installations électriques qui, souvent, est mal réalisé par les clients et requiert le rachat de nouvelles portes, excessivement chères. Plus précisément, lors de l'installation des solutions, il faut les raccorder au réseau électrique en place de sorte que le dispositif fonctionne. Ce dispositif est intégré dans des armoires qui sont fermées, sauf en cas d'intervention. Le câblage traverse donc ces armoires qu'il faut percer au bon endroit – porte fermée –, afin qu'il soit aligné avec les prises à l'intérieur de l'armoire. Sans un bon alignement, l'installation ne fonctionne pas de manière adéquate. Ne pas se tromper implique des efforts et un temps inacceptables pour chaque porte.

Face à ce problème, source d'insatisfaction pour le client, un ingénieur R&D a conçu une solution simple et efficace : le « *Drill it right* » testé auprès de clients pilotes sous la terminologie d'équerre laser. La figure 9.6. décrit cette innovation.

Figure 9.6
Présentation de l'équerre laser.

Le principe est le suivant : l'équerre est positionnée sur le haut de l'armoire, dans l'alignement de la prise pour laquelle un trou doit être réalisé. La porte est ensuite fermée, et un premier repère est placé sur la porte, à l'emplacement du trou. L'opération est répétée en partant d'un côté de l'armoire, permettant de placer un second repère qui, à l'intersection du premier, matérialise l'emplacement du trou à réaliser.

Cet outil est essentiel pour un alignement précis et fiable du perçage avec les prises électriques. Au-delà de sa facilité d'utilisation, il évite les erreurs et accélère cette opération reconnue pénible et aléatoire.

Le retour des clients pilotes montre une très grande satisfaction, et l'augmentation de la demande auprès de la *business unit* soulève la question d'un marché potentiel. Une phase d'exploration et de démonstration est lancée et voit naître un second concept, plus professionnel là où le premier était plus promotionnel (le cadeau pour faire plaisir au client). Le projet, dans la seconde version de l'outil, semble prometteur. La proposition de valeur met en avant trois bénéfices utilisateurs majeurs : des gains de temps et de facilité d'installation ; des économies par la réduction du nombre d'erreurs ; la possibilité de réaliser plus de trous dans le même espace grâce au gain de précision du perçage. Les clients sont prêts à acheter l'outil 250 €. Le projet d'innovation présente le *business case* suivant :

- un investissement total de 270 K€ ;
- un coût de production de 72 € par unité ;
- un partenaire existant pour fournir les composants de l'outil ;
- un marché prévisionnel pour les trois premières années de 3 000 unités et 250 € par unité ;
- des bénéfices prévisionnels de 1,26 M€ ;
- un brevet en cours de dépôt ;
- d'autres marchés potentiels à terme comme les installateurs de cuisine ;
- un outil qui a le potentiel de servir toutes les *business units* du groupe.

Ce projet est très différent de ce que l'unité a l'habitude de soumettre au comité de sélection. De fait, pour anticiper la décision, voire mieux préparer le dossier, un atelier Kibis© est lancé.

3.2. Les résultats des ateliers Kibis© « *Drill it right* »

Un atelier équipe d'innovation et un atelier managers décideurs ont été mis en place. Chaque fois, le porteur du projet est venu présenter son concept et son projet tels que mentionnés ci-dessus. Des représentants des BU, du marketing stratégique et des finances sont présents. Après quelques questions, la phase de cartographie des synergies et des tensions démarre. Elle donne lieu à la réalisation d'une planche (voir figure 9.7).

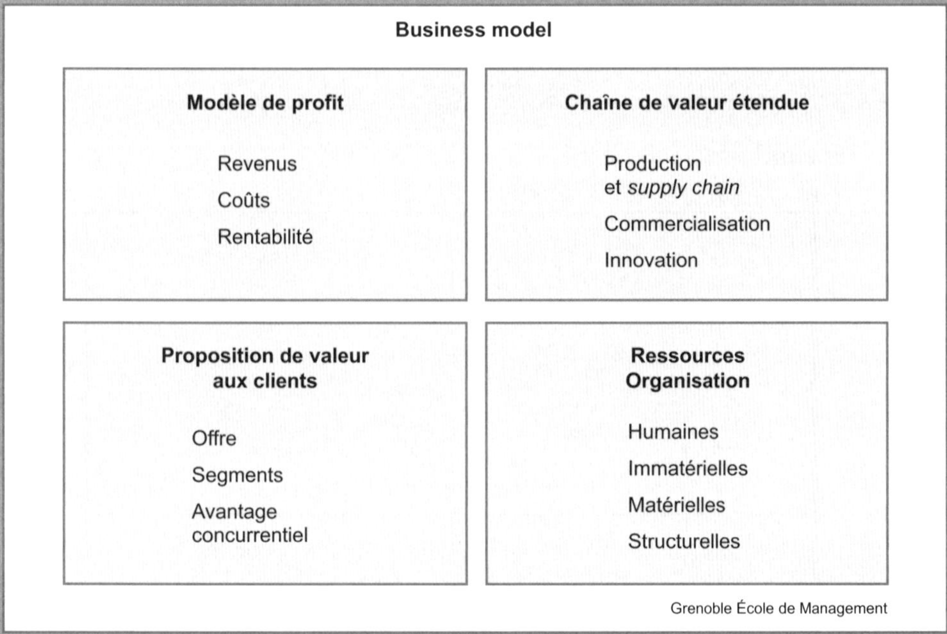

Figure 9.7
Équerre Laser – cartographie des synergies et des tensions.

Les divergences de perception s'avèrent fortes sans que de consensus ni d'accord sur quelques points saillants ne soit trouvé. C'est inattendu pour le porteur, mais aussi pour les participants. Ils entament la phase suivante de réalisation d'une matrice de compatibilité. L'absence de convergence se confirme comme l'illustre la carte finale (voir figure 9.8).

Un fois que l'explication de chaque cas et de leurs implications a été fournie aux participants, ces derniers entament une discussion pour tenter de trouver un point de convergence entre abandon et dilemme. La position finale, dans chacun des deux groupes, est l'abandon ; toutefois, le souhait est formulé de renommer ce cas dont la terminologie est perçue comme trop violente par rapport à ce qu'elle permet d'envisager et vis-à-vis du porteur d'innovation. L'équipe d'innovation est restée époustouflée par sa propre décision, alors même qu'initialement tous étaient de fervents défenseurs de ce projet. Ils n'auraient jamais imaginé qu'il puisse être rejeté tant il est fiable et porteur de bénéfices. Le constat de l'absence d'une structure capable de valoriser ce concept d'innovation à l'extérieur, notamment en termes de cession de licences, est aussi fait et remonté à la direction. En parallèle, la recherche d'un partenaire pour externaliser l'innovation est initiée. Le comité de sélection stratégique a finalement confirmé son accord avec ces choix en insistant sur la trop petite taille du projet, son décalage avec les orientations stratégiques et le fait qu'il appartient au métier de l'outillage, trop loin de celui de l'entreprise. Toutefois, le projet n'a pas été simplement abandonné mais valorisé auprès d'acteurs externes – ce qui est une satisfaction pour l'équipe d'innovation. De son côté, elle a revu sa proposition de valeur pour tenir compte des options possibles de lancement de l'innovation : d'une part, en externe ; d'autre part, sous la forme d'un outil promotionnel, notamment auprès des clients pilotes qui le demandent. Cela devient un outil de promotion plutôt qu'une offre produit à part entière.

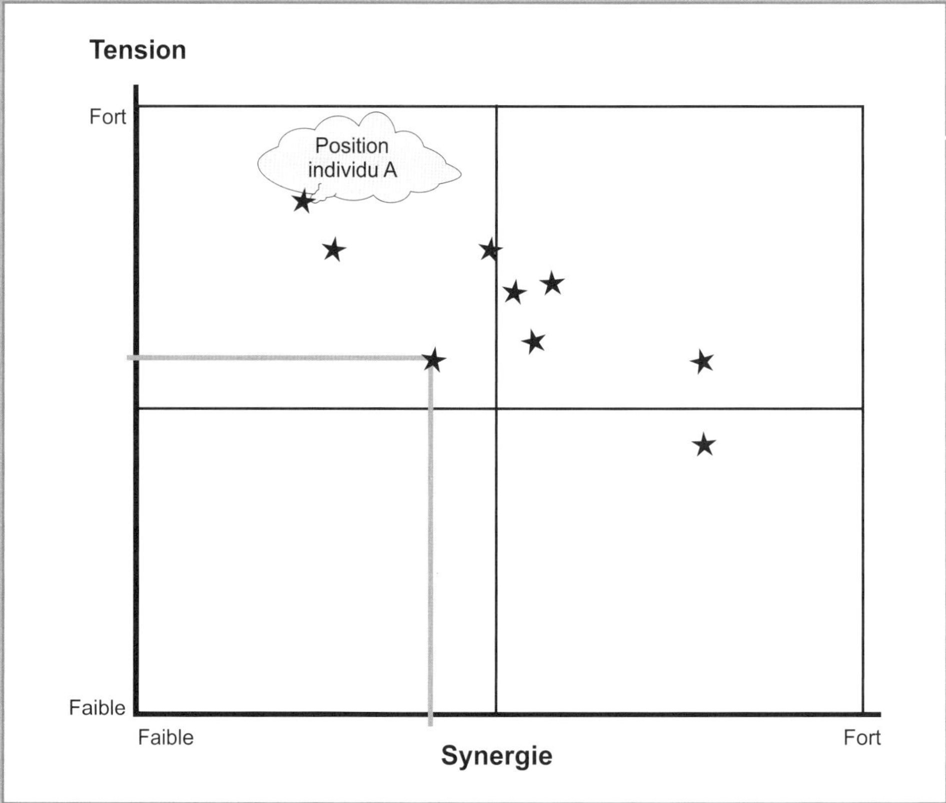

Figure 9.8
Compatibilité du projet « équerre laser ».

3.3. Utilité et impact perçus de la démarche

La démarche Kibis© peut être aisément déclinée avec des équipes d'innovation. L'entreprise Schneider Electric est en train de généraliser cette approche, de sorte à mettre toutes les chances de son côté pour lancer l'innovation dans de bonnes conditions. Elle n'est cependant pas une garantie absolue !

Du côté des décideurs en charge de sélectionner les projets d'innovation, la démarche est perçue comme intéressante et utile. Toutefois, il ne s'agit pas de la dérouler avec les dirigeants. Ceux-ci apprécient les projets ayant suivi cette démarche, car ils deviennent plus compréhensibles et appréhendables. La prise de décision devient moins aléatoire et la capitalisation d'expérience plus aisée. L'approfondissement 9.4 présente un article tel que publié par Schneider Electric, dans le journal interne de l'entreprise.

Approfondissement 9.4

Retour sur la méthode Kibis© au sein de Schneider Electric

À l'intérieur du moteur de l'innovation… l'analyse du business model

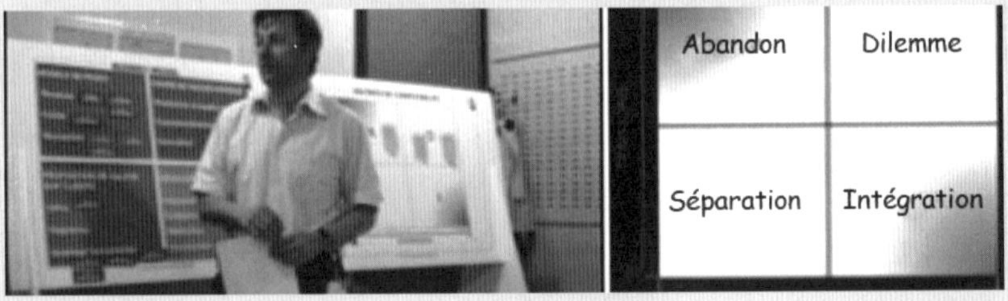

Une innovation doit créer de la valeur pour les clients – en offrant de fortes valeurs d'usage – et un avantage durable par la technologie. Elle doit aussi réussir à s'inscrire dans les modèles d'affaires de Schneider Electric, voire à les faire évoluer, pour capter le maximum de valeur. Cela est d'autant plus délicat quand l'innovation est une rupture.

Conçue pour les équipes en charge de projets d'innovation et les équipes de direction, la démarche Kibis© permet en une demi-journée d'évaluer l'acceptabilité d'une innovation par l'organisation en place, d'identifier les tensions et les synergies que suscitent cette innovation, de proposer des actions correctives pour finalement décider des conditions de la valorisation ou de l'abandon du projet d'innovation.

Kibis© révèle ainsi les interactions avec les *business models* existants de l'entreprise : dans les modèles de profit, la proposition de valeur, les ressources ou la chaîne de valeur. Utilisée par l'équipe de direction, Kibis© objective la décision de poursuivre ou non, révèle et formalise les points clés que le management devra contrôler dans la phase de transformation en business.

Cette démarche a été conçue entre Grenoble École de Management et les plateaux d'innovation, Power et Industrie.

Elle entre dans une phase pilote sur quelques projets avant d'être systématisée.

Conclusion

Cette démarche est perçue comme utile, facile d'utilisation et source de nouvelles pratiques aux interfaces entre innovation et management stratégique. Au-delà de la dimension technique liée à l'outil, c'est surtout la question du changement des comportements qui est importante : ne pas rejeter un projet trop vite car les perspectives financières qu'il offre ne sont pas dans les standards de l'entreprise ; ne pas accepter un projet timidement, en allouant peu de ressources pour limiter les risques alors que le besoin serait par exemple de mobiliser des unités transverses dans l'entreprise ; proposer des structures d'organisation *ad hoc*, de sorte que les individus n'aient pas à maintenir leur niveau de performance actuel tout en menant un projet d'envergure dans le même temps. Au sein d'entreprises plus petites, des approches différentes avec un même contenu devraient être envisagées pour développer ce que certains appellent l'agilité managériale. Des opérateurs se mettent en place en relation étroite avec des équipes de chercheurs en management de l'innovation pour adapter et simplifier la démarche. C'est le cas par exemple de Pollen Innovation mentionné plus haut. L'enjeu est en réalité colossal si l'on tient compte des discours alarmistes quant à la nécessité de rendre les PME plus innovantes, notamment en dehors de leur métier et de leurs offres habituelles. C'est un enjeu majeur au sein de l'Institut de recherche nanoélectronique, lancé en avril 2012 à Grenoble, mais aussi de grands projets européens comme les « *knowledge innovation communities* » lancées par l'Institut européen de l'innovation (EIT) il y a environ deux ans.

Bibliographie complémentaire

Chesbrough H.W. et Rosenbloom R.S., « The Role of the *Business Model* in Capturing Value from Innovation: Evidence from Xerox Corporation's Technology Spin-Off Companies », *Industrial and Corporate Change*, 11(3), 2002, p. 529-555.

Cohen W.M. et Levinthal D.A., « Absorptive Capacity: A New Perspective on Learning and Organization », *Administrative Science Quarterly*, 35, 1990, p. 128-152.

Eisenhardt K.M. et Martin J.A., « Dynamic Capabilities: What are they? », *Strategic Management Journal*, 21(10-11), 2000, p. 1105-1121.

Johnson M.W., Christensen C.M. et Kagermann H., « Reinventing your *Business Model* », *Harvard Business Review*, décembre 2008.

O'Reilly A. et Tushman M.L., « The Ambidextrous Organization », *Harvard Business Review*, vol. 82, n° 4, 2004, p. 74-81.

Tushman M.L. et O'Reilly III C.A., « Ambidextrous Organizations: Managing Evolutionary and Revolutionary Change », *California Management Review*, 38, 1996, p. 8-30.

Sécuriscaya[3]

« Professionnalisme, intégrité et esprit de services », est la devise de Sécuriscaya.

Sécuriscaya est leader européen des solutions de sécurité professionnelle. Elle conçoit, installe, maintient et renouvelle les solutions de ses clients.

Données clés :

- CA : 56 000 M€, soit +6 % en moyenne par an ;
- effectif : 240 000 personnes ;
- résultat net : 2 600 M€, soit +9 % en moyenne.

La stratégie du groupe donne priorité à la rentabilité avec pour objectif de la maintenir, voire de l'accroître, pour atteindre environ 10 % par an en suivant la croissance du marché de la sécurité – soit 6 à 8 % par an. En cela, elle cible des revenus à croissance rapide favorisant une forte rentabilité et une présence mondiale. Il s'agit donc de stimuler les ventes de services spécialisés à haute valeur ajoutée pour les clients. Les activités sont organisées en trois domaines stratégiques :

- La surveillance spécialisée (90 % du CA total dans 37 pays et sur 20 segments de marché répartis en deux divisions : Amérique du Nord et Europe – 51 % du CA). Elle concerne les prestations de services de sécurité par agents spécialisés avec la possibilité d'ajouter des options matérielles. Elle couvre toutes les fonctions de sécurité : rondes, contrôles d'accès, sécurité incendie, accueil, télésurveillance (réception des alarmes et intervention sur site). Les matériels comprennent notamment : les systèmes électroniques, les matériels de sécurité physique (portails, sas) ainsi que des logiciels de gestion des informations sécuritaires. La division surveillance Europe est le fer de lance de la spécialisation : présence dans 23 pays, *via* 800 agences et 110 000 personnes ; CA : 28 700 M€ dont 50 % pour la surveillance humaine (rondes) et 30 % en télésurveillance ; +7 % ; 17 % de part de marché en Europe ; marché en croissance de 6 à 8 % par an ; résultat net : 1 635 M€. Les principaux segments de marché sont au nombre de huit : distribution, éducation, banques, médias, transports publics, santé, aéroportuaire, industriels à haut risques sécuritaires.

Les deux autres activités sont en marge :

- La sécurité mobile : elle concerne essentiellement les PME et les particuliers qui mutualisent des services de rondes entre 20 et 30 clients.
- La télésurveillance, filiale indépendante qui fournit des prestations de services allant de la réception au contrôle des alarmes et à l'intervention sur alarmes.

3. Par mesure de confidentialité, le nom de la société est fictif.

Elle est sur un marché en pleine mutation, source d'opportunités et de menaces qui exigent dynamisme et réactivité : exigence accrue des clients pour des performances supérieures à moindre coût ; pression sociétale forte par rapport aux craintes en termes de sécurité des personnes ; convergence technologique avec le numérique qui annonce l'explosion de la vidéosurveillance ; externalisation de la sécurité par les entreprises ; dérégulation de la sécurité dans certains pays émergents.

Le comité de direction se voit présenter le projet d'innovation « Track & Trace Chantiers » par la direction France. La fiche de présentation est résumée ci-après :

L'innovation en question : "Track&TraceChantiers"

Proposition de valeur aux clients

OFFRE : installation, exploitation et maintenance d'une solution de télésurveillance en temps réel, 24 h/24, permettant de détecter et d'alerter de toutes actions de malveillance portée sur un matériel de chantier déterminé. Des options d'intervention sur site, de tracking des matériels après vol peuvent être proposées. Cette offre permet aussi d'avoir un effet préventif du fait de l'affichage d'une signalétique de protection. Elle permet une meilleure surveillance pour un prix inférieur à un système de rondes. Ce système peut être mis en œuvre par chaque opérateur BTP présent sur un même chantier, séparément ou bien collectivement.

Cette solution comporte une série d'étiquettes RFID placées intelligemment sur les matériels à protéger et reliées à une balise autonomie et géolocalisation (via GPS/GPRS). La balise peut déclencher une sirène ou une alarme à distance.

SEGMENT : BTP – France

Avantage relatif : personnalisation et performance accrue par la technologie à moindre coût ; réponse au problème critique des vols sur chantiers en France.

Grenoble École de Management & schneider Electric

RFID : données d'identification transmises par radiofréquence ; ces étiquettes prennent la forme de « tags » en trois dimensions, en substitution des codes-barres par exemple dans la grande distribution.

Questions

1. Formulez la proposition de valeur au client de manière simplifiée (cadre Kibis©) et identifiez les caractéristiques du *business model* idéal pour ce projet.
2. Formalisez le *business model* dominant de l'entreprise Sécuriscaya en identifiant ses principaux critères de décision et indicateurs de réussite.
3. Identifiez les synergies et les tensions générées par la proposition d'innovation sur le *business model* dominant.
4. Positionnez le projet d'innovation sur la matrice de compatibilité.
5. Formulez votre recommandation en termes de décision d'investissement et de choix d'organisation.

Partie 4

La réalisation de l'innovation

Chapitre 10

Sélection stratégique de l'innovation

Après avoir lu ce chapitre, vous saurez :

- appréhender les grands critères de sélection des idées et projets d'innovation ;
- définir la démarche de sélection d'un projet d'innovation et en envisager les limites.

Depuis quelques années, le géant américain de la restauration rapide de type snack, Starbucks, fait intervenir ses clients pour améliorer l'enseigne, et ce, grâce à son site *My Starbucks Idea*. Depuis 2009, l'entreprise a décidé aussi de se concentrer sur son cœur de métier – la distribution de cafés –, jouant la carte du développement durable. Dans ce contexte, l'entreprise propose à ses clients un nouveau défi en leur demandant de répondre à une question : « Comment fournir, en 2015, des gobelets 100 % recyclables ? » L'enjeu est de taille : celui qui proposera la meilleure idée pour régler le problème de ces quelque 3 milliards de gobelets[1] non recyclés remportera un prix de 10 000 $[2]. Toutefois, comment les membres de l'entreprise Starbucks vont-ils pouvoir faire le tri entre les milliers de propositions qu'ils risquent de recevoir ?

Cette démarche concerne des propositions d'idées venues hors de l'entreprise. Pour autant, à l'intérieur de celle-ci, les idées d'innovation et les projets associés sont tout autant l'objet de sélection. Ainsi Procter & Gamble déclare, dans ses rapports annuels depuis 2008, pouvoir conserver son statut de numéro 1 mondial dans le domaine de l'hygiène corporelle et de la maison grâce à l'innovation : les couches Pampers qui garantissent une étanchéité pendant plus de 12 heures, les lingettes Swiffer et la création de la catégorie de la lingette nettoyante en sont quelques illustrations. Pour autant, comme les responsables de la communication du groupe l'indiquent : « Nous sommes des innovateurs disciplinés.

---

1. Source : www.aboneobio.com/blog/post/2009/12/28/Cafe-et-chocolat-chaud-a-emporter-quid-du-recyclage-des-gobelets-chez-Starbucks.
2. Source : www.innovationpartagee.com/Blog/archives/open-innovation-et-ecologie-lexemple-de-starbucks-betacup/.

Nous sélectionnons les projets d'innovation, allouons les ressources nécessaires et portons l'innovation jusqu'à son marché au travers d'un processus discipliné, qui garantit une sortie cohérente de produits dans chacune des entités de P&G[3]. » Le groupe déclare sélectionner uniquement les idées issues d'une analyse du marché et qui favorisent, sur le court ou le long terme, la valeur du titre Procter. Peu importe que ces idées naissent au sein du groupe ou ailleurs. Chaque projet démarré suit des étapes bien balisées. À chacune des étapes, le projet reçoit des ressources complémentaires tant humaines que financières. Chaque étape est une barrière qui peut stopper le projet si les résultats générés par ce dernier ne donnent pas satisfaction.

Ces deux démarches, mises en place par des grandes entreprises plutôt profitables et durables, montrent que ces dernières sélectionnent soigneusement leurs projets d'innovation. Elles sont bien différentes de ce que l'on découvre au sein de l'entreprise Movea (voir chapitre 1), où la vision et l'expérimentation font de la sélection un processus d'apprentissage dans lequel intervient un environnement d'acteurs tant internes qu'externes. Quels sont les enjeux de la sélection et de quoi s'agit-il ? Comment et avec qui ce processus se développe-t-il ? Quelles formes prend-il, instrumenté de quelle ou quelles démarches ?

1. Les différentes logiques de la sélection en innovation

Choisir les projets d'innovation que l'on va engager parmi toutes les choses, y compris moins innovantes, que l'on pourrait réaliser ! Dit simplement, tel est l'enjeu de la sélection de l'innovation. Ce terme fait référence à la décision stratégique d'investir dans le lancement opérationnel d'un projet ou bien de le rejeter, soit pour l'améliorer dans les phases amont soit pour l'arrêter. C'est une étape qui engage le devenir de l'entreprise de manière partiellement, voire totalement, irréversible, par la mobilisation de ressources significatives censées servir l'avance concurrentielle s'il y a rencontre du marché ou, au contraire, par la timidité des engagements qui pourrait laisser le champ libre à la concurrence. Sans quelques démarches managériales cadrées, il s'agirait de parier au hasard, ce qui engendrerait un risque important d'échec.

Une approche traditionnelle de cette sélection est la construction d'un portefeuille de projets selon une logique d'équilibre des risques. Elle s'inscrit parfaitement dans les règles et critères de décision jalonnant un processus d'innovation par étapes [*stage-gate process*, de Cooper (2001)], où sont programmées des revues de projet régulières. Toutefois, la diversité des projets et de leurs configurations a conduit à explorer d'autres démarches de sélection en fonction de typologies de projets. Cela va du petit projet incrémental, pour lequel des routines presque automatiques et extrêmement rapides sont utilisées, aux processus de sélection multiétapes, démarrant tôt dans les phases amont d'exploration et de démonstration et impliquant de multiples acteurs. Par exemple, certaines entreprises vont jusqu'à utiliser le vote des clients et de communautés internet ciblées pour sélectionner leurs idées d'innovation avant de les enrichir et de les transformer en projets qui seront soumis pour décision stratégique d'investissement et d'allocation de ressources clés.

---

3. Source : www.pg.com/annualreport2008/managing.shtml#/managing/.

Enfin, malgré des structures et techniques de choix et de décision parfois sophistiquées, c'est une activité par nature subjective, amenant nécessairement des comportements émotionnels et politiques à se révéler, éminemment liés aux expériences passées des individus et à leurs ambitions personnelles. Plus l'innovation est significativement nouvelle, présentant de nombreuses discontinuités avec l'existant, plus ces phénomènes sont importants, la situation extrême concernant les changements de trajectoires, le déplacement de l'existant vers les zones 3 et 4 de l'espace d'innovation (voir chapitre 4). Ce chapitre adopte une approche stratégique de la sélection stratégique, telle qu'elle est exercée par des managers en situation de décision d'investissement.

1.1. Le schéma VSR : variation, sélection, rétention

Dans une logique évolutionniste, les organisations répondent aux changements de leur environnement en trois temps : la variation, la sélection et la rétention. Ce modèle, dit VSR, est plutôt récent et trouve son fondement dans l'approche de Campbell (1969). Il cherche à expliquer comment des entreprises – à l'instar de Kodak, en passe de déposer son bilan en 2012 après un siècle de domination du marché du film – naissent, vivent et meurent tandis que d'autres – comme les concurrents de Kodak tels que Konica – subsistent. Ces trois termes font référence à des activités spécifiques :

- La variation : elle renvoie à un changement de l'environnement perçu comme aléatoire et nouveau, susceptible de requérir une adaptation par l'entreprise. Cette prise de conscience va déclencher un travail d'observation et d'analyse pour mesurer la nature de la menace pour l'entreprise et anticiper la nécessité d'une adaptation afin de se trouver en bonne posture à l'issue du changement. La question centrale ici est la prise de conscience, par les décideurs de l'entreprise, de la nécessité de s'interroger sur un changement potentiellement majeur, et donc d'en percevoir les signes suffisamment tôt. Cela renvoie à la capacité d'anticipation des entreprises telle que décrite au chapitre 4.
- La sélection : elle s'effectue généralement par les dirigeants de l'entreprise, en fonction de leur compréhension de la situation et de l'interprétation qu'ils font de la variation : de quelle nature est-elle ? Quel est son impact ? Faut-il la traiter de manière urgente ? En fonction des réponses qu'ils donnent à ces questions, ils décident soit d'intégrer la variation et de faire changer l'entreprise en conséquence, soit de l'ignorer. La logique dominante ici est celle de la préservation de l'entreprise. Celle-ci peut être estimée à un niveau individuel et local ou bien à un niveau collectif, voire concurrentiel, pour empêcher l'innovateur d'obtenir un avantage compétitif au sein d'une nouvelle configuration. Ces logiques différentes peuvent mener à des situations contradictoires et dissonantes. Alors, la sélection est le théâtre de jeux de rôle, de pouvoir et d'émotions.
- La rétention : la variation se concrétise par la mise en place d'un nouveau processus – par exemple, un nouveau processus de production – ou une nouvelle pratique – par exemple, l'utilisation de nouveaux matériaux dans les produits à mettre en place. Elle est complètement intégrée dans l'organisation de l'entreprise et devient la « norme ». Sa diffusion au sein de l'entreprise s'accompagne souvent d'une diffusion au sein de l'ensemble de l'environnement de l'entreprise (partenaires, concurrents...). On assiste à des phénomènes de recombinaison d'éléments existants, de destruction d'éléments obsolètes, et de construction de nouvelles formes d'organisation susceptibles de mieux se développer

et survivre face aux changements de l'environnement. L'imitation est une modalité répandue de rétention de l'innovation. Il y a rétention effective quand la nouvelle configuration est inscrite dans la mémoire de l'organisation et dans ses procédures et routines.

Par exemple, le phénomène du e-commerce a suivi cette logique. Lancé par Dell dans le domaine de l'informatique, le e-commerce a engendré un tel changement que l'ensemble des acteurs du domaine a suivi en sélectionnant puis en généralisant ce nouveau processus de commercialisation, mais en tenant compte des spécificités de leur organisation et notamment de l'existence de réseaux de commercialisation physiques. Ce changement s'est ensuite répandu à de nombreuses industries qui ont dû équiper leur personnel, le former, gérer les différentes générations face à l'informatique, intégrer de nouveaux systèmes et fournisseurs, etc. Par contre, la variation initiée par Kodak en 2003, autour d'une évolution de sa filière vers la commercialisation de services de gestion d'images pour les particuliers, ne lui a pas permis de dégager un avantage concurrentiel.

L'intérêt de cette approche est de prendre conscience que, si la sélection stratégique d'une innovation peut être naturelle ou délibérée, les phases de variation, de sélection et de rétention sont imbriquées et non linéaires. C'est parce qu'il y a sélection par certains acteurs que d'autres perçoivent une variation. À charge pour ces autres acteurs d'accepter de suivre cette variation ou, au contraire, de la rejeter. L'économie de l'évolution, quant à elle, rappelle l'importance du phénomène de rationalité limitée tout au long des décisions qui jalonnent ces activités. Les décisions et les actions évoluent par apprentissages successifs au fil des expériences et de leurs résultats qui servent à choisir, parmi les variations détectées, la première solution satisfaisante et non celle censée être la plus optimale parmi celles connues.

En définitive, lorsque les dynamiques de l'environnement deviennent turbulentes et difficilement prévisibles ou que l'entreprise adopte une posture d'innovateur pionnier, alors elle pourra décider d'agir sur les trois niveaux de la sélection stratégique, en interne et en externe. Elle tentera de déclencher des variations plutôt que d'attendre, d'influencer pour recueillir l'adhésion des acteurs internes et externes, au sein de l'écosystème d'innovation, en vue de déployer ensuite le changement avec ceux qui seront des alliés, des partenaires stratégiques. Pour les autres acteurs de l'environnement, elle pourra choisir soit de leur imposer le changement en tirant si possible des bénéfices, comme ceux issus d'éventuels droits d'exploitation de l'innovation, soit de les laisser survivre un temps et décliner.

Pour finir, la sélection stratégique de l'innovation va bien au-delà d'un jalon d'acceptation ou de rejet d'un projet d'innovation. Cette vision est extrêmement réductrice et ne peut que pénaliser le développement ultérieur de l'innovation par une intégration approximative et une dynamique de changement non suffisamment volontaire, en interne et auprès des partenaires externes. C'est un rôle majeur du management stratégique qui est généralement mal abordé à trois niveaux :

- le manque de remise en question et de discussion autour de la validité des modèles établis et enfouis dans les procédures, les indicateurs et les pratiques de l'entreprise ;
- le manque de politique volontaire de transformation des écosystèmes internes et externes ;
- l'absence de conscience et de savoir-faire quant aux modalités d'expérimentations de nouvelles configurations organisationnelles et partenariales.

La première étape pour progresser en matière de sélection stratégique de l'innovation est donc de comprendre les logiques en place, leurs forces et leurs faiblesses dans le contexte de l'innovation pour ensuite trouver les leviers de progrès.

1.2. Les logiques individuelles et collectives de sélection

Au niveau individuel, les processus cognitifs de sélection comprennent trois phases principales qui restent évidemment présentes en situation collective : la perception sélective ; la catégorisation ; l'interprétation. C'est une base robuste pour comprendre la sélection décrite ci-dessous :

1. Évaluation générale de l'intérêt de l'idée d'innovation (« perception sélective ») :
   - sensation d'existence d'un marché ou de débouchés : identification de quelques clients sans pour autant proposer de données chiffrées ;
   - présentation d'un scénario d'usage associé à l'idée : on démontre l'intérêt de l'idée ;
   - identification de quelques porteurs potentiels de l'idée au sein de l'entreprise.
2. Évaluation plus fine de la pertinence de l'idée d'innovation (« catégorisation des idées ») :
   - identification des solutions techniques associées à l'idée ;
   - proposition d'un premier chiffrage du marché potentiel ;
   - précisions sur les modalités d'usage de l'idée d'innovation ;
   - décisions sur le porteur de l'idée d'innovation au sein de l'entreprise.
3. Évaluation avancée de l'idée d'innovation (« interprétation et réponse ») :
   - chiffrage le plus fin et le plus précis possible sur le marché associé à l'idée d'innovation ;
   - présentation d'une stratégie de création du marché ;
   - sélection des solutions techniques appropriées et des modalités de réalisation ou de développement ;
   - présentation d'éléments de rentabilité associés à l'innovation.

Les nombreux travaux sur la prise de décision stratégique en situation d'incertitude nous éclairent très largement sur la mise en œuvre de ce processus dans les organisations. Ils montrent comment les décideurs utilisent leurs modèles mentaux pour simplifier des phénomènes complexes et ainsi les comprendre, les interpréter et décider de la posture à favoriser. Le cœur du problème est que ces modèles sont le plus souvent fondés sur l'expérience passée et sont donc peu propices aux innovations à caractère radical. Celles-ci n'entrent pas dans les modèles mentaux établis, en l'occurrence tout ou partie des *business models* souvent implicites de l'entreprise :

- Les signes de changement ne sont pas perçus dans le modèle établi (car absents du radar) ou sont perçus trop tardivement pour permettre une réaction appropriée.
- L'interprétation du changement amenant des dissonances cognitives majeures entraîne un rejet de la pertinence du phénomène du point de vue du décideur qui ne ressentira pas

de danger ni d'opportunités pour son entreprise. La sélection n'a pas lieu et l'allocation de ressources à l'innovation n'est pas efficace ou est inappropriée. Elle sera calée sur les routines en place, les critères établis et favorisant l'innovation incrémentale, n'accordant ainsi, dans le meilleur des cas, que quelques résidus à l'innovation radicale. À moins d'un « coup de cœur » du patron pour cette dernière ! Alors la décision de sélection ne sera probablement pas comprise par l'organisation et le phénomène de rétention sera difficile à concrétiser.

Les manifestations concrètes de ces phénomènes cognitifs sont nombreuses et fréquentes (voir tableau 10.1).

Tableau 10.1 : Exemples de justifications « rationnelles » contre la sélection de l'innovation radicale

Arguments contre	Logique à la base de l'argument	Exemples
Ce n'est pas notre métier	L'idée est intéressante mais en désaccord avec le cœur de compétences de l'entreprise, qui ne saura donc pas en tirer un avantage concurrentiel	Le refus de Seb de s'intéresser à l'intégration d'une balance dans une douche : le groupe ne fabrique pas de douche !
Ce n'est pas un « business » porteur	Remise en question des estimations de chiffre d'affaires, de croissance et de bénéfices de l'activité future ; révision à la lumière des modèles connus	Le refus de l'entreprise Clair de Lune de développer une offre de ballon lumineux pour les éclairages cinématographiques qui permettra pourtant à Airstar de développer son activité dans ce métier
Ce n'est pas assez gros pour nous	Le marché émergent est trop petit pour atteindre les objectifs de croissance d'une grande entreprise	Les hésitations du Groupe Seb pour développer la première machine à café Nespresso
« ***Not Invented Here*** »	Très bonne idée, mais en désaccord avec les directions stratégiques actuelles de l'entreprise	Bell, Kodak
C'est déjà inventé ici	Rejet de l'idée, car une autre idée générée ailleurs est perçue comme plus performante	Véhicules hybrides *vs* électriques
Nous ne sommes pas des cannibales	Reconnaissance d'un impact potentiel, mais refus de mettre en danger les activités actuelles de l'entreprise par une concurrence interne	Aspirateur sans sac pour Seb
Ce n'est pas envisageable pour nous	Reconnaissance d'une bonne idée dont l'application ne peut se faire qu'à l'extérieur des lignes d'activités actuelles ; le projet finit dans un placard jusqu'à ce que d'autres s'en emparent	Xerox Parc
Nous (les directeurs) ne pensons pas de cette façon	Phénomène de pensée de groupe indiquant qu'une idée n'entre pas dans les cadres de référence en usage	Polaroïd

Arguments contre	Logique à la base de l'argument	Exemples
Les clients n'en voudront pas	L'innovation ne répondra pas aux attentes (actuelles) des clients ; la proposition de valeur doit être différente	Tata Nano
On n'a jamais fait cela ici	Le blocage est lié à une perception d'un risque technique et commercial trop élevé	Tous les suiveurs qui ont été trop lents
Tout va très bien, pas besoin de changer	C'est le piège du succès : manque de motivation et de ressources dédiées à l'organisation en dehors du métier actuel	Bon nombre de PME, comme Temex qui n'avait pas réinvesti en R&D jusqu'à ce que l'entreprise perde son leadership sur le marché des onduleurs
Faisons un pilote	Reconnaissance d'un projet à fort potentiel, mais insuffisante pour permettre un soutien substantiel à la hauteur des enjeux	Les entreprises qui attendent que le projet soit réellement mûr pour se décider

Source : adaptation de Tidd, Bessant et Pavitt, *Managing Innovation: Integrating Technological, Market And Organization Change*, Londres, Wiley & Sons, 2003.

Parfois donc, la sélection stratégique de l'innovation ne peut bien s'opérer qu'à la condition de faire accepter aux décideurs de remettre en question les *business models* établis et souvent implicites plutôt que d'adopter des postures défensives, arc-boutées sur des procédures rationnelles – dans la logique dominante, factuelle et chiffrée. C'est un défi extrêmement difficile que de surmonter le système immunitaire de l'entreprise et cela ne se produit, sauf exception, qu'en cas de très grand danger, de crise inévitable – en définitive, trop tardivement. Et à chacun de conclure alors : « Je le savais ! »

Ce « recadrage » s'apparente à ce que K. Weick nomme « *sensemaking* » : la création de sens à base d'intelligence collective. Par nature, les décisions de sélection stratégique de l'innovation sont faites dans des conditions d'incertitude très élevées : l'information nécessaire n'est pas disponible car elle n'existe pas ; il est donc impossible de recourir aux modèles de décision et d'autres modèles plus appropriés ne sont pas disponibles ; les réponses envisageables sont multiples sans qu'aucune n'apparaisse clairement comme la meilleure. Pourtant, retarder la décision est à coup sûr problématique pour l'avenir. Le rôle des décideurs alors est d'interroger les orientations et les trajectoires stratégiques, de renouveler les capacités organisationnelles pour, le cas échéant, aligner l'entreprise sur la proposition d'innovation – et non systématiquement dégrader l'innovation pour qu'elle entre dans le cadre existant. Ce recadrage est d'autant plus difficile que les procédures de décision et de sélection en place sont bien établies et routinisées et que l'histoire montre qu'elles ont bien fonctionné.

La démarche de sélection de l'innovation doit être adaptée au type d'innovation envisagé ainsi qu'aux orientations et trajectoires d'innovation stratégiques définies en amont (voir chapitres 2 et 4). Plutôt que d'attendre pour réduire l'incertitude et décider, l'entreprise pourra par exemple choisir une posture de suiveur (rapide) pour accélérer et dépasser le pionnier, épuisé par ses efforts d'exploration. C'est ce qu'a fait par exemple Microsoft dans les business liés à Internet. Le modèle VSR nous enseigne que cette aptitude porte sur les trois activités de variation, sélection et rétention :

- Variation : par la définition d'un espace d'innovation ouvert, une forte capacité de veille stratégique à base de signaux faibles, annonciateurs de changement et un accès aux dirigeants.
- Sélection : des processus de décision alternatifs aux critères de décision établis dans le business dominant à utiliser dès lors que l'on sort des processus habituels. Au-delà de cette perception, les décideurs doivent aussi revoir leurs démarches d'allocation de ressources, savoir mobiliser rapidement des ressources nouvelles, en créer là où des maillons manquent et, surtout, reconfigurer leur organisation, en combinaison avec son environnement extérieur, connu ou nouveau.
- Rétention : création d'espaces spécifiques pour lever les incertitudes et résoudre des questions conflictuelles, afin que l'innovation fasse la preuve de son succès sur le terrain en y associant explicitement et consciemment l'écosystème interne et externe indispensable à sa réussite.

Exemple 10.1

L'exemple de Xerox dans les années 1970

En 1970, Xerox était le leader incontesté du marché des photocopieurs, étant à l'origine même de cette industrie fondée sur une rupture technologique. Malgré ses prouesses technologiques basées sur des investissements importants et continus, l'entreprise a été très sérieusement menacée par une nouvelle génération de petits copieurs développés par de nouveaux entrants dont plusieurs acteurs japonais. Leurs applications ont tout d'abord rencontré de nouveaux marchés comme les petites entreprises et les travailleurs indépendants. En dépit de toute l'expérience et de la force de Xerox, il lui aura fallu huit années d'essais et d'erreurs pour introduire un produit concurrentiel. Durant cette période, l'entreprise a perdu la moitié de sa part de marché et vécu des périodes financières tendues.

Cette problématique organisationnelle se pose de façon très aiguë pour les entreprises qui ont déjà structuré leur processus de sélection des projets d'innovation selon un processus linéaire par étape, approprié pour l'innovation incrémentale (voir chapitre 3). La sélection démarre très tôt dans les phases amont et même si, à ces stades, elle ne présente pas un caractère foncièrement stratégique, elle conditionne déjà le type de projets soumis dans les phases aval pour investissement. Une culture d'autocensure vis-à-vis des idées d'innovation en dehors du cadre peut naître et se déployer dans l'entreprise et étend le problème de la sélection stratégique au-delà des comités de direction, dans les valeurs mêmes de l'entreprise.

Exemple 10.2

La trajectoire d'une idée chez STMicroelectronics

En 2010, l'entreprise franco-italienne spécialisée dans la production de composants électroniques (par exemple, des capteurs d'images pour les smartphones et autres téléphones portables) cherche de nouvelles pistes pour développer ses activités. Elle lance un concours d'innovation en interne. Chaque salarié volontaire peut remplir sur l'intranet de l'entreprise une fiche idée. Une des fiches déposées propose un concept nouveau pour aider les aveugles à se déplacer, de leur domicile vers leur lieu de travail ou de vie. L'idée est dans un premier temps sélectionnée pour son caractère « humain », mais aussi pour sa faisabilité technique. Le porteur de projet se voit octroyé un petit budget complémentaire pour tester le concept sur un premier segment de marché potentiel. Ce dernier rencontre des acteurs de la ville de Grenoble, esquisse un modèle économique (voir chapitre 8). Les résultats sont *a priori* concluants. Lors de la deuxième étape, l'idée est de nouveau sélectionnée parmi d'autres. La troisième étape porte sur le chiffrage pour le développement technique et le chiffrage du marché. Cette troisième étape marquera l'arrêt de l'aventure : les chiffrages envisagés, en 2010, ne permettent pas à l'entreprise de dégager un profit suffisant, ni même d'atteindre un seuil positif. Pour autant, l'idée n'est pas stérile : elle a permis de générer des connaissances sur une application de tel ou tel composant et les connaissances produites pourraient être réutilisées ultérieurement…

1.3. Les logiques d'écosystème et la sélection de l'innovation

La notion de *business model* (voir chapitre 8) souligne l'importance du réseau de valeur comme une dimension clé de la réussite de l'innovation. En d'autres termes, l'exécution du *business model* suppose la mobilisation des acteurs clés autour de l'innovation potentielle pour qu'elle ait une chance de se concrétiser. Ainsi, la capacité de l'innovateur à sélectionner de « bons » partenaires est tout aussi cruciale que sa capacité à les convaincre de sélectionner ce projet comme prioritaire. Cette sélection de l'innovation et de son initiateur par un réseau de valeur ne va pas de soi. Les mêmes questions de sélection stratégique reviennent avec un handicap prononcé autour du phénomène NIH (*Not Invented Here*). Étonnamment, on observe aussi le syndrome inverse, qui peut s'avérer dangereux, porteur d'une promesse non tenable. C'est le « *Do the deal* », c'est-à-dire l'attractivité irrésistible de la signature d'une affaire pour certains individus dans les entreprises. Les motivations et la nature de la contribution risquent alors d'être mal définies dans un élan d'enthousiasme qui se révélera éphémère.

Si les logiques de réseau de valeur et de sélection de partenaires d'innovation sont donc essentielles, elles présentent deux défis majeurs pour le manager :

- la maîtrise du processus de sélection mutuelle des partenaires, qui nécessite probablement des expérimentations successives et progressives pour apprendre à se connaître ;
- le management des relations collaboratives dans des activités nécessairement mal définies.

La sélection stratégique de l'innovation au niveau de l'écosystème n'est pas une affaire de processus et de critères de sélection. La difficulté réside dans la capacité d'un acteur à mobiliser, peu à peu, des partenaires pour qu'ils s'impliquent dans son projet d'innovation sans lui voler la vedette ! Parfois, il s'agit même de pénétrer une industrie qu'il connaît mal, et c'est par des chemins détournés et parfois bien dissimulés que la sélection s'opère. Trois niveaux de modifications doivent être considérés pour optimiser cette construction collaborative : la transformation du marché et de l'industrie ; la transformation des organisations et du réseau de valeur ; la transformation de l'offre et des ressources distinctives qui confèrent un avantage concurrentiel.

Plus l'innovation est complexe, plus la construction et le management de l'écosystème sont longs et difficiles. Par exemple, dès qu'une innovation combine des ressources de technologies et de secteurs divers, les délais de compréhension mutuelle sont allongés, ce qui retarde grandement l'acquisition d'une confiance indispensable. Ensuite, nombre de nouveaux problèmes non anticipés, de compatibilité, de synchronisation et d'organisation, jalonnent la sélection.

On peut qualifier ce niveau de sélection stratégique de cooptation de partenaires qui, à l'instar du modèle VSR, repose sur trois activités :

- La variation : découverte de nouvelles configurations potentielles.
- La sélection : choix et formalisation d'une nouvelle configuration de l'industrie, par imitation, par hybridation ou par recombinaison de l'existant.
- La rétention : aboutissement de la transformation de l'écosystème à travers la consistance et la pérennité de l'innovation, sources de nouvelles connaissances propres au nouveau *business model*. Notamment, de nouveaux modèles mentaux se forment quant au comportement des consommateurs, aux dynamiques de changement des marchés, aux compétences spécifiques cœur de métier.

Les dispositifs de pôles de compétitivité en France ont pour vocation, à travers l'incitation aux projets collaboratifs, de contribuer au développement d'écosystèmes d'innovation puissants, amplifiant la capacité d'innovation de chaque entreprise. Outre leur soutien, ils apportent aussi des compétences nouvelles et spécifiques aux acteurs en présence et contribuent aussi, par leurs actions de labellisation des projets, à la sélection stratégique de l'innovation – au même titre que les organismes de financement et d'investissement.

2. Les démarches et pratiques de sélection

Les entreprises ne sont pas démunies face à la sélection de l'innovation. Toutefois, on peut noter une très forte diversité de pratiques, formelles et informelles, qui méritent d'être recensées et analysées pour un bon usage. C'est ce que propose cette section avant de présenter plus spécifiquement deux pratiques clés : les critères de sélection et le choix des partenaires de l'innovation.

2.1. Vue d'ensemble des démarches de sélection stratégique de l'innovation

Les travaux approfondis du réseau « DIL Innovation Lab » ont permis à J. Bessant de synthétiser (voir tableau 10.2) les types de démarches d'innovation en usage en fonction des zones d'innovation, telles que définies au chapitre 4, et ciblées par les entreprises.

Tableau 10.2 : Types de démarches de sélection stratégique de l'innovation – adapté de J. Bessant (2009)

Zone d'innovation	Défis spécifiques de la sélection stratégique	Démarches et méthodes	Choix de structures et ressources dédiées
1. Exploitation de l'innovation dans la continuité des activités existantes	Repose sur des liens forts avec les acteurs clés de l'industrie qui disposent des atouts indispensables à la réussite sur le marché.	Pratiques de développement de produits et de services nouveaux : portefeuille de projets, critères de sélection, revues systématiques de projets.	Au sein du processus d'innovation principal ; implication des structures établies. Réunions périodiques. Implication des décideurs des principales fonctions de l'entreprise.
2. Exploration aux frontières des marchés et des technologies en usage	Gestion calculée des risques liés à de nouvelles options technologiques ou de marché, qui requiert d'investir dans des démarches sophistiquées de recherche en marketing et en analyse technologique.	Outils avancés d'évaluation de risques : options R&D ; prospective ; gestion de portefeuilles multiples, analyses statistiques sophistiquées. Utilisation de critères de décision mixtes : financiers et non financiers.	Concerne des actions spécifiques supplémentaires et aléatoires dans le cadre du processus d'innovation principal et dominant. Des rencontres spécifiques et la mobilisation du comité stratégique peuvent être requises en lieu et place d'un comité opérationnel.
3. Recadrage des métiers par la combinaison avec des éléments externes	Au-delà du manque d'information et de la gestion du risque, il s'agit de décider dans des contextes nouveaux et inconnus, sans cadre de référence donc. Le défi est presque d'oublier ses réflexes et ses connaissances pour regarder avec des yeux nouveaux.	Démarches existantes mais revisitées : extension des paramètres de la gestion de portefeuille. Démarches alternatives de projection dans un autre univers : visualisation; créativité et imaginaire, prototypage, essai/erreur. Dispositifs intrapreneuriaux d'accompagnement de financement alternatif.	Nécessite des instances de décision *ad hoc* et des démarches d'évaluation alternatives, au moins dans les phases amont à la sélection stratégique.
4. Coévolution vers un nouveau paradigme, pour tous	Défi de l'émergence qui ne peut se faire que par coévolution avec les parties prenantes et par découverte, dans l'action. Participation aux réseaux d'acteurs, dès les phases amont.	Démarches qui permettent de faire face à la complexité : feed-back et amplification, apprentissage dans l'action, prototypage, analogie par l'exemple et la simulation.	Loin des structures et procédures établies : dans des structures « satellites », éventuellement hors de l'entreprise ; arrangements collaboratifs internes et externes flexibles avec les entrepreneurs innovants.

2.2. Critères de sélection de l'innovation

La notion de critère est centrale dans tout processus cognitif de sélection. Ces critères permettent non seulement de rattacher l'objet en sélection à un cadre et un objectif, mais aussi de catégoriser l'objet pour mieux cerner la réponse qualitative et, le cas échéant, l'affectation à lui octroyer. Dans le cas de l'innovation incrémentale correspondant à la zone 1, le tableau 10.3 propose un exemple de grille standard, basée sur un atelier de travail mené au sein de GEM entre chercheurs et praticiens.

Tableau 10.3 : Les critères de sélection de l'innovation (incrémentale)

Acceptabilité de l'idée	• Identification d'une marque, d'une entité au sein de l'entreprise, où l'idée pourra être développée et commercialisée • Confiance dans le porteur ou le sponsor de l'idée • Compétences disponibles pour la mise en œuvre • Connaissances disponibles au sein de l'entreprise ou dans son réseau d'innovation • Remise en cause de l'organisation : le développement de l'idée implique une réorganisation d'une entité de production ou encore implique plusieurs divisions d'un groupe qui n'ont pas l'habitude de collaborer
Distance de l'idée par rapport aux activités de l'entreprise	• Distance par rapport à la stratégie de l'entreprise • Distance par rapport aux activités actuelles de l'entreprise • Distance par rapport à l'organisation actuelle de l'entreprise • Distance par rapport aux savoir-faire de l'entreprise • Distance par rapport aux compétences et connaissances de l'entreprise • Distance très éloignée entre le modèle économique proposé (voir chapitre 8) et le modèle économique dominant dans l'entreprise
Acceptabilité par l'environnement externe	• Bon *timing* d'entrée • Identification d'un client • Capacité du client à adopter la future innovation : il sait utiliser la technologie, il saura quoi faire de l'innovation • Utilité et valeur de l'innovation pour le client • Utilité et valeur de l'innovation pour la filière • Conformité aux normes en vigueur : de sécurité par exemple • Présence d'un substitut fort à l'idée d'innovation : la finalité de l'idée peut être également atteinte par un produit existant, fortement présent sur le marché
Faisabilité technique et technologique de l'idée d'innovation	• Maturité de la technologie • Réversibilité du choix technologique associé à l'idée (l'idée reposait sur l'exploitation d'une technologie, mais ce choix doit être remis en cause) • Faisabilité industrielle • Accessibilité de la technologie
Stratégie de création du marché	• Potentiel de valorisation : protection, atouts complémentaires

Pour être utilisés, ces critères requièrent une connaissance solide de l'activité, de son environnement et des objectifs stratégiques de l'entreprise à travers l'espace de sélection. Prenons par exemple le critère de la taille potentielle du marché de l'innovation, qui bien souvent est source de rejet car le marché est trop petit ou peu fiable. Une telle conclusion ne devrait pas conduire au rejet de l'innovation. Elle devrait au contraire mener à une réflexion sur sa nature et sur les critères plus appropriés ou bien sur la façon de mesurer l'innovation pour chaque critère. On pourrait ainsi identifier des échelles de mesure non objectives et rationnelles, mais orientées vers l'apprentissage par les innovateurs – donc plus interactif et plus ouvert à l'intégration de nouvelles compétences et connaissances issues d'autres univers. Partant d'une adaptation des critères proposés, les situations non incrémentales (hors zone 1) peuvent requérir par exemple d'instaurer une double sélection – l'une interne et traditionnelle, l'autre ouverte et interactive –, impliquant différents types de parties prenantes potentielles de l'innovation en situation de conversation et de production de connaissances et d'interprétation originales. La comparaison des deux peut faire ressortir le poids des modèles mentaux établis au sein de l'organisation, la nécessité de les remettre en question et les arguments décisifs et réponses nouvelles possibles face à un défi du radical. Cela remet donc la question des partenaires, mais aussi des connexions créatives nouvelles, au cœur de la sélection.

2.3. Choix des partenaires amont de l'innovation

Tout d'abord, il faut comprendre qu'il s'agit ici d'une sélection mutuelle et non d'un processus unilatéral comme il peut l'être en interne face à des projets d'innovation désincarnés. Cette sélection requiert des éléments nouveaux relatifs aux partenaires en présence, à leurs motivations, leurs aptitudes et leurs expériences d'innovation. Il s'agit aussi, et en premier lieu, de construire une confiance mutuelle, même si la réputation d'un des acteurs est mauvaise ou si les différentes parties n'ont jamais travaillé ensemble. Les échecs ou les résultats peu convaincants sont nombreux en matière de collaborations. Souvent, la sélection des partenaires dans les phases amont présente les lacunes suivantes :

- Peu de visibilité mutuelle et durable de l'ancrage stratégique du projet d'innovation.
- Peu d'approfondissement des véritables motivations pour l'innovation, ce qui incite un partenaire à se retirer à la première difficulté.
- Peu de réflexion sur les configurations partenariales optimales, chacun travaillant dans son coin, ce qui tend à allonger les délais pour des problèmes d'intégration et à limiter la production de valeur aux interfaces.
- Peu adaptable, la collaboration étant généralement bâtie sur une logique de gestion de projet sur cahier des charges, il s'agit davantage de réaliser des développements techniques que de nouvelles architectures.
- Imprécision quant au pilotage, aux indicateurs de suivi et de mesure de la réussite de l'innovation et de la collaboration. Le management de la relation est généralement pris pour acquis et peut s'avérer extrêmement coûteux en temps et en énergie.

Trois actions se révèlent déterminantes dans la construction de l'écosystème : la cartographie des acteurs potentiels de l'écosystème ; l'identification et la sélection *a priori* de ceux qui pourraient être de bons partenaires ; la définition des objectifs stratégiques de la collaboration.

Nous proposons ci-après, pour chacune de ces actions, une façon de procéder générique. La figure 10.1 représente une cartographie des acteurs, inspirée des forces concurrentielles de Porter.

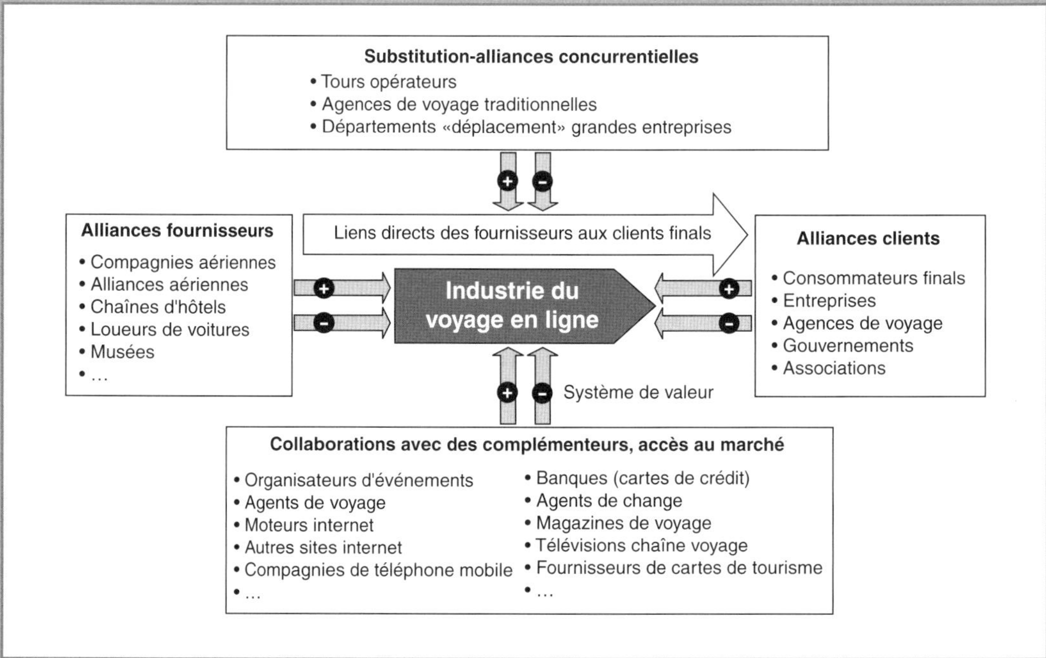

Figure 10.1

La cartographie des acteurs de l'écosystème du voyage en ligne.

Source : adapté de Holmberg S.R. et Jeffrey L. « Cummings Building Successful Strategic Alliances: Strategic Process and Analytical Tool for Selecting Partner Industries and Firms », *Long Range Planning*, vol. 42, n° 2, avril 2009.

L'identification de potentiels partenaires prioritaires doit être passée au crible des questions majeures de synergies et de compatibilité mutuelle, celles susceptibles de faire de la collaboration un fantastique succès ou une expérience extraordinairement décevante. La figure 10.2 est une proposition d'architecture logique pour réfléchir à cette compatibilité.

Ces outils et pratiques ont vocation à accompagner la sélection stratégique de l'innovation pour tenir compte de sa dimension nécessairement subjective et incertaine. Ils ne permettent pas de révéler les bonnes décisions, mais plutôt de mettre l'accent sur de bonnes questions, sans se perdre dans une liste interminable d'interrogations, peu propices à une décision sereine. Ils doivent faciliter la prise de conscience des limites des cadres établis dans des environnements pour la plupart en pleine mutation et se déployer en complémentarité et en harmonie avec les logiques dominantes établies. Enfin, ils sont aussi des outils visant à documenter des processus peu formalisés, intuitifs et complexes. Ainsi, ils sont source d'informations et de connaissances qui, bien exploitées, doivent permettre aux entreprises et à leurs décideurs de décupler leurs capacités dynamiques pour en faire, à l'instar de Procter & Gamble, une véritable arme concurrentielle.

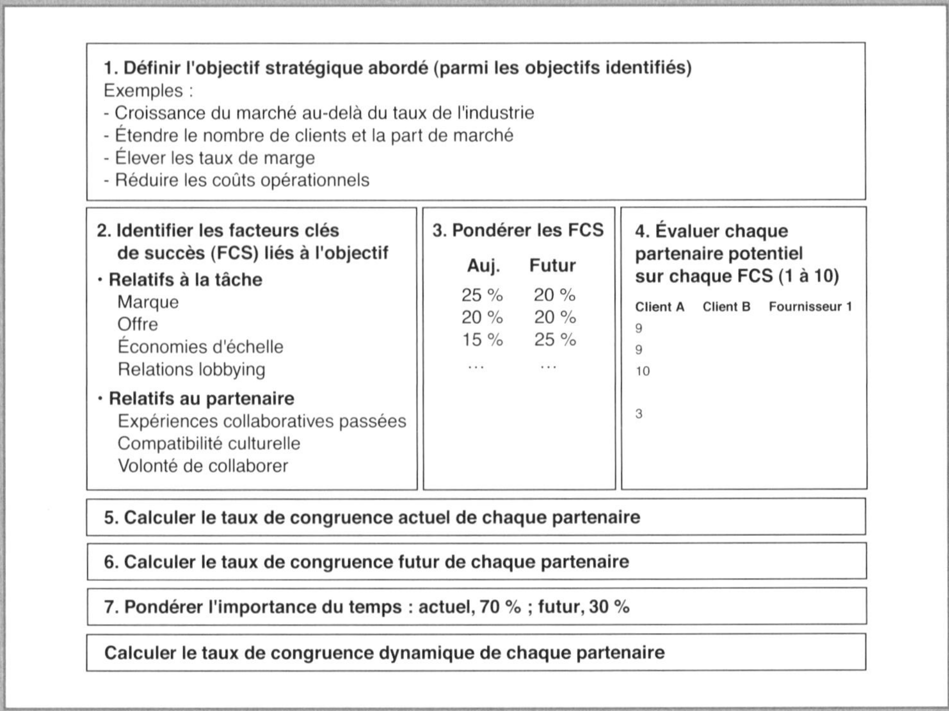

Figure 10.2
Grille d'analyse de compatibilité dynamique entre partenaires d'innovation.

3. Pour une évolution des pratiques stratégiques

3.1. Modèle intégratif de la sélection stratégique de l'innovation

Pour clore ce chapitre, la figure 10.3 propose un modèle intégratif récapitulant les dimensions de la sélection stratégique, processus complexe et peu conscient.

Ce modèle marque les interactions entre la sélection stratégique, la stratégie, la dynamique de l'innovation et les caractéristiques de l'organisation établie. Il permet aussi de démontrer l'importance du rôle des managers et les enjeux de la sélection.

Il met également en valeur la délicate question de l'allocation des ressources à l'innovation, question en général sous-estimée, sauf pour les aspects technologiques. Par exemple, la question des délais pour mobiliser, développer, reconfigurer et intégrer de nouvelles compétences et structures servant au lancement d'une innovation est aujourd'hui presque uniquement basée sur l'expérience de chaque individu, envisagée de manière isolée et informelle.

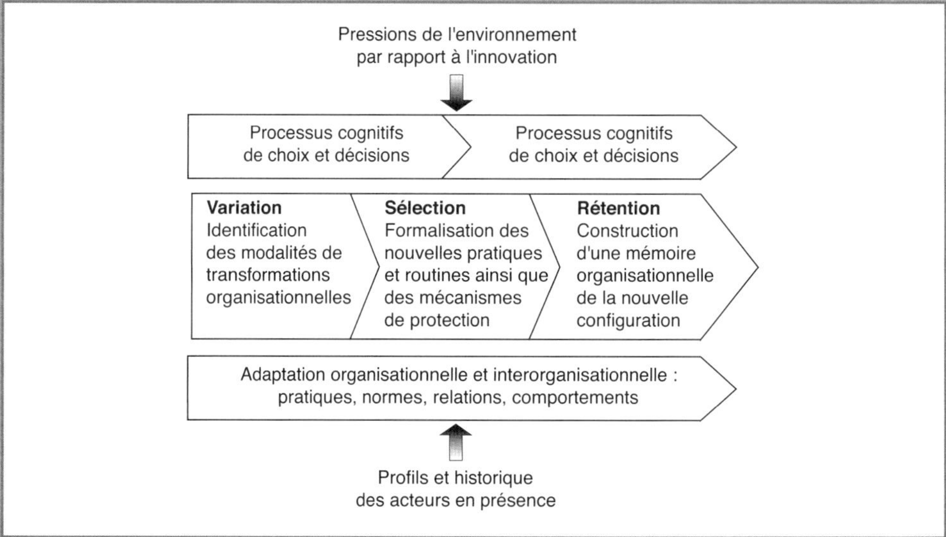

Figure 10.3
Modèle intégratif des dimensions de la sélection stratégique de l'innovation.

Il s'agit pourtant d'élaborer des budgets financiers progressifs visant à limiter les risques, sans trop contraindre l'innovation, ou encore de mettre à disposition une ligne de production pour réaliser des prototypages. Des techniques quantitatives robustes de sélection de projets de R&D existent, comme le taux de retour interne – ratio entre les sommes investies en R&D et le chiffre d'affaires prévisionnel de la vente des produits intégrant les nouvelles technologies développées – ou la valeur actualisée nette, consistant à valoriser financièrement les brevets détenus et les projets de R&D. Quantitatives, elles concernent des projets d'innovation incrémentale. Les approches plus qualitatives interrogent les ressources selon deux axes essentiellement :

- le rôle des capacités existantes et futures vis-à-vis des compétences fondamentales, de l'obsolescence des compétences actuelles, des conditions de transition ;
- le temps et les facteurs de coûts du projet : temps requis, premier sur le marché, impact du retard, coûts de production, coûts d'adoption par le consommateur (voir chapitre 11 pour plus de détails).

Au demeurant, deux questions récurrentes doivent être soulignées :

- Le statut et le rôle du porteur de l'idée dans l'exploitation de celle-ci. Même s'il a inventé l'idée, sa place en tant que porteur est-elle pertinente ? Quelqu'un d'autre devrait-il tenir ce rôle ? Qui, le cas échéant ?
- La place organisationnelle de la nouvelle activité : doit-on intégrer le développement de la future innovation dans l'organisation actuelle, au milieu du développement d'autres nouveaux produits, de la gestion du portefeuille de produits actuels ? Ne devrait-on pas créer une entité séparée, dégagée des objectifs de l'actuelle organisation ? C'est l'objet de la dernière partie de l'approche Kibis© (voir chapitre 9).

3.2. Acteurs de la sélection stratégique

Inhérent aux spécificités de chaque entreprise, le choix des individus acteurs de la sélection doit répondre à quelques principes fondamentaux concernant la taille du groupe ainsi que les profils requis.

Malgré des démarches rationnelles et outillées, la sélection d'idées d'innovation reste subjective et délicate. Chaque élément tangible peut donner lieu à discussion. Aussi est-il nécessaire de faciliter les débats sur l'évaluation de chacune des idées et la prise de décision associée : acceptation de l'idée, rejet partiel ou rejet catégorique. C'est pourquoi il convient d'éviter la mise en place d'un jury composé de membres trop peu nombreux et trop homogènes ou bien marqué par la dominance hiérarchique d'un membre.

Le comité d'innovation du Groupe Seb est composé de trois ou quatre personnes, selon les différentes étapes de sélection. Celui de Legrand comprend cinq personnes. Un trop grand nombre de protagonistes entraîne généralement des débats trop lourds et des points de vue trop divergents pour décider.

La complexité et le caractère transversal de l'innovation impliquent de réfléchir à la diversité des membres du groupe de sélection. Souvent, il s'agit d'experts[4] de l'innovation dans leur domaine :

- Responsable marketing stratégique qui cautionne ou garantit l'existence d'un marché associé à l'idée d'innovation.
- Responsable R&D qui cautionne la validité des options technologiques choisies.
- Responsable de l'innovation ou membre de l'équipe dirigeante qui valide la pertinence de l'idée pour l'entreprise. En outre, cet acteur peut identifier la division, l'entité, voire la personne à même de porter le projet d'innovation, si ce dernier est sélectionné.

Ce noyau dur est parfois complété par un noyau « élargi » d'experts tous parties prenantes de l'innovation : designer, responsable industriel, commercial, clients et utilisateurs parfois.

Dans la pratique, on constate que bon nombre de membres du comité ou du jury d'innovation sont des directeurs d'unité, de division, d'activité ou de *business unit*. Leur présence est importante dans le contexte de l'allocation de ressources de développement. Pour autant, l'intégration d'acteurs « terrain », quel que soit le domaine, commercial ou technique, semble également pertinente dans la mesure où ces derniers peuvent attester d'un ressenti marché, d'une faisabilité technique réelle – et pas uniquement théorique. Cependant, en tout état de cause, il semble nécessaire aujourd'hui de sensibiliser toutes les parties prenantes de l'innovation face aux idées à potentiel de rupture.

Dans le cas d'innovation radicale, il est fréquent de voir ces comités en partie ouverts à de potentiels partenaires extérieurs ou bien à des experts. Toutefois, le souci de la confidentialité rend les échanges parfois difficiles. Une confiance mutuelle extrêmement forte

4. Pour une présentation plus détaillée de la nature d'expertise du jury de sélection, le lecteur pourra se reporter à : Le Loarne S., « Légitimation de l'idée créative dans l'entreprise : l'habit ferait-il encore le moine ? », *Technology Review*, n° 3, août 2007.

et une formalisation des engagements et des questions de confidentialité sont rapidement nécessaires. Cela se traite toujours au plus haut niveau des entreprises.

Enfin, dans le cas de concours d'idées internes et/ou externes, des dispositifs spécifiques sont mis en place avec des jurys présents physiquement ou de façon virtuelle, appelant possiblement d'un côté au vote d'experts de l'innovation, de l'autre au vote massif des citoyens (employés, clients, communautés diverses) et, enfin, au vote stratégique. Chacun apporte sa pierre à l'édifice pour finalement contribuer à une compréhension enrichie d'un phénomène plein d'incertitude.

3.3. Nouveau management stratégique face à l'innovation

R.A. Burgelman et R.E. Siegel (2008) expliquent comment les dirigeants peuvent évoluer pour contribuer significativement au développement des capacités dynamiques de l'entreprise. Au cœur de leur modèle de « scission du diamant stratégique », se trouve ce qu'ils nomment l'environnement de sélection interne dont l'objectif est de maintenir l'alignement entre les quatre piliers du management stratégique : la stratégie d'entreprise (au niveau du groupe) ; la base de l'avantage concurrentiel au sein de l'industrie ; les compétences distinctives de l'organisation ; les actions stratégiques de l'entreprise. Si ces dimensions sont généralement analysées deux par deux, de sorte à établir un positionnement sur le marché et à défendre l'avantage concurrentiel par les forces distinctives, une confrontation de ces deux logiques en parallèle, passant par une lecture nouvelle des interactions entre les quatre forces en présence, s'avère utile pour améliorer significativement l'atteinte des objectifs stratégiques.

Nous ne décrirons pas les arguments stratégiques qui fondent ces principes, mais nous reviendrons sur l'importance de la qualité de l'environnement de sélection interne. Tous les projets d'entreprises de haute technologie subissent, dans les premiers mois, une sélection drastique par l'environnement externe. La plupart des start-up succombent à ces pressions technologiques, réglementaires, sociétales ou économiques. Toutefois, celles qui survivent et se développent peuvent, au fil de leur développement, passer à un processus de sélection interne, en remplacement de l'externe, notamment par des financeurs. Néanmoins, l'entreprise se développant et devenant nécessairement plus complexe (avec de multiples fonctions, des groupes de produits et des zones géographiques identifiés, des niveaux différents de management), il devient difficile de maintenir une évaluation rapide de la situation et de la position de l'environnement externe. La question centrale est alors de se demander comment l'environnement de sélection interne réussit à aligner de manière dynamique et pérenne la stratégie d'action avec la stratégie d'entreprise, ou encore les compétences distinctives face à une base concurrentielle en pleine mutation.

Conclusion

Ce chapitre aborde une question critique de la réussite de l'innovation qui reste pourtant très négligée, tant sur le plan théorique que pratique. Il vise à montrer la nécessité de savoir adopter une démarche de sélection appropriée parmi différentes approches possibles, en envisageant cette décision comme un levier d'actions pour mobiliser des ressources et apprendre, plutôt que comme un jalon d'évaluation pure.

Pour bien fonctionner, cette démarche demande que les porteurs d'innovation prêtent une attention particulière aux problématiques organisationnelles de mise en œuvre de leur projet afin de préparer l'interface avec les décideurs. La sélection stratégique exige des décideurs qu'ils déploient le leadership indispensable pour construire de nouvelles formes d'organisation et qu'ils exécutent des stratégies émergentes en les ajustant dans l'action.

L'enjeu est majeur comme le montre H. Chesbrough par une étude menée au sein de Xerox Corporation : sur 35 projets rejetés, 10 se sont développés de manière indépendante en dehors de l'entreprise. Ils représentent aujourd'hui, en cumulé, une valeur nette supérieure à celle de Xerox. Le prochain pas est sans doute de stimuler la prise de conscience des décideurs quant aux enjeux de la sélection en s'inquiétant des risques d'erreur par omission (rejeter un bon projet) plutôt que ceux liés aux erreurs par commission (investir dans un projet peu porteur).

Bibliographie complémentaire

Burgelman R.A. et Siegel R.E., « Cutting the Strategy Diamond in High Tech Ventures », *California Management Review*, vol. 50, n° 3, printemps 2008, p. 140-159.

Cooper R.G., Edgett S.J. et Kleinschmidt E.J., « Optimizing the Stage-Gate Process: Best Practice Companies Do », *Research-Technology Management*, vol. 45, n° 5, 1er septembre 2002, p. 21-27(7).

Étude de cas

Le lancement de la Box e-commerce au sein du groupe La Poste

Les années 2000 sont pour le groupe La Poste synonymes de privatisation et d'ouverture à la concurrence du courrier. La direction générale entre donc dans une démarche de diversification et crée, en janvier 2008, le comité e-commerce en charge de définir les axes de progression du groupe dans ce secteur, sous la responsabilité d'un porteur issu de l'entité Coliposte. Le comité est accueilli au sein de la Dides, direction support directement rattachée à la direction générale. Sa mission consiste en la conduite d'études prospectives dans des secteurs et activités adjacents aux métiers du groupe – que sont l'enseigne, le colis, le courrier et la banque –, mais aussi en la conception d'offres innovantes et de leur transfert vers les métiers du groupe.

Après une étude sur les freins au e-commerce pour les TPE/PME, l'idée d'une interface unique pour apporter une présence web et développer une activité commerciale, sur un segment TPE/PME où les acteurs traditionnels du e-commerce (banques et logistique) sont absents, est une voie prometteuse. La Dides mène les phases amont jusqu'à la conception et au test d'une offre innovante : la Box e-commerce.

La Box e-commerce

Le projet intègre de nombreux services présents dans différents métiers : par exemple, la logistique d'envoi, le paiement sécurisé, les options de publipostage mises à disposition des e-commerçants par le métier courrier. La Box peut donc constituer une source de revenus complémentaires pour chacun des métiers.

En septembre 2008, le projet est présenté lors d'un comité marketing, en présence du directeur général. Le concept plaît et il est décidé d'approfondir cette voie. L'équipe Box est alors constituée autour d'un représentant du métier enseigne (pour vendre la solution dans tous les bureaux de poste selon un format physique de type *smartbox*). Aucun métier spécifique ne s'est déclaré volontaire pour porter le projet ; c'est donc une équipe *ad hoc* rattachée à la Dides qui œuvre sur le budget de celle-ci.

Un appel d'offres est lancé pour trouver les prestataires externes nécessaires au développement du projet. Sont retenus, en avril 2009, une agence de communication web, une SSII et un fournisseur de CMS. De manière surprenante, deux acteurs intéressants ne se positionnent pas : WiziShop, start-up trop jeune, et PowerBoutique, aux antécédents négatifs… Des initiatives antérieures méconnues existaient au sein de La Poste ! C'est le géant allemand e-pages qui remporte l'appel d'offres grâce à sa taille importante et à ses collaborations avérées avec de grands groupes.

Entre avril et septembre 2009, l'équipe Box prépare le lancement de l'offre. Elle doit faire face, dans cette phase de précommercialisation, à un veto du patron de La Banque Postale, mécontent de la présence de PayPal comme service de paiement en ligne par défaut. Malgré cela, l'offre est lancée en septembre 2009 lors du salon « e-commerce » à Paris. Peu à peu, l'équipe fait le constat que les ressources humaines dédiées au projet sont très insuffisantes et que les qualifications manquent pour le développement de l'offre. Par exemple, les téléopérateurs du groupe découvrent un nouveau domaine, très technique, lié à l'utilisation d'un logiciel CMS. Le transfert est donc difficile et le support apporté ne suffit pas à pallier les difficultés.

En septembre 2010, une opération commerciale forte est menée sur le terrain, afin de stimuler les ventes, et la direction générale donne comme objectif pour décembre 2010 la vente de 1 500 abonnements. Dans le même temps, l'équipe continue de constater que les métiers du groupe ne jouent pas le jeu du relais et de la promotion de l'offre. Malgré des actions fortes, 90 % des ventes sont réalisées par le site internet.

En novembre 2010, 700 abonnements ont été vendus – l'objectif ne sera pas atteint et les coûts engagés sont extrêmement élevés. Que faire pour préparer le prochain comité stratégique ?

Question

1. Formulez des recommandations et un plan d'actions pour préparer le transfert du projet en dehors de la Dides.

Chapitre 11

Organiser et manager un projet d'innovation

> **Après avoir lu ce chapitre, vous saurez :**
> - que l'intégration du projet diffère selon la nature de l'innovation en cours de développement ;
> - que le management des équipes projets diffère également selon la nature de l'innovation ;
> - quels sont les points clés pour gérer au mieux un projet dans le cas spécifique du développement d'une innovation, et ce, quelle qu'en soit la nature.

Groupe Centrale Laitière, fin des années 2000. Afin de faciliter le développement de produits nouveaux pertinents et surtout rentables rapidement, la direction a mis en place un processus visant à favoriser l'émergence de nouvelles idées de produits. Bien évidemment, chaque acteur de l'entreprise a ses idées : les chefs de produits, les responsables R&D, les *merchandisers*... Certains sont plus légitimes que d'autres pour proposer des idées et les voir adoptées. Parmi ces idées, un fromage laitier parfumé destiné à une population branchée qui souhaiterait consommer ce type de produit au cours d'un apéritif dînatoire. Admettons que le comité d'innovation soit intéressé par cette idée et décide de la développer pour en faire un produit nouveau... Le projet d'innovation peut donc démarrer ! Pour autant, ce n'est pas parce que l'idée est là, que le cahier des charges est rédigé ! En outre, cette idée peut aussi, une fois le développement initié, aboutir à une impasse : techniquement, la recette imaginée ne permet pas de proposer un fromage consistant, mangeable avec les doigts. Commercialement, le marché de l'apéritif est déjà saturé. Il faut donc imaginer soit un nouveau mode de consommation, soit un positionnement spécifique au produit pour le différencier des autres de manière défendable et pertinente. Pendant la phase de développement, on peut aussi envisager que l'entreprise connaisse des soubresauts : rupture de budgets, par exemple ! On comprend donc, par cette illustration, qu'une idée claire n'implique pas un développement évident.

En outre, imaginons que cette même entreprise décide d'explorer le développement non pas d'un fromage mais d'un gâteau réalisé à base de fromage. L'innovation s'inscrit en rupture de ce que l'entreprise fait habituellement, de son cœur de métier. Dès lors, qui intégrer dans l'équipe projet, en charge du développement de cette idée ? Comment l'intégrer avec le reste de l'organisation ? Qui prendre ? Des chefs de produits qui travailleront à temps plein sur ce projet ? Solution intéressante mais coûteuse, sans parler du fait que ces chefs de produits ne connaissent pas le marché du gâteau lacté ! Embaucher de nouvelles compétences et les faire travailler en marge de l'entreprise, dans un projet « séparé » ? L'entreprise risque de ne rien apprendre de l'expérience…

Ce chapitre s'intéresse donc aux modalités de réalisation de l'innovation, une fois l'idée d'innovation enrichie et, par conséquent, au projet d'innovation, à sa structure et à son mode de management. Le chapitre aborde successivement trois grands thèmes. Tout d'abord, il présente la vie d'un projet d'innovation avec ses crises. Ensuite, il aborde la question du management de l'équipe projet au sein de l'organisation. Enfin, il questionne la place de ce projet au sein même de l'organisation.

1. La vie du projet d'innovation : une idée de départ claire mais un chemin mouvementé

Cette première section revient sur des caractéristiques importantes en matière d'innovation dans le cadre d'un projet. Elle rappelle à travers des illustrations, en outre, que le projet d'innovation implique des difficultés non négligeables pour un (futur) manager. Ce décor permet de mieux saisir pourquoi la gestion d'un projet d'innovation n'est pas une sinécure.

1.1. Le projet d'innovation, une partie seulement du processus d'innovation

Avant même de nous intéresser au déroulement du projet d'innovation en tant que tel, nous invitons le lecteur à se remémorer l'intégralité du processus d'innovation. Un exemple, emprunté à une entreprise qui produit des fromages laitiers, est présenté dans le tableau 11.1. Bien souvent, on assimile trop « projet d'innovation » à « processus d'innovation », considérant que le projet démarre lorsqu'un des membres de l'entreprise a une idée d'innovation ou lorsque l'entreprise s'approprie une idée d'innovation ou d'amélioration de produits ou de services émise par une de ses parties prenantes : un client, un fournisseur, etc. Il n'en est rien : le projet ne démarre que lorsque l'idée est réellement mûre. Au sein du Groupe Seb, le directeur de l'activité cuisson électrique explique qu'il faut « tuer les projets le plus en amont possible », autrement dit, éviter que quantité de projets d'innovation, fondés sur des idées plus ou moins riches, plus ou moins avancées, ne voient le jour. Aussi, **la démarche du processus d'innovation consiste, rappelons-le, à faire en sorte que les idées de produits, de services, de processus innovants soient enrichies, maturées**. Le projet d'innovation démarre véritablement lorsque le comité d'innovation, dans les grandes entreprises, ou la direction de l'entreprise, dans les PME, déclare souhaiter développer de manière tangible et concrète l'innovation. En d'autres termes, il s'agit de transformer l'idée en invention – le prototype – puis en innovation lorsque cette invention sera lancée sur le marché. **Le projet d'innovation repose donc sur l'identification d'une innovation à développer, sur l'émission d'un cahier des charges, dans un laps de temps imparti, sur la nomination d'un ensemble d'acteurs qui se consacreront à mi-temps ou à plein temps au bon déroulement**

de ce projet et, surtout, d'un budget pour financer la concrétisation de l'idée en prototype, puis en produit lançable et lancé sur un marché. Dans le tableau 11.1, le contenu du projet représente les phases 4 et 5 du processus d'innovation.

L'Afnor définit le projet ainsi : « Une démarche spécifique qui permet de structurer méthodiquement et progressivement une réalité à venir… Un projet est défini et mis en œuvre pour répondre au besoin d'un client (…) et implique des besoins à entreprendre avec des ressources données. » Le processus d'innovation, en particulier les phases amont, qui précèdent le projet, permet d'explorer ce que pourrait être la réalité à venir, d'identifier, de manière plus ou moins grossière, les ressources potentiellement nécessaires pour structurer ce projet. Le projet représente l'aval du processus d'innovation, la phase de réalisation concrète de l'innovation.

Tableau 11.1 : La place du projet dans le processus d'innovation

PROCESS INNOVATION		
1. IMAGINER	Génération d'idées *via* : • Analyse de marché • Études consommateurs • Attentes consommateurs/clients • Objectifs stratégiques de l'entreprise Savoir-faire métiers internes/R&D	Document final = liste des idées
2. CONCRÉTISER	Transformer l'idée en concept Sélectionner les concepts en fonction de différents critères	Document final = fiche concept et grille de sélection
3. ÉTUDIER LA FAISABILITÉ	Étudier la faisabilité : • Potentiel volume estimé • Faisabilité technique • Évaluation de rentabilité (prix de revient/marge) • Analyse des risques Prioriser les projets	Document final = préétude
***GO/NO GO* DE DÉVELOPPEMENT** **Si OK, plate-forme de développement**		
4. DÉVELOPPER	• Développer et valider auprès des consommateurs/clients le *mix* produit • Valider la faisabilité industrielle, la répétabilité, le suivi qualité et la *supply chain* • Estimer les investissements nécessaires • Évaluer la rentabilité complète du projet dans un temps (prix de revient, marge, retour sur investissement, tri…) • Structurer et planifier l'ensemble des étapes • Valider les différents aspects juridiques du projet (par ex. : nom, design, contrat)	Document final = recommandation de lancement/demande d'investissement

GO/NO GO DE LANCEMENT		
5. RÉALISER	Transfert industriel Cahier des charges et dossiers administratifs	Document final = comptes-rendus de suivis de projet
6. LANCER	Suivre les différents indicateurs de la performance projet : • Volume • Qualité • Satisfaction consommateurs/clients • Financement	Document final = bilan de lancement à 6 mois/1 an

Source : adapté de Margerie (de) V. et Le Loarne S., *La Boîte à outils du chef d'entreprise*, Dunod, 2011, p. 120.

1.2. Les soubresauts du projet d'innovation

Quand bien même le cahier des charges, proposé au démarrage du projet d'innovation, est précis, le contenu du projet évolue. **En ce sens, ce qui est délivré *in fine* par l'équipe projet diffère souvent de ce qui était prévu initialement.** Par exemple, la division « production hydraulique » d'EDF décide en 2010 de réinvestir massivement dans la rénovation des centrales hydrauliques pour lesquelles elle a un contrat d'exploitation. Il s'agit, pour l'équipe EDF, du développement d'une véritable innovation de process pour certaines centrales qui ne sont pas informatisées. Il s'agit aussi d'une innovation radicale, dans la mesure où l'ensemble des demandes d'EDF ne trouve techniquement pas encore de solutions dans les logiciels actuellement présents sur le marché. Le projet « Renouveaux » est donc lancé. Les objectifs sont clairs : développer un système de maintenance informatisé adapté aux 120 centrales hydrauliques françaises. Une équipe projet est identifiée, composée de membres d'EDF mais aussi de l'éditeur du logiciel et de l'intégrateur. Le budget est alloué, et le temps de développement et de mise en production est également défini : moins de quatre ans. Pour autant, deux ans après le démarrage, si les grandes lignes du projet ne sont pas remises en cause, les équipes d'EDF identifient de nouveaux besoins ou modifient à la marge des besoins existants : elles ne pouvaient pas se projeter sur l'ensemble des possibilités offertes et n'imaginaient pas tout ce qui était faisable. De la même manière, les équipes d'intégrateurs découvrent que le logiciel choisi ne permet pas de réaliser l'ensemble des fonctionnalités envisagées, y compris les nouvelles : des modifications du logiciel sont donc nécessaires. Naturellement, le risque associé à ces imprévus implique un allongement des délais de réalisation ou une hausse du budget initialement alloué. Ces modifications ne sont pas nécessairement liées à une mauvaise anticipation du projet, en posant l'hypothèse que cela aurait été le cas dans l'exemple précédent, bien au contraire !

Robert Drazin (1996) résume les problèmes qui peuvent se poser durant la phase du projet d'innovation, en identifiant trois types de « crises » :

- **Les crises naturelles.** Tous les experts pensaient que le logiciel choisi contenait une fonctionnalité spécifique dans une situation donnée. Or, au cours du développement, les acteurs majeurs se sont rendu compte que le logiciel ne pouvait pas assurer pleinement ce rôle. Il était impossible d'anticiper cette faille tant que le développement n'était pas réalisé.

- **Les crises de manipulation.** Elles sont liées à des acteurs de l'organisation qui essaient de s'approprier le projet ou qui cherchent à le détourner, en partie ou en intégralité, vers des fins propres à leurs missions et intérêts propres. S'ensuivent des jeux de pouvoir entre acteurs. Imaginons un projet de développement d'une nouvelle automobile. Participent à ce projet des salariés du constructeur automobile, notamment un chef de projet et plusieurs autres salariés : un responsable technique, un responsable marketing et leurs équipes respectives… En sus, viennent se greffer des fournisseurs, tels que Valeo ou Webasto. Deux exemples de crise de manipulation peuvent être envisagés : le membre du projet appartenant à l'équipe de fournisseur de composants pour automobiles peut être incité par sa hiérarchie à mettre en avant une solution technique précise souhaitée par ce même fournisseur. Un autre responsable, chez le constructeur, qui ne participe pas réellement au projet, est alors informé de ce qui se passe ; il peut souhaiter le développement d'une solution susceptible de l'aider dans son propre projet. Il s'agit non pas de jeux de pouvoir en tant que tels, mais d'incitation à manipuler le projet en vue de mutualisations avec d'autres projets en cours dans l'organisation.
- **Les crises de stimulation.** Elles remettent en cause le projet avec un objectif « dynamique ». Il peut s'agir de la réaction d'un dirigeant qui, suite à une présentation d'un état d'avancement du projet, le considère peu ambitieux, avec des résultats décevants. Une telle réaction conduit bel et bien à une crise, car elle perturbe le déroulement du projet et remet en cause ce qui a été initié.

1.3. Les enjeux et caractéristiques d'un projet d'innovation

Au regard des précédents exemples et des crises, tout projet d'innovation, qui s'inscrit dans un processus global d'innovation plus ou moins structuré, présente six grandes caractéristiques principales. Sylvain Lenfle et Christophe Midler les résument ainsi (Lenfle et Midler, 2003) :

- **Il n'y a pas de projet sans but.** Ce dernier est défini sous l'appellation QCD (qualité, coût, délai).
- **Le projet s'inscrit dans une situation unique et singulière.** Il existe dans une organisation, de sorte à pallier une déficience qui empêcherait d'atteindre le but assigné. Le projet est instauré dans une entreprise, ou entre entreprises, pour rassembler des métiers différents qui ne travaillent pas suffisamment ensemble.
- **Le projet intègre nécessairement des acteurs de métiers différents qui coopèrent et échangent.** La diversité est un des principes fondateurs du projet : diversité des métiers et des expertises, mais aussi diversité des points de vue et des intérêts propres.
- **Le projet implique un apprentissage commun dans l'incertitude.** Le projet implique de rassembler des points de vue issus d'horizons différents et de confronter des solutions possibles, en fonction des contraintes. Or, dans la mesure où l'ensemble des contraintes ne peut pas être envisagé avant le projet – au mieux, certaines d'entre elles peuvent-elles être anticipées –, ce dernier constitue avant tout un processus où tous les membres apprennent ensemble à développer et à atteindre le but fixé.

- **Une temporalité irréversible et un contenu très difficilement réversible sous peine de faire échouer le projet.** Au début du projet, tout semble possible *a priori* pour atteindre le but assigné. Dans le cas de l'automobile, sa forme n'a pas été définie, l'alliage non plus ; les performances techniques sont certes éventuellement prédéfinies, mais le poids de l'automobile, la nature du moteur, etc. qui conditionnent ces performances ne le sont pas. Une fois un choix opéré, celui d'un moteur par exemple, les autres solutions vont peu à peu être elles aussi choisies et déterminées. La remise en cause du moteur sera alors difficile, car elle risquerait d'impacter l'intégralité du projet dont le délai ne peut pas être modifié.
- **Le projet reste cependant ouvert** à d'autres membres, par exemple les fournisseurs d'un constructeur automobile si les membres actuels du projet estiment ne pas avoir les connaissances et l'expertise nécessaires pour atteindre le but assigné dans les délais et dans les coûts impartis.

La figure 11.1 résume ce qu'est un projet, au regard des six caractéristiques précédemment évoquées : initialement, malgré la perfection du cahier des charges, le projet laisse toute latitude en vue de sa réalisation. Au fur et à mesure de l'avancement du projet, les acteurs échangent, génèrent des connaissances, font des choix. Bien que ces choix enferment le projet et conditionnent les choix futurs, l'objectif à atteindre se dessine progressivement : la forme de l'automobile conditionne les agencements des composants dans le véhicule, le choix de tel composant selon la forme… L'automobile finale se profile peu à peu…

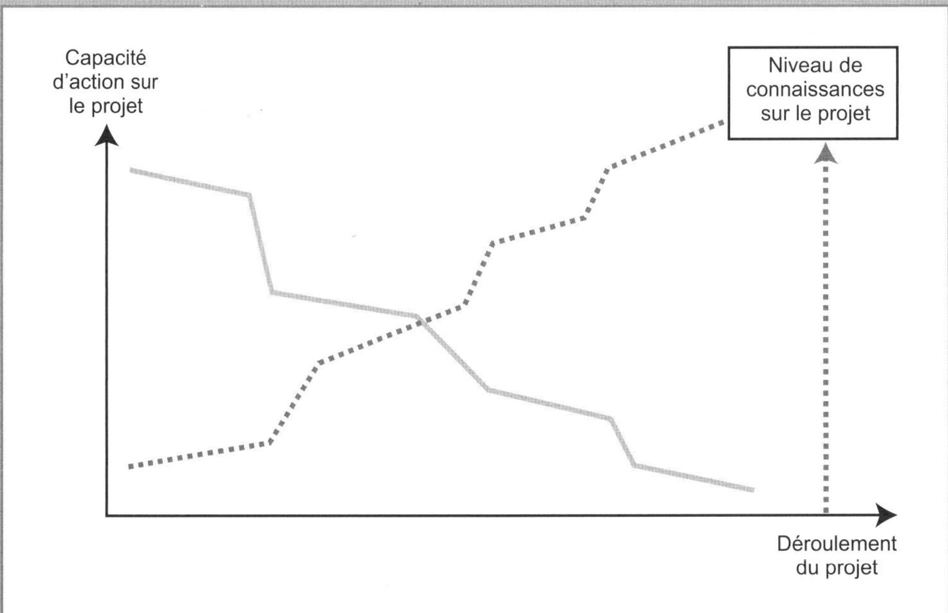

Figure 11.1
Dynamique de la situation projet.

Source : d'après Midler (1993).

Si un projet d'innovation se développe au sein d'une structure, des questions se posent : quel est l'impact de la structure sur ce projet ? Comment s'intègre-t-il ? Existe-t-il des structures plus favorables au projet d'innovation ? La section suivante propose des points de repère sur ce thème.

2. La place du projet dans l'organisation

La forme « projet » est répandue dans les organisations pour gérer l'innovation. Cependant, la littérature nous rappelle qu'il existe de nombreuses formes organisationnelles et qu'elles n'ont pas un rôle équivalent en matière de développement de l'innovation. De manière plus approfondie encore, la forme du projet lui-même impacte l'innovation. Cette section propose alors des points de repère quant à la place de l'innovation dans les structures classiques des organisations (2.1.), puis des typologies de projets d'innovation (2.2.).

2.1. Des structures plus ou moins innovantes

H. Mintzberg propose cinq configurations structurelles typiques après avoir synthétisé de nombreux articles ; il explique avec humour avoir entassé des piles de fiches de lecture dans son sous-sol au point d'avoir des monticules de plus de 30 cm un peu partout. Le tableau 11.2 est tiré de son ouvrage *Structure et Dynamique des organisations.*

Tableau 11.2 : Synthèse des cinq configurations de H. Mintzberg

	Mécanisme de coordination principal	Partie clé de l'organisation	Type de décentralisation	Capacité d'innovation
Structure simple	Supervision directe	Sommet stratégique	Centralisation horizontale et verticale	Favorisée si le dirigeant s'implique
Bureaucratie mécaniste	Standardisation de procédés de travail	Technostructure	Décentralisation horizontale et verticale limitée	Délicate
Bureaucratie professionnelle	Standardisation de qualification	Centre opérationnel	Centralisation horizontale et verticale	Délicate : la créativité se développe difficilement
Forme divisionnalisée	Standardisation des produits	Ligne hiérarchique	Décentralisation horizontale et verticale limitée	Possible au sein de chaque division ; délicate si la coopération entre division est requise
Adhocratie	Ajustement mutuel	Fonctions de support logistique	Décentralisation sélective	Possible si les experts parviennent à échanger et à s'accorder ; circulation aisée des informations

Ces cinq configurations de Mintzberg pointent du doigt les difficultés, pour un individu créatif, de s'engager dans le renouveau de l'organisation. Cette finalité est difficile si le chef d'entreprise n'en est pas convaincu ou si l'environnement interne favorise peu la critique des normes en vigueur. Les organisations sont donc amenées à créer des activités supplémentaires (comme une exposition générale en interne) ou à collaborer avec l'environnement externe. Ainsi, de ces lignes, il apparaît que l'exploration et l'exploitation sont deux logiques difficiles à tenir dans une même structure. Pourtant, certaines entreprises y parviennent ; elles sont dites ambidextres.

Selon Tushman et O'Reilly III (1996)[1], les managers sont face à un dilemme. À court terme, ils doivent constamment maintenir l'alignement de la stratégie, de la structure et de la culture organisationnelle. Mais, à long terme, ils sont amenés à détruire cet alignement pour en créer un nouveau, mieux adapté à l'environnement changeant. Ainsi, ils oscillent entre des périodes de stabilité relative et d'innovation incrémentale. L'ambidextrie désigne la capacité des entreprises à poursuivre en même temps des innovations incrémentales et de rupture ; elles savent donc renouveler leurs structures, leurs processus et leurs cultures.

La structure organisationnelle des entreprises ambidextres est conçue pour rester proche des consommateurs. Le sommet stratégique facilite les opérations en les rendant meilleures et plus rapides. Aussi, la taille n'est pas un obstacle au changement ; elle leur permet de profiter d'économie d'échelle. La culture de ces entreprises est à la fois serrée en termes de valeurs telles que l'ouverture, l'autonomie, la prise d'initiative et de risque, mais aussi lâche de sorte que ces valeurs s'expriment de différentes manières.

2.2. Le projet, une intégration plus ou moins forte dans l'organisation

2.2.1. L'enjeu de la place du projet dans l'organisation : la mobilisation des connaissances suffisantes dans les délais impartis

Comme nous l'avons présenté à la section 1.2, le projet a été inventé pour pallier une déficience organisationnelle : celle de ne pouvoir faire travailler ensemble la totalité des métiers de l'organisation, organisée selon le principe du taylorisme – décomposition de chaque mission en tâches et identification d'un métier en charge de chacune des tâches – pour développer un produit dans des délais raisonnables et selon une qualité attendue. Rappelons, à ce titre, que le projet a été initié dans les années 1960 dans l'industrie militaire américaine afin de permettre un développement plus rapide. Dans cette course au délai, la conciliation entre différents métiers est certes l'enjeu, mais la course à l'accès à la connaissance utilisable pour mener à bien l'objectif du projet est également importante.

Par connaissance, dans ce contexte, nous entendons tous les savoirs mobilisables pour atteindre un objectif donné. Par exemple, le développement de la Twingo implique une nouvelle forme d'automobile innovante : l'habitable est plus petit, donc plus facilement chauffable. Soit, mais comment ? Où placer les systèmes d'aération sachant que l'avant de l'automobile est réduit et doit laisser place à tous les autres systèmes pour permettre la conduite de la voiture ? Il

1. Tushman M. et O'Reilly III C., « Ambidextrous Organizations: Managing Evolutionary and Revolutionary Change », *California Management Review*, vol. 38, n° 4, été 1996, p. 8-30.

convient alors de faire un état des lieux de ce que l'on sait sur les systèmes de chauffage et de refroidissement dans des univers exigus. Par « on », on comprendra les membres du projet qui disposent de connaissances que Nonaka et Takeushi (1995) subdivisent en deux catégories : les connaissances tacites et les connaissances explicites. Les connaissances explicites sont les connaissances transmissibles et transmises dans un langage formel : elles sont présentes dans les rapports, le cahier des charges, les revues scientifiques, etc. Au contraire, les connaissances tacites ont un aspect personnel qui les rend difficiles à formaliser et à communiquer. Pour les membres du projet, la question est d'intégrer le projet dans l'organisation de manière qu'ils puissent rapidement accéder à ces deux catégories de connaissances et qu'ils puissent choisir de les mobiliser, ou non, dans la conduite du projet.

2.2.2. Les trois variables qui conditionnent l'intégration du projet dans l'organisation

Giard (2000) estime que le degré d'intégration du projet dans l'entreprise dépend de trois variables[2] :

- **L'objet du projet.** Plus l'entreprise est familière avec l'objet du projet et plus elle a de connaissances sur ce projet, plus ce dernier aura tendance à être intégré dans l'organisation de l'entreprise. Ainsi, un projet de développement d'une nouvelle lessive reposant sur des technologies existantes par Procter & Gamble sera naturellement développé au sein de l'organisation de ce groupe : le groupe maîtrise déjà le processus pour concevoir une lessive, il dispose de marques connues pour héberger la nouvelle lessive… En revanche, si le projet porte sur le test d'une nouvelle activité pour l'entreprise, il sera certes hébergé par cette entreprise mais l'intégralité de l'équipe travaillera en dehors de l'organisation : dans des locaux hors les murs de l'entreprise. Tel fut le cas, dès les années 1950, chez l'opérateur suédois Telia, qui décida de développer les tout premiers services de téléphonie mobile. Tel fut le cas aussi, beaucoup plus récemment, à la SNCF, pour faire émerger IDTGV, une série d'innovations destinées à relancer des activités anciennes telles que les services de train de nuit par l'instauration d'une discothèque en son sein. Le projet se voit attribué un budget et les équipes se consacrent pleinement à l'atteinte de l'objectif en s'extirpant de l'organisation. L'hypothèse est que cette dernière peut « polluer » la créativité des acteurs en les invitant à revenir vers les connaissances acquises et en vigueur dans l'organisation.
- **La place économique du projet dans l'entreprise.** Certains projets sont plus coûteux que d'autres. Les projets les moins coûteux, et qui, en toute logique, n'impliquent pas la recherche de connaissances à l'extérieur de l'organisation, sont généralement intégrés. En revanche, les projets plus risqués ont tendance à être développés à l'extérieur de l'entreprise, en collaboration avec d'autres entreprises et sous la forme même d'une entité juridique différente : bioMérieux, un des leaders français dans les produits de diagnostics médicaux. Pour développer des solutions de diagnostic très innovantes et donc très coûteuses à partir de biotechnologies, l'entreprise s'associe avec un partenaire et crée une entité indépendante.
- **La nature et l'identité du client.** Dans des situations de B to C, le client étant anonyme, le projet est surtout hébergé dans l'entreprise. En revanche, dans les situations de B to B, la plupart du temps, le projet est conjointement réalisé avec le client. Aussi, dans ce second

2. www.lamsade.dauphine.fr/~giard/2001-05.pdf.

cas, la structure projet est à cheval entre la structure de l'entreprise commanditaire et la structure productrice. Le cas du projet « Renouveaux », présenté à la section 1.1, en est une parfaite illustration : le projet et son équipe sont physiquement situés dans les locaux du client, en l'occurrence EDF. L'équipe productrice ne se déplace pratiquement pas dans son organisation d'origine mais interagit pleinement avec le client.

3. La gestion du projet au quotidien

Ce chapitre a montré que le projet d'innovation doit être pensé en lien avec l'organisation, que la forme du projet impacte l'approche globale de l'idée originelle. Mais comment un manager gère-t-il, concrètement, le projet au quotidien ? Quels sont les contraintes, les enjeux, les difficultés ? Cette section a alors pour objectif de proposer des pierres de touche pour aider le manager à avoir une vision plus opérationnelle du projet d'innovation.

3.1. Le projet : entre mode communautaire et mode complémentaire

Travailler en mode projet suppose la présence d'une équipe, sans lien hiérarchique, et dont les acteurs sont motivés par l'objet du projet, à savoir ici un projet de conception innovante. Souvent, les personnes ne se connaissent pas précisément car issues d'autres départements ou d'autres structures. Pourtant, elles vont devoir « coopérer ». Dans le cas d'un projet innovant, ces caractéristiques sont fondamentales en raison du résultat incertain. Le futur n'est pas encore dessiné, mais les personnes seront jugées *in fine* sur les résultats. Aussi le processus est fortement séquencé : le rythme de travail varie au fur et à mesure de l'avancement. Si on se réfère au processus créatif, par exemple, la phase de préparation suppose un travail intense de recherche et de veille, tandis que la phase d'illumination peut être soudaine, ce qui entraîne de manière inattendue souvent la phase de vérification avec un effort soutenu de la part de tous. La coopération est donc cruciale entre les experts du projet. Le projet innovant remet également en cause les *a priori* et les postulats collectifs et personnels. Il peut déranger les stratèges qui avaient pris « pour argent comptant » certaines idées. Les experts doivent donc coopérer davantage pour parler d'une seule voix.

Cette forte dimension collective oblige à réfléchir à la manière de coopérer. S'il est effectivement important d'avoir à l'esprit la nécessité d'un cadre favorisant la multidisciplinarité et la transversalité, comment amener ces acteurs à coopérer ? S. Dameron propose un cadre de réflexion pratique pour le management stratégique. Elle distingue deux modes de coopération et les étudie en dynamique.

3.1.1. La coopération complémentaire

La coopération complémentaire fait écho aux travaux de Crozier et Friedberg (1977), où les relations de pouvoir entre acteurs sont appréhendées comme structurant les interactions entre acteurs. Ainsi, la coopération doit favoriser le travail collectif. Selon Romelaer (1998)[3], la coopération peut être entendue comme « étant développée vis-à-vis des autres, pour maintenir, contrôler et étendre sa zone d'incertitude ». Chaque expert impliqué dans

3. Dans Dameron, 2002.

un projet innovant cherche alors à valoriser dans un contrat les compétences et savoirs qui permettent le contrôle de zones incertaines pour les autres. En somme, la composition d'une équipe d'un projet innovant correspond à la réduction des incertitudes inhérentes au projet. Les acteurs et l'organisation ont alors des intérêts interdépendants. Cela induit une certaine division du travail. Schmidt (1991) mentionne ainsi trois types de coopération :

- La coopération « augmentative » : elle permet de dépasser les capacités d'un seul individu.
- La coopération « intégrative » : elle concerne les situations où les expertises se complètent.
- La coopération « débative » : elle vise les cas où la confrontation des points de vue est nécessaire.

En somme, les acteurs sont différents mais se complètent. Ils négocient entre eux pour trouver le compromis le plus juste afin de réussir un projet innovant tout en préservant et monnayant l'apport de leurs ressources. Cette logique contractuelle est le résultat d'un calcul stratégique. Si la parole était donnée à un de ces acteurs, il dirait : « Je travaille avec toi parce que tu disposes de ressources dont j'ai besoin pour satisfaire mes propres intérêts. » Le manager et/ou chef de projet est encouragé à ne pas porter un jugement négatif sur ce type de coopération. Non seulement elle est inévitable pour la réussite du projet, mais elle est nécessaire lors, notamment, des conflits potentiels entre experts.

Le contrat est une référence pour la coopération complémentaire. Il formalise les attentes, les objectifs, les expertises et les revenus associés. Cependant, il ne faut pas être aveuglé par ce contrat initial. Comment peut-on imaginer un document légal définitif quand le projet innovant ne fait qu'évoluer au fil du temps ? Le contrat peut être amendé. Pour autant, le constat est que les acteurs font « confiance » à l'organisation et aux autres membres du projet. Les dynamiques coopératives montrent que la confiance fait partie des dispositifs de gouvernance d'un projet.

En revanche, une des limites importantes de ce type de coopération touche à la question de la congruence des intérêts des uns et des autres. Comment créer cette harmonie, comment la maintenir au fil du temps sans nuire à l'enrichissement du projet par les expertises des uns et des autres ? Une des solutions consiste à y associer la seconde coopération décrite à la section suivante.

3.1.2. La coopération communautaire

La lecture de la section précédente peut paraître étonnante dans la mesure où elle ne fait pas état de toutes les situations d'un projet innovant. En effet, de célèbres innovations sont le fruit d'une collaboration fondée avant tout sur une similarité de l'identité sociale. Par exemple, Apple est historiquement une histoire de voisins et de copains de classe. Facebook est d'abord une invention conçue par et pour les étudiants de l'université de Harvard. Le groupe Hermès International ne peut envisager les innovations sans la dimension familiale. Le facteur humain doit être pleinement intégré pour saisir la gestion du projet innovant.

La coopération communautaire met l'accent sur la recherche de similarité, d'appartenance identitaire à une communauté : un quartier, une école ou une université, une famille. Autant la coopération complémentaire se comprend à l'aune des intérêts individuels, autant la coopération communautaire s'appréhende en opposition au calcul individualiste. Le postulat consiste à dire que les personnes se définissent à partir des groupes auxquels ils appartiennent. « La coopération avec un autre est une manière de lui dire que l'on appartient au même univers que lui, que nos identités sont proches » (Bernoux, 1999). Comprendre ce type de coopération nous amène à définir l'« identité ».

Selon Larçon et Reitter (1979), l'identité favorise la stabilité des organisations et, par la suite, des projets d'innovation. L'identité est un ensemble de caractéristiques interdépendantes de l'organisation qui lui donnent sa spécificité, sa stabilité et sa cohérence.

Ainsi, la coopération communautaire questionne l'identité de chaque expert. Il va catégoriser chaque groupe d'appartenance après les avoir jugés. L'individu s'identifie à un groupe appelé « *ingroup* » ou groupe d'appartenance. *A contrario*, les groupes auxquels il ne s'identifie pas sont appelés « *outgroup* ». Un individu est attaché à son groupe et travaille à bien distinguer l'*ingroup* de l'*outgroup*.

Le groupe innovant est un groupe généralement restreint. Il favorise les relations affectives qui entraînent souvent des affinités et des sous-groupes. Des normes et des rites scandent la vie du groupe innovant. Des valeurs fortes structurent l'attachement au groupe : la loyauté, le respect et la fierté. Certains parlent alors de « logique clanique », où l'ordre est issu d'une croyance forte selon laquelle l'individu est moins important que le groupe. Chaque expert reconnaît alors l'importance de traditions créées de toutes pièces ou importées d'autres groupes. Le leader joue un rôle prépondérant car il guide le collectif. Pour intégrer ce clan, chaque individu doit passer par un processus généralement long au cours duquel il devra apprendre par cœur les normes et rites jusqu'à ce que ceux-ci deviennent « instinctifs ».

Un expert impliqué dans un projet innovant pourrait s'exclamer : « Je coopère avec toi pour que tu me reconnaisses comme membre de la même communauté, et ainsi préserver et développer notre identité commune. » Les acteurs ont la responsabilité de protéger le groupe de l'extérieur pour défendre les objectifs partagés.

Une des difficultés de ce mode de coopération est le risque de conformisme, ce qui est d'autant plus gênant pour un projet innovant. La littérature encourage alors à intégrer des acteurs dits minoritaires pour perturber l'équilibre et provoquer des crises dynamisantes. La mise en perspective des deux types de coopération permet en outre de noter des pistes afin de résoudre cette difficulté.

3.1.3. Un regard dynamique sur les deux modes de coopération

S'il existe deux types de coopérations selon Dameron (2002), il est crucial de les étudier en parallèle (voir tableau 11.3). En effet, nous constatons que, peu ou prou, les forces de l'une compensent les faiblesses de l'autre. Il semble alors évident pour un chef de projet qu'il doit être à même de comprendre quelle est la coopération à privilégier tout au long de la vie du projet (voir figure 11.2).

La mise en dynamique de ces deux coopérations met en évidence la nécessité, en début de projet, de s'appuyer sur la coopération communautaire ; il s'agit de la phase d'« initiation ». En effet, elle favorise la création de lien entre les acteurs et la création et/ou l'appropriation des objectifs du projet. Une fois ces racines fondées, le groupe entre dans une phase où la coopération complémentaire prend le devant de la scène : c'est la phase de « transformation ». Chaque expert exprime ses points de vue, valorise ses compétences et savoirs. Des tensions surviennent, mais les fondements bâtis pendant la première phase permettent de ne pas remettre en question les objectifs communs, voire favorisent l'atteinte d'un compromis ; les débats sont davantage orientés vers le projet lui-même. Dans la dernière phase du projet, dite de « cristallisation », la coopération devient de nouveau communautaire. Il faut sortir des conflits et travailler à la réalisation d'objectifs communs. Les turbulences s'apaisent au regard de l'intérêt collectif.

Tableau 11.3 : Synthèse des deux types de coopérations dans un projet innovant

	Coopération complémentaire	Coopération communautaire
Fondements	Calcul stratégique	Identité sociale
Attributs	Intérêts individuels Division du travail Engagements internes	Objectifs communs Appartenance au groupe Interaction avec des groupes externes
Processus	Négociation	Socialisation
Ambivalence de la dynamique coopérative	La coopération complémentaire tend vers la constitution de réseaux de confiance, et donc vers la coopération communautaire	La coopération communautaire tend vers la différenciation des membres du groupe, et donc vers la coopération complémentaire

Source : Dameron, 2002, p. 347 (tableau 1).

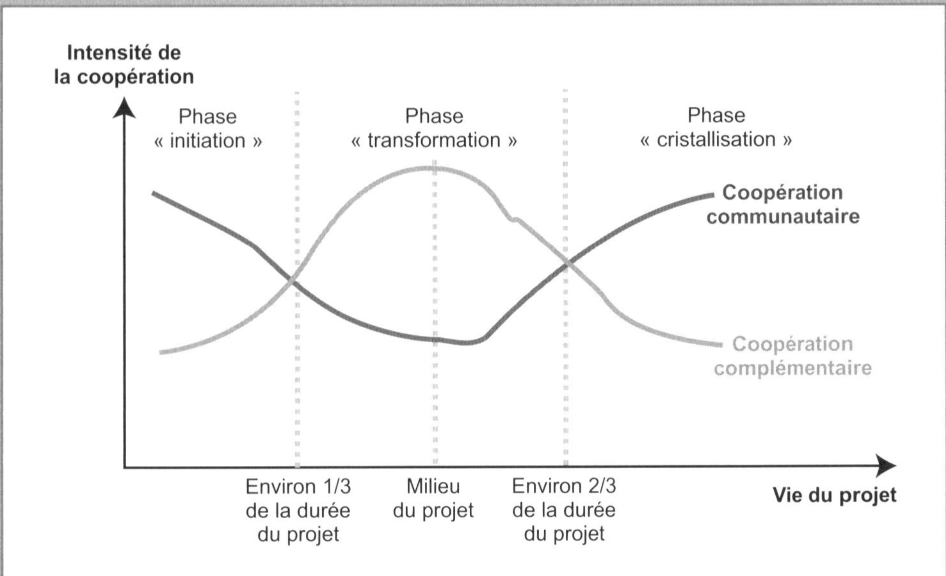

Figure 11.2
Mise en perspective des deux coopérations au fil du temps.

Source : adapté de Dameron, 2002, p. 352.

Approfondissement 11.1

Les niveaux d'analyse du projet et leur lien avec les deux types de coopérations

Organiser un groupe projet en innovation implique d'être pleinement conscient des dimensions souvent ignorées par les managers. Or, un projet est multidimensionnel par définition et mérite une compréhension de six grands niveaux d'analyse qui se distinguent, toutefois, par l'intensité de leur lien avec le projet (Asquin *et al.*, 2005). Les trois premières dimensions sont directement rattachées à la vie du projet.

1. La dimension technique : elle regroupe l'ensemble des compétences, expertises et savoir-faire nécessaire à la réussite du projet. Les acteurs sont *a priori* choisis en raison de leur valeur technique. La structure adoptée (voir les typologies mentionnées plus haut) fait écho à cette dimension : elle doit favoriser l'expression des expertises de chacun.
2. La dimension méthodologique : elle explique comment l'action collective est organisée grâce à des outils méthodologiques de types diagramme de Gantt, PERT, PDCA*…
3. La dimension managériale : elle s'appuie sur une répartition des tâches et des rôles de chacun. L'enjeu pour le chef de projet est alors de permettre à chaque expert de garder sa spécificité, tout en étant capable de collaborer avec une équipe plurielle.
4. La dimension stratégique : un projet s'inscrit dans une stratégie *corporate*. Il est alors fondamental de s'assurer de l'alignement dudit projet avec les objectifs organisationnels de la structure. Le contexte doit être favorable au développement du projet sans générer de tensions nuisant à la coopération attendue, notamment entre les acteurs.
5. La dimension politique : un projet consomme des ressources (humaines, financières, matérielles…). Les arbitrages sont inévitables, surtout dans des structures cumulant de nombreux projets. Les relations de pouvoir entre les experts du projet peuvent être affectées par de tels choix politiques, d'où la nécessité d'associer les deux types de coopérations pour sortir de la dimension clanique en cas de tension.
6. La dimension symbolique : un projet est, en soi, un symbole pour l'organisation. Un symbole de renouveau, d'avenir, de performance, de réussite, etc. Cette dimension peut permettre aux acteurs de trouver des valeurs communes et de dépasser les conflits potentiels.

Source : pour les six dimensions, voir : Asquin, Falcoz et Picq, *Ce que manager par projet veut dire*, Éditions d'Organisation, 2005.

* PDCA est une méthode qui s'appuie sur une logique circulaire entre chaque étape : P, pour *Plan* ; D, pour *Do* ; C, pour *Check* ; A, pour *Act*. Après avoir décidé des objectifs, les acteurs agissent concrètement. Le chef de projet ou les acteurs eux-mêmes contrôlent que les actions correspondent aux objectifs, puis ils rectifient les écarts par des mesures dites correctives. Celles-ci supposent notamment de fixer de nouveau des objectifs.

Ces différentes phases orientent, néanmoins, le travail du chef de projet. S'il est plus un guide au début et à la fin du projet, il jouera davantage le rôle d'un arbitre au milieu du projet. Ce changement de posture est loin d'être facile pour le chef de projet tout comme pour les acteurs. Le chef de projet devra toujours avoir à l'esprit la succession de ces phases pour ne pas opérer de décisions ou d'actions nuisibles dans la phase suivante. Par exemple, un chef de projet trop amical avec un des experts est constructif en début de projet, car cela favorise la création de lien social. Cependant, lors d'un conflit au cours de la deuxième étape, les conflits seront perçus au regard de ces mêmes liens, et la décision pourrait être considérée comme partiale. Aussi, un chef de projet se doit d'être vigilant et d'appréhender le projet dans sa définition temporelle.

3.2. Le projet au quotidien

La première étape de la vie d'un projet consiste à constituer l'équipe projet. Trois acteurs sont importants : l'organisation, le chef de projet et l'individu. De manière certes caricaturale, nous pouvons citer trois manières de créer le projet.

- Cas 1 : l'organisation choisit chacun des acteurs du projet et le chef de projet. Elle structure le projet selon ses objectifs, ce qui passe principalement par une approche « compétences ». Les acteurs ont des expertises qui sont censées se compléter par définition. Le chef de projet a alors pour responsabilité de mettre en orchestre ses acteurs et surtout de créer un esprit communautaire avec des objectifs communs. Ce n'est pas une tâche évidente, car chaque expert négocie en amont avec l'organisation les termes de son contrat.
- Cas 2 : le chef du projet innovant choisit ses collaborateurs. Généralement, il commence par sélectionner les individus avec lesquels il a des affinités. La coopération communautaire est présente en partie. Ce socle stable facilite ensuite l'intégration d'individus moins connus du reste du groupe. En revanche, les liens forts, voire amicaux, entre les individus de ce socle rendent parfois difficile leur prise de recul et critique de comportements implicites. Les experts associés par la suite peuvent peiner à faire entendre leur voix. Deux sous-groupes émergent alors au sein de ce projet.
- Cas 3 : les individus se portent volontaires. Cette structure est assez fréquente dans les entreprises de consultation. Les acteurs témoignent de leur intérêt pour un projet innovant, apportent leur candidature et suivent un processus de recrutement auprès du chef de projet et/ou de l'organisation. L'objectif est de repérer des individus motivés et experts de certains domaines mentionnés sur la fiche de poste. La difficulté, toutefois, est de ne pas attirer les experts les plus compétents vers des projets plus expérimentaux ou *a priori* d'envergure faible. Le chef de projet et/ou l'organisation doivent alors faire preuve d'imagination pour négocier avec les experts convoités tout en cherchant à socialiser l'ensemble des candidats sélectionnés.

Si ces trois configurations sont volontairement contrastées, on comprend que les entreprises oscillent entre elles lors de la création de chaque projet. Chacune tend à davantage favoriser un type de coopération. La question à se poser, donc, pour choisir l'orientation à prendre, est de savoir quelle est la coopération la plus décisive pour réussir le projet innovant. En d'autres termes, en cas de crises paralysantes, quelle est celle qui permettra de sortir de l'impasse ? Des projets hautement risqués nécessiteront des expertises de haut niveau, mais cela ne signifie pas que la coopération complémentaire soit la plus importante. En effet, face à une équipe d'experts, il peut être justement souhaitable d'avoir des réseaux de confiance intenses.

La deuxième étape du projet concerne la création de son identité. La section précédente a posé le cadre plus théorique de ce nous devons entendre par « identité ». Sur un plan pratique, l'identité se compose à partir d'éléments objectifs et subjectifs. Parmi les premiers, on retrouve des données issues de la création du projet innovant : qui est recruté et pour quoi faire ? Qui est le chef de projet ? Quel est le rôle de chacun ? Quel est le mode d'organisation du projet ? En outre, le groupe doit connaître la finalité concrète du projet, ce qui peut se révéler délicat dans des projets expérimentaux : la fin est encore à écrire. Les dimensions du projet décrites plus haut peuvent permettre de situer le projet dans la stratégie *corporate* ou encore d'indiquer la valeur symbolique dudit projet. Les acteurs savent ainsi, en cas de questionnement, quelle est l'orientation à adopter avec le truchement de ces dimensions stratégique et symbolique.

Les acteurs ont également besoin de se repérer dans le temps. Les grandes dates leur sont alors communiquées pour avoir les dates butoir à l'esprit lors de l'avancée du projet. Même si ces dates sont souvent amenées à évoluer, le chef de projet manipule cet élément objectif pour maintenir un niveau de pression, sans nuire pour autant à la créativité et à la critique. Un dernier élément important consiste à indiquer clairement les méthodes et les outils mobilisés par les acteurs. Quel est l'ERP (progiciel de gestion intégré, ou *Enterprise Resource Planning* en anglais), par exemple, qui est commun à tous ? Quels sont les outils spécifiques ? Sont-ils compatibles sur le plan technique et technologique ? L'ensemble de ces informations est consigné formellement dans le cahier des charges.

Parmi les éléments subjectifs, on peut citer tout ce qui favorise la création d'une communauté. Le projet doit revêtir un sens pour le collectif. Si l'organisation ne lui en donne pas, le groupe projet en déduira un. Le risque est alors fort pour que cela ne soit pas à la bonne maille. Par exemple, un projet expérimental peut être prometteur, mais tellement risqué que l'organisation le valorise peu ; les experts peuvent alors en déduire qu'il s'agit d'un projet insignifiant. Leur implication baissera alors même que ce projet pourrait être une « pépite ». Pour limiter ce genre de dissonance entre ce que l'organisation ambitionne et ce que le groupe projet comprend, il est judicieux de communiquer une image de l'avenir : quel est le futur de chacun grâce à l'innovation ? Les experts peuvent se projeter et ainsi matérialiser davantage le projet tout en maintenant un niveau d'implication élevé tout au long du projet.

Nommer une équipe semble souvent faire partie du folklore. Pourtant, le nom de l'équipe participe à la création d'une identité. Non seulement ce nom concrétise l'existence du projet, mais il établit entre les acteurs un lien de reconnaissance. Dans la continuité de ce nom, des projets ambitieux et longs vont même jusqu'à imaginer un logo, un graphisme, une tenue type (le jean, la cravate), un mode de communication singulier (utilisation du prénom, tutoiement ou non)…

Si certains éléments sont posés dès le début du projet, d'autres se dessinent peu à peu. C'est d'autant plus le cas que le projet a été structuré selon les cas 1 ou 3. En effet, les éléments communs sont souvent réduits à leur appartenance à l'organisation. Sauf si l'organisation et/ou le chef de projet suggèrent des éléments de création identitaire, les experts vont les faire émerger par la socialisation. L'intérêt est de les associer pleinement à la vie du projet ; ils coconstruisent les racines du projet.

À l'image d'une personne dont on fête chaque année l'anniversaire, un groupe a besoin de célébrations, de rites, de moments clés. La date de création est un moment important de même que les moments de réussite. Il n'est pas rare ainsi de voir des moments festifs s'organiser lorsqu'une bonne nouvelle arrive. Sur le plan organisationnel, le chef de projet ponctue la vie du projet de réunions. Si la réunion de lancement est capitale, car analogue à une naissance, les réunions d'avancement de projet sont également importantes car tous les acteurs se retrouvent autour de la table. Les experts étant fréquemment fortement sollicités en raison de leurs compétences, ils échangent peu avec les autres au quotidien. Aussi, ces réunions régulières rapprochent les personnes. Lors de ces réunions, un contrôle est ainsi mené entre les objectifs et ce qui a été réalisé. En cas d'écart, on imagine des solutions et on en teste la faisabilité.

Le projet innovant poursuit ainsi sa vie entre les réunions de type *reporting*, le travail quotidien des experts, la détection des écarts et l'élaboration d'actions correctives. Décrire en détail la vie d'un projet est délicat dans la mesure où un projet est unique et singulier. En revanche, les projets ont en commun qu'avant leur fin le chef de projet doit anticiper le moment de deuil. À la dissolution du projet, l'équipe ressent souvent un grand vide émotionnel, voire pour certains un *burn-out*. L'intensité de la fin de projet accroît ce ressenti. C'est pourquoi des organisations mettent en place un système de bilan de compétences pour que chaque acteur puisse poser son regard sur la trajectoire parcourue puis valoriser les nouvelles compétences. Des entretiens individuels et collectifs peuvent être pratiqués, mais aussi des regroupements plus festifs. Ces pratiques managériales sont d'autant plus importantes que le résultat du projet n'est pas conforme aux attentes.

La fin d'un projet ne semble pas aussi stimulante que le début. Pourtant, les tâches à accomplir permettent de clore le chapitre. Après avoir accepté le résultat du projet, le chef de projet doit rédiger un rapport pour le commanditaire et/ou son organisation. Il clôt ainsi officiellement le projet en rendant ce document qui devient un symbole pour tous. Les lignes comptables sont enfin soldées de manière à construire le bilan de l'opération. Une dernière étape consiste ensuite à capitaliser sur les connaissances développées au cours du projet en vue de prochains projets innovants.

Conclusion

Ce chapitre avait pour intention de donner des points de repère sur la gestion du projet innovant. S'il existe d'autres manuels spécialisés sur ce thème, le lecteur aura trouvé une approche axée sur le rôle de la structure de l'organisation et du projet. Nous avons mis l'accent sur la place accordée par les structures aux projets innovants. Qualifier la structure apparaît comme une première réflexion nécessaire avant d'organiser un projet innovant. Ensuite, nous avons valorisé la place de l'humain dans la gestion de projet. Si les manuels spécialistes de la question proposent fréquemment les outils incontournables, nous avons privilégié un regard managérial notamment en approfondissant les deux types de coopérations, la place de la confiance, le rôle du chef de projet dans la création, la vie et la dissolution de l'équipe projet. Si les outils opérationnels sont indispensables, le management de l'innovation s'appuie avant tout sur les sciences humaines et sociales. Ce chapitre nous a permis de mettre davantage l'accent sur cette spécificité de l'innovation.

Bibliographie complémentaire

Asquin, Falcoz et Picq, *Ce que manager par projet veut dire*, Éditions d'Organisation, 2005.

Bernoux P., *La Sociologie des organisations*, Paris, Le Seuil, 1999.

Dameron S., « La dynamique relationnelle au sein d'équipes de conception », *Le Travail humain*, vol. 65, 2002, p. 339-361.

Garel G., *Management de projet*, La Découverte, coll. Repères, Paris, 2010.

Lenfle S. et Midler C., « Management de projet et innovation », *L'Encyclopédie de l'innovation*, 2003, p. 49-69.

Midler C., *L'Auto qui n'existait pas*, Paris, Dunod, 1993.

Nonaka I. et Takeuchi H., *The Knowledge Creating Company: How Japanese Companies Create the Dynamics of Innovation*, New York, Oxford University Press, 1995.

Étude de cas

Rossignol et la construction du siège

2007 : l'entreprise Rossignol vient d'être rachetée par le groupe QuikSilver (qui s'en séparera deux ans plus tard). Le dirigeant du groupe, B. Mariette, souhaite doter la nouvelle entité d'un véritable siège mondial qui serait situé dans la commune d'origine de l'entreprise : Saint-Jean-de-Moirans, près de Grenoble, au cœur du pays voironnais et de son site d'activités. Un site est identifié. Reste à créer un bâtiment, dont le récit synthétique de la création est le suivant :

Tout d'abord, B. Mariette réunit un comité qui sera en charge de la création, puis de la construction de ce nouveau bâtiment. L'idée est que le bâtiment soit convivial, ait l'identité des montagnes, permette d'accueillir les équipes de R&D, de marketing et un petit site de production permettant d'éditer les préséries de nouveaux skis et autres matériels de glisse, le tout moyennant un budget X (chiffre confidentiel). Le comité, pour Rossignol, sera composé, entre autres, du directeur de Rossignol, d'un directeur technique, en charge d'assurer le suivi des travaux, d'un membre du pays voironnais et du responsable *business development* de QuikSilver. Bien évidemment, ces personnes ne se consacrent pas à 100 % à ce projet, au regard de leurs missions respectives principales. Afin d'obtenir les projets les plus ambitieux et bien qu'entité privée, donc non assujettie au Code des marchés publics, l'équipe projet fait appel à des architectes qui, sur invitation, vont participer à un concours et proposer leur propre vision du futur bâtiment.

Durant ce concours, l'équipe projet reçoit quatre propositions : une de M. Arotcharen, architecte qui a déjà contribué à la construction du siège européen de QuikSilver, à Saint-Jean-de-Luz, ami personnel de B. Mariette et qui, de fait, connaît très bien l'identité de QuikSilver ; une de M. Vasconi, architecte très réputé pour avoir remodelé le centre des affaires de Lyon Part-Dieu ; Sud Architectes, équipe d'architectes connus pour avoir créé des bâtiments de montagne et des immeubles avec l'étiquette « développement durable ». Le DG de Rossignol ajoute à cette liste, contre toute attente, le cabinet Hérault-Arnod, couple d'architectes basé à Grenoble. Ceux-ci se sont particulièrement illustrés en remportant le concours pour la réalisation de la patinoire de Grenoble contre, entre autres, l'équipe de Jean Lovera, lequel a à son actif les grands travaux de rénovation de Roland-Garros. B. Mariette estime que ce cabinet a parfaitement compris ce qu'est l'esprit de la montagne dans la région. Durant toute la phase du concours, les architectes vont échanger dans les règles. Parmi les quatre propositions reçues, le projet de M. Vasconi trouble : il repose sur un immeuble certes séduisant mais qui ne parle pas de montagne, pour reprendre les termes des membres du projet, et ressemble « à n'importe quel autre siège social ». Il en est de même de celui de Sud Architectes qui propose pourtant un bâtiment en gabion, matériau de la région. Le projet d'Arotcharen fourmille d'idées… évocatrices de l'eau. L'intérieur du bâtiment n'est pas suffisamment travaillé, diront les responsables du projet. Quant au projet des Hérault-Arnod, il est jugé très original : le toit est en forme de dune de neige mais il est blanc, la technique utilisée pour ce toit n'est pas encore explicitement définie et reste à investiguer. La première phase du projet se termine par une présélection du comité : les projets des Hérault-Arnod et de Arotcharen sont choisis. Pour autant, ils sont remis en cause par l'arrivée tardive d'un rapport sur la qualité du sol où le bâtiment sera construit : il est très poreux, puisque situé à l'endroit d'un ancien glacier comme toute la vallée menant de la Tour-du-Pin jusqu'à Grenoble. Les deux projets sont à réaménager en fonction de cette contrainte. Les autres limites sont encore à rectifier. Les Hérault-Arnod décideront de faire appel à des sous-traitants pour vérifier que leur solution technique est possible. Arotcharen semble disposer de l'intégralité des connaissances pour parfaire son projet. Le choix final quant à la solution retenue, donc en fonction de la forme du bâtiment, se fera entre les membres de la direction. *In fine*, la solution des Hérault-Arnod sera choisie. Isabel Arnod explique : « Pour vraiment convaincre que le bâtiment était chaud, j'ai décidé de présenter le projet sur différents supports, en particulier du papier à aquarelle, dont le grain est vraiment chaud. Cela n'a pas été décisif mais cela a permis, à mon sens, de susciter et de rassurer le comité de projet. » Un an après, Rossignol décide de poursuivre le projet mais avec des contraintes budgétaires plus importantes du fait de sa cession par QuikSilver…

Une belle histoire puisque le projet a vu le jour… Une histoire classique pour les architectes…

Questions

1. Décrivez, au regard des informations dont vous disposez ici, la structure du projet d'innovation. S'agit-il d'une structure artisanale ? D'un « *heavyweigh project* » ? Expliquez les raisons de cette spécificité.
2. Identifiez les différentes crises qui ont pu surgir au cours de ce projet.
3. Au regard de vos connaissances sur le management de projet en architecture, formulez des solutions pour faciliter ces crises et éviter que le projet ne prenne trop de retard ou dépasse le budget imparti.

Chapitre 12

Le financement de l'innovation

Après avoir lu ce chapitre, vous saurez :

- identifier les projets pouvant bénéficier d'un dispositif de financement ;
- identifier ces sources de financement.

Chaque projet de création, de reprise d'entreprise ou, plus simplement, le lancement d'un nouveau projet d'innovation induit de pouvoir en financer les investissements : développements, embauches, stocks, trésorerie, crédit client, etc.

Cette étape est vitale et réclame une attention particulière du porteur du projet (qu'il soit entrepreneur ou intrapreneur) :

- Elle conditionne la bonne mise en œuvre du projet par l'engagement des dépenses et des travaux.
- Ses modes et conditions de financement influent sur le développement du projet et les relations entre les parties prenantes, dont les modalités d'intéressement du porteur et des actionnaires.

Si, au sein des entreprises, les projets de développement sont financés en grande partie sur fonds propres (on parle aussi d'autofinancement), ces derniers peuvent s'avérer insuffisants. C'est particulièrement le cas des créations d'entreprises innovantes : si les apports sont amenés en majorité par le porteur (en nature et financiers), ce dernier devra rapidement procéder à des augmentations de capital pour assurer l'amorçage et la croissance du projet d'innovation.

Le tableau 12.1 détaille l'origine et l'évolution des capitaux pour les nouvelles entreprises créées.

Tableau 12.1 : Incubateur – origine du capital initial des entreprises créées entre 2000 et 2009

Origine du financement	Origine du capital initial des entreprises créées entre 2000 et 2008	Origine du capital initial des entreprises créées en 2009
Fondateurs	70,10 %	98,38 %
Business angels	9,80 %	0,83 %
Amorçage	6,90 %	0,35 %
Capital-risque	6,70 %	0,00 %
Banques	6,20 %	0,00 %
Divers	0,30 %	0,44 %

Source : MESR-DGRI-C3.

Le « **financement de l'innovation** » est le processus nécessaire pour couvrir les besoins en investissement du projet innovant, lequel, par nature, présente des risques commerciaux ou scientifiques supérieurs à la moyenne. C'est pourquoi les acteurs publics et privés se sont structurés afin de répondre aux besoins du porteur, en fonction :

- des montants recherchés et du degré de risque du projet ;
- de la nature de l'innovation (technologique, de processus, de modèle économique, etc.).

Parce que l'innovation est un vecteur de croissance, de création de valeur, d'emploi et de compétitivité universellement partagé[1], les pouvoirs publics jouent un rôle majeur et les financements qu'ils mettent à disposition sous différentes formes doivent être **connus de tout porteur soucieux d'opérer le meilleur *mix* possible** au regard de ses propres intérêts et de ceux du projet.

En France, deux types de financements existent pour favoriser l'effort d'innovation technologique : d'une part, le cofinancement public de projets de recherche et d'innovation (aides directes) ; d'autre part, des mesures fiscales et sociales incitatives de financement indirect des activités de R&D :

- Les aides directes sont adaptées à des interventions ciblées sur un projet, un secteur d'activités ou une technologie clé pour le domaine.
- Les aides indirectes visent à soutenir toutes les entreprises, sans discrimination quant à la nature de leurs travaux de R&D.

Or, en France, en 2012, ce nombre de dispositifs se compterait en milliers… Dans ces conditions, comment s'y retrouver ?

1. Schumpeter J., *Théorie de l'évolution économique*, 1912 ; *Manuel d'Oslo*, OCDE, 2005 ; « Horizon 2020 », Union européenne, 2011.

1. Le financement de la croissance des entreprises innovantes

À l'origine de tout projet, il y a une idée, un concept, une vision. Pour convaincre les premiers partenaires (futurs associés, investisseurs, distributeurs, etc.), il est essentiel que le projet soit validé par un retour de marché : une preuve de concept, une étude de marché, un test auprès de clients potentiels, la réalisation d'un prototype, etc. On parle alors de « faisabilité ».

Dans les projets à dominante technique, **la recherche et développement** est une composante majeure : matérialiser l'idée, lever les incertitudes techniques, créer les connaissances et les technologies nécessaires à la bonne réalisation du produit ou du service innovant.

Sur la base des premières versions de produits/services, et selon des temps et modes d'accès au marché propres à chaque secteur, l'entreprise peut enregistrer ses premières commandes et, enfin, son « premier euro de chiffre d'affaires (CA) ». On parle alors d'amorçage commercial.

L'essentiel pour l'entreprise est d'atteindre le plus rapidement possible le point mort, c'est-à-dire le point où le CA généré équilibre les investissements et les dépenses de développement et où l'entreprise peut dégager les premiers bénéfices. Forte de ces premiers succès, l'entreprise entre dans une étape de forte structuration et de développement commercial : la croissance.

Cette croissance demande à être financée et repose sur des mécanismes qui diffèrent à chaque étape, comme le résume France Angels à la figure 12.1.

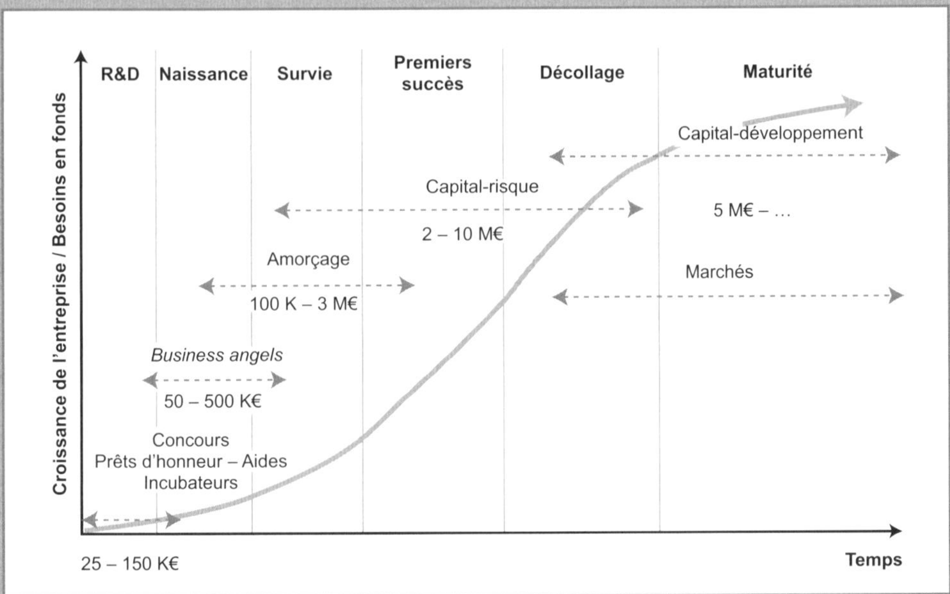

Figure 12.1
La chaîne du financement, au cours des étapes de la vie de l'entreprise innovante.

Source : France Angels.

1.1. La chaîne du financement

1.1.1. Étape 1 : de l'idée au *proof of concept*

La première étape vise à tester la viabilité du projet entrepreneurial ; il est fréquent qu'elle se déroule *ante* création. Les premières ressources reposent principalement sur les fonds propres apportés par les porteurs de projet ainsi que par leurs proches – on parle aussi de *friends & family*, c'est-à-dire des personnes physiques qui vont investir généralement avec un fort *afectio societatis*. Ce « capital de proximité », ou « *love money* », finance les premières études de faisabilité, les preuves de concept et permet de constituer la base du capital social de la future entreprise.

Pour compléter ses fonds, l'entrepreneur peut s'appuyer sur deux dispositifs importants :

- **Les incubateurs**, qui ont pour mission d'accompagner, de faciliter et d'accélérer la démarche des créateurs d'entreprises grâce à :
  - un soutien logistique et l'hébergement ;
  - une offre de formation et d'accompagnement ;
  - une offre de compétences externes étendue permettant de couvrir l'ensemble des pans de la création d'entreprises : management, organisationnel, juridique, financier, marketing, commercial, etc. ;
  - une mise en relation avec des partenaires industriels, commerciaux, scientifiques et financiers.

  La France compte une centaine d'incubateurs, dont 30 sont soutenus par le ministère de l'Enseignement supérieur et de la Recherche (3 164 projets étaient en incubation entre 2000 et fin 2011).

- **Le concours national d'aides à la création d'entreprises de technologies innovantes**, organisé par le ministère de l'Enseignement supérieur et de la Recherche (MESR), en partenariat avec Oséo (voir tableau 12.2), qui permet aux lauréats de recevoir des subventions à hauteur de 45 000 € pour les projets « émergence » et jusqu'à 450 000 € pour les projets « création-développement ». En 2011, la 13e édition du concours a récompensé 149 lauréats.

D'autres mesures d'aides à la création d'entreprises sont présentées dans le tableau 12.2.

L'ensemble de ces aides peut, dans certaines mesures, se cumuler en accord avec les organismes financeurs (exemple : prêt + garantie + aide).

Tableau 12.2 : Aides à la création d'entreprises

Dispositif	Nature et montant	Organisme
Aide du Pôle Emploi aux chômeurs créateurs d'entreprise	Permet de bénéficier soit d'un capital de départ, soit d'allocations chômage tout en créant une société	Pôle Emploi
Aide aux chômeurs créateurs et repreneurs d'entreprise (ACCRE)	Exonération de charges sociales	Centre de formalités des entreprises (CFE), Urssaf
Prêts à la création d'entreprises (PCE)	Emprunt de 2 à 7 K€ en cofinancement d'un emprunt bancaire	Oséo
Contrat développement création	Emprunt de 24 à 80 K€ en cofinancement de 50 % d'un emprunt bancaire	Oséo
Garantie Oséo	Garantie des emprunts bancaires à hauteur de 50 à 70 %	Oséo
Aide à la création d'entreprises innovantes	Subvention de maximum 30 K€	Oséo
Prêt participatif d'amorçage	Prêt jusqu'à 75 K€ (150 K€ avec le soutien de la Région) conditionné à une aide à l'innovation	Oséo

Sources : Oséo, Pôle Emploi, Urssaf.

1.1.2. Étape 2 : du prototype à l'amorçage commercial

Une fois la société créée, la R&D doit être financée intensivement. Pour ce faire, l'entreprise peut solliciter des aides et subventions. Il est à noter que :

- le montant sera dans la majorité des cas plafonné à hauteur des fonds propres[2] de l'entreprise ;
- l'entreprise pourra en général bénéficier de 1 € d'argent public pour 1 € d'apport.

Pour avoir un effet de levier sur le montant de l'aide, l'entreprise peut renforcer ses fonds propres grâce au **dispositif du prêt d'honneur**. Délivré par des structures telles que France Initiative, le réseau Entreprendre, les conseils régionaux et Oséo, le prêt d'honneur est un prêt à la personne, d'un montant de 45 K€ en moyenne, sans intérêts ni garanties sur le patrimoine personnel, avec un différé de remboursement.

En complément, l'entrepreneur est en mesure d'opérer ses premières augmentations de capital auprès de *business angels* et de capital amorçage pour des montants inférieurs à 500 K€.

Les *business angels* (BA) sont des personnes physiques qui investissent une part de leur patrimoine dans des entreprises innovantes. L'activité des BA se structure principalement en réseaux ; la France en compte aujourd'hui 85, fédérés par l'association France Angels

2. Les fonds propres correspondent au total des actifs possédés par une entreprise moins l'ensemble de ses dettes.

(www.franceangels.org). L'entrée des BA au capital des entreprises se fait souvent de pair avec un abondement de fonds d'amorçage.

Ces fonds spécialisés financent le démarrage des très jeunes entreprises innovantes et reposent sur des capitaux privés et publics au travers d'un apport de la Caisse des dépôts et consignations. Ils contribuent à pallier l'absence de « capital-investissement » lors de la phase d'amorçage.

Ces deux leviers visent à obtenir un effet de levier sur **le financement de la R&D** et à assurer une certaine continuité de financement jusqu'au développement commercial, stade à partir duquel les investisseurs en capital-risque et les banques sont plus à même de pouvoir s'engager.

1.1.3. Étape 3 : le développement commercial

Pour financer son développement commercial (en France comme à l'international), l'entreprise a le choix entre deux scénarios de développement :

- Si elle génère déjà des résultats et des cash-flows positifs, sa croissance peut être assurée par un *mix* entre sa capacité propre d'autofinancement et une contraction de dettes bancaires. Ce scénario présente l'intérêt de préserver la gouvernance de l'entreprise et de ne pas diluer le capital à défaut d'obtenir des fonds permettant d'opérer une forte accélération de la croissance de l'entreprise.
- Si l'entreprise présente un fort potentiel d'innovation et de croissance, elle pourra recourir au capital-risque. Celui-ci va couvrir généralement les besoins de 1 à 10 M€ au travers d'instruments comme les FCPI[3], FIP[4] ou FCPR[5]. Ils apportent des solutions de financement et des fonds suffisamment importants pour accélérer le développement de l'entreprise. C'est le schéma classique que suivent grand nombre de start-up, en biotechnologie ou en IT par exemple.

À ce stade, les clés de la réussite relèvent principalement du bon équilibre entre les intérêts des différentes parties prenantes (fondateurs, actionnaires, partenaires) et la cohésion entre ces derniers. Par la suite, et pour assurer son développement, il sera nécessaire à l'entreprise de trouver un relais de financement soit par le biais du capital-développement, soit par les marchés boursiers, soit encore par les *corporates* à l'occasion de la cession de la société (directement par ces grands groupes ou au travers de leur fonds d'investissement).

Des mesures d'aides au développement commercial sont proposées. Elles sont répertoriées dans le tableau 12.3.

---

3. Fonds communs de placement dans l'innovation.
4. Fonds d'investissement de proximité.
5. Fonds communs de placement à risques.

Tableau 12.3 : Récapitulatif des aides au développement commercial de l'innovation à l'international

Dispositif	Nature et montant	Organisme
Prêt pour l'export (PPE)	Prêt compris entre 20 et 80 K€ finançant les dépenses immatérielles d'un programme de développement d'une PME de plus de 3 ans.	Oséo UbiFrance
Innovex	Aide nationale en faveur des PME membres d'un pôle de compétitivité. Prise en charge d'une mission de prospection de 1 200 € maximum (deux Innovex maximum par an). La subvention varie en fonction de la zone géographique.	UbiFrance
Assurance prospection	Assurance sur les dépenses engagées dans le cadre d'un développement à l'international.	Coface
Crédit d'impôt export	Égal à 50 % des dépenses éligibles ; il est plafonné à 40 K€.	Service des impôts des entreprises (SIE)
Garantie développement international : investissements matériels pour l'export ou à l'international	Garantie de fonds propres s'inscrivant dans le dispositif d'appui à l'implantation et au développement des PME françaises à l'étranger. Couverture du risque économique à l'exclusion du risque politique. Taux de garantie jusqu'à 60 % de l'assiette éligible ; plafonné à 1,5 M€ par entreprise.	Oséo AFD Coface
Fasep : implantation à l'étranger par création ou rachat d'une filiale hors Espace économique européen	Garantie jusqu'à 50 % des apports en fonds propres de la société mère à sa filiale détenue majoritairement (ou minoritairement si la réglementation locale ne permet pas la prise de participation majoritaire). Couverture du risque économique uniquement.	Oséo

Sources : Coface, Oséo, AFD, UbiFrance, SIE.

1.2. Le soutien public au financement de la R&D

En Europe, le soutien à la R&D s'articule autour d'orientations générales et d'aides émanant directement de la Commission européenne et autour de politiques et de mesures nationales. L'objectif : faire de l'économie européenne une économie compétitive, dynamique et fondée sur la connaissance. À cet effet, il est nécessaire de renforcer la capacité d'innovation des entreprises. En France, cela se traduit par :

- Les aides directes sous forme de subventions et d'avances remboursables. Elles appuient les premières étapes de développement favorisant la prise d'initiative et la prise de risque. On distingue plus particulièrement :
  - les mécanismes finançant des projets d'entreprises comme **l'aide pour la faisabilité de l'innovation** délivrée par Oséo ;
  - les aides **Ademe**[6] portant principalement sur des projets de thématiques énergie/environnement ;

6. Agence de l'environnement et de la maîtrise de l'énergie.

- les mécanismes finançant des programmes de recherche réalisés majoritairement en partenariat. Ils financent principalement des projets d'innovations de rupture :
  - en France : Agence nationale de la recherche (ANR), Fonds unique interministériel (FUI) ;
  - en Europe : programme cadre de recherche et développement (PCRD) qui prendra fin le 31/12/2013 ; la politique de l'EU en matière de R&D se déroulera dans le cadre de la politique « Horizon 2020 »[7].

- Les aides publiques indirectes qui incluent les incitations fiscales comme les crédits d'impôt, les abattements fiscaux en faveur de la R&D, la réduction des impôts sur les salaires dans la R&D et des cotisations sociales, et l'amortissement accéléré des actifs de R&D ; elles favorisent l'environnement économique de l'entreprise ou créent des conditions favorables à son développement. Les innovations de rupture et les innovations incrémentales peuvent ici être financées. On distingue deux mesures phares : le **crédit d'impôt recherche (CIR)** et le statut de **Jeune entreprise innovante (JEI)**.

D'autres mesures d'aides à l'innovation sont proposées. Elles sont répertoriées dans le tableau 12.4.

Tableau 12.4 : Autres aides à l'innovation

Dispositif	Nature et montant	Organisme
Aide au projet innovant (y compris transfert de technologie)	Avance à taux zéro, remboursable en cas de succès, soutien jusqu'à 50 % des dépenses retenues.	Oséo
Aide au partenariat technologique (APT)	Subvention plafonnée à 50 K€. Facilite la préparation des entreprises aux projets collaboratifs (FUI, par exemple) européens et parfois nationaux.	Oséo
Prestation technologique réseau (PTR)	Dispositif régional. Financement jusqu'à 80 % d'une étude technico-économique (PI, prototype, essais, etc.). Subvention plafonnée à 10 K€.	Oséo, conseil régional, réseau de développement technologique (RDT)
Contrat de développement innovation	Prêt de 40 à 300 K€ en cofinancement avec une banque pour les entreprises de plus de 3 ans.	Oséo
Garantie innovation Oséo	Garantie des interventions des banques et organismes de fonds propres. Oséo peut garantir jusqu'à 80 % d'un montant maximum de 300 K€.	Oséo
Aide régionale à l'innovation et au transfert de technologie (ARITT)	Dispositif comprenant quatre volets : faisabilité, réalisation, recrutement, faisabilité laboratoires. • Faisabilité et réalisation : financement de 75 % des études ; subvention plafonnée à 15 et 50 K€. • Recrutement : subvention de 50 % des salaires et charges, plafonnée à 13 K€ pour un bac + 2 et 35 K€ pour un ingénieur.	Critt/Biocritt

7. http://ec.europa.eu/research/horizon2020/.

Dispositif	Nature et montant	Organisme
Contrat de développement participatif	Prêt d'un montant maximum de 3 M€ qui finance des dépenses immatérielles à destination d'entreprises de plus de 3 ans (dans la limite des fonds propres de l'entreprise et en complément d'un prêt bancaire)	Oséo

Source : APCE.

2. Les aides directes en France et en Europe

Ces dispositifs financent prioritairement des initiatives de recherche qui n'auraient pas lieu sans cette intervention publique. On parle d'«effet incitatif » qui permet aux acteurs de la recherche :

- de réunir une masse critique suffisante pour mener à bien des projets d'envergure ;
- d'orienter la recherche sur des sujets ciblés où les enjeux sont mondiaux ;
- de diminuer le risque financier et technologique inhérent aux projets de recherche.

Le plus souvent, les projets conduits en partenariat sont privilégiés. En fonction du dispositif visé, deux approches se distinguent :

- « *Top-down* ». Le dispositif spécifie clairement le sujet. Dans ce cas, les pouvoirs publics ont défini des thématiques prioritaires à financer. Celles-ci sont détaillées dans des « programmes de travail ». Le projet doit rentrer parfaitement dans le cadre thématique pour être recevable.
- « *Bottom-up* ». Le sujet de recherche est libre, mais doit cadrer avec la mission du dispositif : recherche « amont », recherche à destination des industriels, des PME, etc.

2.1. Panorama des aides directes

De manière à positionner son besoin de financement dans le paysage des aides et subventions (voir figure 12.2), l'entreprise innovante doit considérer la globalité du projet de R&D (c'est-à-dire elle et l'ensemble des parties prenantes : partenaires de recherche, sous-traitants, fournisseurs, clients) pour répondre aux trois critères suivants :

- positionnement du projet de R&D : recherche amont, recherche appliquée, innovations proches du marché ;
- montant global recherché : les aides allant de quelques kiloeuros à plusieurs dizaines de millions d'euros ;
- lieu où seront menées les activités de recherche ; nationalité des différents partenaires : française, europénne ?

Dès lors, il est plus simple pour l'entreprise de saisir les bonnes opportunités de financement et de structurer ses démarches :

- Les dispositifs lancent des appels à projets (AAP) une ou deux fois par an ; seuls quelques dispositifs proposent une soumission en continue.
- Les AAP nationaux sont publiés sur les sites internet officiels des différents organismes : ANR, Oséo, pôles de compétitivité, Ademe…
- Les AAP européens sont publiés sur les sites de la Commission européenne : Eurosfaire, Cordis et Eureka.

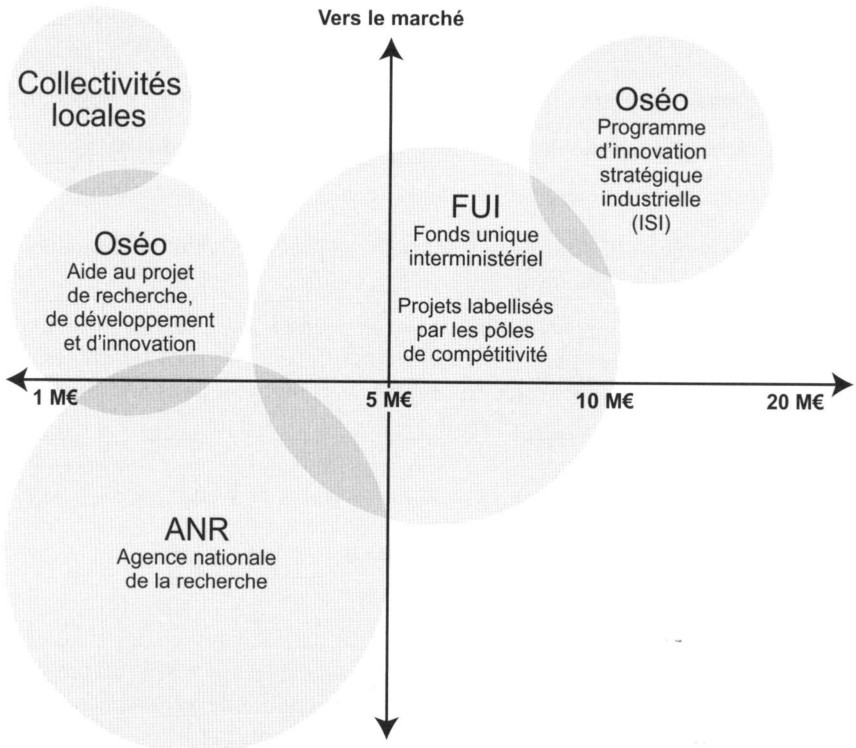

(a) France : principales aides nationales de soutien à l'innovation

Figure 12.2 a

Catégorisation des sources de financement de l'innovation.

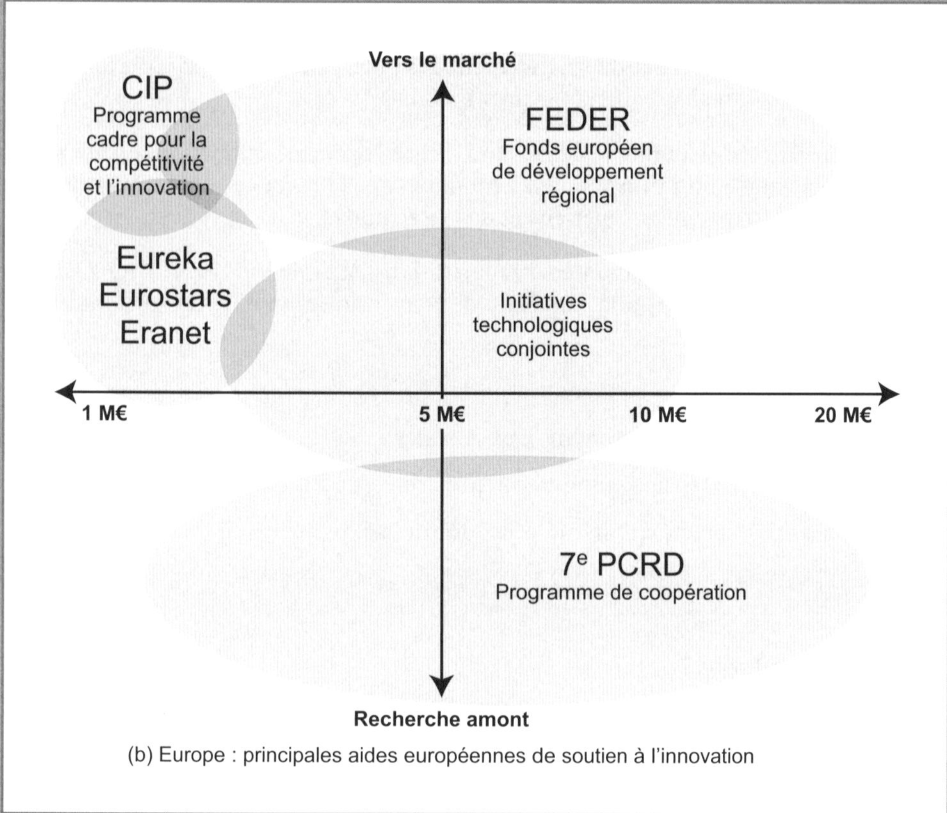

Figure 12.2 b
Catégorisation des sources de financement de l'innovation.

2.2. Aide pour la faisabilité de l'innovation

Pour l'entreprise, l'aide pour la faisabilité de l'innovation d'Oséo est utile pour financer les travaux de validation du projet d'innovation : ingénierie commerciale et marketing, technique, juridique et propriété intellectuelle, financière et managériale.

L'aide pour la faisabilité de l'innovation vise à aider la PME à innover en l'aidant dans sa préparation des projets de recherche et développement par :

- des études de faisabilité ;
- l'intégration de compétences.

Approfondissement 12.1

Qui est Oséo ?

Oséo est l'acteur de référence du financement des PME innovantes : innovation, investissement, international, création et transmission.

Oséo est une entreprise publique de mission d'intérêt général, à fonctionnement privé, placée sous la tutelle du ministère de l'Économie, des Finances et de l'Industrie et du ministère de l'Enseignement supérieur et de la Recherche.

Avec un réseau de 1 000 collaborateurs répartis dans 37 directions régionales, Oséo est issu de la fusion par absorption, fin 2010, d'Oséo Innovation et d'Oséo Garantie par Oséo Financement.

La précédente organisation était composée de :

- Oséo Innovation (société anonyme), ex-Anvar ;
- Oséo Financement (société anonyme à directoire), ex-BDPME ;
- Oséo Garantie (société anonyme d'économie mixte à conseil d'administration), ex-Sofaris.

2.2.1. Quels avantages ?

L'aide pour la faisabilité de l'innovation d'Oséo est une participation au financement de l'étude sous forme de subvention ou d'avance à taux zéro remboursable en cas de succès. Elle peut couvrir de 25 % à 50 % des dépenses HT retenues par Oséo dans le cadre du programme d'innovation.

La subvention est en général plafonnée à hauteur de 50 K€. Elle est le plus souvent suivie d'une aide à l'innovation sous forme d'avance remboursable qui peut être couplée avec des subventions provenant du Feder (Fonds européen de développement économique et régional).

2.2.2. Quelles règles suivre ?

Pour bénéficier de cette aide, l'entreprise doit être une PME ou employer moins de 2 000 salariés.

Les dépenses internes et externes peuvent faire l'objet d'une aide à la faisabilité de l'innovation :

- études (scientifiques, de marché, etc.) ;
- travaux de conception, de mise au point, de prototypage ;
- achat d'équipements ;
- recherche de partenaires ;
- recrutement ;
- dépôt et extension de brevets.

En pratique, plus le projet est innovant et présente un risque important, plus la part de subvention sera grande et jouera un rôle incitatif. *A contrario*, l'avance remboursable sera privilégiée pour les projets moins ambitieux.

Le délai d'instruction moyen des dossiers est de un à deux mois ; le délai moyen entre le dépôt de la demande et le démarrage du projet est quant à lui de six mois.

Remarque : les dépenses engagées sont éligibles à compter de la date de dépôt du dossier.

2.3. Agence nationale de la recherche (ANR)

Pour l'entreprise, l'ANR présente un intérêt si son programme de R&D nécessite des connaissances issues de la recherche fondamentale et qu'elle souhaite, pour ce faire, collaborer avec des acteurs académiques français.

L'ANR est une agence de financement de projets de recherche créée en 2005. Elle s'adresse à la fois aux établissements publics de recherche et aux entreprises, avec une double mission : produire de nouvelles connaissances et favoriser les interactions entre laboratoires publics et laboratoires d'entreprise en développant les partenariats.

Les projets types durent trois ans, sont menés en partenariat et le délai de commercialisation des résultats des travaux de recherche est compris entre cinq et 10 ans.

L'ANR structure sa programmation autour de deux catégories d'appels à projets (AAP) :

- Des AAP portant sur des problématiques scientifiques ou technologiques ciblées – les projets sont destinés à des consortiums formés d'équipes émanant de laboratoires publics et d'entreprises.
- Des AAP portant sur un domaine scientifique large et dont l'objectif est d'en faire avancer les connaissances. Les projets soumis à ces AAP traitent de questions de recherche fondamentale et ne recourent pas à des partenaires issus de la recherche privée.

Les AAP de l'ANR adressent les thématiques suivantes :

- sciences et technologies de l'information et de la communication ;
- écosystèmes et développement durable ;
- biologie-santé ;
- sciences humaines et sociales ;
- ingénierie, procédés et sécurité ;
- énergie durable et environnement ;
- programmes non thématiques.

2.3.1. Quels avantages ?

L'ANR soutient les projets de recherche sous forme de subventions :

- à hauteur de 100 % des coûts marginaux pour les organismes de recherche publics.
- à hauteur de 50 % des coûts complets pour les EPIC et organismes de recherche privés.
- selon un taux variable pour les entreprises en fonction de chaque AAP : une PME sera généralement subventionnée à hauteur de 45 % de ces coûts, les autres types de structures (ETI/groupes) à hauteur de 30 %.

En 2010, l'ANR a financé 1 373 projets dont le montant moyen de subvention était de 760 K€ pour les projets partenariaux.

2.3.2. Quelles règles suivre ?

Les critères de sélection sont spécifiques à chaque AAP et il revient à l'entreprise de lire le cahier des charges associé. Chaque dossier fera l'objet d'une évaluation suivant la procédure de sélection suivante :

- examen de la recevabilité des projets par l'ANR ;
- examen de l'éligibilité des projets par le comité d'évaluation ;
- évaluation des projets par le comité d'évaluation.

Seuls les dossiers recevant la meilleure évaluation seront financés. En 2010, le taux de sélection moyen était de 22 %.

Le délai d'instruction moyen des dossiers est de deux à trois mois, et **le délai entre le dépôt de la demande et le démarrage du projet est de six à neuf mois.**

Approfondissement 12.2

Programme Bioénergies – projet Gameco (gazéification améliorée pour des applications cogénération)

Objectifs :

- valider la faisabilité de la gazéification de biomasse en lit fluidisé dense pour la cogénération de moyenne puissance (de 1 à 10 MWél) ;
- rechercher les conditions de fonctionnement idéales pour améliorer la flexibilité de fonctionnement des appareils.

Quatre partenaires dont :

- EDF (coordinateur du projet) ;
- Novabiom (PME) ;
- Fédération de recherche Jacques Villermaux-Cemhti (laboratoire CNRS Orléans).

Financement ANR : 1 015 184 € ;

Durée : 48 mois.

2.4. Fonds unique interministériel (FUI)

Pour l'entreprise, le FUI présente un intérêt si son programme de R&D vise le développement de nouveaux produits au travers de collaborations scientifiques avec d'autres entreprises et acteurs académiques français.

Le financement FUI est destiné à financer des programmes de recherche et développement de type collaboratif, dans des gammes de budget intermédiaire (de 1 à 10 M€) et qui ont une finalité marché à moyen terme (moins de cinq ans après la fin du projet).

Les AAP sont ouverts à l'ensemble des secteurs économiques, industriels ou des services couverts par les pôles de compétitivité.

2.4.1. Quels avantages ?

Ce dispositif soutient les projets de recherche sous forme de subventions à hauteur de :

- 45 % des dépenses éligibles pour les PME[8] communautaires implantées dans la zone de R&D d'un des pôles ayant labellisé le projet ;
- 30 % pour les PME de moins de 250 salariés non implantées dans la zone de R&D d'un des pôles ayant labellisé le projet ;
- 30 % pour les entreprises intermédiaires (nombre de salariés compris entre 250 et 2 000) implantées dans la zone de R&D d'un des pôles ayant labellisé le projet ;
- 25 % pour les autres entreprises ;
- 40 % des dépenses éligibles pour les établissements de recherche (EPIC, GIP ou associations…, établissements relevant de la sphère publique ou majoritairement financés par fonds publics) ;
- 100 % des « coûts marginaux » (hors salaires et charges des personnels statutaires) pour les laboratoires publics.

2.4.2. Quelles règles suivre ?

Les projets financés sont retenus à l'issue d'AAP de la Direction générale de la compétitivité de l'industrie et des services (DGCIS), à raison de deux appels par an.

Les projets présentés doivent être des projets de R&I labellisés par un pôle. La demande de labellisation[9] se fait auprès du pôle de compétitivité dont l'entreprise est membre. Les informations sur la liste et le zonage des pôles sont disponibles sur www.competitivite.gouv.fr. Un même projet peut être labellisé par plusieurs pôles.

---

8. De moins de 250 salariés, moins de 50 M€ de chiffre d'affaires ou moins de 43 M€ de bilan et non détenues à plus de 25 % par une société qui ne soit pas une PME.
9. Le label octroyé par un pôle de compétitivité peut également servir dans le cadre d'autres sollicitations de financement que le FUI.

Les partenariats se composent de trois à une vingtaine d'entités avec la participation *a minima* de deux entreprises et d'un organisme public (en général, une dizaine de partenaires). Le consortium doit être à forte connotation industrielle. Il est à noter que l'implication d'entreprises ou de centres de recherche non situés dans le zonage du pôle reste rare (ce qui nécessite en outre une justification auprès des financeurs).

Une attention particulière sera accordée aux projets présentant des retombées économiques pour le territoire national, en termes d'emploi (accroissement, maintien de compétences), d'investissement (renforcement de sites industriels), de structuration d'une filière ou d'anticipation de mutations industrielles.

La sélection des projets est assurée par les ministères concernés par la politique des pôles de compétitivité, sur la base d'une instruction assurée par des experts de la DGCIS, des autres ministères concernés et d'Oséo, en liaison avec les services déconcentrés de l'État.

Le délai d'instruction moyen des dossiers est de deux à trois mois ; le délai entre le dépôt de la demande et le démarrage du projet est généralement de six à neuf mois.

Résultats : en 2010, les pôles de compétitivité ont labellisé 2 378 projets et plus de 150 ont bénéficié d'un financement FUI. En moyenne, les dépenses engagées par les entreprises sont de l'ordre de 691 K€ et de 711 K€ par les acteurs académiques.

Approfondissement 12.3

Projet Pramad (gazéification plate-forme robotique d'assistance et de maintien à domicile)

Ce projet a été labellisé par le pôle Cap digital et constitue un exemple de projet financé par le Fonds unique interministériel.

Objectifs :

- développer le marché du maintien à domicile des personnes dépendantes en proposant une assistance active au cours de leurs activités dans l'habitat (déplacements, communications, aides techniques...) ;
- développer un robot autonome et pilotable par un centre de surveillance.

Sept partenaires dont :

- France Télécom ;
- Robosoft (PME) ;
- Inria (38).

Financement FUI : 1,9 M€ pour un budget de 4,5 M€.

Durée : 36 mois.

2.5. Programme cadre de recherche et développement (PCRD)

Attention : ce programme se nommera « Horizon 2020 » pour la prochaine période de financement (2014-2020).

Pour l'entreprise, le PCRD présente un intérêt si elle souhaite se positionner en amont de futurs nouveaux marchés et ouvrir son réseau de recherche à l'échelle internationale.

Le 7e Programme cadre est le principal instrument communautaire de financement de la recherche de l'Union européenne avec un budget de 50,5 Md€ (milliards d'euros) pour une durée de sept ans (2007-2013). Il est constitué de quatre programmes spécifiques et du programme dédié à la recherche nucléaire.

Parmi eux, le **programme Coopération**, doté de 32 Md€, regroupe la majeure partie des AAP dédiés aux entreprises innovantes et est structuré autour de 10 thématiques prioritaires :

- santé ;
- alimentation, agriculture et pêche et biotechnologie ;
- technologie de l'information et de la communication ;
- nanosciences, nanotechnologies, matériaux et nouvelles technologies de production ;
- énergie ;
- environnement (y compris changements climatiques) ;
- transports (y compris l'aéronautique) ;
- sciences socio-économiques et humaines ;
- espace ;
- sécurité.

Les projets de recherche attendus doivent être structurants pour l'Espace européen de la recherche :

- Ils durent en général de deux à cinq ans.
- La commercialisation des résultats est supérieure à 10 ans.

2.5.1. Quels avantages ?

Le PCRD soutient les projets de recherche :

- **pour les PME communautaires :** subvention à hauteur de 75 % pour les activités de recherche et développement, 50 % pour la démonstration et 100 % pour le management ;
- **pour les groupes :** subvention à hauteur de 50 % pour les activités de recherche et développement et de démonstration et 100 % pour le management ;
- **pour les centres de recherche et les universités :** subvention à hauteur de 75 % pour les activités de recherche et développement, 50 % pour la démonstration et 100 % pour le management.

Le programme finance plusieurs typologies de projets, dont :

- Les projets collaboratifs, dits *small scale*. Ils sont portés par des consortiums de petite taille (de cinq à 10 partenaires) pour des budgets financés allant de 2 à 5 M€ sur des durées moyennes de trois ans.
- Les projets collaboratifs, dits *large scale*. Ils sont portés par des consortiums de taille souvent importante (de 10 à 40 partenaires) pour des budgets financés pouvant aller de 10 à 25 M€ sur des durées de quatre à cinq ans.

En moyenne, les financements constatés sont de 2 à 6 M€, pour les projets *small and medium scale*, et plus de 6 M€ pour les projets *large scale*.

2.5.2. Quelles règles suivre ?

Chaque thématique fait l'objet d'un ou deux appels à projets par an qui sont publiés environ trois mois avant la date limite. Dans chaque thématique, un programme de travail est réalisé pour présenter tous les sujets ouverts afin d'en préciser :

- les objectifs ;
- les innovations attendues ;
- le type de partenariat et la taille du projet à envisager ;
- les retombées escomptées.

Les projets du programme Coopération doivent être menés en partenariat :

- Le nombre minimal de partenaires est de trois ; en pratique, il est au minimum de cinq.
- Le nombre maximal de partenaires est illimité ; en pratique, il est au maximum de 40.
- Il existe des contraintes de pays : ils doivent être au moins au nombre de trois.
- Un industriel est nécessaire.
- Le projet comprend toujours au moins un centre de recherche.

L'évaluation est réalisée par des experts indépendants. Les critères de sélection portent sur l'adéquation et la pertinence du projet avec le programme de travail et l'AAP visé, à savoir :

- l'excellence scientifique et technique ;
- l'impact potentiel ;
- la qualité du consortium, la qualité de la gestion de projet, les ressources.

Le délai d'instruction moyen des dossiers est de trois mois ; le délai moyen entre le dépôt de la demande et le démarrage du projet est de neuf à 12 mois (il n'est cependant pas rare que ce délai dépasse les 12 mois).

Enfin, il convient de noter que le taux de succès moyen constaté est de l'ordre de 20 %.

Si les financements sont particulièrement avantageux, la compétition est très rude. De sorte que les entreprises soient accompagnées vers les programmes européens :

- Des points de contacts nationaux (PCN) sont chargés de sensibiliser, d'informer, de coordonner et d'assister les acteurs de chaque pays membre. Ils sont les référents pour une thématique donnée et pour leurs pays membres.
- Les PCN, avec le soutien des différentes agences d'innovation, organisent des journées d'information ouvertes aux entreprises.
- Des aides financières existent pour que l'entreprise puisse solliciter l'appui dans le montage de projets (essentiellement à destination des PME, comme l'APT gérée par Oséo).

Approfondissement 12.4

Exemple de projet *small scale* – projet Rapsodi, financé par PCRD

Objectif :

Établir les bases d'un vaccin contre les différentes formes de leishmaniose humaine (cutanée, mucocutanée et viscérale).

Neuf partenaires dont :

- Virbac, France ;
- Instituti de Salud Carlos III, Espagne ;
- Institut Pasteur de Tunis, Tunisie.

Financement EU : 2,7 M€ pour un budget de 4 M€.

Durée : 3,5 ans.

Approfondissement 12.5

Exemple de projet *large scale* financé par PCRD – projet EuroBioRef (*European multilevel integrated BioRefinery design for sustainable biomass processing*)

Objectif :

Développer un nouveau concept de bioraffinerie intégrée et diversifiée à partir de multiressources non alimentaires, en mettant en œuvre des multiprocédés (chimiques, biochimiques, thermochimiques), afin d'obtenir des multiproduits (carburants et produits chimiques…).

30 partenaires dont :

- CNRS (UMR 8181,UMR 5256, UMR 6509), France ;
- Arkema France SA, France ;
- METabolic Explorer SA, France ;
- Imperial College of Science, Grande-Bretagne.

Financement EU : 23 M€ pour un budget de 37 M€.

Durée : 4 ans.

3. Les aides indirectes : crédit d'impôt recherche et statut de Jeune entreprise innovante

Le CIR et la JEI sont des mesures fiscales à destination des entreprises innovantes :

1. Elles peuvent être demandées dès lors que l'entreprise est créée et fiscalement imposée en France.
2. Elles n'imposent aucune condition quant à la nature des projets de recherche menés : si les innovations de rupture sont évidemment éligibles à ces mesures, la très grande majorité des projets porte sur des innovations incrémentales.
3. Dès lors que l'entreprise respecte les textes légaux en vigueur, elle peut en bénéficier car il s'agit d'un dispositif déclaratif.

3.1. Crédit d'impôt recherche (CIR)

Pour l'entreprise, le CIR peut être utilisé dès lors qu'elle entreprend des travaux de R&D.

Instauré en 1983, le crédit d'impôt recherche est aujourd'hui le principal dispositif de soutien à la recherche et développement en France :

- Il a été créé pour encourager les entreprises françaises à accroître leur effort de R&D.
- Il leur permet de réduire l'impôt société dû ou de récupérer sous forme d'un crédit d'impôt une partie des dépenses qu'elles réalisent au titre de la R&D.
- Aujourd'hui, il est utilisé par plus de 16 000 entreprises chaque année.

Suite à l'élection de François Hollande le 6 mai 2012, le dispositif CIR pourrait être modifié. À ce jour, certaines orientations du CIR ont été annoncées par Madame Fleur Pellerin, ministre déléguée aux PME, à l'Innovation et à l'Économie numérique comme le maintien du dispositif, le renforcement du bénéfice du CIR pour les PME, l'incitation à la réalisation de partenariats public/privé et l'embauche de jeunes docteurs. Ces changements devraient être débattus à l'automne 2012 et seront traduits dans la loi de finances rectificative 2012 et la loi de finances 2013.

3.1.1. Quels avantages ?

Le CIR, en pratique :

- dispositif fiscal de soutien à la R&D ;
- crédit d'impôt que toute entreprise menant des projets visant le développement de nouvelles connaissances, méthodes, procédés, services, produits ou technologies peut utiliser ;
- crédit d'impôt imputable sur l'impôt société et remboursable dans certaines conditions ;
- aucun critère de taille ni d'activité ;
- aucune condition quant au réemploi du CIR à des fins de recherche.

Il se calcule sur les dépenses de l'année civile qui vient de s'écouler et, en cela, incite les entreprises à poursuivre leur effort de R&D.

Le CIR permet à l'entreprise de récupérer, sous forme d'un crédit d'impôt, 30 % des dépenses de R&D de l'année considérée jusqu'à un seuil de 100 M€ et 5 % au-delà.

Des taux majorés (40 % la première année et 35 % la deuxième année) sont appliqués pour les entreprises bénéficiant du CIR pour la première fois, ou qui n'en ont pas bénéficié depuis plus de cinq ans, et qui n'ont pas de liens de dépendance avec une entreprise en ayant bénéficié depuis moins de cinq ans.

3.1.2. Quelles règles suivre ?

Les entreprises industrielles, commerciales, artisanales et agricoles, quelle que soit leur forme juridique, peuvent bénéficier du CIR.

Le CIR se détermine sur l'année civile, quelle que soit la date de clôture du bilan de l'entreprise. Une entreprise menant des activités de R&D pendant plusieurs années doit donc faire une demande de CIR chaque année. Pour ce faire, elle doit :

- identifier les projets relevant de la recherche et développement « éligibles » ;
- identifier le quantum des dépenses associées à ces projets ;
- calculer le montant du CIR et préparer les justificatifs scientifiques et comptables ;
- procéder à la déclaration fiscale.

Le CIR requiert de déposer une déclaration Cerfa à l'administration fiscale en annexe du relevé de solde d'impôt sur les sociétés.

3.1.3. Quelles activités éligibles ?

Pour qu'un projet soit éligible au CIR, la nature de ce projet doit présenter un caractère de :

- **Recherche fondamentale**

  « qui, pour apporter une contribution théorique ou expérimentale à la résolution des problèmes techniques, concoure à l'analyse des propriétés, des structures, des phénomènes physiques et naturels, en vue d'organiser, au moyen de schémas explicatifs ou de théories interprétatives, les faits dégagés de cette analyse » ;

- **Recherche appliquée**

  « qui vise à discerner les applications possibles des résultats d'une recherche fondamentale ou à trouver des solutions nouvelles permettant à l'entreprise d'atteindre un objectif déterminé choisi à l'avance. Le résultat d'une recherche appliquée consiste en un modèle probatoire de produit, d'opération ou de méthode » ;

- **Développement expérimental**

  « effectué, au moyen de prototypes ou d'installations pilotes, dans le but de réunir toutes les informations nécessaires pour fournir les éléments techniques des décisions, en vue de la production de nouveaux matériaux, dispositifs, produits, procédés, systèmes, services ou en vue de leur amélioration substantielle. Par amélioration substantielle, on entend les modifications qui ne découlent pas d'une simple utilisation de l'état des techniques existantes et qui présentent un caractère de nouveauté ».

Un projet éligible au CIR répond au faisceau d'indices suivants :

- caractère innovant du projet ;
- rupture avec l'état de l'art ;
- démarche de recherche visant à lever, par étapes itératives, des verrous techniques et scientifiques.

3.1.4. Quelles dépenses éligibles ?

Les dépenses ouvrant droit au CIR doivent concerner les projets répondant aux critères préalablement évoqués. Les dépenses doivent être exposées par l'entreprise au sein de l'Union européenne.

Les principaux postes de dépenses sont les suivants :

- **Dépenses de personnel :** salaires et charges patronales obligatoires (hors taxes assises sur les salaires) des chercheurs et techniciens de recherche pris en compte au prorata du temps passé en R&D. Concernant les jeunes docteurs, ces dépenses sont prises en compte pour le double de leur montant pendant les 24 premiers mois suivant leur recrutement à condition qu'ils soient en CDI et que l'effectif de l'entreprise soit au moins égal à celui de l'année précédente.
- **Dotations aux amortissements** fiscalement déductibles des immobilisations affectées à la recherche et dotations aux amortissements de brevets acquis en vue de réaliser des opérations R&D.
- **Dépenses de fonctionnement** fixées forfaitairement à :
  - 75 % des dotations aux amortissements des équipements et immeubles affectés à la recherche ;
  - 50 % des frais de personnel de recherche hors jeunes docteurs ;
  - 200 % des frais de personnel de recherche entrant dans la catégorie des jeunes docteurs, avant doublement.
- **Frais de prise et de maintenance de brevets et certificats d'obtention végétale.**
- **Frais de défense de brevets et de certificats d'obtention végétale.**
- **Frais d'assurance des brevets et des certificats d'obtention végétale** dans la limite de 60 K€ par an et par entreprise.
- **Dépenses de recherche externalisées :**
  - Les opérations de R&D sous-traitées à des organismes de recherche publics, des universités ou à des organismes de recherche privés agréés par le MESR peuvent être retenues dans le calcul du CIR.
  - Si le prestataire est privé, il doit bénéficier de l'agrément CIR délivré par le MESR ou en faire la demande. La dépense retenue portera sur les dépenses de R&D HT.
  - Si l'organisme de recherche est public, la dépense retenue dans le calcul du CIR est doublée de son montant s'il n'existe pas de lien de dépendance entre l'entreprise bénéficiaire du CIR et l'entité mentionnée.

Approfondissement 12.6

Le financement de SuperNova

La start-up SuperNova mène un projet de recherche visant au développement d'une solution innovante de *cloud computing*.

Pour l'année concernée, le projet est mené par :

- trois chercheurs travaillant 50 % de leur temps à ce projet ; salaire annuel chargé par personne : 100 K€ ;
- un laboratoire public avec lequel la start-up a un contrat de recherche de 50 K€ par an.

Le projet a fait l'objet d'un dépôt de brevet (20 K€) et d'une subvention publique à l'innovation par Oséo (50 K€).

Assiette de frais R&D (sur l'année civile) – exemple sur année N	Année du CIR
Dépenses de personnel	3 × 100 K€ × 50 % = 150 000 €
Dépenses de fonctionnement	150 000 € × 50 % = 75 000 €
Dotations aux amortissements	0 €
Opérations confiées à des organismes agréés (montant HT) ou publics (montant doublé HT)*	50 K€ × 2 = 100 000 €
Frais de prise et maintenance de brevets/COV	20 000 €
Frais de défense de brevets/COV (frais de justice, honoraires d'avocats)	0 €
Prime d'assurance (contrat d'assurance de protection juridique)*	0 €
Dépenses de veille technologique* (plafonnées à 60 000 €) (abonnements à des revues, BDD, participation à des congrès…)	0 €
Normalisation	0 €
Total n° 1	**345 000 €**
Déduction des subventions publiques/avances remboursables de R&D	50 000 €
Total n° 2	**295 000 €**
Montant de CIR = 30 % × 295 K€	**88 500 €**

* Nature de dépenses plafonnées.

La start-up SuperNova percevra donc un CIR de 88 500 € pour les travaux de R&D qu'elle a engagés l'année précédente.

– Le montant des dépenses de sous-traitance est soumis à différentes règles de plafonnement portant la limite globale de 10 M€ majorée de 2 M€ pour les seules opérations confiées aux organismes publics sans lien de dépendance.

- **Dépenses de normalisation afférentes aux produits de l'entreprise.**

- **Dépenses de veille technologique** dans la limite de 60 K€ par an.
- **Subventions publiques et avances remboursables** reçues pour des opérations retenues au titre du CIR à déduire des bases de calcul de ce crédit, qu'elles soient définitivement acquises par l'entreprise ou qu'elles soient remboursables.

3.1.5. Comment en bénéficier ?

La déclaration du CIR se matérialise par un feuillet Cerfa à déposer par l'entreprise auprès du service des impôts dont elle dépend, avec une copie au MESR.

Dans certains cas, le CIR peut être remboursé. Cela concerne uniquement :

- les entreprises nouvelles (l'année de création et les quatre années suivantes) ;
- les entreprises ayant fait l'objet d'une procédure de sauvegarde, d'un redressement ou d'une liquidation judiciaire ;
- les jeunes entreprises innovantes (pendant la durée où elles en remplissaient les conditions) ;
- Les PME au sens communautaire (moins de 250 salariés et dont le CA est inférieur à 50 M€ ou dont le bilan est inférieur à 43 M€).

Le CIR peut faire l'objet d'un contrôle jusqu'à 36 mois après son octroi. En cela, il est important que l'entreprise conserve et répertorie l'ensemble des pièces comptables, financières et scientifiques justifiant du calcul du CIR et du bien-fondé des opérations de R&D.

3.2. Statut de Jeune entreprise innovante

Pour une entreprise innovante récemment créée, le statut de JEI est une mesure fondamentale contribuant à alléger le coût de sa recherche et à faciliter sa croissance et ses embauches.

Il concerne les entreprises de moins de huit ans, réalisant des projets de R&D et sous conditions de bénéficier d'une réduction de leur fiscalité et des charges sociales relatives à des emplois hautement qualifiés tels que les ingénieurs et les chercheurs.

Le statut de JEI est un « plus » incontestable auquel ont recouru 2 373 jeunes entreprises françaises en 2009 pour un montant d'exonération de 108,5 M€.

Ce statut vise à apporter un soutien financier à de jeunes entreprises innovantes, afin qu'elles puissent passer plus facilement le cap des premières années et embaucher plus rapidement. Ce régime de JEI *peut se cumuler avec le crédit d'impôt recherche.*

3.2.1. Quels avantages ?

Le statut de JEI permet aux entreprises de bénéficier d'exonérations fiscales et sociales sur leurs charges.

Exonérations fiscales

L'avantage fiscal consiste en :

- une exonération totale d'IS sur le premier exercice bénéficiaire, ne pouvant excéder une période de 12 mois au lieu de 36 mois précédemment ; une exonération d'IS à 50 % sur l'exercice bénéficiaire suivant, cette durée ne pouvant excéder 12 mois au lieu de 24 mois précédemment ;
- une exonération totale d'imposition forfaitaire annuelle (IFA), tout au long de la période au titre de laquelle elle conserve le statut de JEI ;
- une exonération de la cotisation économique territoriale (CET) et de la taxe foncière sur les propriétés bâties pendant sept ans.

Ces exonérations ne peuvent excéder le plafond des aides *de minimis* fixé à 200 K€ par période de 36 mois.

Exonérations sociales

Ces exonérations portent sur les cotisations sociales patronales pour :

- le personnel de recherche : chercheurs, techniciens, chefs de projet R&D, juristes chargés de la protection industrielle, etc. ;
- les mandataires sociaux relevant du régime général de Sécurité sociale : gérants minoritaires de SARL, P-DG et DG de SA ou SAS.

Depuis le 1er janvier 2012, l'exonération est totale pendant les quatre premières années et elle n'est pas fonction du temps consacré par ce personnel aux activités de R&D. Elle est dégressive les années suivantes (de 80 %, 70 %, 60 % à 50 %). L'exonération totale sociale ne peut se cumuler avec une autre mesure d'exonération de cotisations patronales ou avec une aide de l'État à l'emploi.

L'avantage social fait l'objet d'un double plafonnement :

- par salarié : plafond de rémunération fixé à 4,5 fois le salaire minimum (SMIC) ;
- par établissement : plafond limité à cinq fois le plafond annuel de la Sécurité sociale, soit 180 860 € pour 2012.

Pour l'entreprise, cela correspond en moyenne à une exonération de l'ordre de 5 K€ par an et par chercheur.

3.2.2. Quelles règles suivre ?

Les cinq conditions pour être une jeune entreprise innovante sont les suivantes :

- être une PME : moins de 250 personnes, CA inférieur à 50 M€ et bilan inférieur à 43 M€ ;
- avoir moins de huit ans ;
- engager, à chaque exercice pour lequel le statut est demandé, au moins 15 % des charges fiscalement déductibles en R&D (voir ci-dessous pour le calcul) ;
- être indépendante ;

- être réellement nouvelle (création *ex nihilo*).

Pour bénéficier du statut de JEI, l'entreprise doit :

- s'assurer qu'elle respecte bien les critères d'âge, de taille, d'indépendance et de nouveauté ;
- identifier les projets relevant de la recherche et développement ;
- identifier les dépenses associées à ces projets ;
- calculer le montant de ces dépenses de R&D et s'assurer qu'il dépasse 15 % de ces charges ;
- se déclarer auprès de l'administration au travers d'un dossier de rescrit ;
- procéder directement ou *via* son expert-comptable à la mise en place des exonérations.

3.2.3. Quelles activités et dépenses éligibles ?

Les activités éligibles répondent aux mêmes critères que ceux retenus pour le crédit d'impôt recherche.

Concernant les dépenses éligibles, là aussi, ce sont les mêmes que celles du CIR à la seule exception des dépenses de veille technologique qui sont à exclure.

Attention : si, pour le CIR, les dépenses sont à regarder sur l'année civile, pour la demande de statut de JEI, les dépenses sont à regarder sur l'exercice fiscal.

Exemples

Pour une société clôturant son exercice fiscal au 31/12, les dépenses à retenir pour le calcul du CIR et de la JEI sont à regarder pour la période du 01/01 au 31/12.

Pour une société clôturant son exercice fiscal au 30/06, si les dépenses à retenir pour le calcul du CIR sont à regarder pour la période du 01/01 au 31/12, les dépenses concernant le statut de JEI sont à regarder du 01/07 au 30/06.

Approfondissement 12.7

Le financement de SuperNova (*suite*)

La start-up SuperNova clôturant son exercice au 31/12, elle a exposé des dépenses de recherche à hauteur de 345 000 €.

Elle est une PME, indépendante, créée *ex nihilo* et a moins de huit ans.

Si les charges de SuperNova sont inférieures à 2,3 M€, alors elle expose bien plus de 15 % de ses charges en R&D et peut donc bénéficier du statut de JEI et être exonérée, pour ses trois chercheurs, de charges patronales de Sécurité sociale.

3.2.4. Comment en bénéficier ?

Pour bénéficier du statut de JEI, l'entreprise doit se déclarer à la direction des services fiscaux dont elle dépend au travers d'un dossier de rescrit (disponible sur www.enseignementsup-recherche.gouv.fr).

Ce dossier contient les réponses de l'entreprise sur les points suivants :

- informations sur les cinq critères d'éligibilité à respecter ;
- descriptif de l'activité de recherche de l'entreprise.

Il est à adresser à la direction des services fiscaux dont l'entreprise dépend. L'administration a trois mois pour répondre. À défaut de réponse motivée dans ce délai, un accord est réputé obtenu. L'entreprise peut alors procéder à la mise en place des exonérations. Comme pour le CIR, le statut de JEI peut faire l'objet d'un contrôle et de demande d'informations.

Conclusion

La recherche et développement est en France un des domaines les mieux financés, et les entreprises qui investissent dans ces projets peuvent bénéficier de nombreux soutiens publics et parapublics.

Le financement de l'innovation est un pan entier du management de l'innovation que les entrepreneurs doivent s'approprier.

Le « bon » schéma de financement sera celui qui permet à l'entreprise de rester en ligne avec ses objectifs « produits » et « marché » en mêlant habilement prêts, capital-investissement et aides publiques en faveur de l'innovation.

Six points clés sont à retenir pour bien utiliser les financements publics à l'innovation :

1. Des aides et subventions délivrées en amont du projet de R&D incitent au lancement des investissements à la R&D et à la prise de risque.
2. Des dispositifs de fiscalité de l'innovation allègent le coût de la recherche pour l'entreprise et l'incitent à inscrire son effort de R&D dans la durée.
3. Ces mesures sont cumulables.
4. La demande de ces différentes aides implique de réunir plusieurs compétences (scientifiques, fiscales, juridiques) pas toujours présentes dans l'entreprise. L'entrepreneur devra se tourner vers l'extérieur pour les structures d'accompagnement, les avocats, les experts-comptables, les consultants, etc.
5. Ces demandes peuvent être consommatrices de temps ; une bonne lisibilité des dispositifs qui peuvent avoir un effet de levier sur la croissance de l'entreprise est importante.
6. En France, ces dispositifs publics représentent les deux tiers[10] des financements externes utilisés par les entreprises (le dernier tiers regroupant prêts, levées de fonds, etc.).

10. « 7ᵉ Baromètre européen du financement de l'innovation », Alma Consulting Group, 2011.

Étude de cas

SuperNova : le financement d'une start-up innovante (cas fictif)

SuperNova est née du constat simple qu'il n'existait aucune solution satisfaisante permettant à une entreprise de gérer de manière unifiée le stockage de ses données pour l'ensemble de ses filiales dans le monde ou de gérer les sauvegardes des différents utilisateurs en veillant aux droits d'accès au niveau individuel et au niveau des communautés métiers.

Par ailleurs, SuperNova souhaite dispenser l'entreprise de l'augmentation continuelle du nombre de serveurs, en fonction de la demande de stockage, et de la gestion des problématiques matérielles.

L'émergence du *cloud computing*, depuis 2010, amène le porteur du projet, Monsieur X, à quitter son poste de directeur au sein d'une BU d'un grand groupe pour créer SuperNova.

Pour lancer la première version de la solution SuperNova, Monsieur X doit financer :

- l'étude de marché ;
- la réalisation du *business plan* ;
- la recherche de partenaires techniques et commerciaux ;
- la réalisation du prototype (ce qui nécessite l'achat du matériel et des recrutements dédiés) ;
- les tests du prototype auprès des partenaires ;
- la rédaction des spécifications fonctionnelles et techniques (ce qui nécessite l'appui ponctuel d'une SSII) ;
- le développement de la version bêta de SuperNova ;
- le test de la version bêta (ce qui nécessite la location d'une plate-forme externe de tests) ;
- la prise en compte des modifications ergonomiques demandées par les utilisateurs ;
- la finalisation de la version 1 (V1) de SuperNova ;
- le lancement de la campagne de communication de SuperNova V1 ;
- la commercialisation de SuperNova V1 (ce qui nécessite des recrutements dédiés) en France.

Face à un marché émergent, Monsieur X décide de créer SuperNova au début de la réalisation du prototype.

Questions

1. Pour chaque étape, identifiez lesquelles peuvent faire l'objet d'une aide et subvention. Listez, le cas échéant, les dispositifs qui vous semblent les plus appropriés (plusieurs réponses sont possibles).

2. SuperNova souhaite bénéficier du CIR. Parmi les étapes listées ci-dessus, quelles sont celles qui, *a priori*, seraient éligibles au dispositif ?

3. D'après vous, à quelle étape SuperNova devrait-elle utiliser le statut de JEI ?

4. Le succès de la V1 est tel que Monsieur X souhaite travailler sur les futures versions de SuperNova.

   En parallèle du lancement commercial de la V1 en Europe et aux États-Unis, Monsieur X envisage de :

   – mettre en place trois collaborations de recherche avec une université américaine, une française, une espagnole ;

   – créer un nouveau programme de recherche appliquée visant à imaginer et créer la future structure de la prochaine génération de logiciels.

   Monsieur X estime que l'investissement à consacrer est de 4 M€ sur trois ans.

   Que conseilleriez-vous à Monsieur X pour financer cette seconde étape ?

5. En synthèse, tracez la chaîne du financement de SuperNova de sa création à son développement international de manière à maximiser le financement obtenu et à recourir au minimum de dispositifs possibles.

Partie 5

La diffusion de l'innovation

Chapitre 13

Protéger et valoriser l'innovation

Après avoir lu ce chapitre, vous saurez :

- énumérer les différentes formes de protection par le droit de la propriété intellectuelle (PI) ;
- en quoi il est nécessaire de protéger sa PI dès le début du projet d'innovation ;
- en quoi consiste l'obligation de ne pas enfreindre les droits de la PI d'autrui ;
- citer les différents modèles pour valoriser la PI ;
- appréhender la valeur stratégique de la PI dans un projet d'innovation et dans la conduite d'une entreprise.

Xerox

C'est le 22 octobre 1938, à Astoria, que Chester F. Carlson (1906-1968) réussit à imprimer des mots par électrophotographie (ou xérographie). Cet inventeur effectue ses recherches dans une pièce louée à ses beaux-parents. Sa première demande de brevet est déposée depuis un an. Six brevets sont déjà délivrés lorsque la société Haloid acquiert une licence en 1947. Carlson obtiendra 41 brevets en tout. En 1949, la société Haloid met sur le marché le premier photocopieur, le Xerox Model A (après avoir déposé la marque en 1948), et le succès des modèles suivants amène la compagnie à changer son nom pour Haloid Xerox en 1958, puis Xerox en 1961. Les brevets permettent à Xerox d'exploiter le procédé de façon exclusive. Mais l'autorité de la concurrence des États-Unis[1] veut mettre fin au monopole de Xerox, qui se résout en 1975 à commercialiser des licences de ses brevets. En quelques lignes, on réalise ce qu'une innovation peut apporter à une entreprise, et l'importance des brevets et des marques pour protéger et valoriser l'innovation.

Mais Xerox a innové bien au-delà du photocopieur. Le premier prototype d'imprimante laser a été créé par Xerox en 1971. L'ordinateur Alto, créé en 1973 dans le fameux Palo Alto Research Center (PARC) de Xerox, est muni d'une interface graphique avec des icônes manipulées *via* une souris, et d'une connexion Ethernet (une autre invention de Xerox). C'est pourtant Apple qui en fera un s-uccès, avec le Macintosh, alors que l'Apple III avait été un échec technique et commercial. Ainsi, on se rend compte qu'une innovation bénéficie aussi à la société dans son ensemble et que des tiers peuvent à tout moment se l'approprier.

1. U.S. Federal Trade Commission.

Contrefaçon de produits de marque, piratage de logiciels et de contenus numériques (audio, vidéo), redevance pour copie privée, batailles judiciaires pour violation de brevets (avec des montants de dommages-intérêts astronomiques en jeu), divulgation de la formule secrète d'une boisson sucrée, rejet du brevet logiciel par le Parlement européen sous la pression des partisans des *logiciels libres*, médicaments génériques, accès aux médicaments antisida dans les pays africains… Le droit de la propriété intellectuelle (dénommée *PI* dans la suite de ce chapitre) est un sujet d'actualité. C'est devenu un enjeu incontournable pour les entreprises.

Dans le cadre d'un projet d'innovation, il est capital de maîtriser cette notion. En effet, les innovations sont non seulement des instruments de conquête de marchés pour les entreprises ou les organisations qui en sont à l'origine, mais elles constituent des actifs immatériels qui font partie intégrante de leur patrimoine, et qu'elles se doivent de protéger, de préserver et de valoriser. Ainsi les perspectives concernant la PI sont-elles un élément indispensable d'un plan d'affaires et d'une demande de financement.

Or cela nécessite une bonne compréhension de la PI, tant en ce qui concerne sa protection et sa valorisation que ses aspects stratégiques. C'est tout l'enjeu de ce chapitre.

1. Protéger son innovation par la PI

Parce que les mesures nécessaires n'ont pas été prises, des innovations peuvent tomber dans le *domaine public* ou être utilisées par la concurrence. Il faut donc avoir conscience des enjeux de la PI dès le commencement d'un projet d'innovation.

1.1. La PI : les instruments juridiques

L'innovation recouvre des éléments multiples qui sont soumis à des régimes juridiques distincts. Il importe de bien identifier les différents composants engendrés par un projet d'innovation afin de mettre en place des stratégies de protection (puis de valorisation) appropriées.

La PI est une notion juridique dont le champ est large et hétéroclite : elle a pour objet des réalisations aussi diverses que des inventions, des logiciels, des créations littéraires, des obtentions végétales, des marques, etc. Le point commun à tous ces éléments est qu'ils sont protégés par un droit exclusif, conférant à leur titulaire le pouvoir d'en contrôler l'accès, l'usage et l'exploitation.

L'objectif du législateur, en accordant ces droits exclusifs (ou *privatifs*), varie suivant la nature des éléments protégés (voir tableau 13.1), mais l'idée d'une rétribution du titulaire est toujours sous-jacente, pour, selon les cas, un acte de création (cas des œuvres de l'esprit), un enrichissement de l'état de la technique, une innovation (cas des inventions), un investissement (cas des bases de données), ou une contribution au bon fonctionnement du commerce et de la concurrence (cas des marques et autres signes distinctifs).

Les droits de PI sont territoriaux (nationaux, le plus souvent), ainsi que les juridictions susceptibles de se prononcer dans le contentieux que ces droits peuvent générer. Il existe pour l'Europe un droit communautaire de la PI (déjà très abouti, mais d'autres textes d'harmonisation sont en cours de préparation), et un certain nombre de traités et de conventions donnent un cadre juridique international à la PI, sous l'égide des deux principales institutions administratives internationales concernées : l'Organisation mondiale de la propriété intellectuelle (OMPI) et l'Organisation mondiale du commerce (OMC).

Tableau 13.1 : Les deux branches du droit de la PI

La propriété industrielle	La propriété littéraire, artistique et scientifique (ou droit d'auteur)
• Droits qui portent sur des innovations industrielles : inventions (droit des brevets), dessins et modèles, obtentions végétales, topographies de semi-conducteurs dans le domaine de la microélectronique ; bien que ne faisant pas l'objet d'un droit privatif, le savoir-faire peut être inclus dans cette liste. • Droits qui portent sur des signes distinctifs : marques, noms commerciaux, dénominations sociales, enseignes, appellations d'origine, etc.	• Droit d'auteur proprement dit, en vertu duquel un droit exclusif est accordé aux auteurs d'œuvres de l'esprit originales. • Droits voisins, qui incluent le droit des artistes-interprètes et des producteurs de phonogrammes, vidéogrammes et entreprises audiovisuelles. • Droit des producteurs de bases de données, en vertu duquel celui qui prend l'initiative et le risque des investissements liés à une base de données bénéficie du droit d'autoriser et d'interdire certains actes sur sa base.
Réclame l'accomplissement de formalités administratives pour bénéficier de la protection légale.	Naît du seul fait de la création.

Parcourons dans leurs grandes lignes les principaux instruments de protection.

1.1.1. Le brevet

Le brevet est un titre de propriété industrielle délivré par un office spécialisé (l'Institut national de la propriété industrielle, Inpi, pour la France) pour protéger les inventions.

Il permet à son titulaire (le *breveté*) de bénéficier d'un monopole d'exploitation sur le territoire couvert par le brevet pendant une certaine durée (vingt ans à compter du dépôt en France et en Europe). En échange de cette protection, les inventeurs doivent fournir dans leur demande de brevet une divulgation complète de l'invention.

Le titulaire du brevet dispose ainsi d'un droit exclusif, opposable à tous, qui lui permet de tirer profit de son invention sous différentes formes (exploitation directe, cession du brevet ou concession de licences, voir section 2.1.2) et de poursuivre les contrefacteurs. Il revient en effet à chaque breveté de faire sa propre police quant aux atteintes portées à ses brevets.

Trois voies sont possibles pour déposer une demande de brevet :

- Le dépôt d'une demande de brevet français auprès de l'Inpi.
- Le dépôt d'une demande de brevet européen auprès de l'Office européen des brevets (OEB) ; une fois délivré, le brevet européen se divise en brevets nationaux couvrant les pays désignés dans la demande de brevet.

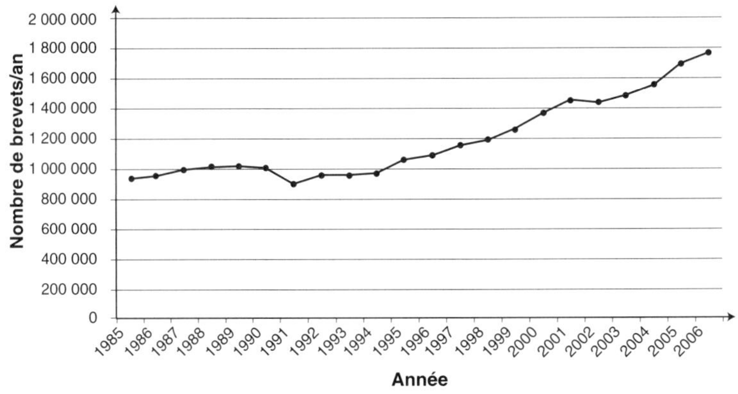

Figure 13.1
Nombre de dépôts de brevets au niveau mondial.

Source : OMPI, juillet 2008.

- Le dépôt d'une demande de brevet international auprès de l'OMPI ; cette voie dite PCT (traité de coopération en matière de brevets) permet de centraliser la procédure de dépôts de brevets pour tous les pays signataires du traité (139 à ce jour).

Pour être brevetable, une invention doit répondre à trois conditions : être nouvelle, impliquer une activité inventive (pour un *homme du métier*[2], elle ne découle pas d'une manière évidente de l'état de la technique), et être susceptible d'application industrielle. Certaines innovations sont par nature exclues de la brevetabilité : découvertes, théories scientifiques, méthodes thérapeutiques, présentations d'information, etc. Les inventions de logiciels et les méthodes commerciales ne sont brevetables que sous certaines conditions (en fonction des juridictions).

De plus en plus déposé (voir figure 13.1) un brevet est un document publié comprenant les informations suivantes :

- Date de dépôt.
- Numéro de dépôt.
- Date de publication.
- Numéro de publication.
- Date de délivrance.
- Titre.

2. Personnage abstrait possédant des qualités moyennes et des connaissances normales de la technique en jeu.

- États désignés (concerne une demande supranationale, par exemple OEB ou PCT).
- Priorité : se réfère à une demande déposée pendant le délai de priorité concernant cette invention.
- Titulaire(s) : il peut s'agir par exemple de l'employeur de l'inventeur ; en cas de copropriété d'un brevet, un régime légal s'applique par défaut si les copropriétaires n'en ont pas décidé autrement.
- Inventeur(s).
- Résumé.
- Documents cités (brevets, autres publications) pour préciser l'état de la technique antérieure à l'invention.
- Exposé détaillé d'au moins un mode de réalisation de l'invention.
- Dessins et figures décrivant l'invention.
- Revendications : elles indiquent ce qui est revendiqué comme nouveau, inventif et susceptible d'application industrielle.

En Europe, une divulgation de l'invention avant la date de dépôt de la demande de brevet en détruit la nouveauté (aux États-Unis, il y a un *délai de grâce* d'un an, sous conditions), sauf dans le cadre d'un accord de confidentialité. C'est dire combien il est essentiel d'organiser la confidentialité de ses innovations.

Le brevet appartient en Europe à celui qui en dépose le premier la demande (le régime américain donne priorité au premier inventeur) ; cependant, celui qui est en mesure de prouver qu'il possédait déjà l'invention peut continuer à l'exploiter.

La protection par le brevet représente un coût significatif, notamment lorsqu'une protection mondiale est choisie. Le déposant doit faire face à des frais de dépôt et des frais de traduction de la demande de brevet, puis le breveté doit s'acquitter de frais de maintenance tant qu'il décide de maintenir le brevet en vie.

Le *certificat d'utilité* est un titre de propriété industrielle procurant un monopole d'exploitation sur une invention pour une période maximale de six ans, au lieu de vingt ans pour le brevet. Répondant aux mêmes conditions de brevetabilité que le brevet, le certificat d'utilité est assez répandu pour protéger des inventions à durée de vie courte dans les pays suivants : Chine, Corée, Japon, Allemagne, Russie.

Le *certificat complémentaire de protection* prolonge les droits du propriétaire d'un brevet pharmaceutique au-delà de la période de vingt ans à compter du dépôt, pour compenser le temps nécessaire à l'obtention de l'autorisation de mise sur le marché (AMM), pendant lequel le produit pharmaceutique ne peut pas être commercialisé.

1.1.2. Le droit d'auteur

Le droit d'auteur protège les œuvres de l'esprit à deux conditions :

- L'œuvre doit être matérialisée dans une forme perceptible (écrit, vidéo, audio, etc.).

- La forme est originale (en dehors de tout critère esthétique ou but utilitaire).

De nombreuses innovations techniques (études techniques, économiques, scientifiques, bases de données, logiciels, plans, designs, créations publicitaires, formes) ont le statut d'œuvres protégées par le droit d'auteur.

Les idées, concepts, théories mathématiques, algorithmes ne sont pas protégeables au titre du droit d'auteur. Seule leur expression est protégée.

Le droit d'auteur relève de la famille du droit français, alors que le *copyright* relève du droit anglo-saxon. Les différences entre droit d'auteur et *copyright* se sont estompées depuis la ratification par les États-Unis de la Convention de Berne (164 pays membres à ce jour).

En France, le droit d'un auteur sur son œuvre se décompose en :

- droits moraux (droit de divulgation, droit à la paternité, droit au respect de l'intégrité de l'œuvre, droit de retrait et de repentir) : inaliénables, imprescriptibles, et perpétuels (transmissibles aux ayants droit) ;
- droits patrimoniaux (exploitation de l'œuvre) : durant la vie de l'auteur et soixante-dix ans après sa mort, cessibles.

Le monopole conféré au titulaire de droits d'auteur est limité par plusieurs exceptions : copie privée, représentation privée et gratuite dans le cercle de famille, analyse, courte citation, revue de presse, parodie, en faveur des handicapés, copie de sauvegarde de logiciel. Dernière en date, l'*exception pédagogique* devait prendre effet au 1er janvier 2009 sous réserve de la négociation d'une compensation forfaitaire.

En France, toute œuvre de l'esprit, du fait même de sa création, est protégée par le droit d'auteur. Cette protection est automatique et ne nécessite pas de procéder à un dépôt ou à un enregistrement, ou encore d'apposer une mention particulière (© ou *tous droits réservés*).

Il est toutefois fortement conseillé de procéder à des dépôts probatoires afin de dater la création et d'en fixer le contenu. Ce type de dépôt peut être effectué en France auprès de la Société des gens de lettres (SGDL), sous enveloppe Soleau auprès de l'Inpi (www.inpi.fr/fr/services-et-prestations/enveloppe-soleau.html), auprès de l'Agence pour la protection des programmes (en matière de logiciels), ou encore auprès d'un huissier ou d'un notaire.

Les droits d'auteur appartiennent par principe à la personne physique auteur de l'œuvre, y compris dans le cas d'une œuvre de commande ou d'une création de salarié, sauf dans le cas des logiciels[3]. Les personnes morales ne peuvent pas être auteur sauf dans le cas particulier de l'œuvre collective.

Lorsqu'une œuvre est créée par plusieurs auteurs, il peut s'agir d'une œuvre de collaboration, d'une œuvre collective ou d'une œuvre composite. De cette qualification, qui dépend des

3. Sauf dispositions statutaires ou stipulations contraires, les droits patrimoniaux sur les logiciels et leur documentation créés par un ou plusieurs employés dans l'exercice de leurs fonctions ou d'après les instructions de leur employeur sont dévolus à l'employeur qui est seul habilité à les exercer (article L. 113-9 du code de la propriété intellectuelle).

circonstances de sa création, découle le régime de propriété et d'exploitation applicable. Afin d'éviter les incertitudes juridiques et les conflits, il est recommandé de conclure des accords contractuels définissant les droits de chacun.

Les bases de données (y compris les fichiers d'informations structurés) sont également protégées au titre d'un droit voisin du droit d'auteur, le *droit du producteur de bases de données*[4], qui permet d'interdire la reprise substantielle du contenu des bases de données, même de celles qui sont mises à disposition du public.

1.1.3. Le droit des dessins ou modèles

L'apparence (le *design*) des produits se matérialise par des éléments graphiques en deux dimensions (dessins) ou en trois dimensions (modèles). Cette apparence relève en France d'une double protection : par le droit d'auteur, et par le droit des dessins et modèles, sous réserve d'un dépôt auprès de l'Inpi. Elle doit être caractérisée par des éléments visuels, par exemple ses lignes, ses contours, ses couleurs, sa forme, sa texture ou les matériaux utilisés.

Les œuvres protégeables par dessins et modèles peuvent être aussi variées que la carrosserie d'une automobile, une coupe de cheveux, un tissu, des bijoux, des modèles de haute couture, des modèles de bateau, une maison contemporaine, un décor, un emballage.

Pour être protégé, un dessin ou modèle doit être nouveau et posséder un caractère propre, c'est-à-dire qu'il ne doit pas susciter une impression de déjà-vu dans son ensemble, par rapport à un dessin ou un modèle divulgué antérieurement (sauf divulgation par le même créateur datant de moins de douze mois).

Certains éléments ne peuvent être protégés par le droit des dessins et modèles, comme les créations qui ne seraient pas apparentes (au toucher ou à la vue) pour l'utilisateur final, les éléments d'interconnexion (afin de favoriser la concurrence sur le marché des pièces de rechange et d'assemblage) ou encore les créations imposées par la fonction technique du produit (pour distinguer le droit des dessins et modèles du droit de brevet).

1.1.4. Les marques et autres signes distinctifs

Une marque est un signe distinctif indiquant que des produits ou services sont produits ou fournis par une certaine personne ou une certaine entreprise. Il y a des marques de fabrique, de commerce ou de service. Elles peuvent être constituées par des dénominations, des signes figuratifs, sonores, voire olfactifs. Elles doivent être disponibles (ne pas porter atteinte à des droits antérieurs de tiers), avoir un caractère distinctif (ni générique ni descriptif) et non déceptif (pas de tromperie). Aux États-Unis le droit d'appropriation s'acquiert par l'usage, en Europe il s'acquiert par l'enregistrement. Cet enregistrement se fait par pays et par classe, selon une classification internationale des produits (34 classes) et des services (8 classes). Pour les marques communautaires (voir tableau 13.2 pour une estimation du nombre de marques en France), l'enregistrement se fait de façon centralisée auprès de l'OHMI (Office de l'harmonisation dans le marché intérieur). L'enregistrement produit des effets à compter de la date de dépôt de la demande pour une période de dix ans indéfiniment renouvelable.

---

4. Directive n° 96/9/CE du 11 mars 1996, transposée en droit français par une loi du 1er juillet 1998.

Tableau 13.2 : Estimation du nombre de marques en vigueur en France au 31/12/2007

Marques nationales	876 000
Marques communautaires	489 000
Marques internationales désignant la France	225 000

Source : Observatoire de la PI, juin 2008.

Une marque doit être exploitée sous peine d'une action en déchéance pour défaut d'usage sérieux ininterrompu pendant cinq ans.

Le code de la propriété intellectuelle n'a pas organisé de régime légal spécifique pour les marques en copropriété. Le régime légal applicable par défaut est celui de l'indivision, à moins que les copropriétaires n'aient organisé contractuellement dans le cadre d'un règlement de copropriété les modalités d'exploitation de la marque.

Les autres signes distinctifs concernent d'une part le nom commercial et l'enseigne, d'autre part les indications géographiques (dont les appellations d'origine font partie) qui sont régies par des conventions spécifiques.

Les noms de domaine, signes de ralliement de la clientèle sur Internet, peuvent être enregistrés par des entreprises comme par des particuliers. Le choix du nom de domaine est soumis à certaines contraintes, notamment en matière d'antériorités : il est nécessaire de rechercher si le nom choisi ne porte pas atteinte aux droits de tiers, notamment en matière de marques, de concurrence déloyale et de droit au nom. Les procédures d'enregistrement des noms de domaine et des marques sont entièrement indépendantes l'une de l'autre, mais des mesures préventives existent pour éviter les conflits.

1.1.5. Le savoir-faire

La réglementation européenne (règlement CE n° 772/2004 article 1er) définit le savoir-faire comme un ensemble d'informations pratiques résultant de l'expérience et testées, qui est secret, substantiel et identifié. Jean-Marc Mousseron le définit de façon un peu provocante comme « un ensemble d'informations pour la connaissance desquelles une personne, désireuse de faire des économies de temps et d'argent, est prête à verser une certaine somme[5] ».

Sont inclus dans le savoir-faire les tours de main, procédés, formules de fabrication, secrets de fabrique, les innovations qui ne sont pas brevetables, ainsi que les innovations que l'on ne souhaite pas breveter (voir section 1.2.3). Le secret de fabrique peut être défini comme tout procédé de fabrication offrant un intérêt pratique ou commercial, mis en œuvre par un industriel et gardé secret à l'égard de ses concurrents.

Il est possible de détenir des droits sur un savoir-faire à condition de le conserver secret.

5. *Cahiers de droit de l'entreprise*, n° 1, 1972, p. 6.

La soustraction frauduleuse du savoir-faire peut être réprimée par les dispositions du code du travail et du code pénal sur le vol des secrets de fabrique (art. L.621-1 CPI) et réparée par les dispositions du code civil (art.1382 et 1383) sur la responsabilité civile délictuelle.

L'article 39 de l'Accord sur les aspects des droits de propriété intellectuelle qui touchent au commerce (ADPIC – annexe à la Convention de Marrakech du 15 avril 1994 instituant l'OMC) impose aux États membres de l'OMC de protéger les renseignements divulgués. L'intitulé est assez général pour viser à la fois secrets commerciaux, secrets de fabrique et savoir-faire.

Un consensus semble se dessiner, au niveau international, pour réprimer la soustraction et l'utilisation frauduleuses du savoir-faire dans le cadre de lois sur la concurrence déloyale, instaurées ou modifiées à cet effet.

1.2. La PI : les bonnes pratiques

1.2.1. Préserver la confidentialité de ses innovations

La confidentialité est un aspect primordial de la protection des innovations. C'est le seul moyen de protection des savoir-faire et inventions non brevetables. Et, en Europe, la rupture de confidentialité d'une invention avant le dépôt d'une demande de brevet détruit la nouveauté de cette invention, empêchant toute protection par le brevet.

L'entreprise (ou organisation) innovante doit donc mettre en place diverses mesures pour assurer la confidentialité de ses innovations, notamment avec ses salariés, stagiaires, intérimaires, personnel détaché, prestataires, sous-traitants, partenaires potentiels, clients, prospects, ou visiteurs.

L'obligation de confidentialité doit s'imposer aux salariés tant durant leur contrat de travail qu'après la fin de celui-ci.

Chaque fois qu'il existe un risque qu'une personne externe puisse accéder, par les missions qui lui sont confiées ou même de façon fortuite, à certaines informations confidentielles, il convient de lui imposer une obligation de confidentialité pour la durée de sa mission (visite, prestation, sous-traitance, etc.) et au-delà.

Le moyen le plus efficace d'imposer une obligation de confidentialité est de faire souscrire un engagement contractuel de confidentialité. Il peut s'agir de clauses de confidentialité intégrées dans des accords plus larges, tels que des contrats de travail ou contrats de sous-traitance, ou bien spécifiques (accord de confidentialité, ou accord de secret). À noter que des déclarations de non-confidentialité peuvent au contraire stipuler la nature non confidentielle de certaines informations échangées (par exemple les informations techniques) de façon à éviter le risque de *contamination* de sa PI par celle d'un tiers (c'est-à-dire le risque de ne pas pouvoir clairement départager la propriété de l'un par rapport à celle de l'autre).

Il faut contrôler le circuit de diffusion de l'information dans l'entreprise afin d'éviter que des informations à caractère confidentiel ne soient inutilement transmises, multipliant ainsi les risques de rupture de confidentialité.

Le respect de la confidentialité passe également par la mise en place d'un système de sécurité d'entreprise efficace, afin de limiter et de contrôler l'accès aux informations confidentielles (surveillance des locaux, port obligatoire de badge avec photo, accès par badge de sécurité, verrouillage des ordinateurs).

Les salariés de l'entreprise doivent être régulièrement sensibilisés aux règles concernant le traitement des informations sous toutes leurs formes (documents papier, documents électroniques, informations orales). Ils doivent obtenir une autorisation pour toute nouvelle divulgation.

Le marquage des informations confidentielles est souvent imposé par les engagements contractuels de confidentialité. Il consiste à apposer sur le support des informations confidentielles une mention de confidentialité sous la forme d'une légende, éventuellement d'un logo (cadenas, par exemple). Le marquage est un moyen efficace de limiter les risques de ruptures involontaires de la confidentialité, et un moyen de preuve de la mauvaise foi de celui qui ne respecterait pas son obligation de confidentialité.

Il est conseillé (voire imposé par certains engagements contractuels) d'élaborer un compte rendu de toutes les informations confidentielles que l'entreprise communique à des tiers (clients, prospects, partenaires éventuels), dans lequel il est précisé l'information qui a été communiquée, la forme de la communication (orale, écrite), le destinataire, et l'usage éventuellement autorisé de l'information par ce dernier.

La confidentialité est par nature très évolutive. Une information autrefois strictement *confidentielle* peut devenir une simple information *propriétaire* (c'est-à-dire qu'on en revendique la propriété sans imposer de confidentialité), à partir du moment où sa publication a pris effet.

1.2.2. Identifier et tracer ses innovations protégeables

Il est nécessaire de traduire en termes juridiques tous les éléments qu'une innovation englobe, afin d'identifier le régime légal applicable et de rédiger en conséquence des conventions adaptées.

L'innovation peut revêtir des formes multiples : nouveau produit, savoir-faire industriel, procédé de fabrication, concept commercial, étude, logiciel, bases de données, site web, support de formation. Un recensement de l'innovation sous toutes ses formes protégeables doit être réalisé de façon systématique.

Le système de protection choisi doit évidemment être compatible avec la nature de l'innovation en cause. Par exemple, seule une certaine catégorie de logiciels (produisant des *effets techniques*) est susceptible de protection par un brevet, et les données factuelles (statistiques, économiques, financières, fichiers nominatifs, résultats expérimentaux) ne sont protégeables qu'à la condition d'être organisées en une *base de données* au sens de la loi. Pour identifier le ou les régimes de protection juridique applicables en fonction de la nature de l'innovation, les conseils d'un professionnel de la PI sont recommandés (voir approfondissement 13.4 en fin de chapitre).

Les différents instruments de protection répondent à des objectifs différenciés. Ils sont parfois exclusifs (par exemple, les créations esthétiques ne sont pas brevetables), parfois cumulatifs (par exemple, une marque protégée par le droit des marques et en tant que création nouvelle par le droit d'auteur et par le droit de dessin ou modèle).

Il n'est pas toujours évident de prouver que l'on est l'auteur d'une innovation. Dans le cadre d'un travail de recherche collaboratif, par exemple, il est souvent difficile de départager les travaux des uns et des autres, la technologie antérieure de chaque participant et la technologie commune, leurs développements ultérieurs respectifs. C'est pourquoi il est hautement recommandé de mettre en place, de manière générale dans son entreprise et spécifiquement dans tous les projets en partenariat, des mesures de traçabilité (dépôts probatoires, cahiers de laboratoires, etc.).

1.2.3. Breveter, garder secret ou divulguer ?

L'auteur d'une innovation a le choix de la protéger par deux moyens, exclusifs l'un de l'autre : le brevet ou le secret. Pour qu'un tel choix se pose, il faut d'une part être en présence d'une invention brevetable, d'autre part que le secret de l'invention puisse être préservé dans le cadre de son exploitation (pas de rétro-ingénierie[6] possible).

Pour prendre une décision éclairée, il importe de connaître les avantages, inconvénients, et spécificités respectifs de ces deux modes de protection.

Le brevet confère un monopole d'exploitation et constitue de ce fait un avantage stratégique considérable. Il présente cependant l'inconvénient d'obliger le déposant à divulguer l'invention de façon suffisamment détaillée pour permettre à un *homme du métier* de la reproduire (le droit américain exige même que la description porte sur le *meilleur mode de réalisation* connu). Une fois la demande de brevet publiée, l'invention devient alors aisément reproductible, augmentant les risques de contrefaçon, mais aussi de concurrence parfaitement licite à l'intérieur des pays non couverts par le brevet, et *a fortiori* lorsque la protection du brevet expire.

À l'inverse, le secret est un mode de protection potentiellement illimité dans le temps. Cet avantage doit cependant être relativisé : si le secret est rendu public, que ce soit par négligence ou du fait d'un acte de malveillance, toute protection est perdue. Par conséquent, avant de choisir de conserver secrète son invention brevetable, il convient d'estimer sa capacité à limiter le nombre de personnes y ayant accès, et si possible à diviser le secret en plusieurs éléments, rendant sa reconstitution difficile.

D'un point de vue économique, la protection par le brevet a un coût significatif, notamment lorsqu'une protection mondiale est choisie, mais elle représente aussi une source de revenus potentiels (voir section 2.1.2). À l'inverse, la protection par le secret ne coûte que les frais pour la mise en place des mesures de protection du secret.

---

6. Activité consistant à étudier un objet pour en déterminer le fonctionnement interne ou sa méthode de fabrication.

Dans une approche patrimoniale de l'entreprise (qui s'intéresse à ses *actifs*), le brevet est beaucoup mieux valorisé que le secret, notamment par les investisseurs. Le brevet reste ainsi la voie royale des protections. Il est une arme bien plus efficace contre la concurrence que le secret, qui doit être réservé aux innovations qui peuvent rester secrètes, et dont la brevetabilité n'est pas assurée.

Les systèmes de *divulgation défensive* offrent une troisième voie. Il s'agit de faire entrer dans le *domaine public* les inventions que l'on décide de ne pas protéger, de façon à éviter que d'autres ne se les approprient par la suite. On peut publier dans une revue scientifique spécialisée, à faible diffusion. Certaines grandes entreprises comme IBM et Xerox imprimaient leurs propres bulletins de divulgation (*Disclosure Journal*) et les diffusaient auprès des bibliothèques et des offices de brevets. Les sites www.researchdisclosure.com et www.IP.com sont devenus la norme pour ce type de divulgation. Ils permettent l'anonymat.

Des combinaisons tactiques sont optimales :

- divulguer les résultats obtenus (non brevetables) ;
- déposer une demande de brevet ;
- garder secrets des connaissances ou du savoir-faire.

Le tableau 13.3 résume les avantages et inconvénients des différentes options.

Tableau 13.3 : Principales caractéristiques des trois options

	Secret	Divulgation sans protection	Brevet
Avantages	Seule l'entreprise innovante sait exploiter l'invention.	Personne ne peut empêcher l'entreprise innovante d'exploiter l'invention. Elle ne divulgue que ce qu'elle veut publier. Elle peut même garder l'anonymat.	L'entreprise innovante est la seule à pouvoir exploiter l'invention.
Inconvénients	Il faut pouvoir garder le secret et il n'y a pas de recours contre les imitateurs.	Tout le monde peut imiter l'invention. Pas de dépôt de brevet ultérieur possible.	Tout le monde connaît l'invention (qui ne peut pas être divulguée de façon partielle, au risque d'invalider le brevet) et la protection est limitée dans le temps et géographiquement.
En pratique	Pour être efficace, cette solution doit être volontaire et impliquer toute l'entreprise innovante. Elle n'est pas applicable aux innovations susceptibles de rétro-ingénierie.	Cette solution empêche les concurrents de l'entreprise innovante de la bloquer, et renforce son image d'innovateur.	Cette solution est un investissement potentiellement rentable.

1.2.4. Établir des synergies entre droits de PI complémentaires

Outre la synergie entre brevet et savoir-faire, d'autres synergies existent. Par exemple, les marques permettent d'étendre les avantages commerciaux par-delà la durée de validité d'un brevet, comme l'illustrent les cas exposés dans l'exemple 13.1.

Exemple 13.1

Des marques qui prennent le relais des brevets

Alors que le brevet pour la synthèse industrielle de l'acide acétylsalicylique a expiré depuis longtemps (en 1917 pour ce qui concerne le brevet américain), la société Bayer continue de générer des bénéfices grâce à sa marque Aspirin® déposée en 1899 (et encore valable dans plus de 80 pays).

Un autre exemple concerne la société de chimie DuPont qui, entre autres, a inventé le Téflon (en 1930), le Nylon (en 1935, trois brevets datant de 1938) et l'élasthanne (mis au point en 1959, plus connu sous son nom de marque Lycra®). Le nylon est devenu un mot de la langue courante et DuPont a perdu ses droits sur la marque Nylon. Mais bien qu'elle ne produise plus de Téflon et qu'elle ait vendu son activité « fibres », ses licences des marques Téflon® et Lycra® sont très lucratives.

1.2.5. Vérifier et acquérir les droits des tiers

On peut se croire, à tort, propriétaire d'une innovation parce qu'on en a financé la réalisation. Ainsi, si on a confié une étude à un bureau d'études, un travail de recherche à un laboratoire, un développement informatique à un sous-traitant, c'est par défaut le prestataire, et non le commanditaire, qui est titulaire des droits de PI. Il en est de même pour les stagiaires. Quant aux salariés, la cession de toutes leurs œuvres futures à l'employeur n'est pas admise en droit d'auteur (sauf pour les logiciels, qui appartiennent par défaut à l'employeur, voir section 1.1.2). Par ailleurs, les inventions de salariés sont soumises à des règles : on distingue inventions de mission (rémunération supplémentaire obligatoire depuis la loi du 26 novembre 1990) ou inventions hors mission (attribuables pour un juste prix, ou non attribuables), et en cas de désaccord on peut saisir la Commission nationale des inventions de salariés pour une tentative de conciliation. Enfin, les transferts de PI d'une filiale à une société parente ou entre deux filiales peuvent être régis par des conventions spécifiques, avec des contraintes fiscales.

C'est pourquoi il est particulièrement important pour chaque innovation :

- d'identifier les conditions dans lesquelles elle a été réalisée et les différents acteurs qui y ont participé ;
- de conclure avec ceux-ci (stagiaires, salariés, filiales, sous-traitants, autres tiers) des conventions adaptées, afin de prévenir les contestations.

Par ailleurs, la création d'une technologie ne prémunit pas contre les risques d'atteinte aux droits des tiers : on peut, sans en avoir connaissance, enfreindre un brevet d'invention ou une marque déposée. C'est la raison pour laquelle il est recommandé, avant d'investir dans une innovation, d'en vérifier la liberté d'exploitation, par ses propres recherches (de nombreuses bases d'information sont accessibles par Internet) ou en recourant aux services de professionnels.

Enfin, l'usage de certains contenus faciles d'accès (code logiciel, photos) peut être soumis à des licences (du type Open Source, Creative Commons, etc.) qui sont loin d'être anodines du point de vue de sa propre PI. En effet, les investisseurs se montrent particulièrement attentifs à ce qu'une entreprise soit indépendante dans sa technologie et titulaire des droits de PI sur les actifs qu'elle exploite.

1.2.6. Protéger l'innovation à l'aide de moyens techniques

On peut crypter ses créations logicielles, ou au moins cacher la structure du code, en évitant par exemple d'en nommer les différents modules de façon trop explicite pour ne pas divulguer ses principes.

Il est permis de tendre des pièges, pour faciliter l'établissement d'une preuve de contrefaçon. Les pièges classiques sont les entrées factices dans les bases de données (noms farfelus dans une liste d'adresses, mots inconnus dans un lexique), les fautes d'orthographe, le *code mort* en informatique.

S'agissant des créations numériques protégées par le droit d'auteur (documents de l'entreprise, bases de données électroniques, etc.), la loi non seulement autorise la protection par des mesures techniques (cryptage, brouillage, filigrane, etc.), mais elle sanctionne aussi pénalement le contournement de telles mesures techniques.

1.2.7. Gérer ses droits de PI dans le temps

Après avoir pris les bonnes mesures de protection de ses innovations, il faut savoir gérer son portefeuille de droits dans le temps.

Tout d'abord, les titres de PI sont soumis à diverses conditions de maintien, d'extension, de renouvellement. À cet effet, il convient de :

- suivre attentivement tous les délais auxquels les titres sont soumis (délais de priorité, de déchéance, d'expiration ou de renouvellement) ;
- payer les frais d'entretien des brevets ;
- renouveler ses marques, noms de domaines, dessins et modèles ;
- renouveler les dépôts probatoires.

Par ailleurs, il faut pouvoir prouver l'usage de sa PI car cela conditionne parfois ses droits. Il en est ainsi, par exemple :

- de l'usage de sa marque, pour prévenir une action en déchéance ;
- de l'usage de son nom de domaine, pour pouvoir agir en usurpation de nom de domaine ;
- de l'usage d'un nom commercial, pour pouvoir l'opposer valablement ;
- de l'usage d'une invention, pour bénéficier d'un droit de possession personnelle antérieure.

D'autre part, une veille technologique activement dédiée aux brevets permet de prendre de multiples décisions :

- contester les dépôts effectués par des tiers (procédures d'opposition devant les offices de propriété industrielle, actions en revendication du titre, actions en revendication d'un droit de possession personnelle antérieure) ou bien documenter en interne ses moyens de protection ultérieurs, et les conserver précieusement ;
- déposer de nouvelles demandes de brevet pour contourner un brevet ou bien pour préserver la densité de son portefeuille de brevets ;
- détecter des infractions commises par son entreprise ou par des tiers.

Les outils de *veille brevets* en ligne sont de plus en plus sophistiqués. Par exemple, ils analysent systématiquement les listes de brevets cités par d'autres brevets, ce qui permet de présumer certaines situations de dépendance d'un portefeuille envers un autre.

La gestion d'un portefeuille de titres de propriété industrielle ne doit pas rester d'ordre purement technique. Elle découle d'une réflexion stratégique, qui doit inclure les différents axes de **valorisation** de ces innovations.

2. Valoriser son innovation par la PI

2.1. Valoriser l'innovation par la PI : les instruments juridiques

La valorisation de son innovation passe soit par la défense de son monopole (dans le cas où la stratégie adoptée est celle de l'exploitation directe), soit au contraire par le commerce de droits de PI (cas de l'exploitation indirecte).

2.1.1. Défendre son monopole par l'action en contrefaçon

L'action en contrefaçon est l'action spécifique qui permet la protection d'un droit de PI. Chaque droit intellectuel visé par le code de la propriété intellectuelle prévoit l'action en contrefaçon comme moyen de défense des prérogatives reconnues. Le titulaire des droits sur une marque, sur un brevet d'invention, sur un dessin ou modèle ou encore de droits d'auteur est recevable à agir sur le terrain de la contrefaçon. Cette action poursuit deux objectifs : préserver le droit privatif, et réparer le préjudice causé par l'atteinte à un tel droit.

Le bénéficiaire d'un droit *exclusif* d'exploitation peut, sauf stipulation contraire du contrat de licence, exercer l'action en contrefaçon si, après mise en demeure d'agir, le titulaire du brevet, du dessin ou modèle ou de la marque n'exerce pas cette action.

Le succès de l'action en contrefaçon d'une œuvre protégée par le droit d'auteur suppose que le demandeur établisse devant le juge l'originalité de sa création afin de pouvoir ensuite revendiquer les prérogatives qui en découlent. Ont la qualité à agir au titre de la contrefaçon, l'auteur pour les droits moraux et les droits patrimoniaux qu'il a conservés, le cessionnaire des droits patrimoniaux, le promoteur d'une œuvre collective, ou l'employeur de l'auteur d'un logiciel.

Les actes constitutifs de contrefaçon sont la fabrication, la vente, la détention en vue de la vente, l'importation ou l'utilisation de produits contrefaits (contrefaçon ***directe***) ou la complicité de contrefaçon (contrefaçon ***indirecte***).

Le demandeur de l'action en contrefaçon est libre de rapporter n'importe quel type de preuve pour établir la contrefaçon. Toutefois, la procédure de saisie-contrefaçon reste le mode de preuve le plus efficace. Lorsqu'il utilise cette procédure, le titulaire du droit privatif demande au président du tribunal de grande instance du lieu où les faits ont été commis de faire constater par huissier de justice la présence de produits contrefaits dans les locaux du contrefacteur présumé. L'huissier peut saisir tout produit, pièce, élément de machine ou outil en rapport avec la contrefaçon, ainsi que tout document qui pourrait servir à déterminer l'étendue du préjudice subi. Les retenues en douane constituent un autre mode de preuve efficace.

Le succès de l'action en contrefaçon permet au titulaire de droits de PI de recouvrer son monopole. Le contrefacteur aura l'obligation de mettre un terme à ses agissements, mais il devra aussi réparer le préjudice, même éventuel, causé par de telles pratiques.

Le montant total des dommages-intérêts en matière de PI s'est élevé à 3,4 milliards de dollars aux États-Unis en 2006[7]. Toutefois, la grande majorité des différends en matière de PI s'y traite en dehors des tribunaux, l'action en contrefaçon étant utilisée comme simple moyen de pression (aux États-Unis, 84 % des poursuites résolues en 2007 l'ont été à l'amiable, d'après l'institut de droit de l'université de Houston). Le taux de transaction varie fortement d'un pays à l'autre, et dépend du degré de confiance dans les procédures contentieuses (coûts, délais, aléa des décisions).

De plus, dans le cas des brevets qui sont en nombre élevé, des infractions peuvent être commises en toute méconnaissance de cause. L'utilisation du brevet peut se faire dans un autre secteur industriel, en dehors de toute situation de concurrence. Dans ce cas, le titulaire du brevet a intérêt à porter à l'attention du contrefacteur présumé l'existence de son ou ses brevets, afin de résoudre la situation au moyen d'une licence qui apportera une rémunération complémentaire au breveté sans lui créer de concurrence.

Au-delà de l'approche réactive qui vient d'être décrite, l'entreprise peut délibérément opter pour une stratégie de mise sur le marché indirecte : au lieu de commercialiser des produits ou des services incorporant des droits de PI privatifs, l'entreprise innovante décide de commercialiser les droits de PI eux-mêmes et de laisser à des partenaires le soin de mettre sur le marché leurs propres produits et services.

2.1.2. Faire commerce de ses droits de PI

En effet, les droits de PI peuvent être cédés, concédés sous licence, faire l'objet d'un contrat d'entreprise, ou comme les autres actifs, d'un apport en société ou d'un nantissement. Certains contrats sont spécifiques, et leur qualification juridique en vente, louage ou contrat d'entreprise est délicate (voir approfondissement 13.1).

---

7. Research Policy 209, 2007.

Approfondissement 13.1

Les trois types de contrats prévus au code civil

- contrat de vente ;
- contrat de louage ;
- contrat d'entreprise (auparavant : contrat de louage d'ouvrage) : convention par laquelle une personne (l'entrepreneur) s'oblige, contre une rémunération, à exécuter pour l'autre partie (le maître d'ouvrage) un travail déterminé sans la représenter et de façon indépendante.

Un **brevet** ou une **marque** peut être cédé, avec ou indépendamment d'un fonds de commerce. Le titulaire d'un **dessin** ou **modèle** déposé auprès de l'Inpi peut transmettre ses droits sur sa création. Pour être opposable aux tiers, la cession doit être inscrite au registre national des brevets (marques, ou dessins et modèles). Le savoir-faire peut également faire l'objet d'un contrat de cession. Le contrat de cession s'analyse en un contrat de vente, et le droit commun de la vente lui est applicable.

Le contrat de licence (**brevet**, **marque**) s'analyse comme une forme de louage. Même si les textes du code de la propriété intellectuelle ne le prévoient pas explicitement, la jurisprudence a reconnu la validité du contrat de licence en matière de **dessins** et **modèles**.

Selon la doctrine dominante, le contrat de communication de **savoir-faire** s'analyse en un contrat d'entreprise. Cependant, certains auteurs ont considéré que le contrat de licence de savoir-faire est un contrat de location de chose comme la licence de brevet. De fait, les licences sont très souvent mixtes (brevet et savoir-faire non breveté).

Dans le cas d'une œuvre, un auteur peut céder son **droit d'auteur** (pour sa partie patrimoniale) ou en concéder les droits d'exploitation (droit de reproduction et droit de représentation[8]). Seul le droit de reproduction est, en principe, concerné dans un contrat d'édition. Mais rien n'interdit de prévoir également la cession du droit de représentation, voire des droits de traduction et d'adaptation. Le contrat portant sur la représentation de l'œuvre (durée limitée) n'entraîne aucune cession des droits patrimoniaux. Il s'analyse en un contrat d'entreprise.

Le contrat de production audiovisuelle, dès lors qu'il a été conclu après l'entrée en vigueur de la loi du 3 juillet 1985, instaure une présomption de cession des droits d'exploitation au producteur.

Quant à la commande d'une œuvre à créer, il s'agit d'un contrat d'entreprise. Par défaut, l'acquisition de l'œuvre ne s'étend qu'à sa propriété matérielle, sauf pour l'œuvre de commande utilisée pour la publicité (cession des droits d'exploitation au producteur).

Dans le contrat à compte d'auteur, les droits patrimoniaux ne sont pas cédés à l'éditeur. Il s'agit d'un contrat d'entreprise, dont le maître d'ouvrage est l'auteur.

8. Droit de communication au public dans le droit communautaire.

Les licences portant sur des **logiciels spécifiques** sont généralement considérées comme des contrats d'entreprise. Mais une controverse doctrinale existe sur la nature du contrat portant sur le **progiciel**, entre vente, bail ou contrat d'un genre particulier (*sui generis*). Certains prônent la qualification mixte de vente du support (ou exemplaire) et bail quant à la création logicielle, à condition de limiter la concession de droit d'usage dans le temps.

Les droits du producteur de **bases de données** peuvent être transmis ou cédés ou faire l'objet d'une licence.

Les dispositions du code civil concernant la vente (cession), le louage (concession de licence) ou le contrat d'entreprise s'appliquent, notamment en ce qui concerne la garantie : vices cachés (de nature technique ou juridique), garantie d'éviction (du fait personnel du cédant, ou contre les troubles émanant de tiers).

2.2. Valoriser l'innovation par la PI : les bonnes pratiques

2.2.1. Mettre en place un comité de pilotage pour la PI

La décision de défendre son monopole ou de vendre à des tiers un droit d'exploitation doit se prendre au plus haut niveau de l'entreprise. Il est recommandé d'instaurer un comité de pilotage qui définit la stratégie, examine au cas par cas les opportunités de valorisation, et arbitre les éventuels conflits d'intérêts entre exploitation directe et exploitation indirecte de l'innovation.

2.2.2. Communiquer à propos de ses droits de PI

On peut mentionner l'existence de droits de PI par voie de presse, sur les sites web de l'entreprise, dans les contrats, sur les emballages des produits, sur la documentation, dans les logiciels (interfaces utilisateur et code source).

L'intérêt de ce type de communication est d'informer les tiers et d'éviter ainsi les infractions qui pourraient être commises par ignorance. L'effet est dissuasif, car les tiers avertis de l'existence des droits prennent le risque de *dommages aggravés* à les enfreindre.

Un portefeuille de titres de propriété industrielle contribue fortement à la valorisation de l'entreprise, parce que d'une part il rassure les investisseurs sur la position concurrentielle, et que d'autre part c'est un actif monnayable en cas de défaillance. Par conséquent, une bonne communication à propos de ses droits de PI valorise l'innovation et l'entreprise innovante.

2.2.3. Assurer le suivi des contrats de PI

Il faut s'assurer que les contrats qui doivent l'être sont bien enregistrés (en France, l'enregistrement est une condition de l'opposabilité aux tiers de la plupart des contrats relatifs aux droits de propriété industrielle). Il faut vérifier le respect de ses obligations contractuelles ainsi que l'exécution des obligations contractuelles de ses cocontractants.

Les contrats de cession ou de concession de licence de droits de PI sont des instruments complexes, avec des obligations de part et d'autre concernant la confidentialité, la maintenance des droits concédés, les améliorations faites de part et d'autre, la non-concurrence, le non-débauchage du personnel, les droits de préemption et la défense face aux contrefacteurs. Il est donc exclu d'archiver un contrat et de s'en désintéresser une fois signé. Cette attitude exposerait les contractants d'une part à mettre en jeu leur responsabilité, d'autre part à renoncer à des droits et avantages acquis. Même après expiration, de très nombreux contrats prévoient la survivance de certaines clauses. Il convient donc de rester vigilant.

Par ailleurs, la rémunération prévue aux contrats de licence, d'édition, de représentation, voire aux contrats de cession, a généralement une part variable, tenant compte du succès commercial de l'innovation (con)cédée. Les contrats ont donc des clauses d'audit des livres du (con)cessionnaire, souvent par des auditeurs indépendants. Il est recommandé d'appliquer ces clauses, ne serait-ce que pour vérifier que du concept à la réalité, le calcul des redevances ne donne lieu à aucun malentendu.

3. Élaborer sa stratégie de PI

La PI est au centre de la stratégie de développement des entreprises. Elle n'est pas une fin en soi : son acquisition, sa protection et sa valorisation doivent s'inscrire dans le cadre de l'industrie dans laquelle évolue l'entreprise, et en fonction de ses ressources et de sa -stratégie de création de marché.

3.1. Élaborer sa stratégie en fonction de l'industrie

3.1.1. Élaborer sa stratégie en fonction du cycle de vie d'une innovation

La stratégie de PI va fortement dépendre du cycle de vie de l'innovation correspondante (voir figure 13.2 et tableau 13.4).

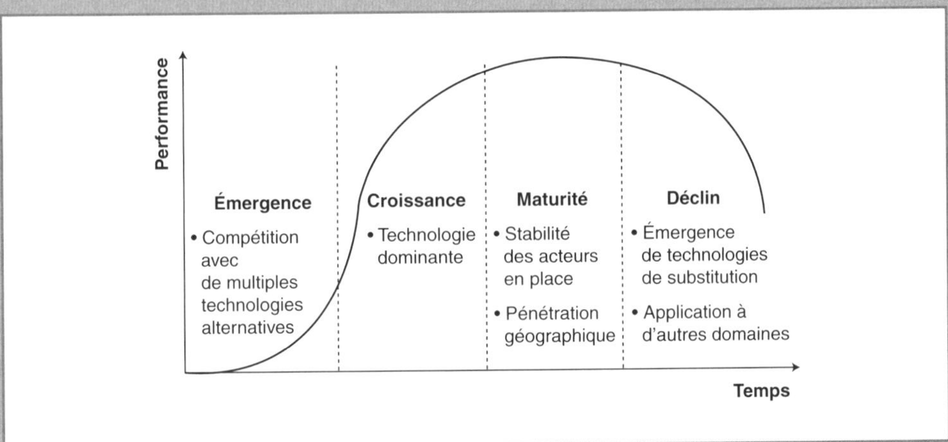

Figure 13.2
Étapes du cycle de vie d'une innovation technologique.

Tableau 13.4 : À quoi sert la PI dans le cycle de vie de l'innovation

Émergence	Protéger la technologie, créer des droits de PI
Croissance	Utiliser la PI : • comme base d'une coentreprise ; • comme base d'une alliance stratégique (exemple : obtenir l'accès à de nouveaux marchés) ; • pour établir un standard et favoriser le développement d'un écosystème autour de son innovation.
Maturité	Protéger les produits ou les services et en extraire une rente (profit marginal plus élevé) Concéder des licences aux concurrents, aux clients, aux fournisseurs, à des tiers sur d'autres marchés
Déclin	Sortir du *business model* d'origine et valoriser la PI sur les *business models* de tiers, sur d'autres marchés, avec d'autres applications

3.1.2. Créer un standard ou une norme

En phase d'émergence ou de croissance, une entreprise innovante peut avoir intérêt à créer un standard ou laisser s'établir une norme autour de son innovation.

Un standard peut être défini par n'importe quel organisme privé : il est attaché à un ou des produits, et peut être revendiqué au sens de la PI. Lorsqu'un standard s'est largement répandu, on parle alors de *standard de fait*. La norme résulte d'une négociation collégiale dans le cadre d'un organisme public tel que l'Afnor (Association française de normalisation) ou l'ISO (Organisation internationale de normalisation), et ne peut être revendiquée au sens de la PI.

Une entreprise innovante peut donner libre accès à une partie de son innovation (*via* des licences de brevet, de logiciel) pour établir un standard et favoriser le développement d'un écosystème autour de sa plate-forme technologique (voir chapitres 8 et 9). Nous utilisons tous quotidiennement des standards de l'informatique ou de l'électronique grand public mis à disposition gratuitement par des entreprises innovantes, dans le cadre de *business models* qui leur permettent de compenser cette gratuité.

Si une proposition de normalisation en cours d'élaboration au sein d'un groupe de travail sous l'égide d'un organisme public implique, de l'avis ou à la connaissance d'un participant aux travaux du groupe, l'utilisation de droits de PI, le groupe de travail doit s'assurer de la disponibilité des droits en question ou bien obtenir du détenteur des droits une déclaration selon laquelle, au choix : 1) l'utilisation de ses droits, d'une manière générale ou aux fins spécifiques de la mise en conformité avec la norme proposée, n'est pas soumise à l'obtention d'un accord de licence ni au paiement de redevances, 2) la norme proposée ne porte aucune atteinte à ses droits, 3) il s'engage, afin de favoriser la mise en conformité avec la norme, à autoriser l'accès à ses droits et leur utilisation, sous licence, à des conditions équitables, raisonnables et non discriminatoires (éventuellement à titre gratuit).

Standardisation et normalisation font partie intégrante de la stratégie de PI.

3.1.3. Élaborer sa stratégie en fonction de la nature cumulative de l'innovation dans son industrie

Au cours des différentes phases du cycle de vie de la figure 13.2 et du tableau 13.4, on constate que la PI permet à la fois des stratégies offensives et défensives, dont le choix dépendra en grande partie de la dynamique concurrentielle et du degré d'interdépendance technologique au sein de l'industrie dans laquelle évolue l'entreprise innovante.

Prenons l'exemple des brevets. Ils permettent d'empêcher l'imitation (ou de la rendre onéreuse). En nombre suffisant, ils peuvent bloquer la concurrence (stratégie *block to fence*), tout au moins dans les domaines technologiques à forte couverture et forte densité du portefeuille de brevets. En nombre plus limité, ils peuvent se révéler très utiles comme monnaie d'échange, par exemple pour pousser les concurrents à des licences réciproques (stratégie *block to play*).

Certaines industries (technologies de l'information et de la communication) pratiquent les licences réciproques (ou *croisées*) plus que d'autres, parce qu'il y a un fort degré d'interdépendance dans leurs activités d'innovation. En effet, dans ces secteurs, presque tout progrès technologique s'appuie sur la base des innovations qui ont précédé. L'innovation y est dite *cumulative*.

Il y a, par conséquent, un effet quantitatif autant que qualitatif dans la gestion d'un portefeuille de brevets. Même si **seuls 2 % des brevets d'un portefeuille sont véritablement utilisés de façon offensive, les 98 % restants ont un effet dissuasif** et permettent de résister aux tentations offensives d'autres brevetés, et d'obtenir une relative liberté de conception. Bien entendu, le droit de la concurrence entre en ligne de compte.

3.2. Élaborer une stratégie en fonction des ressources de l'entreprise innovante

Puisque la PI peut s'acheter, se vendre ou s'échanger, les entreprises innovantes ont le choix. Leur stratégie doit s'élaborer en fonction de leur savoir-faire technique et/ou commercial, de leur cœur de métier, de leur modèle économique, de leur position dans la chaîne de valeur. Ainsi, il n'existe pas une stratégie de PI, mais des stratégies multiples. Nous allons passer en revue quelques points stratégiques particuliers concernant la collaboration avec les tiers, l'implantation géographique et l'essaimage.

3.2.1. Collaborer pour innover

Il est devenu incontournable de collaborer avec des partenaires dans des projets d'innovation. C'est par ailleurs fortement encouragé par les pouvoirs publics, qu'il s'agisse des gouvernements ou de la Commission européenne.

La question de la propriété et de l'exploitation des innovations est centrale dans de tels projets. Tous les acteurs d'un projet collaboratif n'ont pas les mêmes objectifs, ni les mêmes capacités à exploiter et/ou valoriser les innovations. Les organismes de recherche publics chercheront à faire exploiter leurs innovations par des tiers. D'autres acteurs chercheront une avance technologique temporaire, avec ou sans exclusivité d'exploitation. Certains voudront éviter de tomber sous la dépendance d'une technologie d'un partenaire sans avoir préalablement négocié les conditions d'obtention d'une licence pour une exploitation future.

Que ce soit dans le cadre du 7e Programme-cadre pour la recherche et la technologie (PCRD) ou *FP7* de la Communauté européenne, d'un projet financé par l'Agence nationale de la recherche (ANR), ou d'une technopole, les membres d'un consortium de R&D doivent se mettre d'accord sur le sort des résultats du projet, mais aussi sur l'accès à la technologie antérieure de chacun des membres, et sur les améliorations et perfectionnements. La copropriété d'une innovation n'est pas une nécessité : une licence d'exploitation suffit. Dans le cadre de tels projets, il est d'usage de laisser aux partenaires l'accès à la technologie antérieure que l'on apporte, à titre gratuit pendant la durée du projet, et contre rémunération après la fin du projet. Chaque membre doit s'assurer d'un bon équilibre entre son apport au projet et sa contrepartie en termes de financement public, droit de propriété, droit d'exploitation ou rémunération (voir approfondissement 13.2).

Approfondissement 13.2

Qu'est-ce que l'innovation ouverte (*open innovation*) ?

C'est le professeur Henry Chesbrough (d'abord à Harvard puis à Berkeley) qui a promu ce concept. L'idée centrale est que les temps où des sociétés intégrées verticalement n'utilisaient que les idées et les connaissances produites en interne par leurs propres services de R&D, en ignorant celles du monde extérieur, sont révolus. Selon ce nouveau paradigme, ce qui compte c'est de bâtir un bon modèle économique, fût-il basé en partie sur de l'innovation provenant de sources externes à l'entreprise. D'où l'importance accrue de maîtriser les outils du commerce de PI.

Protéger et valoriser son apport en innovation dans un projet collaboratif passe par des conventions efficaces et juridiquement solides prenant en compte de nombreuses contraintes légales.

3.2.2. Collaborer dans le commerce de droits de PI

Le marché de la PI a fortement évolué au cours des dernières années, et continue de le faire. Ainsi, le revenu du *commerce de licences* est passé de 3 milliards de dollars en 1980 à 150 milliards vingt ans après[9].

Dans ce contexte, on a vu émerger de nouveaux intermédiaires spécialisés en PI. Ils ont pour noms Acacia Research, Coller IP Capital, Intellectual Ventures, IPValue Management, ThinkFire, Altitude Capital, Rembrandt IP Management, Ocean Tomo, yet2.com, NineSigma, TechTransferOnline, entre autres. Leurs modèles économiques sont variés. Ils vont de la mise en commun de brevets dans des pools ou des fonds à la mise aux enchères,

9. *Harvard Business Review*, 1er octobre 2002.

à la mise en contact entre créateurs et utilisateurs de technologies, et à la fusion-acquisition basée sur des synergies entre portefeuilles de PI.

Même si certains intermédiaires sont controversés (les chasseurs de brevets ou *patent trolls*), il est indéniable que le marché de la PI a gagné en fluidité ces dernières années. L'entreprise innovante ne doit pas se priver du dynamisme et de la souplesse de ce marché, tant en ce qui concerne la valorisation de ses propres actifs immatériels que l'accès à ceux des tiers.

3.2.3 Collaborer pour exploiter l'innovation

Ainsi les entreprises innovantes ont-elles la possibilité de produire de la connaissance en interne, l'acquérir de sources externes, ou la concéder en licence à d'autres sociétés. Il y a un marché pour les idées innovantes, au-delà du marché des produits. Certaines entreprises sont de véritables usines à idées, et délèguent la mise sur le marché de produits à leurs partenaires. Qualcomm, Rambus, ARM, Tessera, voici quelques noms de sociétés américaines engagées dans des activités de R&D qui génèrent de la PI et qui concèdent leurs technologies sous licence à des entités opérationnelles qui vont commercialiser des produits et des services à leur place.

On peut également citer Dolby Laboratories, dont les technologies audio et vidéo équipent de très nombreux matériels à travers le monde, dont 84 % du revenu annuel de 2008 provient de licences de technologies contre 11 % en produits et 5 % en services. Ou encore la société française d'électronique grand public Thomson qui exploite depuis 1995 les droits (brevets, logiciels, logo) sur la technologie MP3 pour son propre compte et celui de l'Institut Fraunhofer ainsi que deux autres sociétés co-inventrices, alors qu'elle s'est désengagée industriellement de ce secteur.

Une autre forme de collaboration est celle qui s'opère entre le détenteur d'une marque connue et un fabricant/distributeur de produits. Par le biais d'une licence de marque, on peut à moindre coût (pas de production, de stock, ni de service après-vente) étendre la gamme des produits commercialisés sous la marque, et améliorer la visibilité et l'image de qualité de la marque.

3.2.4. Décider de son implantation géographique

On peut étendre la couverture géographique d'une invention brevetée dans un délai d'un an (*délai de priorité*) à compter du dépôt de la première demande de brevet. Il est donc particulièrement important d'avoir une vision claire de l'étendue géographique de son marché, qu'il soit exploité de façon directe ou indirecte (par le biais de *licenciés* ou de *franchisés* – voir approfondissement 13.3). Un brevet qui ne couvre pas le territoire géographique de son marché est pénalisant, car il divulgue l'invention et permet une reproduction licite à l'intérieur des zones non couvertes.

Approfondissement 13.3

Franchise et licence

La franchise est un instrument contractuel permettant de répliquer une affaire et d'exploiter son succès commercial non par une croissance organique monolithique, mais en laissant à des investisseurs locaux le soin de lancer des clones dans d'autres zones géographiques. Le franchiseur concède en licence au franchisé de multiples droits de PI (marques, brevets, dessins et modèles, savoir-faire technique et commercial, droit d'auteur sur le plan d'affaires, les brochures marketing, le matériel de production, de marketing, de publicité, les documents commerciaux, etc.). **La franchise peut donc être considérée comme un « paquet » de licences combinées.** À travers la franchise, l'entreprise innovante opte pour une mise sur le marché à la fois directe et indirecte.

3.2.5. Essaimer

Il est inévitable que la R&D et l'innovation en général débordent du cadre établi (ou du cœur de métier) de l'entreprise (ou de l'organisation) innovante.

Que ce soit dans une logique de gestion des ressources humaines ou de recentrage de l'activité sur son cœur de métier, une entreprise peut pratiquer l'essaimage, c'est-à-dire aider des employés à exploiter une activité nouvelle, au sein d'une structure juridique nouvelle.

En pratique, la société essaimante va doter la société essaimée de droits de PI, afin qu'elle puisse lever des fonds de capital-risque. La société essaimante peut continuer d'investir dans le capital de la société essaimée de façon synchrone et proportionnelle avec les capital-risqueurs. Dans le cas contraire, sa part au capital se verra diluée au cours des levées de fonds, jusqu'à devenir minoritaire et perdre le contrôle de la société. Gérer les participations dans les sociétés essaimées suppose l'existence d'une unité opérationnelle et d'un savoir-faire spécifiques. Dans le cas de Xerox, la valeur combinée des sociétés qu'elle a essaimées a fini par dépasser la valeur de Xerox[10].

En résumé, voici différents moyens de monétiser une innovation :

- l'utiliser pour protéger des produits ou des services et en extraire une rente (profit marginal plus élevé) ;
- la vendre ;
- la concéder sous licence ;
- l'utiliser comme base d'une joint-venture (exemple : obtenir l'accès à des actifs matériels) ;
- l'utiliser comme base d'une alliance stratégique (exemple : obtenir l'accès à des nouveaux marchés) ;
- essaimer une jeune pousse basée sur cette PI.

---

10. Henry Chesbrough et Richard Rosenbloom, « The Role of the *Business Model* in Capturing Value from Innovation: Evidence from Xerox Corporation's Technology Spinoff Companies », *Industrial and Corporate Change*, vol. 11, 3, 2002, pp. 529-555.

Conclusion

Toutes les entreprises innovantes ne prennent pas en compte la nature stratégique de la PI au même niveau. Quatre niveaux stratégiques fondamentaux peuvent être distingués.

- Minimisation du risque : la PI est vue comme un atout de nature juridique, elle est gérée par le département juridique, les activités principales sont la construction du portefeuille de titres et les licences croisées pour éviter tout litige.
- Réduction des coûts : il s'agit d'optimiser l'efficacité du programme de protection en réduisant ses coûts (sélection des brevets déposés puis des brevets maintenus au portefeuille, alignement des marques sur les produits).
- Valorisation : la société cherche à monétiser sa PI directement grâce à des concessions de licences et des coentreprises, au-delà des simples produits et services protégés par la PI.
- Valorisation stratégique : la société voit sa PI comme un actif qui doit produire de la valeur (revenu et valeur stratégique). Elle utilise sa PI pour changer la nature ou l'orientation de la concurrence, se base sur des dépôts de brevets stratégiques, change la cible de la R&D et réactualise ses partenariats avec les clients, les fournisseurs et les autres tiers.

Approfondissement 13.4

Les professionnels de la PI

On a parfois besoin des services de professionnels de la PI pour protéger et valoriser au mieux ses innovations. On distingue plusieurs formes d'exercice de la profession en France.

1. Professions libérales :
   - conseils en propriété industrielle, regroupés au sein de la Compagnie nationale des conseils en propriété industrielle (CNCPI) ;
   - avocats spécialisés en propriété intellectuelle.

   Le projet d'unification de ces deux professions a été adopté par le Conseil national des barreaux et la CNCPI en 2008.
2. Professions en entreprise (ou organisme public) :
   - juristes ;
   - chargés d'affaires (ventes ou licences de droits de propriété intellectuelle).

Il y a plus d'une dizaine d'associations professionnelles autour de la PI en France. La plupart représentent des catégories professionnelles particulières. Une association réunit des professionnels d'horizons variés (chargés de licences, conseils en brevets, ingénieurs brevets d'entreprises, avocats, juristes PI, monde académique) : le LES (*Licensing Executives Society*) qui compte 12 000 membres dans le monde.

Ce chapitre aura atteint son objectif si, à la suite de sa lecture, vous pouvez appréhender le niveau de prise en compte de la PI dans l'entreprise dans laquelle vous travaillez ou dont vous allez rejoindre les rangs, et détecter les opportunités offertes par une prise en considération plus stratégique.

Bibliographie complémentaire

Azéma J. et Galloux J.-C., *Droit de la propriété industrielle*, 6e édition, Paris, Dalloz, 2006.

Caron C., *Droit d'auteur et droits voisins*, Paris, Litec, 2006.

Code de la propriété intellectuelle, 9e édition, Paris, Dalloz, 2009, ou www.legifrance.gouv.fr.

Le Tourneau P., *Contrats informatiques et électroniques*, 5e édition, Paris, Dalloz, 2008.

Actifry de SEB

SEB a inventé la friteuse dite « sèche » (une cuillerée d'huile pour 1 kg de frites), l'a lancée fin 2006 sous la marque Actifry, et en a vendu 175 000 en 2007 et 675 000 en 2008[11].

L'objectif de ce mini-cas est de se familiariser avec quelques outils de recherche de PI sur Internet, et de comprendre la stratégie de protection et de valorisation d'une innovation.

Afin de protéger ce qui deviendra l'Actifry, l'activité cuisson électrique du Groupe Seb a adopté la démarche suivante :

- Dépôt de quatre brevets.

  Allez sur http://fr.espacenet.com, et recherchez par numéro : FR2871042. La demande de brevet a-t-elle été déposée pour de nombreux pays ?

- Dépôt du nom de marque Actifry en mai 2006 auprès de l'Inpi pour la marque française, puis en octobre 2006 auprès de l'OHMI pour la marque communautaire, en février 2008 pour la marque américaine.

  Vous pouvez consulter http://oami.europa.eu
  ou http://www.uspto.gov/main/trademarks.htm.

- Ouverture d'un site Internet d'information : www.nutrition-gourmande.fr.

  Pensez-vous que Nutrition gourmande soit une marque déposée ou simplement un nom de domaine ?

- Enregistrement du dessin de la friteuse Actifry.

  Le reconnaissez-vous parmi les dessins de friteuses (*deep fryers*) du Groupe Seb sur http://oami.europa.eu ?

- La production des composants majeurs de l'Actifry ainsi que l'assemblage final du produit ne se réalisent que sur les sites de production historiques du Groupe Seb, à Selongey et Is-sur-Tille.

  Pensez-vous que la conservation du secret soit un élément d'appréciation dans le choix du site de production ?

- En 2007 le Groupe Seb a déposé 86 brevets et 276 enveloppes Soleau.

  Cette proportion vous surprend-elle ? À quel rang cela place-t-il SEB pour les dépôts de brevets français ?

---

11. Estimation Groupe Seb, 18 décembre 2008.

Questions

1. Commentez la stratégie de protection de l'Actifry au regard des éléments théoriques fournis dans ce chapitre.
2. La stratégie de protection d'une innovation dépend largement de la stratégie d'exploitation. L'innovation de SEB a-t-elle besoin de devenir un standard ? D'être adoptée par les concurrents ?
3. Identifiez les différentes stratégies que SEB aurait pu mener pour créer le marché de la friteuse et décrivez, pour chacune de ces stratégies, les démarches de protection et de valorisation adéquates.

Chapitre 14

Stratégie de diffusion de l'innovation

Après avoir lu ce chapitre, vous saurez :

- mesurer l'importance de privilégier cette dernière phase du processus de l'innovation, bien trop souvent négligée ;
- identifier, grâce à la théorie de la traduction, les grands principes de la diffusion et l'importance du réseau pour l'adoption de l'innovation ;
- utiliser un outil, calqué sur la théorie de la diffusion de Rogers, pour préparer une stratégie de diffusion de l'innovation, et ce, quelle qu'en soit la nature.

« C'est l'histoire d'un moustique qui pique à la bonne profondeur, injectant son anticoagulant et prélevant la dose de sang grâce à ses cinq capteurs sensoriels et ses deux pompes. Comment reproduire l'étonnante performance du moustique dans un système d'injection automatique de médicaments ? Ainsi est née l'idée du dispositif Eveon. » Voici comment se présente Eveon, entreprise créée en 2008, finaliste du prix Émergence au 9e Concours national d'aide à la création d'entreprise de technologies innovantes du ministère de l'Enseignement supérieur et de la Recherche, spécialisée dans les dispositifs médicaux d'injection innovants, substituts de la traditionnelle seringue. Cette innovation semble, sur le papier, très séduisante : elle doit permettre une économie de produits injectés ainsi qu'un gain de temps, mais aussi une plus grande facilité d'injection. Pour autant, la diffusion de l'innovation de rupture est-elle assurée ? Rien n'est moins certain : le système doit convaincre les utilisateurs, infirmiers en libéral ou hospitaliers. Une étude de marché a été menée, à l'issue de laquelle ont été identifiées des cibles de clientèles prioritaires et secondaires. Néanmoins, comment se faire connaître auprès de ce public et générer la rente maximale ? Quand faut-il entrer sur ce marché ? Comment convaincre les parties prenantes : membres du corps médical, entreprises de pharmacie, ministères de la Santé… ?

Cet avant-dernier chapitre s'intéresse à ces questions. Il présente, dans un premier temps, des idées reçues quant à la facilité de la diffusion de l'innovation. Dans un deuxième temps, il propose au lecteur une démarche originale, fondée sur la théorie de la diffusion de Rogers, permettant d'identifier les moments clés de la diffusion et de préparer la stratégie de diffusion adéquate pour l'innovation, et ce, quelle qu'en soit la nature. Enfin, il propose, dans un troisième temps, une réflexion sur le rôle du réseau – qui va bien au-delà du réseau social – dans la diffusion de l'innovation.

1. Se méfier des idées reçues sur la diffusion de l'innovation

1.1. La cible touchée n'est pas toujours celle anticipée par les études de marché

Imaginons que vous soyez chef de produit chez Lulu Castagnette en 1996, travaillant avec l'entrepreneur Charles Lahmi sur ce qui sera la future gamme de produits. Vous avez identifié la cible : les adolescentes. Vous lancez la collection et constatez avec plaisir que les pulls désormais célèbres avec leur logo « petit ourson » se vendent bien. Vous découvrez avec une certaine surprise que ce n'est pas tant la clientèle ciblée qui achète la collection que les femmes de plus de 30 ans… Parfois, ces cas posent problème : Lacoste, marque qui cible les CSP relativement élevées, se montrera, dans ses communiqués de presse, fort embarrassée lorsqu'elle découvrira au milieu des années 1990 que certaines de ses collections séduisent particulièrement une population plus jeune, issue des banlieues françaises, qui adopte ses collections, en considérant ces dernières comme porteuses de signes distinctifs de richesse… Craignant tout d'abord pour l'image de sa marque, Lacoste décidera finalement d'en jouer. Comme en témoignent ces deux exemples, **dans la plupart des cas, les innovations qui se diffusent bien ne suivent pas nécessairement la trajectoire de diffusion prévue par l'entreprise.**

1.2. L'innovation est complètement détournée dans l'usage

Nouveau record pour la Saint-Sylvestre 2011 : les Français envoient plus d'un milliard de SMS pour se souhaiter la bonne année. Qui aurait imaginé cela il y a seulement 25 ans ? Personne, et surtout pas les inventeurs du GSM ! Le standard GSM fut conçu pour être un nouveau standard de téléphonie (transport de la voix) et il n'était pas question d'échanger du texte.

Les inventeurs, soucieux d'offrir un service de qualité aux abonnés, avaient tout juste prévu la possibilité pour les techniciens de maintenance du réseau d'échanger avec leurs centres techniques de courts messages en cas d'intervention. Le réseau était robuste mais peu de messages furent ainsi échangés, enfin jusqu'au jour, en 1992, où un technicien anglais eut l'idée d'envoyer un « *Merry Christmas* » à un de ses collègues. La pratique commença à se répandre dans le milieu des techniciens de réseau.

La direction marketing d'un opérateur finlandais, Radiolinja, eut ensuite l'intuition que cela pourrait aussi intéresser les consommateurs : elle ouvrit le service au grand public en 1993. Les autres opérateurs européens lui emboîtèrent le pas et offrirent la possibilité d'envoyer des messages basiques et quasi instantanés. Le démarrage fut assez lent, avant de s'emballer pour atteindre le succès que l'on connaît.

1.3. Un retard « à l'allumage » signifie l'échec définitif de l'innovation

Ce n'est pas parce qu'une innovation ne rencontre pas le succès escompté lors de son lancement qu'elle ne le rencontrera jamais. Le marché des tablettes informatiques aura connu les échecs successifs des *dynabooks* en 1988, puis des *tablet computers* promus par Microsoft et tous les grands fabricants de PC à partir de 2001, avant de rencontrer le succès grand public avec les iPad d'Apple et les tablettes fonctionnant avec le système Android de Google.

Il ne s'agissait donc pas d'un problème de concept, mais plutôt d'un problème de prix (les tablettes des années 2000 coûtaient plus de 1 000 €, ce qui les réservait à une clientèle professionnelle), de performance produit (faible diffusion du Wifi avec des débits moins importants, contenus moins largement disponibles en ligne, autonomie batterie assez faible) et de maturité des consommateurs (absence d'expérience d'interface homme-machine tactile).

1.4. C'est le premier entrant qui récolte la plus forte rente

Il est généralement de bon ton, pour une entreprise, de mettre en avant qu'elle a inventé tel ou tel produit. À titre illustratif, le lecteur prendra plaisir à lire les communiqués de Sony qui justifie son ADN d'innovateur en rappelant que l'entreprise a inventé le système Betamax, le premier lecteur de CD, le disque laser, etc. Pour autant, **celui qui invente, qui met en place un produit innovant n'est pas nécessairement celui qui crée le marché et ouvre la voie à ses concurrents et à la diffusion du produit. La plupart du temps, l'imaginaire collectif estime qu'il est normal que, dès qu'une entreprise invente un produit, elle soit absolument la première à le lancer sur un marché ou à ouvrir le marché. Cette croyance est pourtant fausse, comme en témoignent le tableau 14.1 et l'exemple 14.1.**

Tableau 14.1 : Gagnant entre le créateur du marché et les suiveurs par catégories de produits

Catégorie de produits	Créateur du marché Premier entrant	Suiveurs notables	Gagnant
Caméra vidéo 8 mm	Kodak	Sony	Suiveur
Couche jetable	Chux	Pampers Kimberly-Clark	Suiveur
Verre flotté	Pilkington	Corning	Premier entrant
Groupware	Lotus	AT&T	Premier entrant
Appareil photo instamatique	Polaroid	Kodak	Premier entrant
Microprocesseur	Intel	AMD Cyrix	Premier entrant
Système d'exploitation pour ordinateurs personnels	Digital Research	Microsoft (MS-DOS)	Suiveur
Logiciel de traitement de données	VisiCalc	Microsoft (Excel) Lotus	Suiveur

Catégorie de produits	Créateur du marché Premier entrant	Suiveurs notables	Gagnant
VCR	Ampex/Sony	Matsushita	Suiveur
Console de jeux vidéo	Magnavox	Atari Nintendo Sony	Suiveur
Navigateur internet	NCSA Mosaic	Netscape Microsoft (Internet Explorer)	Suiveur
Logiciel de traitement de texte	MicroPro (WordStar)	Microsoft (MS Word) WordPerfect	Suiveur
Station de travail pour PC	Xerox Alto	Sun Microsystems Hewlett Packard	Suiveur

Sources : Grant R.M., *Contemporaty Strategy Analysis*, Malden, MA, Blackwell Publishers, 1998 ; Teece D., *The Competitive Challenge: Strategies for Industrial Innovantion and Renewal*, Cambridge, MA, Ballinger, 1987 ; Schilling M.A., « Technology Success and Failure in Winner-Take-All Markets: Testing a Model of Technological Lock Out », *Academy of Management Journal*, 45, 2002, p. 387-398.

Exemple 14.1

Soitec, second entrant sur l'activité du SOI mais acteur à la stratégie de diffusion redoutable !

Soitec est une entreprise créée en 1992 par deux chercheurs du CEA-Leti qui décident de se lancer dans une carrière entrepreneuriale après avoir mis au point un procédé industriel, du nom de Smart Cut, pour produire des tranches de SOI (silicium sur isolant, ou *Silicon On Insulator*) de manière rapide. Pour résumer, disons que le SOI consiste à empiler une couche de silicium – matériau constitutif des puces, présent dans l'ensemble des produits informatiques et dérivés – sur une couche d'isolant. Cette technique réduit les interférences entre les composants qui peuvent être fixés sur les puces ainsi que les effets de chaleur. Différents procédés existent depuis le début des années 1980, en particulier le procédé SOS (*Silicon On Sapphire*), qui utilise le saphir industriel comme isolant. Smart Cut est une technique dérivée, qui a pour mérite d'être beaucoup plus performante que les techniques précédentes. En ce sens, Soitec ne crée pas le marché avec son procédé innovant. Pour autant, il va très vite préempter et gagner des parts de marché significatives, notamment en gagnant la confiance d'AMD ou de constructeurs de téléphone comme Nokia, laissant les créateurs des solutions initiales moins connus. C'est donc un exemple de suiveur.

Pour conserver ses parts de marché, Soitec privilégie la stratégie de diffusion suivante : l'entreprise produit elle-même dans les pays où elle est déjà présente : l'Europe et les États-Unis. En revanche, elle vend sa technologie sous licence à des tiers sur les marchés qui lui sont étrangers, en particulier le Japon. Dès lors, ces licences génèrent des revenus directement réinvestis dans de la recherche afin d'améliorer le procédé. Aussi, les concurrents qui cherchent à imiter le procédé Smart Cut restent toujours « un cran en retard » par rapport aux offres de Soitec.

2. Formuler sa stratégie de diffusion : les grandes composantes

À défaut de trouver des recettes pour favoriser une diffusion maximale de l'innovation, l'entreprise innovante peut réfléchir sur :

- l'inflexion et la durée de la courbe de diffusion de son produit ;
- le choix des membres participant à son réseau pour asseoir la diffusion de son innovation (voir section 3).

La courbe de diffusion, théorisée par Rogers (1983) et déjà présentée en p. 164 de ce manuel, se décompose comme suit (voir figure 14.1). Nous ajoutons, sur cette courbe, les cinq points auxquels le manager doit penser pour préparer la diffusion de son innovation :

1. Quand ?
2. Durée du cycle de vie ?
3. Première cible ?

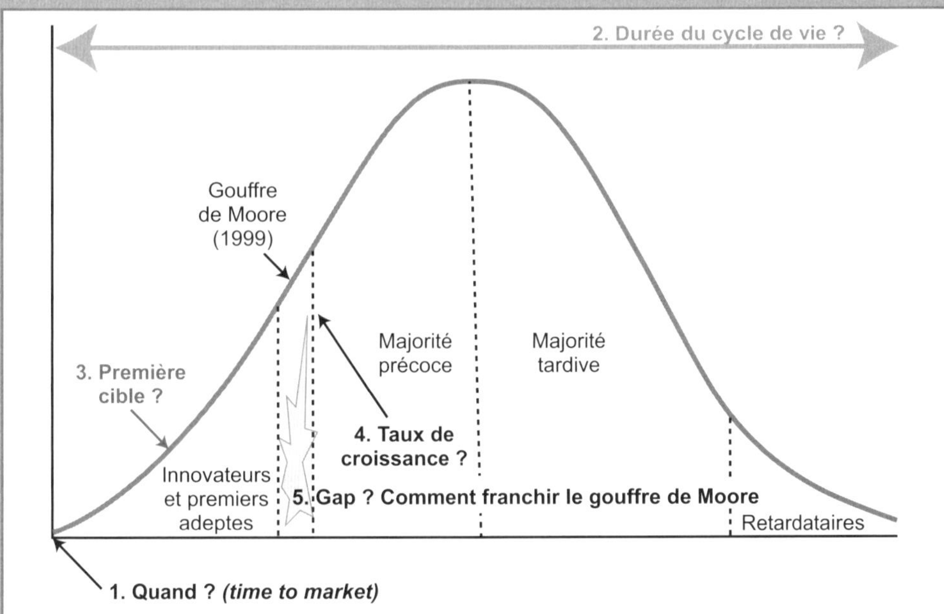

Figure 14.1
La courbe de Rogers d'adoption de l'innovation.

Source : traduit et adapté de Rogers E.M., *Diffusion of Innovations*, 5e éd., Free Press, 1995.

4. Taux de croissance ?
5. *Gap* ?

2.1. À quel moment faire démarrer la courbe et à quel moment entrer sur la courbe ?

La stratégie de diffusion, et plus précisément le choix du moment d'entrée de l'entreprise dans la courbe, reflète les choix stratégiques de l'entreprise :

- La stratégie de « *product leader* » : le leader produit, qui assoit sa supériorité sur les innovateurs et les adopteurs précoces, se focalise sur la rapidité. La notion de « *time to market* » équivaut alors à la maturité technique du produit. L'entreprise lance son produit dès qu'il est techniquement prêt, le marché décidera de son avenir. Il est à constater que de nombreuses entreprises de haute technologie et d'innovation, qui investissent fortement en R&D et peu en marketing, auront tendance à suivre cette approche.
- La stratégie de « *fast follower* » : le suiveur rapide se focalise sur les adopteurs précoces et la majorité précoce. Il s'appuie sur des améliorations (marginales) du produit, ou des prix plus bas, ou propose de nouveaux *business models*. Il investit souvent de façon importante en R&D. Par contre, il analyse ce que fait le *product leader* et comment réagit le marché avant de se lancer, estimant le moment où le marché est prêt.
- La stratégie de « *customer intimate* » : il peut se focaliser soit sur la majorité précoce, soit sur la majorité tardive. Il visera des niches relativement précoces, voire les besoins individuels de quelques clients en leur offrant des offres customisées et un service supérieur.
- La stratégie de l'« excellence opérationnelle » : l'entreprise n'innovera pas dans de nouveaux produits, mais elle innovera par contre dans les procédés pour augmenter son efficacité.

2.2. Estimer la durée pour récolter la rente de l'innovation

Une des questions clés pour l'innovateur est d'estimer la durée pendant laquelle il peut espérer récolter la rente de son innovation.

Cette durée, idéalement la plus longue possible, est principalement fonction :

- Du risque de substitution, notamment technologique.
- De la propension des clients à adopter des innovations. Plus les clients adoptent facilement les innovations, plus il sera facile de lancer le produit et plus il sera facile aux concurrents de le remplacer.
- De la durée de vie commerciale des produits finaux dans la chaîne de valeur.
- De la propriété intellectuelle : puisque les brevets permettent de protéger les ventes de l'innovateur, l'entreprise aura intérêt à continuer à innover pour déposer des brevets complémentaires de façon à prolonger la protection juridique dont elle bénéficie. Les brevets peuvent également assurer un complément de rentabilité lorsqu'ils sont repris par des concurrents contre paiement de royalties.

Le CD

Exemple 14.2

La rente du CD dont ont bénéficié ses coïnventeurs, Sony et Philips, aura duré une vingtaine d'années et aura pris de multiples formes. Après quelques balbutiements au moment du lancement, en raison de l'existence de plusieurs standards, le CD deviendra très vite le standard d'enregistrement musical numérique : en raison d'une supériorité technologique et parce que ses deux coïnventeurs étaient aussi propriétaires de deux majors de l'édition musicale – Columbia (CBS) et Polygram.

Le CD, d'un format d'enregistrement musical, évoluera ensuite avec succès dans les domaines de l'enregistrement de données (CD-Rom et CD enregistrable), même s'il a alors rencontré une nouvelle concurrence, le DVD de Toshiba/Warner comme substitution dans le domaine de la vidéo.

Outre la marge dégagée par la commercialisation de leurs propres produits, pendant 20 ans, Sony et Philips toucheront des royalties sur toutes les ventes de leurs concurrents et sur chaque disque vendu.

2.3. Relancer la courbe

Il serait simpliste de considérer qu'une innovation égale un produit. Une innovation peut souvent être déclinée en une série de produits apportant chacun une amélioration par rapport à la génération précédente. Ces produits peuvent enfin être déclinés en de multiples versions produits, s'adressant à des segments de clients différents.

Les entreprises de produits high-tech, comme on l'a vu avec l'exemple du disque compact, mais aussi de produits de grande consommation sont devenues expertes dans le management du cycle de vie de leurs produits.

Ariel

Exemple 14.3

Depuis son lancement en 1968 par Procter & Gamble (P&G), Ariel est la lessive la plus vendue en France, qui plus est à un prix supérieur à celui de ses concurrents. Pour conserver sa position de leader, la marque n'aura cessé de se réinventer au moyen de multiples innovations, tournées vers leurs différents types de client.

- Une innovation de rupture pour le lancement : la première lessive biologique « antiredisposition » en 1968.
- Des innovations d'efficience : remplacement du baril cylindrique par un packaging parallélépipédique en 1973 ; c'est autant de place gagnée dans les rayons pour la grande distribution, et dans les camions de livraison pour P&G.
- Des innovations environnementales avec Ariel compact sans phosphates en 1989.

Exemple 14.3 (suite)

- Des innovations incrémentales avec Ariel liquide en 1992.
- Des réactions aux innovations de la concurrence avec Ariel en dosettes en 2001.

P&G renouvelle en permanence sa gamme, en proche relation avec les consommateurs et les distributeurs, afin de leur garantir ce qu'ils recherchent : la meilleure performance de lavage pour les uns, une bonne rentabilité couplée à de fortes rotations des produits sur les linéaires pour les autres.

2.4. Identifier ses partenaires pour aider à la structuration de la courbe

Quelle que soit la phase du cycle de vie du produit, l'entreprise devra s'appuyer sur des partenaires et travailler en réseau.

En phase de **lancement,** les entreprises innovantes doivent souvent travailler à l'établissement de standards avec toutes les entreprises du secteur, en amont de la chaîne de valeur, en aval, mais aussi avec leurs concurrents (voir l'exemple ci-dessus de Sony et Philips qui se sont alliés pour définir le standard du disque compact). Le rôle des pouvoirs publics, nationaux ou régionaux, est souvent primordial. Le standard de téléphonie mobile GSM a ainsi été développé sous la responsabilité de l'Union européenne par des opérateurs de téléphonie (France Télécom et Deutsche Telekom), des industriels de la téléphonie (terminaux et réseaux), des industriels de la carte de paiement (carte SIM), des laboratoires de recherche… Les standards peuvent être d'ordre normatif (télécommunications, sécurité) ou être le fait d'un groupe d'entreprises (Blu-ray, DVD…).

En phase de **croissance**, aux transferts de technologie viennent se greffer les relations avec la partie aval de la chaîne de valeur. Les consommateurs, tout comme les distributeurs, commencent à comprendre l'innovation et à faire part de leurs besoins d'amélioration. L'offre produit a alors tendance à s'étoffer. Les entreprises de la chaîne de valeur travaillent non plus pour définir les standards ou pour proposer de grandes avancées technologiques, mais pour améliorer la performance de l'offre.

En phase de **maturité**, sous la pression des prix bas imposés par la majorité tardive, les membres de la chaîne cherchent à optimiser les coûts en mutualisant leur production ou en recourant à la sous-traitance. La plupart des innovations portent surtout sur une amélioration des processus de production.

En phase de **déclin,** il est fréquent que les membres de la chaîne de valeur travaillent déjà ensemble à l'émergence d'une nouvelle innovation, précipitant en conséquence le phénomène de déclin.

3. Créer des réseaux d'innovation pour concrétiser la stratégie de diffusion

3.1. Concevoir les réseaux externes pour innover

Recourir à des réseaux extérieurs permet à l'entreprise de relever et de faciliter la diffusion de l'innovation. Mais qu'entend-on par réseau ?

3.1.1. Des réseaux informels

Les réseaux sociaux

Tout acteur ou entreprise possède un réseau social, à savoir un ensemble de relations avec d'autres individus, organisations ou institutions, qui permet d'accéder ou de diffuser des informations, des ressources, voire également de l'influence et du contrôle. On peut identifier le réseau des anciens de son école de formation, le réseau de ses amis ou collègues, le réseau de camarades d'un même club sportif ou d'un club d'idées... Des réseaux informels, très souples quant aux modes d'appartenance, se développent largement sur le Net, clairement dédiés à la vie des affaires et à l'innovation en particulier. On parle ainsi de « réseautage social » (*social networking*) à dominante professionnelle ou semi-personnelle. Le premier site web de réseautage social fut Classemates.com qui ouvrit en 1995. Désormais, il existe des milliers de sites communautaires ou de réseaux tels que LinkedIn, Viadeo, MySpace, Facebook...

Les caractéristiques suivantes permettent de décrire ces réseaux et d'apprécier leur habileté à favoriser des liens propices à l'innovation[1] :

- *Ce qui circule dans les relations* : influence et contrôle, information et ressources, services et aides. Différentes natures de relations permettent cette circulation : amitié ou relation d'affaires et d'aides, conseil[2], relation affective ou identitaire[3].
- *La nature des liens* : la réciprocité des relations (à trop donner sans recevoir en retour, le risque est de voir l'acteur quitter ou s'investir moins dans un réseau), la clarté des attentes réciproques, la multiplexité (paires d'individus liés par des liens nombreux) et l'intensité des liens.

  Une notion fondamentale a été introduite par Granovetter[4] : *les liens forts* sont noués au sein d'un même univers (entre acteurs proches, habituellement en relation). Ils permettent de faire circuler des savoirs validés, formalisés, ou au contraire complexes et relevant de mêmes domaines cognitifs ou sociaux. Ils entraînent une reproduction de solutions ou de

---

1. Tichy N., Tushman M. et Fombrun C., « Social Network Analysis for Organisations », *Academy of Management Review*, vol. 4/4, 1979, p. 507-519.
2. Lemieux V., *Les Réseaux d'acteurs sociaux*, PUF, 1999.
3. L'identité permet à des individus, par un processus d'identification, de fonder leur cohésion au sein d'un groupe et de pouvoir se distinguer d'autres groupes. Voir Dameron S. et Josserand E., « Le développement d'une communauté de pratique – une analyse relationnelle », *Revue française de gestion*, vol. 33, n° 174, 2007, p. 131-148.
4. Granovetter M., « L'influence de la structure sociale sur les activités économiques », traduction, dans Ferrary et Pierre (coord.), « Penser les réseaux sociaux pour repenser l'action économique », *Revue sociologies pratiques*, n° 13 (numéro spécial), octobre 2006, p. 9-36.

modes de raisonnement, mais aussi des formes variées de contrôle social peu favorables à la nouveauté. Ils soutiennent l'innovation incrémentale. À l'inverse, *les liens faibles* sont davantage porteurs d'informations nouvelles et de possibilités encore peu explorées, car reliant des acteurs appartenant à des univers différents. Ils favorisent l'exploration et l'innovation radicale.

- *La structure des réseaux* : N. Tichy mobilise 12 critères pour étudier la structure sociale des réseaux. Il s'agit notamment : de la taille du réseau ; de la densité et de la stabilité des relations ; du degré d'ouverture sur des membres extérieurs à ce réseau et de la présence de leaders (qui comptabilisent le plus grand nombre de liens) ; ou de la présence d'un broker (ou courtier[5]) qui établit des « ponts » entre des sous-ensembles du réseau ou entre plusieurs réseaux (voir section 3.2).

Les communautés

La communauté est un terme vague, qui désigne des regroupements volontaires affinitaires d'individus qui partagent des intérêts, des passions communes, mais qui fonctionnent selon un principe d'appartenance, formel ou informel, plus strict que le réseau social. On distinguera trois types de communautés :

- *Les communautés de pratique*[6] rassemblent, normalement de manière spontanée, des individus d'une même entreprise, désireux de partager des idées et d'apprendre ensemble sur leurs pratiques, leurs métiers. Cette collaboration doit déboucher sur des solutions, la construction de nouveaux objets ; elle favorise l'innovation. Ces communautés sont proches des logiques de compagnonnage et de tutorat.
- *Les communautés de connaissances* rassemblent au contraire des acteurs hétérogènes qui échangent pour transformer leurs savoir-faire et savoirs tacites épars en connaissances explicites, opérationnelles et partagées dont ils se serviront spécifiquement en fonction de leurs besoins particuliers. Expérience initiée par des entreprises japonaises sous la terminologie « Ba », des groupes comme Toyota, Hitachi, Sony, Fuji Xerox, Asahi, Dentsu ou NTT… ont d'ores et déjà implémenté ces pratiques dans leur organisation.
- *Les communautés d'usagers ou de clients* d'un même produit, telles que LegoMindstorm[7] ou Linux[8], expriment leurs avis et leurs expériences de consommation. Les entreprises peuvent être friandes des informations qui circulent sur ces sites web ou dans ces associations, tant cela constitue des informations sur les usagers en « *live* » autour du produit, qui donnent des pistes pour poursuivre l'innovation. C'est pourquoi, normalement créées de manière spontanée par les clients, certaines communautés sont parfois initiées ou en partie gérées par l'entreprise.

3.1.2. Des réseaux organisés pour innover : les réseaux d'entreprise

L'éclatement des frontières de l'organisation (externalisation d'activités) ou le regroupement formalisé d'activités et d'acteurs épars conduisent à ce que la vie des affaires, et

---

5. Burt R., *Structural Holes: The Social Structure of Competition*, Cambridge, MA, Harvard University Press, 1992.
6. Wenger E., *Communities of Practice and Social Learning Systems. Organization*, 7(2), 2000, p. 25- 246.
7. http://mindstorms.lego.com/en-us/Default.aspx.
8. www.linux-france.org/.

l'innovation en particulier, soit adossée à une multiplicité de formes réticulaires organisées. L'exemple 14.4 illustre ce propos.

Exemple 14.4

Le concept de Connex Village autour des gares

Connex est la division transport de Vivendi Environnement, désormais Veolia Environnement. « Sensible à la problématique de la condamnation de certaines gares ferroviaires, l'entreprise [Connex] a conçu et mis en œuvre avec l'aide de partenaires le concept de Connex Village, redéfinissant la gare comme un pôle de services intégrés [...] Cette démarche innovante n'aurait pas été rendue possible… sans l'implication des partenaires. » La première expérience est déployée en banlieue londonnienne. Costcutter, marque de supermarché, accepte le défi. La gare est franchisée, elle achète à Costcutter des produits qu'elle revend. Mais Costcutter conseille cependant sur les produits à vendre. La poste anglaise, Royal Mail, voit dans cette innovation une manière de mettre en place un vrai service postal et financier intégré à la gare, bénéficiant du trafic généré par cette dernière.

Source : Moreau F., *L'Entreprise élargie : de nouvelles formes d'organisation*, Insept Consulting, 2003, p. 22 et 118.

Ces réseaux ont très généralement une base juridique : alliances (ou contrats de coopération), joint-ventures…

3.1.3. Des espaces de réseaux

L'innovation est aussi permise quand un ensemble d'acteurs, localisés dans des espaces géographiques délimités et développant ainsi une proximité relationnelle forte, coopèrent et échangent pour développer ensemble de nouvelles connaissances et pratiques. Différentes notions rendent compte de ces espaces : le district industriel, le *cluster*, les systèmes productifs locaux (SPL) et le pôle de compétitivité. Ces dispositifs se distinguent, comme l'illustre le tableau 14.2.

Tableau 14.2 : Les différentes formes d'espaces dédiés à l'innovation

	La collaboration est d'abord voulue par les acteurs eux-mêmes (vocabulaire et registre industriels)	La collaboration est reconnue et renforcée par les pouvoirs publics (vocabulaire et registre de l'action publique)
Les partenaires sont tous des entreprises	Districts industriels	Systèmes productifs locaux (SPL)*
Les partenaires sont des organisations variées : entreprises, universités…	*Clusters*	Pôles de compétitivité

* Notion non spécifiquement présentée dans ce chapitre, les trois autres notions étant les plus courantes, surtout depuis l'émergence des pôles de compétitivité.

Source : Retour D., « Pôles de compétitivité, propos d'étape », *Revue française de gestion*, n° 190, janvier 2009, p. 94.

Le district industriel (DI)

Concept élaboré par Marshall[9], les plus célèbres sont : le district de l'habillement de Prato en Italie (en France, on peut citer dans le même secteur celui de Troyes dans l'Aube, quoique actuellement en crise), l'industrie horlogère ou de la plasturgie en Savoie, dans les Alpes. Le district rassemble des entreprises similaires, pouvant facilement entrer ou sortir du district. Ce sont surtout des économies de coûts qui paraissent être recherchées par ces entreprises et l'innovation est plutôt incrémentale. Dans ce contexte, la difficulté est de créer un sentiment de coopération et d'appartenance fort pour favoriser des démarches collectives d'innovation radicale, comme l'illustre l'exemple 14.5.

Exemple 14.5

Le district aubois du textile

Le textile s'organise en aval, avec la confection et la distribution (les donneurs d'ordre, DO), et en amont avec le tricotage, le tissage, la teinture et l'ennoblissement – stade auquel est surtout présent le district de l'Aube (sous-traitants, ST). Ces ST (souvent de très petite taille) travaillent pour des DO, quelques-uns situés dans le district aubois, les autres principalement basés dans le nord de la France et en région parisienne. On trouve aussi des ST de taille plus importante, qui ont organisé leur propre délocalisation pour répondre aux pressions de coût des concurrents de l'Europe de l'Est, du Bassin méditerranéen ou de la Chine. Ce district connaît depuis des années une crise de son modèle stratégique, entre coûts mal maîtrisés et innovation insuffisante, ne parvenant pas à faire face aux pressions de coûts et du juste-à-temps imposées par les DO et ne parvenant pas non plus à s'orienter vers le secteur du textile mode innovant ou du textile technique.

Comment dépasser l'absence de politique collective et la faible circulation d'information pour favoriser des démarches collectives innovantes ?

La revitalisation d'un district s'envisage comme le passage d'une logique de sous-traitance entre DO et ST à une logique communautaire entre ST face à leurs DO, qui puisse soutenir à la fois des pratiques coopératives (actions de commercialisation et de promotion conjointes), mais également une mise en concurrence des ST par les entreprises, des projets de court terme (réalisation d'affaires) et de long terme (développement de compétences et de connaissances), des affaires individuelles (affaires) et des projets collectifs (innovation).

Source : Grenier C., « Comment gérer l'articulation paradoxale individuel/collectif pour favoriser des pratiques coopératives ? », *Revue économie et sociétés*, série Économie de l'Entreprise, n° 5, 2002, p. 793-817.

Pour autant, la faiblesse du district est de ne pas réunir d'institutions ou d'organisations réellement dédiées à la recherche, ce à quoi tend à répondre le *cluster*.

9. Marshall A. (1920), *Principes d'économie politique*, trad. par Sauvaire-Jourdan F., Paris-Londres-New York, Gordon & Breach, 1971. 12 vol.

Le cluster

Basés sur un concept élaboré par Porter, les *clusters* les plus connus sont développés dans le champ des biotechnologies ou des NTIC, tout domaine qui requiert une forte relation entre recherche (universités, laboratoires privés) et entreprise (start-up, essaimage, firmes de tailles plus importantes...). Cette dualité entre recherche et industrie constitue le cœur du *cluster*, rendant potentiellement possibles des innovations radicales. Cela suppose de considérer la création et la circulation de la connaissance comme une véritable stratégie organisée par l'instance de gouverne du *cluster* et quotidiennement mise en pratique par les membres de ce dernier. L'innovation est non pas spontanée mais organisée, non pas incrémentale mais radicale, comme l'illustre l'exemple 14.6.

Exemple 14.6

Le *cluster* Eurobiomed

En Région PACA, l'industrie biotech existe depuis de nombreuses années, avec notamment la création d'une des premières entreprises en France (Immunotech, devenue depuis Beckman Coulter), en 1984, prenant appui sur un terreau scientifique toujours très actif (laboratoires universitaires, pôles hospitaliers, culture favorable à la création d'entreprises...).

La structuration régionale des biotechs a débuté en 2001, avec la volonté des instances politiques de créer un *cluster* et la création en 2004 de l'association Bioméditerranée pour structurer et animer cette filière : favoriser l'émergence de projets biotechs, organiser les réponses aux appels d'offres scientifiques et industriels, mobiliser les investisseurs, développer un parc immobilier, essentiel pour l'implantation d'entreprises innovantes, prospecter un partenariat public et privé, avec le choix de ne pas spécialiser le *cluster* dans une technologie ou un débouché particuliers. L'organisation du 8e Carrefour européen des biotechs (2004) à Marseille a donné le coup d'envoi médiatique du *cluster* et la constitution de sa structure de gouvernance (conseil d'administration, bureau, conseil scientifique). Un plan d'action a été présenté en juillet 2005 : structurer, communiquer, animer, représenter les intérêts de la communauté biotech, proposer et porter les projets dédiés aux acteurs biotechs. La création de quatre plates-formes permet la mutualisation de ressources, souvent rares et coûteuses, en vue de résultats scientifiques ou industriels protégés par des articles scientifiques et des brevets. Un incubateur accompagne l'éclosion de jeunes start-up et leur mise en réseau avec des entreprises plus matures du *cluster*, ou localisées en dehors de ce dernier. Dernière étape d'évolution, la fusion entre Orphème et les associations Holobiosud et Bioméditerranée* en janvier 2009, donnant lieu à Eurobiomed, *cluster* spécialisé dans la recherche de traitements d'avenir pour les pathologies émergentes et les maladies orphelines.

---

* Orphème est un pôle spécialisé dans les pathologies émergentes et dites rares ; Holobiosud est un pôle créé en janvier 2006 et dédié aux sciences du vivant en Languedoc-Roussillon ; Bioméditerranée est un pôle similaire, créé en 2003, mais rassemblant tous les acteurs dans la Région PACA ; Eurobiomed, né de la fusion de ces trois pôles, devient le premier pôle interrégion en France.

Exemple 14.6 (suite)

Quelles connaissances pour quelles innovations ? En effet, le piège d'un *cluster* est de ne pas dépasser le stade d'une connaissance scientifique difficilement transférable vers des jeunes entreprises (terreau de l'innovation, en particulier dans les biotechs) qui par ailleurs appréhendent mal la réalité des affaires.

Une étude en cours sur des *clusters* biotechs (France, Brésil) a mis en évidence l'importance de la création, mais surtout de la capitalisation de connaissances autres que scientifiques : connaissance managériale relative au pilotage des jeunes entreprises en particulier, connaissance relationnelle (sur les acteurs et organisations avec qui coopérer) et connaissance stratégique et politique pour apprendre à se situer dans les enjeux technologiques et économiques.

Source : Grenier C., Vilela D. et Vargas L., « The Cluster Support to Knowledge Creation and Capitalisation through Enterprise-Technological Research Center collabroation », *International Conference Euromot*, Track Technology and Knowledge Management, Nice, septembre 2008.

Le pôle de compétitivité

C'est un dispositif récent, entre le *cluster*, de par la variété des acteurs qui en sont membres (en particulier les universités et laboratoires de recherche qui alimentent l'activité économique autour de l'innovation), et le SPL, pour être labellisé et reconnu par les pouvoirs publics. Ainsi, désireux de relancer l'innovation technologique de manière coordonnée et géographiquement enchâssée, les pouvoirs publics ont réalisé une vaste étude et consultation qui a abouti à l'été 2005 à la labellisation de 71 pôles de compétitivité : 7 pôles mondiaux, 10 pôles à vocation mondiale et 54 pôles nationaux (voir www.competitivite.gouv.fr pour une description de ces pôles).

Après trois années d'existence, la politique des pôles de compétitivité a fait l'objet d'une évaluation positive en 2008. Par la suite, le gouvernement a présenté la nouvelle politique des pôles. Au-delà du maintien des grands principes du premier dispositif mis en œuvre (la priorité donnée aux projets collaboratifs de recherche et développement, l'appui public aux structures locales d'animation des pôles, l'action coordonnée des collectivités territoriales et de l'État), de nouvelles mesures ont été décidées : renforcer l'animation et le pilotage stratégique des pôles, renforcer le financement de projets structurants (par exemple, des plates-formes d'innovation), développer les autres dimensions de l'écosystème (telles que la gestion des compétences, le déploiement à l'international…). Les synergies avec les universités et les laboratoires universitaires organisés en pôles de recherche et d'enseignement supérieur (PRES) sont renforcées.

3.2. Organiser et piloter les réseaux externes pour innover : comment ?

Cette section vise à présenter des démarches, outils et pratiques pour faciliter l'organisation et le pilotage des réseaux extérieurs pour l'innovation.

3.2.1. Quelques critères de sélection/constitution des réseaux

Sélectionner des acteurs externes est un processus complexe qui repose sur la combinaison de plusieurs critères relatifs à un projet (la coopération) et relatifs aux partenaires.

Les critères relatifs aux partenaires de l'innovation

Une approche stratégique classique

Les critères relatifs aux partenaires portent sur les caractéristiques propres de ces acteurs, et visent à s'interroger sur le degré de dépendance et d'alignement stratégique entre ces derniers et l'entreprise. Ces critères permettent d'évaluer la capacité mais aussi la volonté du partenaire à coopérer avec l'entreprise[10]. Naturellement, ces critères sont variés. Les principaux étant : la taille et la position stratégique du partenaire, les expériences de coopération antérieures déjà menées, qui sont des occasions d'apprentissage de la coopération (mieux appréhender l'engagement du partenaire et la confiance que l'entreprise peut lui accorder), le degré de compatibilité des objectifs (en termes notamment de prix, de qualité, d'internationalisation), la capacité du partenaire à acquérir une expertise distinctive (quand la différenciation stratégique de l'entreprise s'appuie en tout ou en partie sur celle du partenaire), la capacité du partenaire à négocier avec des acteurs locaux (dans des situations de développement à l'international par exemple) et enfin les coûts de sortie du partenariat (frais juridiques ou financiers à rompre un partenariat) [voir aussi section 3.3].

Une approche politique

Il semble naturel de considérer que plus on associe à un processus de conception et d'innovation les acteurs intéressés, plus le projet a des chances d'être innovant et accepté. Si cette considération n'est pas absurde, elle ne peut résumer toutes les situations complexes, et l'exemple de l'échec du Mobilien, nouveau réseau renforcé de bus développé par le Conseil régional d'Île-de-France, en est une excellente illustration : à trop vouloir étendre la concertation, le porteur du projet a abouti à un consensus mou auprès de certaines parties prenantes ou n'a pas réussi à faire adhérer d'autres parties tant le concept paraissait figé et non négociable ! Ce type de projet échoue aussi quand il s'agit de mener des opérations de *traduction* avec une trop grande variété de participants. Cet exemple du Mobilien révèle l'importance d'un leadership fort capable d'écarter certains acteurs afin d'opérer des choix importants et de renoncer à un consensus général[11].

Cette capacité d'un acteur à refuser ou à sélectionner les bons partenaires relève d'une perspective différente, dite constructiviste : les partenaires avec qui jouer ne sont pas donnés *a priori* (ou entrant « naturellement » au fur et à mesure du processus d'innovation), mais

---

10. Ariño A., Abramov M., Skorobogatykh I., Rykounina I. et Vilà J., « Partner Selection and Trust Building in West European-Russian Joint-Ventures », *International Studies of Management and Organization*, 27, 1, 1997, p. 19-37.
11. Gonzalez-Alvarez, « La mort de "Mobilien" ou l'innovation au risque de la concertation », *Gérer et Comprendre*, juin 2007, p. 21-35.

sont construits, décrétés par l'organisation[12]. Cela offre un regard politique sur la manière dont l'organisation entend répondre à la pluralité des revendications des parties prenantes. Cette habilité politique repose sur les éléments suivants :

- Les représentations ou catégories pour l'action : l'innovation est à l'instar de la conception un processus de résolution de problèmes ; il appartient à l'organisation ou au pilote du projet de dire les faits qu'il entend problématiser, et donc les faits et interprétations autour desquels il entendra réunir certains acteurs et en écarter d'autres, selon certaines postures de la diversité (voir ci-dessous), afin de mener son action autour de ces catégories.
- La diversité des acteurs : cette diversité n'est pas une donnée ; une différence de métier ou de culture peut être critique dans un processus d'innovation et pas dans un autre ; l'organisation ou le pilote construit ce qui fait différence (ou ne fait pas différence) entre les acteurs, au regard de ce qu'elle/il évalue important pour concevoir.
- Les postures de la diversité[13] : l'organisation fait le choix d'innover au regard d'un répertoire plus ou moins varié d'acteurs, selon trois postures de la diversité : refus (refus de l'hétérogénéité des acteurs), acceptation (acceptation de la diversité sans chercher à en tirer de nouveautés radicales) et exploration (valorisation de l'hétérogénéité comme fondement de l'action).

Les critères relatifs à la coopération pour innover

Les critères relatifs à la coopération sont davantage organisationnels et managériaux et visent à s'interroger sur les conditions du bon déroulement de la coopération en vue de conduire un projet innovant. Au « *strategic fit* » (alignement stratégique) ou au « *strategic enactment* » (construction stratégique, selon les projets politiques de l'entreprise) vus précédemment, nous nous intéressons ici à l'« *organisational fit* » (alignement organisationnel) entre les partenaires. Il va déterminer la viabilité, la faisabilité et la longévité de l'alliance. Ces critères dérivent largement de l'approche fondée sur les ressources et l'apprentissage organisationnel : ils considèrent que plus les partenaires peuvent apprendre mutuellement, plus ils peuvent équilibrer leurs apports en ressources et compétences, et plus la coopération sera équitable et fructueuse pour tous. De même, les critères sont très variés ; les principaux étant : la complémentarité des ressources, tout autant que l'unicité de certaines ressources qui fondent la distinction stratégique et le désir de partager une expertise, ou encore la clarté dans l'engagement réciproque.

3.2.2. Quelques acteurs et dispositifs critiques pour piloter un réseau d'innovation

À partir des exemples et des analyses précédents, nous soulignons l'intérêt de deux catégories d'acteurs dans la construction et la gestion des réseaux pour l'innovation : le leader et le broker (voire, en particulier, le *knowledge broker* ou courtier en connaissance).

---

12. Grenier C., « L'organisation orientée diversité – conception et diversité (refusée, acceptée, explorée) des parties prenantes », *HDR Thesis* (habilitation à diriger des recherches – *qualification to supervise PhD dissertation*), 2008. Thèse soutenue en mai à l'université de Paris Dauphine, sous la coordination du prof. David A., École des mines de Paris et ENS Cachan, 258 p. ; Grenier C., « Le réseau de santé : une lecture constructiviste par la notion de gouvernance conceptive », *Journal d'économie médicale*, avril 2009.
13. Grenier C., *ibid.*, 2008.

Le leader renvoie à l'entreprise innovante. Nous présentons ici l'acteur dit broker, qui s'appuie sur des compétences et des dispositifs particuliers pour faciliter l'innovation au sein de réseaux.

Le broker

Le broker est un acteur intermédiaire, intéressé à créer des ponts entre plusieurs groupes sociaux. Il agit car il se trouve appartenir à différents groupes.

Ce broker peut être une personne extérieure à l'entreprise, qui va faciliter les relations de cette entreprise avec les acteurs des réseaux dans lesquels elle se trouve insérée. Le broker peut également être un salarié de l'entreprise en contact avec des personnes externes (des consultants, le milieu académique et de la recherche, des représentants d'autres secteurs économiques…).

Dans les réseaux que nous avons présentés, cette fonction de broker peut être dénommée :

- Le coordinateur : dans un réseau de santé par exemple, quand celui-ci désire réellement mettre en relation une grande diversité d'acteurs du soin (médecins de ville et hospitaliers, généralistes et spécialistes, médecins et acteurs sociaux…), afin de mieux soigner et prendre en charge un patient.
- L'acteur ou l'entreprise pivot : son rôle consiste à réunir régulièrement l'ensemble des entreprises d'une communauté ou d'un réseau et à organiser les processus de travail entre l'ensemble des membres de ce groupe.
- Le courtier de connaissance : il existe dans les entreprises dites « intensives en connaissances » (start-up biotech, société de consulting, ou fortement orientée par la recherche à la fois académique et plus opérationnelle) un acteur qui, formellement ou informellement, joue le rôle de courtier de connaissance (le directeur R&D par exemple). Il s'agit aussi d'un rôle nouveau quand un courtier de connaissance crée une société de courtage en connaissance. Interrogé par l'École de Paris, M. Maruani décrivait ainsi son métier : « mon objectif est de valoriser le patrimoine technologique [des laboratoires de recherche ou des entreprises très orientées R&D] et mon métier consiste à suggérer des manières de faire pour exploiter ce gisement »[14]. Il précise alors ce métier selon les phases suivantes : génération d'idées chez un client à partir des technologies qu'il a développées, sélection de quelques idées avec le manager de l'entreprise cliente, puis la recherche de partenaires pour faire aboutir l'innovation.

Cet acteur doit être reconnu et légitimé par les membres des différents réseaux qu'il met en rapport. Il porte aussi la légitimité et la compétence des acteurs ou entreprises qu'il représente. Enfin, il doit avoir des compétences à opérer des traductions d'un monde à un autre.

14. Maruani P., « Courtier en innovation », conférence dans le cadre du cycle des « Petits déjeuners Confidences » de l'École de Paris, le 16 avril 1996, dans *Les Annales de l'École de Paris*, vol. 3, p. 285-292.

L'objet frontière

Ces compétences de traduction et d'animation des réseaux d'innovation sont soutenues par des objets particuliers, appelés objets frontières[15] ou objets intermédiaires[16]. Ces objets peuvent être un dessin, une maquette, un schéma… Ils peuvent être réels ou virtuels. Mais, dans tous les cas, ils sont familiers aux acteurs qui les manipulent. Ils contiennent des informations et sont mobilisés durant des processus d'innovation. Leur présence et les discussions suscitées autour d'eux ont une double fonction : tenir le réseau, mais surtout faciliter ou enrichir la compréhension et l'articulation entre des acteurs qui peuvent avoir du mal à se comprendre dès lors qu'ils appartiennent à des mondes différents.

L'objet est dit « frontière » puisqu'il est suffisamment plastique pour permettre à plusieurs mondes de se comprendre et de travailler ensemble, mais suffisamment robuste pour leur permettre de garder leur propre identité et ainsi spécifier les frontières (différences) entre savoirs (ou pratiques). La négociation autour de ces objets permet la coordination entre les acteurs impliqués dans un projet innovant et génère de la connaissance nouvelle. Néanmoins, ce sont des objets structurés et structurants qui introduisent des contraintes et des orientations dans le processus tout autant qu'ils rendent compte des représentations, des idées et des enjeux négociés autour de l'objet en conception. Ainsi, ce sont tout autant les caractéristiques intrinsèques de l'outil, que son choix même et la manière d'être mobilisé dans l'action qui font d'un outil un objet frontière ou, par opposition, un objet qui contraint et cadre les acteurs[17].

Comment séduire ses partenaires quand le projet à négocier est rigide ? Voici également l'écueil du projet Mobilien : un objet (le projet en maquette) conçu dès le départ comme trop rigide rendait difficile son appropriation locale dans le monde des acteurs à convaincre. Ainsi, « le nouveau réseau [du Mobilien] reprenait les lignes déjà existantes, bien que le maillage ne correspondît pas aux besoins des Franciliens, notamment en Grande Couronne. Les pilotes [du projet] partent de l'idée d'améliorer le réseau existant, et non de celle de créer un nouveau réseau. Cette décision limitait le pouvoir de séduction du réseau principal des bus [partie prenante opposée et restant à séduire] : si les lignes sont jugées en elles-mêmes, de par leur tracé, peu satisfaisantes pour répondre aux besoins de mobilité, l'objectif d'amélioration de ces lignes (en termes de vitesse, fréquence, environnement, etc.) ne pourra jamais être suffisamment porteur »[18].

---

15. Star S. et Griesemer J., « Institutional Ecology, Translations and Boundary Objects: Amateurs and Professionals in Berkeley's Museum of Vertebrate Zoology 1907-39 », *Social Studies of Science*, vol. 19, 1989, p. 387-420.
16. Vinck D., « Les objets intermédiaires dans les réseaux de coopération scientifique. Contribution à la prise en compte des objets dans les dynamiques sociales », *Revue française de sociologie*, vol. 11, 1999, p. 385-414.
17. Grenier C., « Apprentissage de la coordination entre acteurs professionnels – le cas d'un réseau de santé », *Gérer et Comprendre*, n° 83, mars 2006, p. 25-35.
18. Gonzalez-Alvarez, *op. cit.*, juin 2007, p. 32.

Conclusion

Si l'innovation est complexe, innover en s'appuyant sur des réseaux est tout à la fois une opportunité, une manière de gérer le risque, mais tout aussi complexe. L'art de manager en réseaux est finalement une pratique innovante pour beaucoup d'entreprises ou d'acteurs professionnels, habitués à travailler seuls ou à ne gérer que des activités de sous-traitance, régulières et peu innovantes.

Bibliographie complémentaire

Broustail J. et Fréry F., *Le Management stratégique de l'innovation*, Précis Dalloz, 1993.

Dumez H. (coord.), *Management de l'innovation, management de la connaissance*, L'Harmattan, 2001.

Flichy P., *L'Innovation technique – récents développements en sciences sociales – vers une nouvelle théorie de l'innovation*, La Découverte, 2003.

Les Meilleurs Articles de la Harvard Business Review sur l'innovation, préface de Dutheil A., Éditions d'Organisation, 2003.

Mustar P. et Penan H., *Encyclopédie de l'innovation*, Economica, 2003.

Tushman M. et Anderson P., *Managing Strategic Innovation and Change*, 2e éd., Oxford University Press, 2004.

Étude de cas

La diffusion de l'innovation d'Apple

Apple time line : 1976, création ; 1977, lancement de l'Apple II ; 1984, lancement du Macintosh ; 1994, lancement de Newton ; 1997, retour de Steve Jobs ; 1999, lancement de l'iMac ; 2001, lancement de l'iPod ; 2003, lancement de l'iTunes Store ; 2007, lancement de l'iPhone ; 2010, lancement de l'iPad.

Apple, entreprise la plus innovante au monde d'après *Business Week*, a été créée en 1976 par Steve Jobs et Steve Wozniak. Leur premier ordinateur personnel, l'Apple II, rencontrera le succès lors de son lancement en 1977. Après des revers dans les années 1990, sa marginalisation dans l'informatique au profit de l'environnement PC de Microsoft et l'échec de la tablette Newton, ce n'est qu'avec le retour de Steve Jobs en 1997 qu'Apple renouera avec la réussite.

La marque de son renouveau est le lancement de l'iMac en 1999, un nouvel ordinateur au design novateur, avec son moniteur habillé de plastique transparent aux couleurs acidulées. Certes, l'ordinateur s'adresse à la niche des clients habituels d'Apple (consommateurs très aisés, milieux de la communication et médicaux), mais il rencontre un vrai succès d'estime, comme en atteste le nombre de concurrents qui commencent à renouveler le design de leurs PC.

En 2001, Apple lance son premier produit non informatique. L'iPod est son premier baladeur numérique, une catégorie de produits inventée par Creative et Archos qui ont rapidement été suivis par Philips et Sony. À la différence de ses concurrents, le produit Apple n'est pas directement compatible avec le standard MP3. Il fonctionne par contre avec un logiciel très simple d'utilisation, iTunes, qui permet au consommateur de gérer sans effort sa bibliothèque musicale et de mettre à jour son lecteur.

Suite aux accords passés avec les différentes majors de l'édition musicale, l'iTunes Store ouvre en 2003, offrant ainsi la possibilité à tous ses utilisateurs d'acheter facilement (sans avoir à saisir de numéro de carte bancaire), et dans la même interface utilisateur, tous les titres musicaux, auprès d'une source unique et à un prix unique. Il s'est vendu à ce jour plus de 300 millions d'iPod de par le monde.

En parallèle, Apple se lance en 2001 dans la distribution directe avec l'ouverture du premier de ses Apple Stores (plus de 350 dans le monde). Les consommateurs peuvent pour la première fois essayer librement tous les produits fonctionnant dans l'univers Apple (accessoires et logiciels compris) avant d'acheter.

En 2007, Apple se lance à la poursuite de tous les fabricants de téléphones mobiles qui ont déjà introduit plusieurs générations de smartphones (Nokia avec ses Communicator depuis 1996, RIM avec les BlackBerry depuis 2002). Le premier iPhone, qui ne supporte pas le standard de téléphonie mobile de dernière génération (la 3G), est doté d'un large écran tactile et fonctionne avec la même interface que les iPod Touch et supporte iTunes. Pour assurer le lancement de son produit, Apple s'allie avec les opérateurs leaders dans chacun des marchés. En échange de l'exclusivité de la distribution de l'iPhone dans leur pays, les opérateurs (AT&T aux États-Unis, Orange en France…) subventionnent le prix du terminal et acceptent pour la première fois de partager avec un fabricant les données des consommateurs, ainsi qu'une partie de leurs revenus. L'iPhone est aujourd'hui le smartphone le plus vendu, avec 37 millions d'unités au premier trimestre 2012. En parallèle ouvre l'App Store pour télécharger des applications optimisées dans tous les domaines. Ces applications, si elles ne sont pas développées par Apple, sont définies selon le cahier des charges de l'entreprise, validées et commercialisées par ses soins.

En 2010 – soit 10 ans après les tentatives infructueuses de HP, Dell et Microsoft pour commercialiser les tablettes pour PC –, Steve Jobs présente l'iPad, une tablette permettant de surfer sur le Web, de regarder des vidéos, de gérer les photos et de la musique. L'iPad reprend l'ergonomie de l'iPhone, améliorée pour son plus grand écran, utilise iTunes, et supporte également les applications de l'App Store. Bien que concurrencé par les tablettes Android développées notamment par Google et Samsung, l'iPad est aujourd'hui la tablette la plus vendue sur le marché, avec 15 millions vendues pendant le quatrième trimestre 2011.

Questions

1. À partir de la courbe de Rogers et des points de vigilance mentionnés pour identifier la stratégie de diffusion, expliquez la stratégie de diffusion des produits innovants d'Apple.
2. Identifiez les réseaux qu'Apple doit mobiliser pour assurer la diffusion de ses produits innovants.

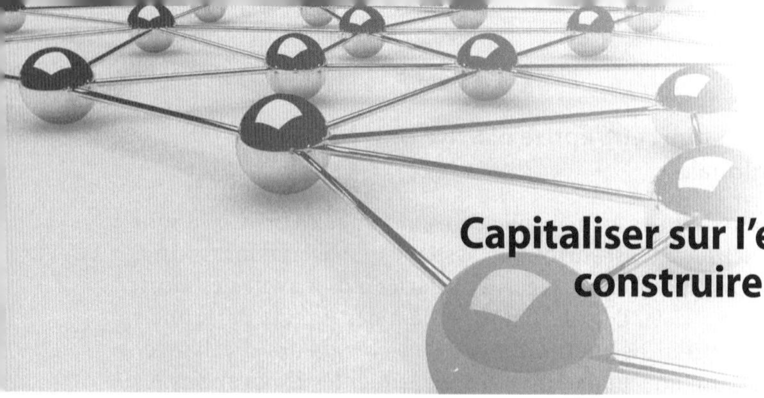

Chapitre 15

Capitaliser sur l'expérience d'innovation : construire l'organisation innovante

Après avoir lu ce chapitre, vous saurez :

- évaluer dans quelle mesure individu et organisation sont deux pôles à la fois indissociables mais également autonomes et indépendants pour innover et capitaliser ; l'accent sera mis sur les dispositifs organisationnels et les éléments et pratiques culturelles de l'entreprise aptes à gérer cette dualité complexe ;
- en conséquence, appréhender l'entreprise comme une organisation complexe, hybride, entre individuel et collectif, entre production et innovation ;
- appréhender également l'entreprise comme apte à improviser dans un environnement mouvant et incertain ;
- mieux saisir l'entreprise innovante par sa capacité à accueillir et à gérer des entrepreneurs, alors appelés intrapreneurs.

Bull ou l'entreprise qui a tout de l'entreprise innovante, mais qui ne parvient pas à innover

« Bull, grand groupe de l'industrie informatique, à la fin des années 1980. Toutes les composantes individuelles de l'innovation sont réunies : densité élevée d'acteurs à fort niveau de qualification et dotés d'une réelle créativité, tant dans le domaine technique (intelligence artificielle, systèmes distribués, réseaux) que dans le domaine socio-organisationnel (gestion logistique, juste-à-temps, qualité totale…). Pourtant, la plupart des innovations s'évanouissent dans les sables d'une organisation atone. Le redressement du groupe emprunte la voie rebattue et triste de la restructuration industrielle, avec son cortège de fermetures de sites. Pourquoi ? L'histoire mouvementée de l'entreprise a produit des réflexes d'autoprotection des équipes, la défense jalouse de territoires opaques, des cloisonnements hermétiques et des crispations conservatrices. Les dirigeants de l'époque maintiennent un système de pouvoir clientéliste : faible ouverture à la contradiction, comportements primés se caractérisant plutôt par la déférence que par la liberté critique. Toute "bonne idée" est une menace pour un détenteur de pouvoir[1]. »

Ainsi l'entreprise est-elle souvent prompte à « tuer » l'innovation plutôt qu'à remettre en cause des logiques de pouvoirs, des routines ou des savoirs technologiques. Pour autant, l'entreprise qui reconnaît à ses salariés le droit à la prise de risque et à l'autonomie pour travailler sur des idées nouvelles est-elle plus innovante ?

1. Lorino P., « La gestion de la connaissance dans l'entreprise et le rôle instrumental des systèmes d'information et de gestion », dossier spécial, revue *Signaux*, n° 96, sept. 2001, p. 33-42.

3M ou le bonheur de l'inventeur… que l'entreprise n'arrive plus à intégrer dans une logique stratégique globale

À la fin des années 1990, 3M ne se réduit pas à de la colle et à son fameux Post-it : ce sont quelque 50 000 produits et 2 000 marques. C'est surtout un système managérial fort connu, mis en place au début des années 1980, pour encourager ses salariés à oser avoir des idées, travailler dessus et les expérimenter : 15 % de son temps dédié à des projets personnels et autonomes, forum au niveau mondial permettant à tous les chercheurs d'échanger leurs idées, séminaire annuel organisé aux États-Unis durant lequel les innovations les plus prometteuses (et souvent encore non brevetées) sont présentées, et leurs inventeurs récompensés et primés. Certes, des objectifs globaux sont fixés : 40 % du CA réalisé par des produits de moins de quatre ans, 10 % par des produits de moins d'un an.

Mais quand en janvier 2001 arrive un nouveau PDG, James McNerney (le premier à n'être pas du sérail, puisque venant de General Electric), ce dernier découvre une « institution assoupie » dans laquelle les chercheurs font à peu près ce qu'ils veulent, où les profits cheminent cahin-caha. « Nous vivions un peu en circuit fermé, nous étions devenus trop complaisants avec nous-mêmes », reconnaît David Powell, vice-président chargé du marketing. Un analyste financier ira jusqu'à dire que « c'est le genre de boîte dans laquelle on rêve de bosser, mais dont on n'est pas sur de vouloir acheter l'action » !

Ainsi, à trop laisser les individus innover et créer, l'organisation peine à faire émerger une stratégie *corporate* cohérente et à garder en mémoire ce qui avait été expérimenté ou testé dans ses centaines de laboratoires de par le monde. Au travers de ces deux petites histoires opposées… – quoique ! –, l'entreprise innovante semble ainsi être une délicate alchimie entre individus, collectifs d'individus et institution, entre connaissances individuelles et réutilisation de connaissances… Autant de thèmes que nous allons explorer dans ce chapitre.

Le chapitre se structure ainsi :

- L'entreprise innovante : le principe de l'hybridation.
- L'entreprise innovante : le principe de l'improvisation.
- L'entreprise innovante : l'intrapreneuriat.

1. L'entreprise innovante : le principe de l'hybridation

Comment répondre au paradoxe selon lequel « l'organisation et l'innovation sont en effet deux logiques contradictoires mais indissociables, puisque la première consiste à réduire l'incertitude et la seconde à en tirer parti[2] » ?

Chandler[3] nous a proposé les premières évidences d'une relation entre forme organisationnelle et innovation. Il a montré que, tout au long de leur histoire, les entreprises (à partir des cas de DuPont de Nemours, Hewlett-Packard et ABB) font évoluer leurs structures au

2. Chédotel F., « L'improvisation organisationnelle. Concilier formalisation et flexibilité d'un projet », *Revue française de gestion*, 2005/1, n° 154, p. 123-140, extrait p. 123.
3. Chandler A., *Stratégies et structures de l'entreprise*, Éditions d'Organisation, 1962 (traduction 1972).

regard de leur stratégie. Plus récemment, H. Mintzberg[4] présentait en particulier l'adhocratie comme favorable à l'innovation puisque reposant sur un mécanisme d'ajustement mutuel et *ad hoc* à toute nouvelle sollicitation interne ou externe (voir chapitre 6 pour plus de détails). Une relation positive entre structure et innovation semble pouvoir exister.

Or l'entreprise innovante n'est pas seulement une entreprise dédiée à l'innovation. Elle doit au quotidien pouvoir concilier de nombreux impératifs parfois contradictoires : innovation radicale et production de masse pour réduire les coûts, et innovation incrémentale pour se protéger contre l'avancée de la concurrence ; renouvellement du portefeuille sans négliger les vieilles « vaches à lait » ; innovation autonome pour saisir toute opportunité, mais sans oublier les innovations dites « induites » qui déclinent le plan stratégique voulu par la gouvernance ; valorisation de l'inventeur, ce « génie solitaire », qui doit de plus en plus travailler au sein de processus collectifs de développement…

Nous proposons deux pistes pour répondre à ces impératifs contradictoires : l'organisation hybride et l'improvisation organisationnelle (voir section 2).

1.1. Notion d'organisation hybride (ou ambidextre)

Deux modèles types d'organisation s'opposent trait pour trait, comme le montre le tableau 15.1.

Tableau 15.1 : Deux modèles d'organisation opposés

Organisation bureaucratique	Organisation entrepreneuriale
Exploitation	Exploration
Intégration	Différenciation
Planification	Improvisation

Source : d'après Clegg S., *Central Currents in Organization Studies, Frameworks and Applications*, Sage, 2002.

L'exploitation permet de rentabiliser des ressources et compétences explorées sur de nouveaux marchés ou autour de nouvelles technologies. L'intégration évite que la différenciation de fonctions et de ressources ne conduise à un éclatement de l'organisation. La planification constitue le fil conducteur stratégique de l'entreprise qui pourrait, par tâtonnements, s'éloigner de manière non voulue de son cœur de métier. Dès lors, comment concilier innovation et reproduction ?

On peut concevoir une entreprise orientée entrepreneuriat dans ses phases d'innovation et orientée bureaucratique dans ses phases d'implémentation et d'exploitation de l'innovation. Cependant, cette perspective supposerait que l'on puisse conduire à tout moment un changement organisationnel radical, pour faire évoluer la structure, les compétences, les fonctions et les cultures… Ce qui est tout aussi complexe que l'innovation elle-même !

4. Mintzberg H., *Structure et Dynamique des organisations*, Éditions d'Organisation, 1998.

Une seconde piste consiste à étudier des organisations capables d'associer les caractéristiques de ces deux formes, bureaucratique et entrepreneuriale, organisations que Tushman et O'Reilly[5] appellent « organisations ambidextres » ou hybrides.

L'organisation ambidextre[6] sépare les activités d'exploration des activités d'exploitation. Des entreprises comme USA Today ou Ciba-Geigy ont développé et lancé des activités d'exploration en les séparant complètement des activités courantes, la direction générale intervenant seulement pour assurer l'intégration des connaissances et des compétences et éviter toute dispersion ou toute perte de capital intellectuel.

L'organisation hybride émerge à la faveur de trois mouvements :

- un mouvement de débureaucratisation qui remet en cause les principes fonctionnels de conformité de l'individu à la règle, ainsi que les modes de répartition des tâches et des responsabilités fixées et voulues comme permanentes, dès lors que l'innovation est une « déviance[7] » sociale et organisationnelle et un processus complexe qui ne peut être conduit dans une organisation strictement structurée[8] ;
- un mouvement d'ouverture de l'organisation vers l'extérieur qui conduit à rechercher des modes nouveaux de pilotage des activités ;
- la mise en place de structures spécifiques (incubateurs) qui agissent aux interfaces de différents mondes (recherche, éducation, entreprises, institutions politiques…) pour soutenir une variété de relations diverses entre des acteurs différents mais participant à divers titres à un processus d'innovation.

1.2. De quelques principes de l'organisation hybride

Notion délicate, que nous définissons à travers deux caractéristiques : distribution et pluralité, et flexibilité.

1.2.1. Une organisation distribuée, plurielle

Une première caractéristique des organisations hybrides est d'accepter en leur sein des pratiques, des points de vue, des connaissances, voire des modes structurels variés. Ainsi l'hybridation consiste-t-elle non pas à rendre dominant un modèle par rapport à un autre, mais à les articuler.

Par exemple, ces entreprises savent organiser en leur sein des lieux de négociations entre acteurs afin de faciliter la prise de décision en cas d'incertitudes, de contradictions, de controverses[9] :

---

5. Tushman M., O'Railly C., « Ambidextrous Organizations: Managing Evolutionary and Revolutionary Change », *California Management Review*, vol. 38/4, 1996, p. 8-30.
6. Benner M., Tushman M., « Exploitation, Exploration, and Process Management: The Productivity Dilemma Revisited », *Academy of Management Review*, vol. 28, n° 2, 2003, p. 238-256.
7. Becker H., *Outsiders, études de sociologie de la déviance*, Métailié, 1985.
8. Dougherty D., « Organization for Innovation », dans Clegg S. R., Hardy C. et Nord W. R., *Handbook of Organization Studies*, Thousand Oaks, Sage, 1996, p. 424-439.
9. Callon *et al.*, 2001.

« ... *Les controverses portent à la fois sur la caractérisation des dangers et sur les procédures à mettre en place pour aboutir à une caractérisation qui soit considérée comme crédible et légitime... Les controverses prennent place dans des espaces publics que l'on propose de nommer "forums hybrides". Forums parce qu'il s'agit bien d'espaces ouverts où des groupes peuvent se mobiliser pour débattre de choix techniques qui engagent le collectif. Hybrides parce que ces groupes engagés et les porte-paroles qui prétendent les représenter sont hétérogènes : on y trouve à la fois des experts, des hommes politiques, des techniciens et des profanes qui s'estiment concernés. Hybrides également parce que les questions abordées et les problèmes soulevés s'inscrivent dans des registres variés...*[10] »

Certaines de ces entreprises savent développer des compétences particulières pour faire travailler ensemble des équipes dites distribuées géographiquement, culturellement et possédant des expertises variées[11], comme l'illustre l'exemple 15.1.

Exemple 15.1

L'organisation distribuée : cinq compétences pour faire travailler ensemble des salariés divers

Kappa est une entreprise néerlandaise spécialisée dans la fabrication de logiciels. Quinze implantations de R&D, de production et de commercialisation sont présentes sur les cinq continents et fonctionnent avec des équipes multiculturelles. Orlikowski montre que Kappa a su développer peu à peu cinq compétences pour amener les salariés, dispersés à travers le monde, à bien se comprendre et se coordonner :

- partage de l'identité pour socialiser les membres de l'organisation, et les fédérer autour d'une même orientation ;
- développement du respect, de la confiance, du partage d'information pour permettre à chacun de connaître son rôle et sa place dans l'organisation ;
- alignement des efforts de chacun pour faciliter la coordination temporelle et spatiale ;
- développement personnel par l'investissement dans les carrières et la récompense des efforts fournis ;
- support de chacun dans les prises de décision pour encourager l'innovation.

Source : d'après Orlikowski W., « Knowing in Practice: Enacting a Collective Capability in Distributed Organizing », *Organization Science*, 2002, vol. 13/3, pp. 249-273.

1.2.2. Une organisation flexible

La flexibilité est une caractéristique essentielle des entreprises innovantes, qui doivent savoir s'adapter à des environnements mouvants[12]. Il s'agit de l'aptitude à créer rapidement des

10. Callon M., Lascoumes P. et Barthe Y., *Agir dans un monde incertain – essai sur la démocratie technique*, Seuil, 2001, p. 36.
11. Orlikowski, 2002.
12. Volderba H. W., « Toward the Flexible Form: How to Remain Vital in Hypercompetitive Environments », *Organization Science*, vol. 7, n° 4, juillet-août 1996, p. 359-374.

capacités qui permettent de faire face aux situations inattendues ou nouvelles, qui se décline à deux niveaux : identitaire (y compris stratégique) et managériale.

La flexibilité est tout d'abord identitaire. L'identité répond à la question « qui sommes-nous ? ». Quand elle est officiellement professée, elle prend la forme d'un discours (écrit ou parlé) sur les raisons d'être de l'entreprise, ce qui est « non négociable », ce que l'entreprise ne peut modifier que difficilement en cas de changements internes ou externes. L'identité constitue un discours politique et stratégique valable en interne (maintenir un cap et une cohésion) et à l'extérieur (affirmer les raisons d'être de l'entreprise), qui est alors performatif : « le fait d'afficher une définition de soi publiquement constitue un engagement qui rend difficile tout retour en arrière » [13]. La relation entre innovation et identité peut être envisagée de deux manières.

La première consiste à apprécier dans quelle mesure l'identité de l'organisation se focalise sur l'innovation, ce qui peut prendre trois formes différentes[14] :

1. Dans la focalisation dite *gestionnaire*, l'organisation a pour identité celle d'une bonne gestion sans risque ; ce qui entraîne une méfiance naturelle vis-à-vis de l'innovation, perçue comme coûteuse ou risquée. Seules sont acceptées les innovations incrémentales, comme l'illustre l'exemple 15.2.

Exemple 15.2

Le groupe PSA des années 1990

Constructeur automobile de niveau mondial, le groupe PSA vend les marques Peugeot et Citroën. Il compte aussi un équipementier (Faurecia) et la marque Peugeot Motocyles, qui produit des scooters et cyclomoteurs de 50 à 125 cm^3. Dans les années 1990, en dépit de quelques innovations radicales, le groupe PSA affichait une très grande prudence dans sa politique de produit. « *La focalisation gestionnaire très nette de PSA s'explique en grande partie par des raisons historiques : la tradition de prudence et de rigueur protestante de la famille Peugeot ; la formation et la culture administrative et financière de l'actuel* [ouvrage écrit en 1993] *dirigeant ; le traumatisme, encore très présent, de la crise de Citroën au milieu des années 1970, interprétée comme la conséquence de la politique ultra-innovatrice conduite jusqu'alors par la marque.* »

Cette orientation identitaire a conduit PSA à refuser une opportunité stratégique sérieuse : ne pas donner suite au projet de Matra concernant une voiture monocorps… qui accepté par Renault, deviendra le succès immense de la Renault Espace !

Source : Broustail J. et Fréry F., *Le Management stratégique de l'innovation*, Précis Dalloz, 1993, p. 210.

2. Dans la focalisation dite *sur la tradition*, l'organisation a pour identité de perpétuer une définition stratégique et technologique, même ancienne, d'un produit. Ainsi, les nouveaux modèles de Rolls-Royce ne sont que des actualisations très légères de ses anciens modèles de voitures. L'entreprise considère que la réussite de ces modèles ne

13. Garrette B., Dussauge P. et Durand R. (coordonné par), *Strategor*, 5e éd., Dunod, 2009, p. 695.
14. Broustail J. et Fréry F., *Le Management stratégique de l'innovation*, Précis Dalloz, 1993.

dépend pas de leurs qualités technologiques (qui peuvent toujours être améliorées), mais de la fidélité à la tradition, comme l'illustre l'exemple 15.3.

Exemple 15.3

Quand GM est nationalisée au pays du libéralisme…

General Motors a fait la gloire des États-Unis, autant qu'elle a incarné le rêve américain, à travers des modèles de voitures mythiques. Mais d'année en année, bien peu nombreux furent ceux qui observèrent une baisse inquiétante des performances de l'entreprise. Les modes de vie familiale, le coût du pétrole, les lieux de vie et de travail ont changé et les consommateurs ont préféré d'autres marques à ces « belles américaines » que GM continuait à faire sortir de ses usines. Il aura fallu la crise financière puis économique de 2007-2008 pour mettre en évidence les dangers d'une fidélité à la tradition. L'administration américaine accepte de sauver GM en la nationalisant et en lui imposant un plan d'innovation radicale pour inventer des voitures plus petites et écologiques.

3. Enfin, dans la focalisation sur l'innovation, l'entreprise valorise le changement, la prise de risque et le progrès technologique. L'identité de Citroën a longtemps été définie comme le fait de réinventer régulièrement l'automobile en innovant sur son concept et sa technologie. Plusieurs moteurs peuvent porter une telle identité : le goût d'un certain perfectionnisme technologique (mais attention au surcoût engendré par un trop grand nombre d'options technologiques non réellement attendues par le marché), le désir d'être toujours leader et d'apparaître comme l'entreprise qui « révolutionne » le marché. Ainsi est réapparue récemment la société Apple, avec le lancement de l'iPod, comme l'illustre l'exemple 15.4.

Exemple 15.4

Quand Apple renaît avec l'iPod…

Entreprise mythique et pionnière dans les technologies de l'information et de la communication, mais plusieurs fois au bord de la faillite, Apple a su rebondir grâce à sa culture totalement dédiée à l'innovation : Apple I, II et III (1980), Macintosh (1984) et son interface graphique. Mais avec le départ de son fondateur Steve Jobs, qui incarnait parfaitement cette culture, des innovations aussi radicales que les premiers PC portables (PowerBook), le Newton (ancêtre des Palm Pilot) n'empêchent pas Apple d'être de plus en plus marginalisée sur le marché.

En 1997, la crise est telle que le PDG d'alors, Gil Amelio, fait revenir l'enfant prodigue, celui qui sait incarner la culture fondée sur l'innovation. Aussitôt, Steve Jobs, toujours aussi sûr de sa vision, décide de ramener Apple vers ses racines. Et de le recentrer sur ses points forts : l'innovation mise au service d'une intégration poussée entre logiciel et matériel : renouveau technologique des Macintosh et Mac Mini, pour aboutir au succès mondial de l'iPod.

Cela dit, l'organisation est capable d'opérer des changements identitaires, à savoir faire évoluer son identité, qu'elle soit ancrée sur la tradition ou sur le managérial, vers une identité favorable à l'innovation. Différentes forces peuvent déclencher un changement identitaire :

- une ouverture soudaine à la concurrence (changement de statut et de stratégie de GDF sur le marché du gaz…) ;
- l'arrivée de nouveaux concurrents (les entreprises à bas coûts d'Asie ou du Maghreb perturbant le positionnement de l'industrie textile française…) ;
- l'arrivée de nouveaux salariés qui importent leur pratique et leur culture (quand la gestion et la stratégie des EHPAD[15] se sont trouvées modifiées avec l'arrivée de dirigeants qui n'étaient plus uniquement issus du milieu médical) ;
- une crise médiatique affectant une entreprise ou un secteur (secteur de la production et vente des cigarettes par exemple) ;
- une révolution technologique rendant obsolètes d'anciennes gammes de produits (l'arrivée de l'ordinateur personnel à la fin des années 1970, Internet affectant la vente de produits et services…).

L'organisation flexible est alors celle qui est capable de mener un changement identitaire, plus apte à soutenir une stratégie d'innovation. Ce changement doit être global et concerner tant les compétences et les ressources de l'organisation que sa structure, et des marqueurs tels que logo, discours, slogan… Ce changement déstabilisant pour les salariés et les partenaires doit très souvent être incarné et porté par un leader fort pour aboutir. Christian Blanc a ainsi modifié profondément la structure et l'identité de la RATP en mobilisant ses compétences, mais aussi son charisme.

La flexibilité identitaire suppose aussi une **flexibilité managériale** qui repose sur l'association de deux composantes (Chanal et Mothe, 2005[16]) :

- la variété des capacités managériales : faire face à la complexité de l'environnement grâce à un portefeuille varié de capacités ;
- la rapidité : être capable de réagir rapidement (identifier les pressions externes ou internes, mobiliser les capacités à mettre en œuvre).

Dès lors, le projet d'innovation avance pas à pas, par itérations, au fur et à mesure de la prise en compte de nouvelles informations ou de nouvelles exigences du client.

Mais il faut être attentif à ne pas retarder le lancement de l'innovation ou à ne pas la rendre trop coûteuse, ni trop complexe, en voulant intégrer un trop grand nombre de nouvelles informations et exigences.

1.3. De quelques modes organisationnels de l'hybridation

1.3.1. L'hybridation des activités de R&D

La structure hybride de R&D est définie comme reposant sur des activités centralisées au niveau *corporate*, et des activités décentralisées dans les divisions géographiques, sectorielles

---

15. EHPAD – ou maison de retraite médicalisée : établissement d'hébergement pour personnes âgées dépendantes.

16. Chanal V. et Mothe C., « Comment concilier innovation d'exploitation et innovation d'exploration : une étude de cas dans le secteur automobile », *Revue française de gestion*, vol. 31, n° 154, 2005, p. 173-191.

ou fonctionnelles de l'entreprise. Les structures de R&D décentralisées, qui se trouvent proches du marché et des attentes du client, favoriseraient l'innovation d'exploitation (répondre rapidement aux clients en adaptant des solutions innovantes déjà éprouvées). À l'inverse, les structures de R&D centralisées favoriseraient l'innovation d'exploration, par la quantité (et la qualité) de ressources et de moyens qui sont ainsi localisés et mobilisables au sein d'un même laboratoire (Chanal et Mothe, *ibid.*). L'exemple 15.5 nous en donne une illustration.

Exemple 15.5

Oticon

Oticon est une entreprise danoise de conception et de fabrication de prothèses auditives. Sa recherche repose sur une intégration à double niveau : un centre de recherche avancé et centralisé, orienté recherche d'exploration, et des centres plus opérationnels, distribués géographiquement, orientés recherche d'exploitation. L'articulation de cette ambivalence repose sur les dispositifs organisationnels suivants :

- séparation entre la recherche et le développement, de sorte à nouer des partenariats universitaires autour de la recherche ;
- abandon du modèle linéaire de management de l'innovation au profit d'un modèle dit de développement de produit intégré, qui repose sur la mise en place d'une équipe transfonctionnelle spécifique à chaque projet ;
- mise en place d'une organisation structurée autour de centres d'expertise, aux frontières floues (c'est-à-dire l'innovation émergeant aux frontières d'expertise) ;
- coordination, au sein des centres de compétences et entre ces centres, par des « professionnels managers » qui assurent et encouragent tout transfert d'expertise nécessaire ;
- organisation finalement souple qui se reconfigure autour des connaissances mobilisées pour chaque projet innovant, et cela au gré des évolutions et attentes du marché.

Cette organisation a mis en place différents systèmes (notamment *via* les « professionnels managers ») visant à favoriser l'intégration des expertises, internes ou externes, centralisées ou décentralisées*.

Sources : d'après Foss N., « Selective Intervention and Internal Hybrids: Interpreting and Learning from the Rise and Decline of the Oticon Spaghetti Organization », *Organization Science*, vol. 14, n° 3, 2003, p. 331-349, et d'après Verona G. et Ravasi, D., « Unbundling Dynamic Capabilities: An Exploratory Study of Continuous Product Innovation », *Industrial and Corporate Change*, vol. 12, n° 3, 2003, p. 577-606.

---

* Voir également le modèle C-K (chapitre 5). Ce modèle développé par Hatchuel et Weil (2003) étudie la façon de piloter la conception en situation d'innovation intensive, quand la question est celle de « connecter » une variété de concepts (propositions indécidables) et de connaissances (solutions intermédiaires validées) élaborées séparément ou conjointement. Les auteurs définissent l'« espace de conception » comme formé de deux « poches », la poche des connaissances et celle des concepts. C'est le travail dans chacune de ces poches, et entre celles-ci qui s'alimentent mutuellement, tout au long du processus de conception, qui permet de gérer l'expansion des concepts et des connaissances et de générer des lignées de produits. (D'après Hatchuel A. et Weil B., « A New Approach of Innovative Design: An Introduction to C-K theory », *ICED 03*, Stockholm, août 2003.)

1.3.2. L'ambidextrie de réseau

L'ambidextrie de réseau[17] concilie les activités d'exploitation en interne et d'exploration en externe, *via* un réseau de partenaires : cette ambidextrie permet aux entreprises de se concentrer sur l'exploitation et la rentabilisation de leur cœur de métier et de dédier leurs partenaires (souvent de petites entités ou start-up) à l'innovation d'exploration.

L'entreprise réseau repose sur les caractéristiques suivantes[18], qui en font un modèle d'ambidextrie :

- le centrage des activités sur un cœur de métier et des compétences spécifiques en les enrichissant de compétences qui la distinguent de ses partenaires ;
- la concentration de la mission stratégique sur des activités jugées essentielles pour ses clients et marchés, en fonction des avantages concurrentiels recherchés, et une externalisation ou une filialisation des autres activités ;
- le développement de liens de partenariat pour créer des synergies fondées sur la confiance mutuelle, le partage des risques et des bénéfices (voir chapitre 3) ;
- une structure flexible et adaptative qui permet à l'organisation de se reconfigurer à tout moment en fonction des changements dans l'environnement et dans les champs stratégiques ;
- la mise en place de mécanismes favorisant l'apprentissage afin de mémoriser les compétences et l'expertise (des partenaires notamment) et de pouvoir réutiliser et améliorer celle-ci.

1.3.3. L'isolat

L'isolat est un espace de liberté, souvent géographiquement éloigné du siège de l'entreprise, et dont les règles et modalités de fonctionnement sont très différentes de celles du siège. Il s'agit de « couper » cet espace des contraintes et des routines de l'organisation pour en faire un espace autonome, dédié à l'innovation radicale. Cette structure peut être temporaire, comme dans l'exemple 15.6, qui relate la création du PC par IBM au milieu des années 1970.

L'isolat peut être permanent quand le développement de l'entreprise est régulièrement fondé sur ces innovations radicales. Cette structure isolée n'a d'autres liens que financiers avec la maison mère. Elle possède sa propre direction, ses propres moyens, règles et modes de fonctionnement.

Mais l'isolat n'est pas sans dangers ni limites. En premier lieu, une structure en isolat peut tendre à « travailler » pour elle-même et à se découpler des impératifs stratégiques de la maison mère.

---

17. McNamara P. et Baden-Fuller C., « Lessons from the Celltech Case: Balancing Knowledge Exploration and Exploitation in Organisational Renewal ». *British Journal of Management*, 10(4), 1999, p. 291-307.
18. Poulin D., Montreuil B. et Gauvin S., *L'Entreprise réseau. Bâtir aujourd'hui l'organisation de demain*, Publi-Relais, Montréal, 1994.

Quand IBM isole ses équipes pour créer le PC

Exemple 15.6

Au milieu des années 1970, avec la concurrence de plus en plus forte des *personal computers* d'Apple, Commodore, etc., IBM ne pouvait ignorer que l'ordinateur ne serait plus uniquement cette « énorme machine complexe » construite par des ingénieurs pour des ingénieurs. L'ordinateur paraissait pénétrer le domicile et pouvoir être utilisé par tout salarié dans l'entreprise. Mais comment créer un tel appareil, qui serait d'usage simple, au sein d'une entreprise dont la culture et l'identité sont fortement ancrées dans la performance, l'ingénierie… ?

Pour ce faire, IBM a créé un « groupe PC » chargé de réaliser et de lancer cet ordinateur. Il a localisé ce groupe à Boca Raton (Floride), à savoir très loin du siège – à New York – et de ses contraintes et habitudes de travail.

Quelques options correctrices peuvent être imaginées :

- Concevoir dès le départ l'isolat comme une structure temporaire, qui doit être dissoute dès que le projet innovant aura abouti.
- Instaurer le principe de la double responsabilité du dirigeant de l'isolat : responsabilité quant à la conduite de la structure et responsabilité vis-à-vis de la maison mère, en termes d'objectifs à atteindre ou de management des hommes.
- Prévoir dès le démarrage de l'isolat les conditions de réintégration du projet innovant dans le portefeuille de l'entreprise. Ces conditions ont trait à deux critères : importance stratégique de la nouvelle activité pour l'entreprise et convergence opérationnelle entre cette nouvelle activité et les autres activités de l'entreprise. Selon ces deux conditions, Burgelman (1986[19]) propose différentes formes de réintégration (ou de non-réintégration) de l'activité développée en isolat (ou plus généralement au sein d'un réseau externe d'innovation, voir tableau 3.2, chapitre 3).

Une seconde limite de l'isolat serait une rigidification de son mode d'organisation et de fonctionnement, par souci de vouloir « organiser ». Par ailleurs, les individus ont naturellement tendance à reproduire des routines et des solutions déjà éprouvées, ce qui limite l'innovation, même dans ces espaces découplés du reste de l'organisation.

Quelques options correctrices peuvent également être envisagées :

- L'isolat doit rester de taille modeste, de sorte à éviter tout phénomène de bureaucratisation ; ainsi, plus une structure est de petite taille, plus elle est facile à gérer sans recourir à des procédures inutiles, sans implanter des modes de contrôle et de coordination coûteux en temps et en rigidité.
- Si l'isolat doit être conçu de manière temporaire (voir plus haut), il est aussi important (tout comme dans le management des équipes projets) de renouveler régulièrement la structure, la composition et la localisation de ce dispositif.

19. Burgelman R., « Stimuler l'innovation grâce aux intrapreneurs », *Revue française de gestion*, mars-avril-mai 1986, p. 128-139.

1.3.4. L'essaimage

L'essaimage (ou *spin-off*) est une forme de création d'entreprise qui se concrétise par le développement d'une nouvelle entité par un salarié qui quitte son entreprise, mais aidé dans sa démarche de création par son ancien employeur.

D'après une enquête réalisée par l'Insee en 2002 sur les nouvelles entreprises, plus de 60 % des créateurs et des repreneurs en France sont des salariés ou d'anciens salariés :

- 18 % étaient auparavant cadres ou de profession intellectuelle supérieure ;
- 22 % étaient agents de maîtrise, contremaîtres ou de profession intermédiaire ;
- 60 % étaient ouvriers ou employés.

Et 14 % des dirigeants interrogés dans le cadre de cette étude ont déclaré que la création et le démarrage de leur entreprise ont été facilités par des relations avec leur ancien employeur[20].

Toute entreprise peut pratiquer l'essaimage, mais en raison de son coût et d'un dispositif complexe pour s'assurer de la réussite du processus (voir tableau 15.2), il reste surtout le fait des grandes entreprises : Air France, CEA (Commissariat à l'énergie atomique), EADS, EDF, France Télécom, La Poste, Renault, Sanofi-Aventis, Schneider Electric, Total… Depuis 1987, ce sont plus de 1 000 créations d'entreprises qui ont été accompagnées chez Sanofi-Aventis, et plus de 1 300 chez France Télécom.

Le tableau 15.2 présente les différentes raisons qui expliquent les politiques des entreprises en faveur de l'essaimage.

Tableau 15.2 : Raisons en faveur de l'essaimage

Raisons relatives à :	Déclinaison des raisons en faveur de l'essaimage
La politique GR de l'entreprise	L'essaimage permet tout à la fois d'aider un salarié désireux de créer une entreprise dans la continuité d'une idée qui lui est propre, ou de créer une entreprise sur la base d'un projet développé au sein de son entreprise. C'est également une manière pour l'entreprise d'aider des salariés à développer leurs compétences d'entrepreneurs qui ne trouvent pas leur pleine expression au sein même de la structure. C'est enfin une manière d'ajuster les effectifs en temps de crise et de recourir à d'autres techniques que le licenciement.
L'image de l'entreprise	Par l'essaimage, l'entreprise valorise doublement son image : celle d'une entreprise innovante et celle d'une entreprise qui aide ses salariés à mener à terme leurs projets entrepreneuriaux.
La gestion des risques par l'entreprise	L'essaimage est aussi une technique qui consiste pour l'entreprise à reporter sur un salarié la prise de risque associée à toute innovation. Certes l'entreprise va aider, souvent financièrement cette personne, mais jamais à la hauteur d'un investissement direct dans un projet d'innovation.

20. Source : www.apce.com.

Raisons relatives à :	Déclinaison des raisons en faveur de l'essaimage
La gestion des coûts par l'entreprise	Le coût très élevé de l'innovation est notamment dû aux frais de structures qui lui sont imputés, et qui sont toujours importants dans les grandes entreprises. L'essaimage diminue largement ces coûts, puisque le projet d'innovation est mené au sein d'une structure qui est généralement plus petite et plus flexible.
Une politique de recentrage	L'essaimage permet à l'entreprise d'externaliser des projets innovants dont les synergies avec le cœur de métier de l'entreprise ne sont pas toujours ni évidentes ni assurées, et de dédier l'investissement en ressources et compétences au développement de son métier principal.
Une politique de partenariat	L'essaimage permet à l'entreprise de nouer de nouveaux partenariats apportés par le salarié qui créée la structure.

Quatre ensembles d'acteurs interviennent pour mener à bien un processus d'essaimage :

- L'entreprise mère, appelée l'essaimeuse.
- Le salarié, appelé l'essaimé, celui qui crée une nouvelle structure pour mener le projet d'innovation.
- Des partenaires qui apportent une aide financière, stratégique ou technologique.
- Le comité d'essaimage, mis en place par l'essaimeuse, constitué d'experts internes, voire externes, et qui aidera l'essaimé tout au long de son projet, notamment en s'assurant de la validité de son projet.

  Ce comité, plus ou moins formel et structurel, apporte différents soutiens à l'essaimé : appui méthodologique, conseil, réseau relationnel, technologies et ressources immobilières parfois en partie fournies par l'essaimeuse, aide financière (prime d'aide au démarrage, prêt bonifié...), ou encore aide commerciale.

  C'est généralement à ce niveau que sont définies les conditions de liens avec l'essaimeuse (participation minoritaire au capital, réintégration du salarié en cas d'échec...).

Une convention d'essaimage est très généralement signée entre l'essaimeuse et le salarié, qui formalise les engagements réciproques des deux parties : respect de confidentialité, étapes du dispositif avant, pendant et après la création de l'entreprise, soutiens apportés par l'employeur, durée de la période d'essaimage, modalités juridiques d'aménagement et/ou de rupture du contrat de travail...

C'est certainement grâce à ce dispositif que les entreprises créées par essaimage ont en général un taux de réussite supérieur à la moyenne nationale : les responsables d'entreprises pratiquant l'essaimage annoncent, selon les cas, de 70 à 90 % de réussite à cinq ans. (Voir, sur le site de l'APCE, le guide de l'essaimage, qui présente de nombreux cas de créations d'entreprise : http://www.apce.com/pid269/guide-de-l-essaimage.html?espace=4.)

2. L'improvisation organisationnelle

Dans l'approche de l'hybridation, l'organisation innovante est questionnée à travers ses caractéristiques structurelles, comme un équilibre ou une articulation entre contrôle et autonomie (ou entre bureaucratie et entrepreneuriat).

En s'appuyant sur les travaux de Weick[21], qui s'est saisi de la métaphore de l'orchestre de jazz pour comprendre le fonctionnement de certaines organisations, il s'agit de considérer l'innovation à travers sa nature : l'innovation est avant tout déviance et imprévu, comme l'illustre la création du Post-it au sein de 3M (voir exemple 15.7).

Exemple 15.7

La déviance et l'imprévu chez 3M

Oser inventer et proposer, au sein d'un groupe chimique (3M) dont l'une des compétences clé est de fabriquer des colles qui « collent parfaitement sur tout support », une « colle qui ne colle pas » (le fameux Post-it) représente une *déviance* : déviance organisationnelle par rapport au métier de l'entreprise ; déviance individuelle de cet inventeur dont la reconnaissance par les pairs chimistes repose sur la capacité à créer des colles collantes !

Tout un chacun connaît l'histoire (disons une des histoires, tant l'histoire a circulé et a été déformée) sur l'invention du Post-it : un ingénieur par ailleurs musicien, qui participait à un concert de plein air, avait des difficultés à suivre sa partition, dont les feuilles s'envolaient. Comment marquer les bonnes pages avec un système souple, qui puisse être retiré à tout moment ? Sans vent et sans concert en plein air, notre ingénieur aurait-il eu l'idée de réétudier une formule chimique ancienne, non utilisée car considérée comme un raté – parce que la colle résultant de cette formule n'adhérait pas très bien ?

Dès lors, si l'innovation est déviance et imprévu, l'organisation doit posséder des caractéristiques particulières pour y faire face : savoir improviser. L'improvisation repose sur le double principe suivant : affirmer l'importance et l'intérêt d'un plan stratégique (innovation induite), mais « tout en gardant la possibilité d'expérimenter et d'agir face à une surprise ou une opportunité[22] ».

Il s'agit de permettre à l'organisation de continuer ses projets d'innovation même si l'environnement change fortement et soudainement. Le plan initial est remis en cause, mais le projet général (la musicalité de la partition) n'est pas abandonné. Weick a développé ce double principe en réétudiant un épisode tragique : l'incendie de Mann Gulch (voir exemple 15.8).

21. Weick K.E., *Sensemaking in Organizations*, Sage, 1995.
22. Chédotel F., « L'improvisation organisationnelle. Concilier formalisation et flexibilité d'un projet », *Revue française de gestion*, n° 154, 2005/1, p. 123-140.

L'incendie Mann Gulch

Exemple 15.8

En 1949, dans le Montana (États-Unis), un vaste feu dévaste une aire de prairie gigantesque ; les seize pompiers envoyés sur place sont pris de panique et ne savent comment réagir. Treize d'entre eux y trouveront la mort. L'un des survivants a intrigué Karl Weick : il a imaginé un moyen original pour échapper au feu, avec quelques camarades d'infortune, en déclenchant un feu de diversion, ce qui a affaibli momentanément le feu principal et a ainsi offert, pendant quelques minutes, une traverse de fuite. Il a su convaincre ses camarades que la création d'un second feu allait leur faire échapper au feu principal ! Cette solution était nouvelle, improvisée « sur le moment », le survivant ayant « simplement » combiné différentes informations qu'il connaissait sur le comportement des feux ; cette combinaison était fonction des circonstances.

Source : Weick K.E., « The Collapse of Sensemaking in Organizations: The Mann Gulch disaster », *Administrative Science Quaterly*, n° 38, 1993, pp. 628-652.

L'improvisation repose sur les mécanismes suivants :

- La coordination spontanée des acteurs pour improviser une réponse collective à un déséquilibre ou dysfonctionnement brutal de l'organisation[23].
- Le dirigeant, davantage chef d'orchestre, qui redonne une « harmonie » aux différentes improvisations menées par ses équipes ; son rôle est de « créer du sens » (*sensemaking*[24]).
- La capacité à créer des espaces temporels d'improvisation pour faire face à la défaillance de la structure habituelle.
- Des compétences fondées sur l'attention mutuelle, la confiance et la transparence entre tous les acteurs durant l'action et les interactions.

Pour ce faire, routine et créativité interagissent : la routine permet aux acteurs de partager un même langage, des comportements identiques, et de savoir quand reprendre le déroulement normal du projet (ou de la partition écrite). Elle facilite ainsi la créativité quand il s'agit, hors de toute norme et étape écrite, de répondre collectivement à des sollicitations inattendues et brutales.

Enfin, l'organisation qui improvise repose sur un principe de diversité : diversité ethnique ou culturelle, diversité de genre et d'âge, diversité de valeurs et de personnalités, diversité des formations, diversité fonctionnelle (les fonctions exercées dans le passé) et occupationnelle (les différentes industries de provenance) des acteurs au sein de l'organisation. Tout comme l'orchestre de jazz, plus les ressources, les points de vue, les pratiques, etc., sont variés au sein d'une équipe, plus cette équipe est susceptible de réagir à la sollicitation (appréhension cognitive ou émotionnelle) et d'y apporter une réponse.

23. Baumard P., « L'avantage stratégique fondé sur l'improvisation et la diversité », 8e Conférence AIMS, mai 1999.
24. Weick K.E., *Sensemaking in Organizations*, Sage, 1995.

Mais à nouveau, attention à ne pas désorganiser l'organisation : une trop grande diversité provoque des confrontations de schémas d'action et de modes de pensée, de l'incompréhension, et empêche ou entraîne dès lors des surcoûts de coordination. Ceux-ci sont de différentes natures : temps, ressources financières ou techniques (pour permettre la coordination en implantant de nouveaux outils, par exemple), politiques (quand il s'agit de négocier les conditions de la recoordination) et cognitives (quand les acteurs impliqués doivent échanger et interagir plus que de raison pour retrouver un mode opératoire plus habituel).

3. L'intrapreneuriat ou une gestion des hommes spécifique

Qui produit NESPRESSO ? Nestlé, bien sûr. Mais qui a porté en interne cette innovation ? Non pas un processus raisonné, ni même l'application d'une stratégie innovante voulue, mais un individu, un intrapreneur.

Au-delà des différents modèles que nous venons de présenter, une constante émerge. Ces modèles constituent des formes d'organisation particulières, dans lesquelles des salariés et des acteurs externes développent l'innovation, ou y sont aidés. L'accent est ici mis sur ces organisations, qu'elles soient existantes (organisation hybride ou capable d'improvisation) ou qu'elles soient créées (par essaimage par exemple, voire par isolat).

Prenant modèle sur le phénomène et les caractéristiques de l'entrepreneuriat, Pinchot[25] invente le néologisme « intrapreneuriat » pour décrire :

- des comportements d'individus qui, au sein de l'entreprise, font preuve d'initiative, de prise de risque et d'innovation ;
- en conséquence, des espaces organisationnels dans lesquels la prise de risque et d'initiatives par les salariés est encouragée ;
- dès lors qu'un degré d'autonomie important est accordé à ces individus.

L'intrapreneuriat se fonde avant tout sur le comportement entrepreneurial de l'individu (et la manière dont l'entreprise encourage ce comportement) pour décrire l'art d'entreprendre au sein d'une organisation déjà constituée[26]. L'intrapreneur est donc un salarié qui lance une initiative visant à entreprendre quelque chose de novateur au sein de l'organisation. Le terme d'intrapreneur est cependant flou et se rapproche d'autres notions utilisées dans la littérature : entrepreneur salarié ou salarié dynamique[27], champion ou champion de projet[28]…

25. Pinchot G., *Intraprendre*, Éditions d'Organisation, 1986.
26. Champagne D. et Carrier C., « Les études sur l'intrapreneuriat : objets d'intérêt et voies de recherche », communication au 7e Congrès international francophone en entrepreneuriat et PME, Montpellier, octobre 2004.
27. Beaucourt C. et Louart P., « Des entrepreneurs dans les franges du salariat », dans Verstraete T. (dir.), *Histoire d'entreprendre – Les réalités de l'entrepreneuriat*, Éditions EMS, Caen, 2000, p. 211-228.
28. Lee C. et Zemke R., « Intrapreneuring: New-Age Fieldoms for Big Business », *Training*, 1985, vol. 22, n° 2, p. 27-41. ; Finch P., « Intrapreneurism: New Hope for New Business », *Business Marketing*, 1985, vol. 70, n° 7, p. 32-40.

Toutefois, par rapport à l'organisation hybride ou ambidextre, qui étudie les mécanismes et caractéristiques des organisations innovantes, ce concept d'intrapreneuriat met davantage l'accent sur l'individu « intraprenant », soit en s'intéressant à ses qualités personnelles et à son comportement, soit en s'intéressant aux démarches (organisationnelles) qui permettent de le stimuler[29].

3.1. Des comportements intrapreneuriaux

C'est autour de ces deux variables (qualités personnelles et comportement de l'individu/démarches organisationnelles) qu'Allali nous propose une typologie de huit comportements intrapreneuriaux (voir figure 15.1).

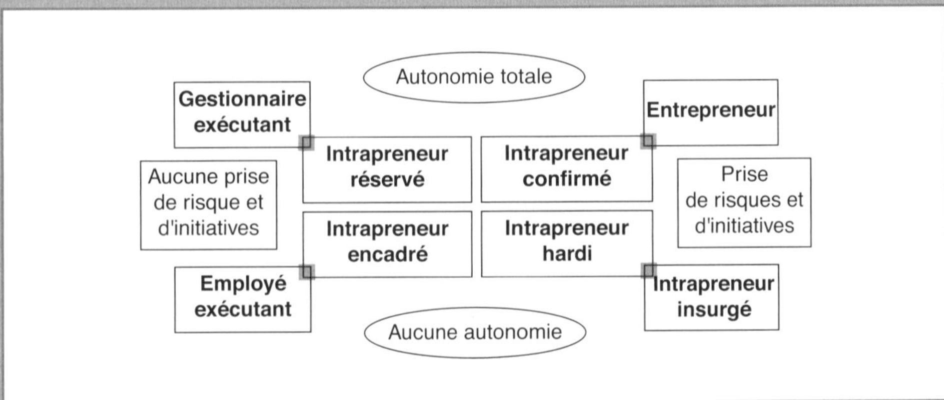

Figure 15.1
Les huit comportements intrapreneuriaux selon Allali.

Source : d'après Allali B., « Pour une typologie des comportements organisationnels face à l'innovation », *Revue internationale de gestion*, vol. 29, n° 4, 2005, pp. 23-30.

- **L'intrapreneur réservé** : bien que bénéficiant d'une autonomie pour intraprendre, cet individu hésite à sortir du cadre de la description de son poste ou des tâches y afférant. Ce sont alors seulement la pression et ce contexte organisationnel favorable à l'innovation qui l'amèneront à innover, mais aux marges (*incrémentalisme*).
- **L'intrapreneur encadré** : à l'inverse, cet intrapreneur cherche à prendre quelques risques dans un contexte organisationnel fortement cadré et plutôt hostile à l'innovation ; ses initiatives ne sont pas toujours comprises, générant frustration et travail dans l'anonymat avant tout résultat probant à faire valoir. L'issue pour ce type d'individu est souvent le départ de l'entreprise, pour rejoindre d'autres organisations plus entreprenantes ou créer sa propre structure.

29. Haskins G. et Williams R., « Intrapreneurship in Action », *The Economist Intelligence Unit (EIU)* – Special Report, n° 1099, 1987, p. 40-46.

- **L'intrapreneur hardi** : se trouvant dans la même situation que l'intrapreneur encadré, il s'en différencie par le fait qu'il ose lancer des projets entrepreneuriaux ambitieux, transgressant ainsi la culture ou les normes de l'organisation ; cependant, il quitte rapidement ce type de structure pour travailler dans des environnements plus entreprenants.
- **L'intrapreneur insurgé** : de manière plus provocante, il entreprend quitte à créer une situation conflictuelle avec son entreprise ; il quitte généralement l'entreprise.
- **L'intrapreneur confirmé** : situation idéale dans un environnement qui à la fois encourage l'initiative et laisse de l'autonomie pour poursuivre un projet. Il gère, selon Pinchot (1986[30]), de véritables « entreprises » au sein de l'entreprise tout entière, étant un quasi-entrepreneur. Il est peu incité à créer sa propre structure, trouvant ressources, encouragement et sécurité au sein de l'organisation.

À la différence de l'intrapreneur, **l'entrepreneur** est récompensé par les profits de sa structure, et supporte seul (ou avec un ensemble de partenaires) les risques associés à l'innovation. L'intrapreneur a tendance à moins percevoir le risque que l'entrepreneur, et aurait ainsi une propension plus forte au risque, comme protégé par la structure organisationnelle.

D'un point de vue plus général, rappelons que la plupart des salariés se contentent d'exécuter (**employé exécutant**) les tâches et missions confiées par leur hiérarchie ou par tout autre responsable. Enfin, le **gestionnaire exécutant** ne jouit pas d'un tempérament qui le dispose à prendre des risques, alors même que son organisation lui laisserait toute autonomie pour conduire un projet s'il le désirait.

3.2. Une gestion des comportements intrapreneuriaux

Différents dispositifs et démarches de gestion des ressources humaines ont été adaptés ou imaginés pour favoriser l'éclosion et encourager les comportements intrapreneuriaux. Nous présentons certains de ces dispositifs ou démarches les plus fréquemment rencontrés dans les entreprises.

- **Créer des occasions de rencontres entre générateurs d'idées et promoteurs pour permettre la concrétisation des initiatives intrapreneuriales.** L'intrapreneur semble moins « hostile au risque » (moins frileux) que l'entrepreneur ou le salarié. Pour autant, cette moindre aversion concerne davantage le développement d'une idée que son émergence. Ainsi, intrapreneurs et inventeurs ne sont pas forcément les mêmes personnes et ne montrent pas les mêmes compétences. L'art de l'entreprise est de créer des espaces de rencontres, formel ou informel, des situations de jeu et de créativité, des concours internes, de sorte à favoriser la circulation des idées et leur « prise » par ceux qui sont plus aptes à se lancer dans l'innovation.

  Ces occasions sont des lieux d'échanges mais aussi de négociation. En effet, une des caractéristiques importantes du comportement intrapreneurial est de savoir démontrer des aptitudes politiques pour convaincre non seulement les partenaires extérieurs habituels de l'innovation, mais également la hiérarchie interne, très souvent peu encline à supporter l'innovation.

---

30. Pinchot G., *Intraprendre*, Éditions d'Organisation, 1986.

- **Mettre en place un système incitatif de motivation à la prise de risque (prise d'initiative, reconnaissance du droit à l'erreur, degré d'autonomie dans l'organisation du travail...).** L'intrapreneur doit pouvoir bénéficier d'un espace de confiance et de soutien, et être à même de pouvoir mener des expérimentations de manière autonome (spontanée). Hornsby *et al.* (2002[31]) ont mis en évidence que les intrapreneurs, à la différence des entrepreneurs, étaient davantage motivés par un gain significatif d'autonomie de travail que par un niveau de rémunération supérieur.
- **Accompagner les intrapreneurs dans leurs projets, notamment en termes de formation (élaboration d'un *business plan*, par exemple, analyse stratégique, etc.).** Fiol (1995[32]) distingue quatre types de mondes cognitifs auxquels tout salarié appartient : le briseur de règles, le concepteur de stratégies, le protecteur des stratégies et le protecteur des règles. L'intrapreneur relève du premier monde, tandis que les autres jouent des rôles complémentaires pour mener à terme l'innovation :
  - Le briseur de règles, qui comme son nom l'indique, dépasse ces dernières.
  - Le concepteur met l'idée en forme du point de vue stratégique et est celui qui va articuler l'idée de l'intrapreneur (innovation autonome) avec la stratégie de l'entreprise (innovation induite). Il peut être le responsable hiérarchique et/ou fonctionnel de l'intrapreneur ; il peut aussi s'agir d'une cellule dédiée à l'innovation dans l'entreprise.
  - Le protecteur des stratégies semble freiner l'intrapreneur ; ce rôle est nécessaire dans l'entreprise, qui ne peut pas prendre tout risque à tout moment. Mais plus que freiner l'intrapreneur, il va certainement l'aider à préciser son idée et sa démarche innovante, afin de lui éviter certains écueils.
  - Enfin, le protecteur des règles garantit la cohérence et l'identité, fonction principale dans l'organisation (voir tableau 15.1).
- **Mettre en place un leadership fort qui soutient la prise de risque, sachant créer un climat d'autonomie et de spontanéité.** Dans le cadre d'une entreprise innovante, le rôle d'une direction générale ou de tout leader est de porter et d'incarner (par son comportement) une stratégie identitaire en faveur de l'innovation et de l'intrapreneuriat, et donc de la prise de risque individuelle.

Conclusion

Ce chapitre rappelle que l'innovation ne se concrétise pas uniquement dans le lancement d'un produit nouveau. Elle permet également de générer de nouvelles connaissances pour l'entreprise. Ces connaissances peuvent être réutilisées pour développer de nouveaux produits et construire ainsi une nouvelle gamme, voire une nouvelle activité. Ces connaissances peuvent également porter sur les pratiques d'innovation et être utiles à toute personne de l'entreprise cherchant à créer d'autres innovations.

---

31. Hornsby J. S., Kuratko D. F. et Zahra, S. A., « Middle managers' Perception of the Internal Environment for Corporate Entrepreneurship: Assessing a Measurement Scale », *Journal of Business Venturing*, vol. 17, 2002, p. 253-273.
32. Fiol M., « Thought Worlds Colliding: the role of contradiction in corporate innovation processes », *Entrepreneurship Theory and Practice*, 19(3), 1995, pp. 71-90.

Pour pouvoir à la fois générer de nouveaux produits sur le court terme et intégrer ces nouvelles connaissances – intégration qui ne peut se faire que sur le moyen terme –, l'organisation doit adopter un comportement hybride ou « ambidextre » et développer des structures spécifiques permettant à la fois aux acteurs « intrapreneurs » de proposer de nouvelles pistes d'innovation tout en menant leurs actions de court terme.

Bibliographie complémentaire

Alter N., *L'Innovation ordinaire*, PUF, 2000.

Besson P. (coordon.), *Dedans, dehors, les nouvelles frontières de l'organisation*, Vuibert, 1997.

Broustail J. et Fréry F., *Le management stratégique de l'innovation*, Précis Dalloz, 1993.

Goffman E., *Les Cadres de l'expérience*, Éditions de Minuit, 1974 (éd. 1991).

Mustar P. et Penan H., *Encyclopédie de l'innovation*, Economica, 2003.

Nizet J. et Pichault F. « Configurations organisationnelles : Mintzberg revisité », *Revue française de gestion*, 1999, p. 35.

Tushman M. et Anderson P., *Managing Strategic Innovation and Change*, Oxford University Press, 2e éd., 2004.

Wenger E., « Communities of Practice and Social Learning Systems », *Organization*, 2000, 7/2, pp. 225-246.

Étude de cas

SEB, une entreprise qui se reconfigure continuellement pour rester innovante

Avec près de 300 produits nouveaux lancés par an, dont certains, comme l'Actifry ou le BeerTender®, révolutionnent les modes de cuissons et de consommation des produits alimentaires, SEB peut être qualifiée d'entreprise innovante.

Parmi les éléments saillants qui composent le Groupe Seb et qui contribuent à rendre l'entreprise innovante, signalons les trois points suivants :

- Une implication très forte de la direction du groupe et des directions d'activités. En premier lieu, elles donnent des directions stratégiques, desquelles les autres acteurs peuvent s'inspirer pour innover. En deuxième lieu, elles sont impliquées dans le processus d'innovation : elles participent très tôt au processus de détection, d'enrichissement et de sélection de l'idée d'innovation, prennent les décisions d'investissements dans l'innovation et fournissent les ressources budgétaires afférentes. Enfin, elles s'impliquent très fortement dans la construction et l'évolution du processus d'innovation.
- L'équipe d'innovation travaille par activités : concrètement, les acteurs de la R&D et ceux du marketing travaillent essentiellement en binôme sur un même projet d'innovation.
- L'existence d'une « mémoire » sur les projets d'innovation déjà explorés au sein du groupe. Cette mémoire est essentiellement conservée par les hommes et les femmes de l'entreprise, dont certains ont réalisé leur carrière entière au sein du Groupe Seb. Ces personnes partagent leurs connaissances entre elles.

Questions

À partir du processus d'innovation utilisé pour concevoir l'Actifry (mini-cas présentés à la fin des chapitres 2, 3, 4, 9, 10 et 14) et au regard des concepts abordés dans ce chapitre :

1. Rappelez les critères d'une entreprise innovante.
2. Qualifiez l'organisation du Groupe Seb au regard de ces critères.
3. Discutez le caractère innovant du Groupe Seb.
4. Proposez des pistes d'amélioration de l'organisation du Groupe Seb.

Conclusion générale

Un impératif : inculquer l'innovation à tous les niveaux du management

Paradoxalement, dans un contexte où les décideurs sont volontiers montrés comme les maillons faibles de l'innovation à cause de leur prétendue incapacité à sélectionner et soutenir les « bons » projets, cet ouvrage met en avant l'étendue des contributions managériales nécessaires à la réussite de l'innovation. Le management de l'innovation ne se limite pas à la conduite de projets d'innovation, plutôt réservée aux ingénieurs à double compétence, ni aux études de marché ou aux analyses prospectives souvent sous-traitées à des cabinets spécialisés et nécessairement éloignées de ce que sera l'innovation ! Il s'agit bien d'apprendre collectivement dans l'action de façon à intégrer durablement des savoir-faire et des comportements de managers sans cesse renouvelés, ajustés, étendus – jusqu'aux phases les plus amont de l'émergence de l'innovation.

Deux axes d'innovation critiques se développent sous la pression des changements environnementaux et sociaux actuels : l'innovation de services et d'usage liée à l'innovation de *business models*. Ils mettent en exergue l'urgence d'un apprentissage permettant d'inculquer aux managers le gène d'un nouveau modèle d'innovation. Il en va des capacités dynamiques des entreprises pour faire face aux ruptures annoncées – technologiques mais aussi et surtout sociales, économiques, politiques et environnementales. De nouveaux modèles mentaux doivent se propager dans les communautés de managers – qui passent par l'aptitude à sortir des cadres établis, en commençant par ceux de l'innovation réglée et intensive, encore très largement promue par les systèmes d'innovation institutionnalisés. Le manager devra donc, afin de tirer parti de l'innovation, faire preuve d'une grande ambidextrie pour renouveler les pratiques de son métier tout en assurant des passerelles et des transitions avec celles qui ont fait le succès des entreprises établies.

X. Bonnaud, Schneider Electric : plaidoyer final pour un nouveau style de managers

Par conviction personnelle, je me suis emparé d'un projet d'innovation « sans porteur » au sein de l'entreprise. Il s'agissait de créer une offre de services permettant de manager la performance d'une flotte de machines réparties sur tous les continents – et non plus de penser la performance au niveau de chaque machine. J'ai rapidement compris que le projet présentait un potentiel international énorme, ce qui m'a conduit à rechercher des coéquipiers au sein de l'entreprise. C'est ainsi que je me suis associé avec mon homologue au sein d'une autre entité de l'entreprise, susceptible d'être pertinente pour exploiter l'innovation. Nous avons monté un premier projet et obtenu l'accord de son patron pour continuer, bien que cela n'entre pas véritablement dans les schémas standard de son activité. C'est pourquoi nous avons dû créer une équipe projet *ad hoc*, s'appuyant sur de multiples entités de l'entreprise. Ainsi, nous sommes partis en quête d'individus pour les fédérer autour de notre projet. Chemin faisant, nous avons dû faire face à de très nombreuses difficultés dont il ressort que, même si l'enjeu était compris de tous, le niveau de priorité affecté à ce nouveau projet était variable selon chaque activité. Cela allait de l'implication forte au refus en passant par des accords sous condition d'études complémentaires afin de réduire les risques perçus de ce projet « en rupture ». D'autres personnes souhaitaient, en toute bonne foi, faire entrer le projet dans leurs processus et procédés, et ce, bien que ces derniers ne soient pas adaptés. Mission impossible et perte de temps ! D'autres encore ont accepté de jouer le jeu, mais n'ont finalement pas pu fournir les livrables escomptés, d'autres priorités plus au cœur de leur métier s'étant imposées. Fort heureusement, certaines personnes ont accepté de nous suivre en remettant en question, le cas échéant, leur organisation au bénéfice du succès du projet et de l'innovation. À titre d'exemple, j'ai le souvenir d'un directeur financier qui m'a avoué : « Je ne comprends pas totalement l'offre, mais je crois que j'en perçois l'importance pour l'entreprise. Nous n'avons pas les moyens de prendre en charge cette nouvelle activité mais nous allons mettre en œuvre tout ce qui est possible pour qu'elle voie le jour. » Il tint parole jusqu'au bout…

Petit à petit, l'entreprise et l'offre se sont mutuellement alignées l'une par rapport à l'autre. Par exemple, nos usines savaient très précisément établir le coût d'un produit par l'addition des coûts qui le composent. Avec notre nouvelle offre de services, on ne connaît pas *a priori* le coût d'une prestation puisqu'il dépend de nombreux paramètres liés à son utilisation et aux contrats avec nos différents partenaires. De ce fait, la définition du coût et du prix de vente de cette offre ne peut reposer que sur des hypothèses inscrites au contrat, ce que nous ne pratiquions jamais. Pour une usine qui affine ses coûts au dixième de centime pour chaque produit, ne pas savoir combien ça coûte ni rapporte est une prise de risque inconcevable et un choc culturel remettant en cause les fondamentaux mêmes de la performance de l'entreprise. Le soutien du directeur financier précédemment mentionné et l'engagement de quelques chefs furent décisifs pour que soit accepté cet état de fait.

Un autre exemple d'alignement concerne le *business model* de chaque usine, depuis toujours fondé sur celui de la transaction. Cela signifie que je fabrique un produit lorsque j'ai une commande. Puis, je le livre et alors je le facture au prix convenu. La transaction prend fin ainsi. Dans le cas de notre nouvelle offre, le *business model* est aussi totalement nouveau : je signe un contrat avec un client et, tous les mois, je le facture pour une consommation que je ne connais pas à l'avance sans même disposer de reçu de commande. S'ensuit l'absence de bon de livraison car la prestation est immatérielle. Cette façon de procéder est, en réalité, incompatible avec le système d'information de l'usine. Serait-il raisonnable de modifier profondément ce système pour l'adapter à une nouvelle offre ? Bien au-delà, c'est une révolution culturelle qu'il faudrait mettre en œuvre au sein de cette usine. Finalement, la solution fut trouvée en détournant un processus spécifique aux situations de dépannage d'urgence, qui permet d'envoyer un produit hors heures ouvrées, sans facture ni commande préalables. « Une aubaine ! Les dieux de l'innovation sont avec nous au moment où tous les partenaires de ce projet s'essoufflent ! », ai-je dit à cet instant.

Cette problématique d'adaptation du fonctionnement de l'organisation face aux besoins de l'innovation de rupture s'est reproduite de la même façon avec nos partenaires externes. Et, pour l'un d'entre eux, quatre mois de négociation furent nécessaires pour faire évoluer le *business model* de l'entreprise et l'adapter à la nouvelle offre : le commercial, le directeur marketing, le directeur de la *business unit* concernée et enfin le directeur financier sont entrés en scène dans ce processus de conviction.

Finalement, après que nous avons surmonté nombre de petits problèmes devenus grands, la solution a été lancée avec des dérives de délais et de coûts que tout manager « normal » ne peut tolérer. En effet, le projet a duré trois ans au lieu d'une année initialement prévue. J'estime qu'un an supplémentaire a été nécessaire pour la prise de décision et les « petits problèmes », comme la facturation, ainsi qu'un an pour que nos partenaires réalisent aussi cet alignement. Ces délais sont importants, car aucune des parties prenantes n'a souhaité développer des solutions au cas par cas. Chacun s'est senti à l'aube d'une nouvelle génération d'offres et a décidé de mettre en place d'emblée un système performant et durable. En définitive, cette innovation réussie repose uniquement sur la conviction et l'acharnement de quelques personnes dont certaines se sont retrouvées « lâchées » par leur hiérarchie. En effet, les managers innovateurs peuvent être sévèrement jugés, jusqu'à parfois perdre leur poste ! Heureusement, ils ont généralement une bonne capacité à rebondir.

Avec le recul, j'ai mieux compris le problème de l'innovation du point de vue des managers opérationnels. On leur demande de mener à bien la réalisation de nouvelles tâches, pour lesquelles on ne sait pas décrire précisément les processus et les résultats attendus, et qui vont donc nécessairement les mettre en danger. L'entreprise doit être en capacité de créer une entité spécifique pour porter ce type de projet – sans conséquences fâcheuses pour les individus –, une micro-entité pour tester, expérimenter et mettre au point de nouvelles activités. Dans ce contexte, les managers doivent être jugés sur l'innovation et la création de valeur associée plutôt que sur l'optimisation des activités en place. On pourrait imaginer des objectifs quant au nombre d'idées remontées en lien avec le cœur de métier, au nombre de projets montés en collaboration avec des ressources externes, aux partenaires ayant des compétences complémentaires. Cela concerne des individus animés par l'esprit d'entreprendre, qui sont convaincus de la pertinence de leurs idées ou de celles de leur entourage, qui savent se mettre en danger et qui, en cas de surexposition au risque, sont prêts à rebondir professionnellement. Souvent, dans nos organisations, ces managers moteurs dans l'innovation sont très dépendants de quelques décideurs qui soutiennent leurs initiatives. Cela peut les fragiliser dès lors que survient un changement d'organisation ou de patrons, ce qui peut, en outre, faire échouer un projet et mettre ses porteurs en grande difficulté.

Je porte aujourd'hui une entité dédiée à l'innovation de services. Elle repose avant tout sur l'expertise des managers, à tous les niveaux et dans tous les champs du management. Pour ma part, en tant qu'ancien patron des activités de création d'offres, j'ai acquis une expérience reconnue et la conviction qu'il nous faut aller bien au-delà de l'innovation incrémentale. À l'occasion d'une restructuration, j'ai proposé de changer de courbe d'innovation pour faire de la rupture et retrouver un champ de croissance basé sur la différenciation qu'elle apporte. On a inventé le poste de manager de l'innovation de services, première initiative de cette nature au sein de l'organisation. La mission consiste à imaginer de nouveaux fonctionnements et à fédérer les parties prenantes internes et externes autour de ces visions. C'est un rôle difficile qui me met souvent dans une position délicate. Je passe beaucoup de temps à vendre des innovations à d'autres entités de l'entreprise pour qu'elles s'emparent de sujets émergents.

Les services requièrent un processus d'innovation un peu particulier. Nous inventons l'offre puis nous la créons conceptuellement en tenant compte du fait que nous apportons des processus susceptibles de révolutionner l'entreprise. Dès lors que le service semble fonctionner sur le papier, nous cherchons des porteurs pour le développer. Nous les formons et mettons en place une structure pour les accompagner, pour faire évoluer l'offre, la maintenir. Ensuite, il faut aller la vendre en interne et réaliser les dossiers de ciblage et d'argumentation. Nous apprenons au fur et à mesure à : construire des devis types pour mieux chiffrer les prestations ; élaborer des outils de productivité pour réduire les temps de réalisation ; créer le processus pour communiquer et facturer le client sachant que la plupart du temps, pour ces offres de services innovantes, nous ne bénéficions pas d'une notoriété existante. Il faut expliquer à la force de vente habituée à commercialiser des produits qu'il lui faut vendre des services.

Et, finalement, tous ces efforts d'innovation n'apparaissent pas dans la mesure de performance de l'innovation toujours très axée sur les dépôts de brevets. Les nouveaux services, auxquels sont associés de nouveaux outils et de nouveaux *business models*, ne sont pas visibles dans l'innovation. Il faudrait apprendre à raisonner en termes de valeur client et non de brevets, ce qui constitue un changement culturel colossal !

Réflexions entre praticiens et chercheurs : il est urgent de dépasser l'idée selon laquelle la recherche ne peut aider les praticiens (et inversement !)

Plus de 15 ans en arrière, Jean-Louis Gassée conceptualisait deux types de managers face à l'innovation : les « empereurs du business » et les « barbares de l'innovation ».

Les empereurs du *business*

Ils sont assis sur leur rente de situation alors que les « barbares de l'innovation » n'ont peur de rien et osent tout. L'expérience de X. Bonnaud pourrait conforter les lecteurs dans cette idée. Toutefois, certains managers peuvent, selon les projets et les contextes, se retrouver dans chacune des deux postures. Il serait exagéré et simpliste de dire que la grande majorité d'entre eux, c'est-à-dire plus de 90 %, fonctionne de manière objective, mécanique et totalement rationnelle, grâce à des procédures « carrées » et non flexibles. Ils seraient le principal obstacle pour que des idées d'innovation soient menées jusqu'à devenir de belles réussites sur le marché, car ils ne sauraient pas supporter l'à-peu-près. Peut-être parfois, voire même souvent, ont-ils raison de ne pas soutenir des projets même s'ils n'expriment pas en ce sens d'arguments satisfaisants, se limitant au caractère trop différent des idées présentées.

Les barbares de l'innovation

Les *barbares de l'innovation* quant à eux peuvent être des innovateurs entrepreneurs aux aptitudes particulièrement propices à l'innovation de rupture. Toutefois, probablement que très peu d'entre eux ne sauraient ou ne voudraient porter l'idée jusqu'à en faire une activité optimisée, hautement rentable et pratiquant toujours l'innovation de rupture de manière si volontaire. Le véritable enjeu établi et bloquant est plutôt d'aider les managers empereurs à prioriser les objectifs de court terme et cœur de métier avec la possibilité de potentiels changements profonds à long terme, associés à l'innovation de rupture.

Entre empereurs et barbares… la réalité de l'entreprise et du management au quotidien

En réalité, 40 % des managers bloquent ce type d'innovation en réaction à un niveau d'incertitude trop élevé : ils sont les « *risques 0* ». Un autre groupe de 30 % bloque pour cause de priorisation de leurs objectifs de court terme pour lesquels ils ont un salaire : ils sont les « *optimisateurs* ». Enfin, il reste le groupe des 30 % qui suivent les projets d'innovation tant qu'ils ne subissent pas de pressions par ailleurs ou ne sont pas confrontés à un nouvel obstacle : ils sont les « *passifs* ». Si on part de ce constat, les leviers permettant de réconcilier différents types de managers en leur faisant prendre conscience de leurs propres biais de perception et de décision peuvent s'avérer une piste constructive pour un nouveau management, plus varié face à un futur toujours plus ouvert et un champ des possibles infini.

Quelques préconisations concrètes pour favoriser le management de l'innovation

Si un tel cheminement devait démarrer, voici quelques préconisations pragmatiques :

- Accorder aux managers du temps et quelques ressources, notamment humaines, pour des actions d'exploration en dehors des activités et des processus établis tout en organisant l'apprentissage de l'innovation sur la base des expériences ainsi menées.
- Enrichir les approches de la notion de risque et de sa maîtrise en sortant du principe de fiabilisation maximale par les chiffres. Aujourd'hui, face à un projet d'innovation, chacun y va de sa demande particulière pour sécuriser son périmètre d'exécution. C'est le *facteur pi* de l'innovation qui ne peut que pénaliser la réussite d'un projet. En effet, 12 à 18 mois pour convaincre et faire décider, par des études complémentaires à vocation confirmatoire là où le bon sens devrait suffire, sont extrêmement néfastes pour l'innovation et en particulier ses managers. C'est ce temps qui de fait pénalisera le retour sur investissement ! Pour partie, les décideurs savent d'emblée dans leur intime conviction quelle sera leur décision. Leurs demandes leur permettent seulement de démontrer qu'ils font bien leur métier de managers ! Incitons-les à fonctionner, dans les phases amont de l'innovation, de façon plus intuitive sans rechercher à tout prix la précision, l'exhaustivité et l'exactitude.
- Développer l'innovation participative à l'intérieur de l'entreprise, mais aussi avec les acteurs extérieurs – l'innovation ouverte –, qui toutefois doit être poussée au-delà des concours, des clients pilotes et des outils d'aide à la génération d'innovation pour s'inscrire dans la durée. Il s'agit d'établir entre les parties prenantes un niveau important de confiance mutuelle ainsi qu'un système de reconnaissance des contributions à la création

de valeur. Sinon, le risque des initiatives mal gérées est de créer de l'attente puis de la désillusion. Il faut donc apprendre à impliquer un écosystème d'innovation durablement : une équipe doit le piloter en s'attachant à maîtriser, dès l'émergence des idées, les processus propices à son développement et à sa performance en impliquant des acteurs divers et complémentaires. Cela doit permettre de mieux orienter, très tôt, les projets d'innovation vers des modalités organisationnelles absorbables par les entreprises en termes de commercialisation, de production, de facturation, de système d'information, de retour sur investissement – et aussi d'identifier plus naturellement les développeurs des solutions innovantes.

- Mettre les acteurs de l'innovation précédemment cités en capacité de contribuer à leur mission afin d'assumer pleinement leur rôle au sein du dispositif. Par exemple, ce n'est dans le métier de personne de porter sur le marché une innovation de rupture. Il faut donc monter une structure qui soit un espace bien spécifique pour porter ce type de projet en même temps que l'on développe les ressources et les compétences idoines à sa réussite. Il faut guider les managers pour qu'ils évoluent dans leurs pratiques et soient en position d'agir, de mobiliser, de convaincre et de réinventer leur propre métier sans risquer leur carrière à tous les instants. Cet « espace spécifique » est un environnement interne propice à la prise de risque maîtrisée. Il est le lieu d'une implication sans faille de toute la ligne de management au service d'une innovation transversale à l'organisation, impliquant plusieurs entités parfois en concurrence et ici collaboratives. Sans cela, rien ne se passe. Au mieux, il en résulte une innovation « dégradée » en termes d'originalité et de marché potentiel. Le processus d'accès à cette entité doit être direct pour tout manager, sans filtre de la part du management intermédiaire pour ne pas risquer de subir des biais de perception et de sélection cognitifs auxquels tout un chacun est exposé. C'est un lieu qui, à l'instar de Google, devrait fortement stimuler des principes tels qu'une contribution de 20 % venant de chaque activité de l'entreprise envers les autres activités. Cela permet d'aller plus vite avec les mêmes moyens. Chez nous, on impose aux gens d'avoir des offres inter-*business units* (au moins deux). Cela fonctionne bien, et l'innovation se fait maintenant de façon transverse.

Ces propositions ont pour vocation de permettre aux « barbares de l'innovation » de mieux exister au sein de leur propre entreprise, afin d'exercer un pouvoir d'influence et de changement de manière positive. Cette dynamique, associée à un système de motivation approprié, devrait permettre d'amplifier le flux d'innovation, notamment de services et de *business models*, tout en enrichissant le management de l'innovation et en palliant l'absence de managers dont le rôle et les aptitudes seraient totalement au service de la réussite de l'innovation.

Vers une nouvelle génération de managers de l'innovation ?

Un sondage GEM/Ifop, réalisé en avril 2012 auprès de plus de 400 dirigeants d'entreprises françaises de toutes tailles et de tous secteurs d'activités, met en évidence une absence quasi totale de remise en question des pratiques managériales actuelles face à l'innovation. Pourtant, il existe d'excellents travaux de recherche tels que ceux menés au sein du réseau européen Innovation Lab (**http://innovation-lab.org**) ainsi qu'un nombre croissant de praticiens laissant entrevoir des changements majeurs qu'il convient de ne pas ignorer. Il devient donc urgent de réfléchir à un éventuel impératif de questionnement des pratiques et des croyances liées au management actuel. L'encadré ci-dessous vise à stimuler une telle réflexion.

L'innovation à base de capteurs d'air et de management…

Qu'est-ce qu'une innovation à base de capteurs d'air pour l'habitat, segment choisi arbitrairement ?

Il y a 20 ans, c'était un composant intégré boîtier, de type détecteur de fumée que l'on installe à différents points clés d'un habitat. Dans certains pays, c'est une obligation réglementaire. Il sonne pour alerter de la présence de fumée et peut même, par un automatisme associé, intégrer un système d'extinction par arrosage par exemple. On améliore les capacités humaines et on pallie les risques de non-détection en cas d'absence ou la nuit, pendant le sommeil. C'est un produit pour lequel on va sans cesse chercher à faire progresser les capacités de détection tout en le miniaturisant, en réduisant le coût et en améliorant l'esthétique.

Puis arrive la trajectoire technologique dite du 2.0 : le monde communicant. Ce composant devient une solution de sécurité en communiquant avec son environnement, avec d'autres appareils et systèmes. L'habitant n'achète plus un ensemble de boîtiers et, éventuellement, leur installation. Il achète un service de sécurité avec la garantie, le cas échéant, d'une intervention rapide voire salvatrice des pompiers. Ce n'est plus un problème réglementaire ou assimilé, mais cela devient émotionnel : certaines personnes sont tellement attachées à leurs biens qu'elles sont prêtes à payer très cher pour une garantie de protection. Dans le même temps, de nouveaux acteurs sont associés à la solution, ce qui demande de se connecter à eux alors qu'on ne les connaît pas.

Enfin, ce serait l'ère du 3.0. Les solutions sont « enfouies » dans l'habitat ou bien peuvent être installées et réinstallées à l'infini par les habitants eux-mêmes qui combinent différents types de capteurs avec différents systèmes et machines en fonction de leur façon de vivre, de leurs problématiques et de leurs motivations du moment. Par exemple, le botaniste testera l'impact de ses plantes sur la qualité de l'air alors que la jeune maman équipera tout l'environnement de bébé, de la voiture à la chambre, en passant par la cuisine, la salle de bains voire l'habitat de la nounou. Le système sera lié au suivi de l'état de santé de l'enfant : risques d'allergies, d'asthme, etc. Par ailleurs, des communautés de mamans pourront ainsi créer une connaissance spécifique et localisée relative à l'impact de la qualité de l'air sur la santé des enfants. Cette communauté aura une connaissance fort pertinente et exploitable par un nombre d'acteurs importants, de ceux de la santé à ceux qui conçoivent le mobilier ou l'alimentation pour les enfants. Dès lors, le point critique de l'innovation 3.0 réside dans la capacité à se connecter durablement et à exploiter les connaissances produites par des réseaux de proximité en mettant en place une nouvelle forme de relations avec ces partenaires. Dans le même temps, il convient d'être apte à sentir, décider et expérimenter des voies d'innovation sans se perdre dans l'océan des possibles.

Au moins trois paramètres invitent grandement à s'interroger sur la validité des pratiques et des croyances managériales en France et en Europe :

- L'ère du numérique change la nature même de l'innovation : elle est enfouie dans la façon dont chacun (individus ou communautés) s'approprie et retient les informations et les connaissances auxquelles il a accès, probablement en modifiant sans cesse sa propre structure d'organisation. Si on considère le capteur d'air, l'innovation 3.0 sera différente selon que l'on est botaniste ou jeune mère… voire les deux dans le même foyer. Dès lors, la valeur de l'innovation devient difficile à qualifier et encore plus à quantifier. La problématique de l'innovation reste technologique pour partie, mais l'importance des autres facettes – comme l'approche client-citoyen, le modèle de partage de valeur ou les obligations et réglementations – augmente très sensiblement pour donner parfois au manager un rôle central et à l'ingénieur, un rôle périphérique. Les questions d'éthique, de réglementation, de développement durable deviennent beaucoup plus présentes et interdépendantes, requérant souvent de nouvelles connaissances et modèles. Par exemple, comment vendre une technologie de sécurité automobile chère s'il y a, par ailleurs, obligation d'équiper tous les véhicules même ceux destinés aux segments de marché les moins aisés ?
- L'arrivée de la génération Y sur le marché du travail, mais aussi comme nouveaux clients et citoyens disposant d'une grande capacité de discernement quant à la valeur de l'innovation en même temps qu'une forte volatilité, un fonctionnement par options parallèles, notamment sur des solutions d'innovation – ne s'engageant de manière irréversible qu'au dernier moment. Cette génération est entourée à l'Ouest d'une population vieillissante à fort pouvoir d'achat relatif et à l'Est de nouveaux marchés qui seront les relais de croissance…
- L'impératif de répondre, par l'innovation, aux problématiques à très fort enjeu social, humain et environnemental – en lien avec des questionnements de ressources naturelles, de santé, de pollution et d'urbanisation galopante. L'innovation n'est plus associée à une nouvelle offre, mais à un progrès partagé par des parties prenantes aux enjeux différents. Cela rend le management de l'innovation encore plus critique et difficile tant les problématiques sont complexes, multifacettes et parfois contradictoires.

Quelques témoignages de jeunes managers, motivés, impliqués et passionnés d'innovation, peuvent nous éclairer sur l'éventualité d'un phénomène de nouveaux managers en prise avec l'innovation. Ainsi, nous sommes heureux et fiers de conclure cet ouvrage par quatre témoignages de nos récents anciens.

Marine Aubin, consultante en innovation @Solucom, cofondatrice de Thanksdu.de (http://thanksdu.de) et Girlz In Web (http://girlzinweb.com/)

Blogueuse, ex-responsable innovation @Covoiturage.fr ; #UX #innovation #DesignThinking

Je suis une femme de la génération Y, une enfant des technologies nouvelles. Je suis curieuse mais jamais voyeuriste. J'accède à une masse d'informations en temps réel grâce aux réseaux sociaux. Quand je donne mon avis sur des blogs, des milliers de personnes peuvent le lire. Je n'ai pas besoin de lire les modes d'emploi. Je n'ai pas envie de laisser le monde dans l'état dans lequel je l'ai trouvé. Je veux mettre mon grain de sel et faire bouger les choses. En cela, j'ai trouvé ma voie, ma passion : l'innovation.

Ce champ professionnel en pleine expansion me permet d'exprimer mes idées, mes convictions. Quand j'ai rejoint Grenoble École de Management munie d'un bachelor en marketing international, la crise financière a explosé. Nous sommes des centaines à sortir de l'école chaque année, aussi j'ai décidé de prendre mon avenir en main. Comment ? Grâce à un cours de management technologique et de l'innovation. C'est là que tout a commencé. Avec mon équipe, nous avons gagné un prix de l'innovation pour le projet réalisé dans le cadre de ce cours. Forte de ce succès, j'ai continué en recherchant des expériences professionnelles dans ce sens : après un stage en tant que chef de projets, je suis devenue responsable innovation le temps d'une année en alternance. Aujourd'hui, je suis consultante en offres et services innovants. Concrètement, j'interviens auprès de grands groupes depuis la naissance d'idées jusqu'à la mise sur le marché de leurs innovations en passant par la mise en place de démarches d'innovation. Les théories étudiées en cours m'aident à accompagner les décideurs à franchir le pas. Mes managers me poussent à cultiver ma créativité. L'innovation est aussi présente dans mes activités extraprofessionnelles : je suis responsable de l'animation du réseau dans une association qui promeut la place des femmes dans les métiers du Web, j'ai fondé une start-up innovante et durable : Thanksdu.de et je conseille des start-up dans leur manière de vendre leur projet lors de présentations.

Le management de l'innovation étant un sujet encore émergent en France, nous avons la chance en tant que jeunes actifs de pouvoir le façonner. Même si très peu de métiers à destination des purs managers sont pour le moment estampillés « innovation », beaucoup s'en inspirent, s'en nourrissent et s'en enrichissent. Je ne suis pas ingénieure, et alors ? Je fais du management de l'innovation, pas de la recherche scientifique ou de l'invention. Je stimule les idées et la cocréation et je donne une valeur, je trouve un marché pour ces inventions, pour les innovations de rupture. La notion même d'innovation est encore floue pour beaucoup. La meilleure façon pour moi de l'expliquer, c'est le quotidien de mon métier, ce que je vis, ce que je lis. C'est aussi échanger sur ma passion et mes perspectives d'avenir.

Toutefois, je souhaite aller plus loin, comme échanger avec des étudiants pour partager tout ce que peut être l'innovation, le champ des possibles qui peut s'offrir à eux dans un projet professionnel à construire. J'aimerais pouvoir écouter leurs questions, comprendre leurs interrogations. Ils pourraient assister à des tables rondes, échanger avec des précurseurs et rencontrer des entreprises qui proposent des stages et des emplois dans les métiers de l'innovation pour des managers. Cela m'amène à mon outil le plus précieux : un réseau solide, pérenne et varié ; un réseau permet de découvrir des expériences professionnelles fortes, de recevoir des conseils et des contacts étoffant un projet professionnel qui vous ressemble.

Sébastien Piasco, consultant chef de projet web, Digitale Dsquare

Issu d'un parcours atypique (sciences humaines, économie, musique, mastère spécialisé HEC entrepreneurs), je découvre le management de l'innovation avec la rédaction de ma thèse dédiée à l'analyse d'une offre de services innovante. Intégrant la direction de l'innovation du groupe La Poste à l'issue de ma formation à Grenoble École de Management, j'entre de plain-pied dans les problématiques de recherches prospectives et innovantes par le prisme du marketing stratégique et des business plans.

Assez rapidement, j'ai l'opportunité de me concentrer sur le secteur d'Internet et l'univers des start-up dont le dynamisme n'est plus à démontrer. Innovation de service, originalité des *business models*, flexibilité et absence de hiérarchie sont autant d'éléments qui procurent aux start-up une formidable propension à l'innovation et plus généralement à l'entrepreneuriat.

Petit à petit, un glissement vers le « numérique » s'opère dans mon parcours et une prise en compte croissante de la technologie s'impose à moi. Toujours à l'écoute des grands groupes, je participe à leur accompagnement vers la numérisation de leurs processus de vente ou de la relation client au travers des terminaux communicants et connectés (smartphones, tablettes, TV connectées, bornes tactiles, ordinateurs), au plus proche donc de leurs stratégies innovantes vers ce qui représente une formidable opportunité pour demain : la convergence numérique.

Plus généralement, ce qui nourrit le sentiment d'innovation c'est l'existence de nombreux foyers de réflexion, qui permettent de questionner autant le « produit » ou le « résultat » innovant que le processus d'innovation lui-même. Aussi, je vous livre une série de thématiques qui me tiennent à cœur :

- innover dans la relation client, transfigurée par la prise de parole sur Internet ;
- innover dans les services, en s'assurant d'une faisabilité de leur industrialisation ;
- innover dans la prise de décision, aujourd'hui souvent diluée à travers un fonctionnement hiérarchique très contraignant qui contribue à l'arrivée de produits/services éloignés du bénéfice utilisateur car conçus pour « plaire en interne » ;
- innover par les partenariats stratégiques entre grands groupes et petites structures innovantes, notamment *via* des incubateurs qui favorisent la croissance par absorption pour les grandes entreprises.

Je finirai en énonçant une de mes convictions : l'innovation ne s'exprime jamais mieux qu'au sein d'une équipe pluridisciplinaire et relativement indépendante du point de vue de la gouvernance.

Sur la question de l'accès à l'emploi dans le secteur de l'innovation, il est important de garder en tête qu'il existe plusieurs points d'entrée liés à des positionnements complémentaires dans la chaîne de valeur de l'innovation. En effet, une innovation réussie étant une innovation qui trouve son « public », on comprend aisément l'importance de la mise en marché de l'innovation qui doit être accompagnée d'un discours marketing explicitant le bénéfice d'usage pour l'utilisateur final, sans prendre ce dernier « par surprise » en lui proposant un service qu'il n'est pas encore prêt à adopter. Même si les ingénieurs sont les personnes naturellement désignées pour travailler l'aspect technique de l'innovation, de nombreux autres profils enrichissent les équipes qui œuvrent pour le succès de l'innovation. Pour ma part, un cursus générique, assorti de plusieurs travaux et expériences menés au sein de directions et d'équipes d'innovation – dans des entreprises de services, où la technique est probablement relativement moins importante –, est une façon d'entrer dans l'innovation. Grenoble École de Management s'est révélée un bon tremplin vers une telle carrière. En tant qu'école en prise avec les acteurs de l'innovation, elle pourrait même aller plus loin dans la mise en avant et la médiation vers les métiers du management de l'innovation. À ce titre, je serais ravi de contribuer à développer un discours pédagogique autour de la numérisation de notre environnement et à alimenter une réflexion sur les tendances de fond qui changeront notre monde.

Éric Pierrel, directeur général d'Itris Automation Square

Diplômé de Grenoble École de Management en 2001, Éric s'est spécialisé dans le management de la technologie et de l'innovation pour des éditeurs de logiciels innovants. D'abord chez PolySpace Technologies, une start-up issue de l'Inria, puis en dirigeant Itris Automation Square, Éric se passionne pour l'entrepreneuriat et le mariage entre technologie et business. Attaché au développement du territoire grenoblois, il est également représentant des PME au sein du pôle de compétitivité mondial Minalogic et président de l'Association des diplômés de Grenoble École de Management.

Premiers pas d'un jeune diplômé d'une école de management au sein d'une entreprise innovante à fort contenu technologique : qu'est-ce que cette galère ? Des ingénieurs qui jargonnent, des technologues qui ne pensent que fonctionnalités et pas bénéfices, un produit inutilisable par des clients qui n'ont pas un bac + 12 en mathématiques ! Heureusement, il ne s'agit que d'une image d'Épinal. Encore faut-il l'affronter pour se lancer dans la belle histoire du management de l'innovation. C'est ce que j'ai fait il y a 10 ans, et la caricature n'a pas tenu bien longtemps. Au contraire, cette expérience m'a fait tomber dans la potion magique de la dynamique entrepreneuriale et m'a permis de m'épanouir au cœur de l'écosystème d'innovation local. C'est ce que je suis heureux de partager en quelques lignes.

Commençons par une bonne nouvelle pour tous les managers : il y a de formidables opportunités à exploiter dans l'innovation. La France dispose d'accélérateurs d'innovation très efficaces, tels que les pôles de compétitivité, véritables usines à projets de R&D devant déboucher, à terme, sur de nouvelles offres. Celles-ci permettront de relever les défis du monde actuel par l'innovation, dans les technologies vertes, dans le numérique, dans la façon de faire collaborer des individus divers. Pour transformer l'innovation en valeur pour tous, il convient également de coupler l'usine à projets à une fabrique à entrepreneurs.

Il existe dans ce domaine de nombreux modèles qui peuvent nous inspirer tels que l'École polytechnique fédérale de Lausanne (EPFL) et son Quartier de l'innovation, la place toute particulière de la Sloan School of Management au cœur du Massachussetts Institute of Technology (MIT), Grenoble École de Management et sa relation à Grenoble Innovation for Advanced New Technologies (GIANT). Ces campus ont su cultiver un effet cantine permettant d'ouvrir les esprits et de multiplier les opportunités de rencontres entre porteurs de projets, entre innovateurs technologiques et managers. Cette proximité relève du management cross-culturel, du partage des cadres de référence. Depuis de nombreuses années, les universités et écoles mélangent dans les salles de classe des étudiants de différentes nationalités pour leur apprendre à travailler ensemble. La transdisciplinarité est la suite naturelle de cette démarche.

Les modèles de rôles que managers et ingénieurs jouent dans l'innovation sont un levier d'incitation important pour les jeunes de ces communautés. Dan Teodosiu, directeur du Centre de développement de Google à Paris, explique que tous les professeurs en *computer science* de l'université de Stanford ont eu une expérience entrepreneuriale. Le goût du business ainsi développé chez les étudiants par identification à leurs enseignants trouvera en France un des environnements les plus favorables du monde pour l'innovation. Sur ce terreau, il ne tient qu'à nous tous de mélanger nos sensibilités technologiques et managériales pour cultiver des entreprises innovantes par milliers.

S'impliquer dans des entreprises innovantes, pour un manager, c'est donc saisir de formidables opportunités de carrière et de développement professionnel, mais aussi et surtout prendre beaucoup de plaisir et oublier le sens du mot ennui. Le management de l'innovation est ainsi un mariage de raison et de passion. Tous les jours au sein des *clusters* dans lesquels je m'implique, auprès des entrepreneurs que j'accompagne, quel bonheur de constater l'énergie qui est déployée pour rendre le monde meilleur ! Car, si Margaret Mead disait qu'il suffisait d'un petit nombre de personnes pour changer le monde… rien n'interdit de tous s'y mettre grâce au management de l'innovation !

Clément Rosset, CEA-Leti, chargé d'études pour la valorisation des technologies du Leti

Diplômé de GEM, spécialisation management de la technologie et de l'innovation, promo 2011, j'ai trouvé un premier emploi en tant que chargé de projets innovants au CEA-Leti, à Grenoble. Depuis octobre 2011, j'apporte ma contribution à la valorisation des technologies du Leti par la mise en place de méthodologies de management très tôt dans les phases amont de l'innovation. Demain… j'espère rapidement vivre une aventure de start-up, pour ensuite découvrir le monde des grandes entreprises et de l'innovation dans des secteurs moins technologiques – que j'ai déjà expérimentés.

Lors de mes recherches d'emploi, j'ai saisi le mot « innovation » sur différents sites internet : en dehors de la R&D ou de la créativité, pas de salut ! Et, par voie de conséquence, les postes qui ressortent semblent être réservés aux ingénieurs. Or, de nombreux postes clés de l'innovation correspondent à des profils d'étudiants d'écoles de commerce. Il existe de véritables parcours professionnels, notamment dans les domaines du business développement, du financement et du marketing de l'innovation, de l'entrepreneuriat, etc. C'est mon choix.

Pour beaucoup – je le vois au quotidien –, innover c'est développer le meilleur produit ou la meilleure technologie. La proposition de valeur au client ? On verra plus tard ! Prendre en compte son client et son marché potentiel très tôt dans le processus d'innovation, bien connaître la chaîne de valeur de son industrie, les acteurs en place, les accès aux marchés sont des questions essentielles. Il est obligatoire de prendre en compte l'ensemble de ces paramètres pour qui souhaite innover. Et pourtant, toutes ces choses qui me semblent aujourd'hui évidentes sont loin de l'être pour tout le monde !

Travailler dans l'innovation, c'est plus de liberté et d'initiative mais c'est aussi plus de risques et d'imprévus. Fiche de poste ? CDI ? Pour cela, mieux vaut être contrôleur de gestion dans un grand groupe. Aujourd'hui, je n'ai pas d'engagement durable mais une offre personnalisée, parfaitement en phase avec mes attentes et celles d'une partie significative de la nouvelle génération ! À l'inverse des managers devenus aussi frileux qu'une banque devant investir dans un projet de start-up, les futurs managers doivent être capables de prendre ces risques.

Pour développer le management de l'innovation et attirer encore plus d'étudiants, je pense qu'il faut sortir des normes, tester de nouvelles méthodes d'apprentissage (en accordant davantage de place à la collaboration, au terrain…). Il faut rendre les travaux de groupe plus concrets, monter des projets communs avec des ingénieurs, ne pas chercher à être innovant uniquement lors des prix de l'innovation… Surtout, je pense qu'il faut rendre les start-up plus attractives, car elles représentent un formidable vivier d'innovations. Or, les emplois dans ces structures sont souvent « délaissés » par les étudiants d'écoles de commerce.

En conclusion, il semble bien qu'un mouvement soit amorcé par les écoles de management du monde entier. En effet, sous l'impulsion de quelques-unes d'entre elles, l'AACSB, organisme américain d'accréditation, a produit en 2010 un rapport pour promouvoir leur mission innovation. Il fait le constat du chemin à parcourir pour que les managers deviennent les porte-parole et les développeurs d'une innovation durable, au service à la fois du développement économique et socio-environnemental. Être en capacité d'intégrer les managers très tôt dans les phases amont de l'innovation en créant les espaces et les connaissances requises là où rien n'existe, sinon des démarches linéaires de gestion de projet agrémentées d'outils mécanistes, est un beau défi. Et ce, d'autant plus que la posture d'évaluateur des projets et des dispositifs d'innovation dans laquelle se trouvent aujourd'hui les managers est particulièrement confortable – pas suffisamment inconfortable pour porter l'innovation, dirait S. Guilaumé, P-DG de Movea. Nous espérons que cet ouvrage apportera sa pierre à ce nouvel édifice du management de l'innovation.

Glossaire

Ambidextrie de réseau. Notion développée par McNamara et Baden-Fuller (1999) pour décrire des réseaux d'innovation par lesquels une organisation peut concilier ses activités d'exploitation en interne et ses activités d'exploration en externe (voir aussi Organisation ambidextre ou Ambidextrie organisationnelle).

Ambidextrie organisationnelle (voir Organisation ambidextre).

Avantage relatif. Renvoie à l'avantage que procure l'innovation potentielle, d'un point de vue économique, pour l'utilisateur.

Brevet. Titre de propriété industrielle qui confère à son titulaire un droit exclusif d'exploitation sur l'invention brevetée, pendant une durée limitée et sur un territoire déterminé. En contrepartie, l'invention doit être divulguée au public.

Broker (ou courtier). Acteur intermédiaire, intéressé à créer des ponts entre plusieurs groupes sociaux ou univers, tels que le monde de la recherche et de l'industrie, ou entre différents secteurs économiques.

Business model. Décrit comment une entreprise ou un groupe d'entreprises va créer de la valeur avec l'innovation et comment cette valeur va être partagée entre les acteurs qui y ont contribué.

Chaîne de valeur. Représentation qui décrit l'ensemble des activités et étapes, et leurs relations permettant de délivrer la valeur au client. La chaîne de valeur peut être interne à une seule entreprise, mais généralement elle intègre des activités réalisées par d'autres entreprises. La chaîne de valeur étendue est alors proche de la notion de filière en économie.

Client stratégique. C'est « celui qui constitue la cible primordiale de la stratégie, car il a la plus forte influence sur la manière dont l'offre est achetée[1] ».

Cluster. Concept élaboré par Porter (1998). Le *cluster* se définit comme un ensemble interconnecté d'entreprises, de fournisseurs, de clients, d'institutions, notamment de formation et de recherche (laboratoires privés ou publics) ; il est dédié au développement d'une technologie. Par rapport au district, le *cluster* a la particularité de réunir le monde de l'entreprise et celui de la recherche.

Cohérence stratégique. La cohérence stratégique de l'entreprise existe lorsque les activités sont liées, dans le sens du partage d'une ou de plusieurs caractéristiques technologiques ou de marché.

Communauté. Regroupement d'acteurs autour d'affinités ou d'intérêts communs.

Communauté de clients. Clients qui se réunissent pour partager leur passion ou leur intérêt autour d'un même produit ou service ; ils expriment leurs avis, leurs expériences de consommation, peuvent souvent suggérer des extensions d'usage ou des modifications.

Communauté de pratique (Wenger, 2000). Communauté qui regroupe, normalement de manière spontanée, des individus d'une même entreprise, désireux de partager des idées et d'apprendre ensemble sur leurs pratiques et leurs métiers.

Compétence. Processus de déploiement et de coordination des ressources par l'entreprise[2].

1. Johnson G., Scholes K., Whittington R. et Fréry F., *Stratégique*, 8e éd., Pearson Education, 2008.
2. *Ibid.*

Concept d'innovation. Idée d'innovation enrichie.

Connaissance explicite. Savoir transmissible et transmis dans un langage formel : il est présent dans les rapports, le cahier des charges, les revues scientifiques, etc.

Connaissance tacite. Savoir ayant un aspect personnel qui le rend difficile à formaliser et à communiquer.

Contrat de licence (ou licence). Contrat entre le titulaire de droits de propriété intellectuelle (donneur de licence) et un tiers autorisé à utiliser ces droits (preneur de licence).

Contrefaçon. Atteinte portée à un droit de propriété intellectuelle.

Coopération « augmentative ». Coopération qui permet de dépasser les capacités d'un seul individu.

Coopération « communautaire ». Situation relationnelle où une personne met l'accent sur la recherche de similarité, d'appartenance identitaire à une communauté ou à un clan.

Coopération « complémentaire ». Situation relationnelle où chaque personne met l'accent sur son expertise, en complément de celle d'une autre personne.

Coopération « débative ». Coopération qui vise les cas où la confrontation des points de vue est nécessaire.

Coopération « intégrative ». Coopération qui concerne les situations où les expertises se complètent.

Courbe technologique. Diagramme représentant de manière corrélée l'amélioration des performances techniques d'une technologie en fonction de l'effort de recherche et de développement fourni et/ou du temps.

Courtier (voir Broker).

Courtier de connaissance. Acteur qui, très souvent dans les entreprises dites « intensives en connaissances », joue, formellement ou informellement, le rôle de courtier en matière de circulation de connaissances entre différentes parties de l'entreprise ou entre l'entreprise et des partenaires potentiels (fournisseurs, clients, recherche…).

Créativité individuelle. Capacité d'une personne à concevoir une discussion conceptuelle puis à l'exploiter avec des idées existantes et/ou à l'explorer en imaginant des idées nouvelles.

Créativité organisationnelle. Construction sociale de l'engagement d'individus créatifs dans un processus créatif en situation organisée.

Crise de manipulation. Ces crises apparaissent au cours du projet d'innovation et sont liées à des acteurs de l'organisation qui essaient de s'approprier le projet ou qui cherchent à le détourner, en partie ou en intégralité, vers des fins qui servent leurs missions et intérêts propres.

Crise de stimulation. Se dit des événements qui remettent en cause le projet mais dans un objectif « positif » : refus d'un dirigeant des solutions intermédiaires choisies dans le cadre du projet…

Crise naturelle. Se dit d'une l'incapacité de déployer ou d'utiliser la solution retenue dans un projet d'innovation.

Critères de valeur. Principaux éléments que le client valorise dans une offre : par exemple, le design, la qualité de service, la facilité d'usage, l'image de marque.

Démarche d'exploitation. L'exploitant rapproche des idées connues de manière originale et inédite afin d'améliorer, par exemple, des concepts.

Démarche d'exploration. L'explorateur cherche à découvrir des idées inédites malgré le risque important d'échec.

Dépôt probatoire. Acte de droit privé, ayant la formalité officielle d'enregistrement (ce qui lui confère une datation certaine) et contenant divers éléments de nature à prouver que le déposant est l'auteur d'une création originale.

Destruction créatrice (Schumpeter). Processus par lequel des secteurs d'activités disparaissent conjointement à l'apparition de nouveaux secteurs, tirés par l'innovation.

District industriel. Concept élaboré par Marshall (1920), le district décrit une zone géographique dédiée à une technologie (textile, biotechnologies…). Il est constitué d'entreprises et d'institutions dont l'activité est assise sur cette technologie. Par rapport à la notion de *cluster*, qui réunit le monde de la recherche, le district ne réunit que des acteurs économiques.

Droit d'auteur. Synonyme de « propriété littéraire, artistique ou scientifique ». C'est un droit de propriété sur une œuvre de l'esprit originale. Il permet aux auteurs d'interdire ou d'autoriser l'exploitation de leurs œuvres (droits patrimoniaux) et de faire respecter leur intégrité ainsi que leur paternité (droit moral).

Dynamique de l'innovation. Ensemble de modèles décrivant la nature et le rythme d'apparition des innovations au sein d'une industrie ainsi que les mécanismes de changement à l'œuvre. À l'échelle d'une entreprise, c'est la façon dont l'innovation change en termes de nature, d'objectifs, de processus et de moyens au fil du développement de l'organisation.

Écologie des organisations. Courant théorique qui postule que l'évolution des organisations et des groupes d'organisations (populations) se fait par un mécanisme « naturel » de sélection de changements intégrés par adaptation progressive et en partie déterminé par les pressions de l'environnement et les expériences passées.

Écosystème d'innovations. Ensemble des acteurs impliqués dans un processus d'innovations s'inscrivant dans une vision, des objectifs, une feuille de route, des moyens, des actions, des cadres politiques et réglementaires, une mutualisation en faveur de l'innovation.

Entrepreneur (Schumpeter). Individu qui se différencie du chef d'entreprise et du rentier. Généralement auteur d'une invention, il fait preuve de dynamisme et de charisme pour susciter l'adhésion des autres à son projet. Il est également capable de lancer cette invention sur un marché, donc de la transformer en innovation.

Entreprise ambidextre. Entreprise qui a la capacité de poursuivre en même temps des innovations incrémentales et de rupture ; elle sait renouveler ses structures, processus et cultures.

Essaimage (ou *spin-off*). Forme de création d'une entreprise nouvelle par un acteur qui est soutenu (financièrement et technologiquement notamment) par son ancienne entreprise (dite essaimeuse) qu'il aura quittée.

Exploitation. Action d'exploiter une idée d'innovation. Concrètement, on parlera d'attribution d'une solution technique, d'une cible de clientèle à cette idée.

Exploration. Action d'explorer, de rechercher de nouvelles idées d'innovation.

Extrapolation. Extension dans le futur d'un phénomène passé et présent selon une logique de continuité et de rationalité objective. Le futur est ainsi prévisible à partir de l'identification des tendances passées.

Facteurs clés de succès (ou FCS). Conditions que doit remplir toute entreprise qui souhaite être durablement présente dans une industrie.

Fertilisation croisée. Certaines idées inhérentes au domaine X sont utilisées pour étudier le domaine Y, alors que les deux domaines ont peu de liens conceptuels entre eux.

Flexibilité organisationnelle (voir Organisation flexible).

Grappes d'innovation. Principe selon lequel les innovations apparaissent sur un marché en un laps de temps relativement restreint, d'où l'idée d'apparition par grappes. Selon ce même principe, ce lancement regroupé d'innovations s'explique par l'exploitation relativement rapide d'une nouvelle technologie.

Hybridation organisationnelle (voir Organisation hybride).

Hypercompétition. Terme inventé par Richard D'Aventi, professeur et chercheur en stratégie. Il fait référence à un phénomène qui s'observe dans certaines industries – plus spécifiquement, les industries de haute technologie ou les industries émergentes – et qui résulte de la dynamique des manœuvres stratégiques entre concurrents. Dans ces industries, les standards, les règles du jeu (facteurs clés de succès) se renouvellent si rapidement qu'il est impossible pour une entreprise de maintenir un avantage concurrentiel durable – plus de deux ans.

Idée d'innovation. Représentation floue et abstraite de ce que pourrait être une innovation, qu'il s'agisse d'un produit, d'un service ou d'un processus. Le fonctionnement technique exact, la cible de clientèle, le modèle économique, le mode de lancement de l'innovation sont autant de variables qui ne sont pas encore contenues dans l'idée d'innovation.

Improvisation organisationnelle. Notion développée par Weick (1987, 1988) à partir de la métaphore de l'orchestre de jazz pour comprendre le fonctionnement de certaines organisations innovantes en considérant l'innovation par sa nature : l'innovation est avant tout déviance et imprévu. L'organisation innovante est donc celle qui est capable d'accepter et de gérer la déviance et l'imprévu.

Innovation de continuité. Opposé de l'innovation de rupture.

Innovation de rupture. Innovation qui impose une rupture technologique par rapport à ce qui existait antérieurement. Cette rupture permet de développer une solution moins coûteuse que les précédentes et de cibler de nouveaux segments de clientèle, qui changent alors leurs usages.

Innovation incrémentale. Innovation qui consiste à enrichir l'existant sans pour autant le remettre en cause.

Innovation radicale. Innovation qui impose une rupture par rapport à l'existant, ce qui implique généralement la modification, voire la création, d'une nouvelle chaîne de valeur externe, d'une nouvelle filière (voir Chaîne de valeur).

Intrapreneur. Acteur de l'entreprise qui prend l'initiative, sans que cette dernière fasse partie de ses prérogatives au sein d'une entreprise, de développer et porter une innovation, laquelle peut donner lieu à la création d'une nouvelle activité de l'entreprise.

Intrapreneuriat. Néologisme développé par Pinchot (1985) sur le modèle de l'entrepreneuriat, pour décrire des comportements d'individus qui, au sein même de l'entreprise, font preuve d'initiatives, de prise de risque et d'innovation. L'intrapreneuriat met alors en exergue les espaces organisationnels dans lesquels la prise de risque et les initiatives de salariés sont encouragées, ainsi que le degré d'autonomie important qui doit être accordé aux salariés.

Isolat. Espace organisationnel dédié à l'innovation, et volontairement coupé et éloigné géographiquement (et culturellement) du reste de l'entreprise ; les modalités de fonctionnement de cette structure sont très différentes de celles de l'entreprise.

Lead user (ou utilisateur précoce). Concept créé par Eric Von Hippel, du MIT, qui renvoie à un utilisateur intégrable dans le processus de détection d'idées d'innovation et joue le rôle de source d'innovation.

Légitimation. Processus par lequel une idée d'innovation est reconnue comme légitime (voir Légitimité) par l'entreprise innovante, le marché ou l'écosystème d'innovation.

Légitimité. Perception, par tous, que les actions d'une entité ou d'un individu sont souhaitées, justes et appropriées (Suchman, 1995).

Marché réel. Marché qui existe déjà, que les entreprises connaissent déjà, dont les comportements des utilisateurs sont connus et prévisibles et sur lequel se développent des innovations à caractère essentiellement incrémentales.

Marché virtuel. Marché d'une innovation à fort contenu technologique, qui n'est pas encore commercialisée. Théorisé par J.M. Xuereb, il se caractérise par la présence d'un seul acteur ; le producteur de l'innovation s'oppose au marché réel.

Marque. Signe distinctif indiquant que des produits ou services sont produits ou fournis par une certaine personne ou une certaine entreprise.

Méthode analytique. Programme comprenant des règles de fonctionnement claires (par exemple, matrice à double entrée, analyse morphologique).

Méthode C-K. L'idée fondatrice de cette méthode est de distinguer deux espaces complémentaires mais différents par essence : celui des connaissances (K) et celui des concepts (C). Elle a été développée à l'École des mines de Paris (CGS) par A. Hatchuel, B. Weil et P. Le Masson.

Méthode de créativité. Outil à la disposition d'un manager pour solliciter la créativité des individus.

Modèle de Ned Herrmann. Méthode de créativité qui aborde le cerveau de l'individu en fonction de deux axes : (1) distinction des deux hémisphères (le gauche *vs* le droit) ; (2) distinction des évolutions du cerveau (le limbique *vs* le cortical).

Modèle de revenus. Façon dont l'entreprise va générer des revenus avec l'innovation (par exemple, paiement à l'usage, par abonnement, royalties), ainsi que le séquencement de ces revenus dans le temps.

Méthode des scénarios. Démarche consistant à repérer les facteurs de l'environnement à forte incertitude et à fort impact potentiel sur le projet d'innovation, afin d'imaginer des situations futures types, plus ou moins favorables pour le projet, et de préparer les actions stratégiques de l'entreprise si telle ou telle situation se présente.

Méthode interprétative. Elle s'appuie sur la faculté de l'homme à prendre du recul sur une situation, à chercher une interprétation et à « raconter une histoire » (par exemple, carte mentale, bionique).

Méthode TRIZ (ou théorie de résolution de problèmes inventifs). Cette méthode de créativité consiste à dire qu'un problème inventif peut se rapporter à un autre problème similaire résolu dans un autre contexte.

Motivation extrinsèque. Moteur de l'action d'un individu qui s'engage dans son travail avec l'intention d'atteindre un certain objectif qui fait partie du travail en lui-même.

Motivation intrinsèque. Moteur de l'action d'un individu qui trouve dans son travail du plaisir, de l'intérêt, une satisfaction à être curieux dans la tâche, une expression de lui-même ou encore un défi personnel.

Objet frontière. Concept développé par Star et Greisemer (1989) ou Vinck (1996), alors dénommé objet intermédiaire. Ces objets (dessin, maquette, prototype...), qui sont mobilisés et discutés par des acteurs variés, ont une double fonction : tenir cette équipe d'acteurs et, surtout, faciliter ou enrichir la compréhension et l'articulation entre des acteurs qui peuvent avoir du mal à se comprendre dès lors qu'ils appartiennent à des mondes différents.

Objet technique. Idée de produit ou de service, formulée en termes techniques, qui rencontre une ou plusieurs applications potentielles et une ou plusieurs cibles potentielles.

Organisation ambidextre (voir Ambidextrie organisationnelle). Concept développé par Benner et Tushman (2003) pour décrire des organisations qui, à l'inverse de l'organisation hybride, séparent fonctionnellement et géographiquement les activités d'exploration des activités d'exploitation.

Organisation distribuée. Notion développée par Orlikowski (2002) ou Carlile (2002) pour décrire des organisations compétentes à articuler des acteurs dispersés géographiquement et appartenant à des mondes professionnels différents pour enrichir le dialogue et l'innovation.

Organisation flexible (voir Flexibilité organisationnelle). Notion développée par Volberda (1996) pour décrire la caractéristique d'une organisation capable de développer des capacités (ou d'articuler des capacités existantes) pour s'adapter rapidement à des environnements mouvants.

Organisation hybride (voir Hybridation organisationnelle). Concept développé par Tushman et O'Reilly (1996) pour décrire des organisations qui, contrairement à l'organisation ambidextre, sont capables de contenir en leur sein les caractéristiques des deux formes bureaucratiques (en faveur d'une stratégie d'exploitation) et entrepreneuriales (en faveur d'une stratégie d'exploration).

Partenariat d'innovation. Lien tissé entre plusieurs firmes souveraines pour conduire conjointement une action sur un espace donné, en mettant en commun ou en échangeant des ressources, afin d'accéder aux avantages attachés à la coopération, tout en restant indépendantes en dehors de leur collaboration.

Pôle de compétitivité. Dispositif français récent, proche du *cluster* par la variété des acteurs qui en sont membres (en particulier, les universités et laboratoires de recherche qui alimentent l'activité économique autour de l'innovation), mais financé, reconnu et labellisé par les pouvoir publics.

Portefeuille de *business models*. Ensemble des différentes activités de l'entreprise lui permettant de mettre en œuvre une proposition de valeur à moyen terme pour ses clients et d'assurer ses développements futurs.

Processus clé (ou processus support). Activités de l'entreprise essentielles pour la création de valeur d'une offre donnée, par exemple la gestion de la relation client.

Processus d'innovation en pipeline ou en entonnoir. Processus d'innovation mis en place dans les entreprises, qui permet de gérer, mais aussi d'enrichir, les idées d'innovation et de les transformer progressivement en concepts d'innovation, puis en innovations sous la forme d'un produit, d'un service ou d'un processus.

Processus *market pull* (ou poussé par le marché). Processus tiré par le marché selon lequel l'analyse des utilisateurs et de leurs pratiques est la principale source pour détecter des opportunités d'innovation.

Processus *techno push* (ou tiré par la technologie). Processus tiré par la technologie qui reconnaît la technologie et ses évolutions comme source d'innovation principale. L'initiative de chaque innovation provient donc des entités de recherche et de développement.

Projet. Selon l'Afnor, démarche spécifique qui permet de structurer méthodiquement et progressivement une réalité à venir. Il est défini et mis en œuvre pour répondre au besoin d'un client et implique des besoins à entreprendre avec des ressources données.

Projet d'innovation. Processus par lequel le concept d'innovation ou l'idée d'innovation enrichie, une fois sélectionnée par l'entreprise, est développée en offre tangible, en vue d'un lancement déterminé et fixé sur un marché.

Proposition de valeur. Décrit l'ensemble de la solution (produits et services) qui apporte la valeur pour une cible donnée de clients.

Propriété industrielle. Regroupe notamment les marques, les brevets, les inventions, les dessins et modèles, les appellations d'origine et les indications de provenance.

Propriété intellectuelle. Regroupe la propriété industrielle, d'une part, et la propriété littéraire, artistique ou scientifique, d'autre part.

Propriété littéraire, artistique ou scientifique (voir Droit d'auteur).

Réseau. Ensemble de relations entre des acteurs (individus, entreprises, toute autre institution…). Il peut être formel ou informel, ouvert ou fermé. L'analyse des réseaux sociaux (Burt, 1992 ; Degenne et Forsé, 1994 ; Lazega, 1994) est à la fois un cadre théorique et méthodologique pour étudier les liens entre les acteurs. Le fondement de l'analyse structurale et sociale est de considérer que les phénomènes collectifs ne s'expliquent pas (uniquement) en fonction des caractéristiques de ceux qui y participent ni même en fonction de leurs intérêts économiques, mais en fonction des relations que ces acteurs nouent.

Réseau de valeur. Représentation schématique de l'ensemble des acteurs économiques qui contribuent à la création de valeur ainsi que ceux qui sont en concurrence pour la capture de la valeur finale créée sur le marché.

Ressource. Actif tangible ou intangible intervenant dans le processus global de production de biens ou de services de l'entreprise[3].

Rétention de l'innovation. Aboutissement de la diffusion de l'innovation par effet de convergence des acteurs autour de connaissances et de pratiques nouvelles, dont la consistance, la continuité et la persistance donnent naissance à une mémoire organisationnelle et interorganisationnelle. La rétention est totale lorsque l'on peut observer un état de l'environnement de nouveau stabilisé avec une convergence massive autour de l'innovation ou bien des phénomènes d'oscillation entre la situation antérieure et l'innovation.

Risque commercial. Risque pour l'innovation de ne pas rencontrer son marché en raison d'un environnement commercial saturé – des produits de substitution existent – ou de l'innovation qui échappe à son développeur.

Risque technique. Risque pour l'innovation de ne pas rencontrer son marché, sous réserve que la technologie sur laquelle elle repose soit substituable ou aisément reproduite par le client ou encore que l'entreprise innovante ne dispose pas du savoir-faire suffisant pour produire un niveau de qualité satisfaisant.

***Roadmap*.** Planification corrélant des programmes d'avancées technologiques avec des opérations de marketing et de diffusion en vue de réaliser une vision et des objectifs stratégiques d'innovation.

Rupture technologique. Phénomène par lequel des technologies émergentes et globalement moins performantes que l'existant entrent sur des marchés de démarrage, puis s'étendent sur des marchés de masse créant de nouvelles sources de création de valeur, rendant les compétences et les connaissances établies obsolètes et bouleversant le jeu concurrentiel des acteurs en place.

3. Johnson G., *op. cit.*

Savoir-faire. Ensemble d'informations pratiques résultant de l'expérience et testées, qui est secret, substantiel et identifié.

Scénario. Représentation de ce que pourrait être un futur possible selon l'évolution de quelques paramètres déterminants, telle que perçue par une diversité d'individus.

Sélection. Processus par lequel une idée d'innovation est retenue ou rejetée par l'entreprise innovante ou l'écosystème d'innovation.

Sélection de l'écosystème. Mécanismes formels et tacites qui visent à formaliser, codifier, documenter et structurer des pratiques nouvelles au sein d'un écosystème établi, voire émergent, de sorte à les inscrire à terme dans les procédures établies.

Spin-off (voir Essaimage).

Storytelling. Le *storytelling* management est l'art de raconter des histoires appliquées au champ économique et managérial. Il capitalise sur les vertus du récit à des fins marchandes.

Structure de l'organisation. Configuration du fonctionnement d'une organisation (structure simple, bureaucratie mécaniste, bureaucratie professionnelle, forme divisionnalisée, adhocratie).

Toolkit. Proposé par Eric Von Hippel, professeur au MIT, il s'agit d'un outil fourni aux *leads users* pour leur permettre de mieux exprimer leurs besoins et de trouver, par eux-mêmes, une solution produits pour satisfaire ces mêmes besoins. Dans le cas de l'industrie du parfum, il s'agira d'extraits d'arômes.

Traduction (ou processus de traduction). Concept développé par Callon (1989) et Latour (2006). Processus par lequel des acteurs (individuels ou collectifs) se posent en porte-parole d'une nouvelle technologie ou innovation et traduisent la volonté d'acteurs déjà enrôlés (ayant adopté ou soutenant l'innovation) pour tenter d'en enrôler de nouveaux. La traduction contribue à relier des éléments incommensurables, des activités hétérogènes. Cette traduction passe par l'analyse de controverses, qui mettent en évidence les points de désaccords ; les solutions trouvées créent autant de solutions provisoires ou d'irréversibilités, permettant au réseau de se former peu à peu.

Trajectoire d'innovation. Orientation que les idées devraient suivre lors de leur maturation : choix de conception innovante précis favorisant la mobilisation d'une diversité d'acteurs complémentaires et visant à faire progresser les découvertes, à connecter les différentes parties prenantes (marché, innovateurs, réglementations, etc.) et à prendre le risque d'opérer le changement en vue de nouveaux profits.

TRIZ (ou théorie de résolution de problèmes inventifs). Méthode de créativité qui consiste à dire qu'un problème inventif peut se rapporter à un autre problème similaire résolu dans un autre contexte.

Valeur intrinsèque. Valeur qui renvoie à l'utilité objectivée que peut avoir l'innovation pour l'utilisateur potentiel.

Valeur relative. Valeur que présente l'innovation pour l'utilisateur potentiel relativement aux autres offres et solutions déjà existantes – offres similaires ou de substitution.

Variation de l'innovation. Événement ou évolution qui génère l'émergence de différences, voire de contradictions, dans les pratiques et les connaissances établies d'un individu, d'une organisation ou d'un groupe d'acteurs.

Veille anticipative. « Processus collectif volontariste par lequel un individu, ou un groupe d'individus, traque de façon volontariste et assimile des informations à caractère anticipatif concernant les changements susceptibles de se produire dans son environnement socio-économique, dans le but de se créer des opportunités d'affaires et de réduire ses risques liés à l'incertitude » (Lesca, 2008).

Zone de profit. Zone du réseau de valeur qui générera à terme le plus de valeur ajoutée et dans laquelle une entreprise a intérêt à se positionner lorsqu'elle lance une innovation.

Index

IMPRIMÉ EN ESPAGNE

Imprimé par **GraphyCems**
31132 Villatuerta (Espagne)

Suivant sa politique de développement,
amélioration continue, qualité et gestion de l'environnement,
GraphyCems possède les certifications **ISO 9001**,
ISO 14001 et **FSC** (Forecast Stewardship Council).